# 三等消防警察特考
# 試題詳解

盧守謙、陳永隆　編著

吳鳳科技大學消防研究所

五南圖書出版公司 印行

# 推薦序

　　「風」、「火」、「水」、「電」向來與人類生活息息相關，如在不可控制狀況下，往往容易導致人員傷亡與財產損失。而消防正是關係到社會民生及人民安全，一直是政府施政上極為重要的一環，也為國家長治久安之根本。在消防工作更應具備科技化、現代化及效率化之整合能力，以專業化教育訓練，來因應現今多元發展的社會環境，提供民眾一個安全的生活環境。

　　為培育出消防安全專業人力，本校於2002年首創消防系（所）（除警察大學外），建置了火災虛擬實驗室、火災鑑識實驗室、低氧實驗室、水系統消防實驗室、電系統消防實驗室、氣體消防實驗室、消防設備器材展示室及消防檢修實驗室等軟硬體設備，也設置了氣體燃料導管配管、工業配管等兩間乙級技術士考場；也擁有全方位師資團隊，跨消防、機械、理化、電機、電子及土木等完整博士群組成，每年設日間部四技3班、進修部四技1班、進修學院二技1班、碩士在職專班1班，目前也刻正申請博士在職專班，為未來消防人力注入所需的充分能量。

　　本書作者盧守謙博士在消防領域學有專精，盧博士與消防系陳永隆主任共同執筆，完成一系列完整消防書籍著作，每一本能進行專業精闢求解及有條不紊地說明，不僅內容涵蓋範圍呈現外在廣度也具內在深度，本人極為樂意將其推薦給所有有志研修消防安全暨參加國家考試的讀者們。

蘇銘宏

吳鳳科技大學校長

# 自序

筆者（本書第一作者）於1986年消防工作伊始，歷近30年，在國內外報章期刊發表數百篇的專業文章。從早期警察大學閃燃碩士論文到整個火行為之博士研究，已深深迷戀消防科學領域。

2015年承蒙蘇校長延聘，從公務轉換學術跑道，得能專研沐浴在知識氛圍。在此參酌國外文獻，結合救災長期實務經驗，撰寫一序列消防書籍，也感謝學校提供極佳軟硬體平台，能進行有效率寫作教學。

對國家考試，筆者算是非常有經驗，應付考試之讀書方法，一些心得及重要技巧，已臚列於書內「如何考榜首」一文，學習與瞭解它們，將會使您在將來考場上更加無往不利及遊刃有餘。而準備過程中，詳讀歷屆考古題是必要的旅程，能指引讀者明確的閱讀方向與知悉考題難易度之一項關鍵指標。

在消防各科歷屆考題解答上，筆者累積無數第一線救災與現場指揮經驗，也曾擔任火災預防課長職，從事消防會審會勘工作。在此以豐富消防實務背景，闡述問題本質，以較專業且嚴謹態度來進行求解。

最後，準備國家考試是一種時間過程，過程中無論您以何種態度面對，記得每日一點一滴耕耘播種後，自然會有苦盡甘來的甜美果實。這成功的目標雖很可貴，但追求的過程卻更值得回味。

盧守謙

吳鳳科技大學消防系

# 如何考榜首

## 1. 讀書四種方式

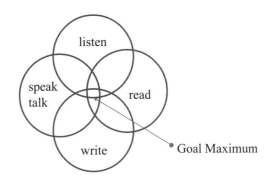

> 說明：一般人讀書多是以READ（**EYES**），而常忽略其他讀書方式。用寫的（**HANDS**）、用討論的（**MOUTH**）或用SPEAK（**MOUTH**）（自言自語、默唸）。基本上，現在錄音方便，可錄下一些很難記之資料，利用運動、休息或入睡前等時段，用聽（**EAR**）的方法來作複習。

## 2. 記憶型讀書效率與持續時間

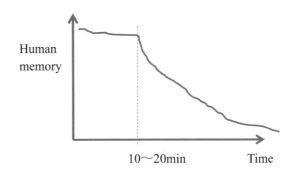

> 說明：假設您一天讀書時間分成數段進行，再以第5項之口訣法、便條紙法等，能不分時間地點如運動、等車、吃完飯後散步等時間，拿出來複習，一天內多看幾次，利用多見難忘方法來作記憶。尤其是在每次睡醒後20分鐘，是大腦最清楚之黃金

　　時段，拿出第3項之所整理資料，作複習背誦，或是你每晚躺在床上之入睡前黃
　　金時段，拿出來默想。

3. 多方蒐集資料

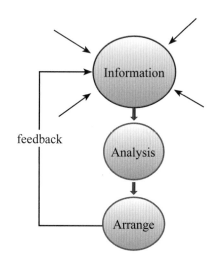

　　說明：多方看應考相關資料，將蒐集資料有條不紊整理成你自己的東西，而作筆記是一
　　　　　種好習慣。

4. 大腦資料庫活化

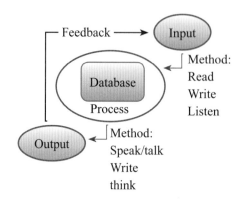

　　說明：你應思考將你大腦所輸入data如何持續output作活化。假使你在書桌前讀一整
　　　　　天，可是大量資料沉在你腦海內部，你需每隔一段時間，用寫（WRITE）出
　　　　　來、用回憶（THINK）、用自言自語演說（SPEAK）或是與你同學交談主題

（TALK），把大量資料活化出來，能活化才會牢記在你腦海深處。不然，沒隔多久，有些就遺忘了。

5. **讀書多元技巧法**

(1) 口訣法：每第1個字，有些是可以不照順序記，可依個人喜好之方式作調整，然後聯想一系列跟你所記資料，編成一套故事。

(2) 便條紙法：簡要大綱整理成A4，並折起來放在你口袋，隨時皆可拿出，有過目不忘之效。

(3) 貼膏藥法：假使資料或條文是很難記、常忘記或很重要，就貼在你常能看到處，如書桌牆壁、床牆壁等，已牢記幾天後再換貼新資料，依此類推。

(4) 空間法：採取左右腦並用，即重點關鍵字濃縮成一張A4，伺機利用運動如跑步時進行默念，假使默唸不出，運動完即查閱所忘記的資料。

(5) 圖表法：右腦法，如果你有辦法將資料作成圖表，你離成功之路就會很接近。聰明的你應左（文字）右（圖表）腦並用。

您需將繁多資料，整理濃縮成一張紙，意將大量資料濃縮，將是你成功錄取與否之關鍵因素。

**記著 Make Time For Reading. Anywhere. Anytime.**

# 三等消防警察特考命題大綱

## 消防警察專業英文

| 適用考試名稱 | 適用考試類科 |
|---|---|
| 公務人員特種考試警察人員考試三等考 | 消防警察人員 |
| 專業知識及核心能力 | 一、具備消防專業知識之基本防火安全英文閱讀能力，包括新聞報導與重大火災常用之字彙、片語及常用句型。<br>二、了解與應用消防學術常用之字彙、片語及常用句型。<br>三、了解與應用消防實務工作（預防、搶救及緊急救護等）常用之字彙、片語及常用句型。 |
| 命題大綱 | |
| 一、火災預防　(一) 防止起火　(二) 局限擴大　(三) 防火措施 | |
| 二、火災搶救　(一) 消防戰術　(二) 車輛、裝備及器材 | |
| 三、緊急救護　(一) 醫療裝備器材　(二) 救護技能 | |
| 四、其他　(一) 教育訓練　(二) 危險物品　(三) 法規命令　(四) 火災調查 | |
| 備　註 | 表列命題大綱為考試命題範圍之例示，實際試題仍得命擬相關之綜合性試題。 |

# 消防警察情境實務

（包括消防法規、實務操作標準作業程序、人權保障與正當法律程序）

| 適用考試名稱 | 適用考試類科 |
|---|---|
| 公務人員特種考試警察人員考試三等考 | 消防警察人員 |
| 專業知識及核心能力 | 一、了解應考人是否具備消防幹部應有之統合、領導與執法能力。<br>二、了解應考人對於消防警察執法所需消防法規、標準作業程序（SOP）、人權保障與執法倫理等核心職能理解之程度。<br>三、了解應考人是否具備真實情境下執行消防警察勤業務能力。 |
| 命題大綱 | |
| 一、火災防制　(一) 火災預防　(二) 消防安全設備設計　(三) 消防安全設備審查作業　(四) 防火管理 | |
| 二、消防戰術　(一) 救災指揮　(二) 戰力部　(三) 人命救助　(四) 滅火攻擊 | |
| 三、火災調查　(一) 出動調查　(二) 現場勘查　(三) 燃燒痕跡與火流研判　(四) 跡證蒐集與鑑識 | |
| 備　　註 | 表列命題大綱為考試命題範圍之例示，實際試題仍得命擬相關之綜合性試題。 |

# 消防與災害防救法規

　　（包括消防法及施行細則包括消防法及施行細則、災害防救法及施行細則、爆竹煙火管理條例及施行細則、公共危險物品及可燃性高壓氣體設置標準暨安全管理辦法、緊急救護辦法、緊急醫療救護法及施行細則、直轄市縣市消防機關火場指揮及搶救作業要點）

| 適用考試名稱 | 適用考試類科 |
|---|---|
| 公務人員特種考試警察人員考試三等考 | 消防警察人員 |
| 專業知識及核心能力 | 一、了解消防執法之核心範圍與具體內涵。<br>二、了解災害管理與消防救災之法令規範。<br>三、對危險物品管理之理解與掌握。<br>四、對緊急救護處理之思維能力。 |
| 命題大綱 | |
| 一、消防執法　(一) 消防法　(二) 消防法施行細則　(三) 直轄市縣市消防機關火場指揮及搶救作業要點 | |
| 二、災害管理　(一) 災害防救法　(二) 災害防救法施行細則 | |
| 三、危險物品管理　(一) 爆竹煙火管理條例　(二) 爆竹煙火管理條例施行細則　(三) 公共危險物品及可燃性高壓氣體設置標準暨安全管理辦法 | |
| 四、緊急醫療救護　(一) 緊急醫療救護法　(二) 緊急醫療救護法施行細則　(三) 緊急救護辦法 | |
| 備　註 | 表列命題大綱為考試命題範圍之例示，實際試題仍得命擬相關之綜合性試題。 |

# 火災學與消防化學

| 適用考試名稱 | 適用考試類科 |
|---|---|
| 公務人員特種考試警察人員考試三等考 | 消防警察人員 |
| 專業知識及核心能力 | 一、了解熱傳之形式與影響因子。<br>二、了解燃燒之原理、現象與型態。<br>三、了解起火源、引燃、延燃、發展、衰竭、熄滅之原理與現象，並認識煙、熱流及火流之特徵與影響。<br>四、了解爆炸原理與影響因子並認識引爆方式與爆炸原理。<br>五、了解電氣火災、化學火災、特殊建築火災等現象及認識火災之特殊型態。<br>六、認識電氣、物理、化學爆炸或其他特殊爆炸之型態。<br>七、了解消防人員因救災工作所應具備之基本理化素養與專業知識。 |
| 命題大綱 | |
| 一、熱傳　(一) 傳導　(二) 對流　(三) 輻射 | |
| 二、燃燒基本原理　(一) 燃燒要素　(二) 引燃　(三) 燃燒型態 | |
| 三、火災原理與特論　(一) 起火源與引燃　(二) 延燃與發展　(三) 衰竭與熄滅　(四) 煙、熱流與火流　(五) 電氣火災　(六) 特殊建築（含超高層建築、大型空間、地下建築、交通運輸場站）火災現象　(七) 其他特殊火災現象 | |
| 四、爆炸原理與特論　(一) 爆炸要素　(二) 引爆原理　(三) 爆炸型態　(四) 物理爆炸　(五) 化學爆炸　(六) 其他特殊爆炸現象（含爆炸性物質爆炸） | |

| 適用考試名稱 | 適用考試類科 |
|---|---|
| 五、燃燒化學　(一) 燃燒現象與原理　(二) 物質之化學反應　(三) 煙之理化性質　(四) 高分子材料之燃燒與毒氣　(五) 影響粉塵爆炸之因素與特性　(六) 不燃性氣體、海龍與海龍替代品滅火劑、泡沫滅火劑及乾粉滅火劑之理化性 與滅火作用 | |
| 六、化學防災　(一) 危險物品化學　(二) 危險物品之辨識　(三) 易燃性（爆炸性）及毒性（腐蝕性）氣體之化學防災要項　(四) 易燃性（爆炸性）及毒性（腐蝕性）液體之化學防災要項　(五) 易燃性（爆炸性）及毒性（腐蝕性）固體之化學防災要項 | |
| 備　註 | 表列命題大綱為考試命題範圍之例示，實際試題仍得命擬相關之綜合性試題。 |

# 消防安全設備

| 適用考試名稱 | 適用考試類科 |
|---|---|
| 公務人員特種考試警察人員考試三等考 | 消防警察人員 |

| 專業知識及核心能力 | 一、了解各種法定消防安全設備之適用場所及免設條件。<br>二、了解各種法定消防安全設備在各火災成長階段之防減災功能需求。<br>三、各種法定消防安全設備之系統構成及動作順序。<br>四、會審勘查重點及應注意事項之正確認知與執法能力。<br>五、了解消防安全設備相關法令規章。 |
|---|---|
| 命題大綱 | |
| 一、消防設備設計　(一) 設備之選用　(二) 免設條件　(三) 設計計算類型 | |
| 二、消防設備安裝檢測　(一) 設備安裝　(二) 操作動作程序　(三) 測試檢修要領 | |
| 三、性能驗證　(一) 人命保安措施　(二) 藥劑合適性　(三) 性能設計觀念與程序　(四) 驗證技術 | |
| 備　註 | 表列命題大綱為考試命題範圍之例示，實際試題仍得命擬相關之綜合性試題。 |

# 消防戰術

（包括消防戰術、消防機械、緊急救護）

| 適用考試名稱 | 適用考試類科 |
|---|---|
| 公務人員特種考試警察人員考試三等考 | 消防警察人員 |
| 專業知識及核心能力 | 一、了解應考人是否具備消防幹部應有之消防戰術運用能力。<br>二、了解應考人對於消防戰術相關消防機械理解之程度。<br>三、了解應考人是否具備緊急救護專業技術以及行政管理能力。 |
| 命題大綱 | |
| 一、消防戰術　(一) 消防戰術基本原則與內涵　(二) 消防戰術各項作業與活動　(三) 消防救災安全與管理　(四) 火場指揮與事故管理系統（ICS）　(五) 各類型火災搶救消防戰術運用 | |
| 二、消防機械　(一) 各式消防車輛原理、構造、操作與維護　(二) 各式消防裝備原理、構造、操作與維護　(三) 各式消防器具原理、構造、操作與維護 | |
| 三、緊急救護　(一) 緊急救護相關作業程序與規定　(二) 緊急救護技術（EMT1）要領　(三) 大規模人命傷亡處置與檢傷分類　(四) 緊急救護行政作業與品質管理 | |
| 備　註 | 表列命題大綱為考試命題範圍之例示，實際試題仍得命擬相關之綜合性試題。 |

# 目錄

第 **1** 章

# 國  文

# 105年公務人員特種考試警察人員考試

等　　別：三等考試、高員三級考試
類科別：各類別、各類科
科　　目：國文（作文、公文與測驗）
考試時間：2小時
座　　號：
※注意：禁止使用電子計算器。

甲、作文與公文部分：

1) 請以藍、黑色鋼筆或原子筆在申論試卷上由左至右橫式作答，於本試題上作答者，不予計分。

2) 不得於試卷上書寫姓名或入場證號。

## 一、作文：（60分）

　　無論從事何者職務，皆有其應盡的責任與義務。所謂稱職，就是指自己的才能足夠勝任所擔負的職務。但是有一個不可忽略的關鍵是：能否清楚認識到什麼是應盡的責任與義務？請以「**本分**」為題，作文一篇，闡述自己對於工作的態度與期待。

**解：**

【起】

　　開頭先提出議題與自己的主張看法。

　　一個人如不盡自己本分、不忠於職守及工作，必然會被單位長官或自己老闆所鄙視甚至淘汰……

【承】

　　承接「起」的主張，提出佐證或說明強化概念。

　　可寫出自己早期之正面經驗

　　假使我們對自己工作守應有本分，和別人採取積極態度，我們就得以喜受這種態度所帶來的正面回饋。

　　設法讓自己幫助別人。

## 【轉】

必須有別於「承」，可以換個觀點角度闡述主張、也可以舉出前段主張的盲點、或可以用反面例子強調主張的正確。

可寫出自己早期之反面經驗

只要尊重自己所應負責工作，認真地執行，才會得到別人的尊重

舉出自己曾經歷正面事件……

如果我們決定對工作和別人採取消極態度，事情和他人對你的觀感就會往負面方向發展。

對於工作上的人事物，很容易將過錯歸咎於外在環境，造成自己負面的情緒，久了就轉變成為負面的態度。

## 【合】

總合前文做出「結論」。

可由正反面經驗予以整合

舉出自己曾經歷負面事件，並做檢討……

想有一個好的高度，得先盡自己之本分，培養一個好的態度。擁有好的本分工作及態度之同時，就已建立一個好的基礎。當基礎穩固存在了，高度才得以逐一往上攀升。


## 二、公文：（20分）

諾羅病毒為一群病毒，可感染人類而引起腸胃道發炎，在國外已迭有發生。其主要感染途徑為食入被病毒感染之食物、飲水，或接觸被感染者之排泄物、嘔吐物等。衛生福利部編印有《學校病毒性腸胃炎防治手冊》，可供參考。試擬衛生福利部致教育部、直轄市及各縣（市）政府教育局函，請各機關轉知所屬各級學校加強諾羅病毒防治宣導，以維護學生身體健康。

檔號：

保存年限：

衛生福利部　函

地址：

聯絡方式：

電話：

傳真：

受文者：教育部、直轄市及各縣（市）政府教育局

發文日期：中華民國○○年○○月○○日

發文字號：○○字第○○○○○○○○○○○號

速　　別：

密等及解密條件或保密期限：

附　　件：如文

主　　旨：請各機關轉知所屬各級學校加強諾羅病毒防治宣導，以維護學生身體健康，請查照。

說　　明：

一、依據行政院00年00月00日0000次第0000號函辦理。

二、諾羅病毒為一群病毒，可感染人類而引起腸胃道發炎，在國外已迭有發生。其主要感染途徑為食入被病毒感染之食物、飲水，或接觸被感染者之排泄物、嘔吐物等。

三、檢附本部編印《學校病毒性腸胃炎防治手冊》，可供參考。

辦　　法：

一、對案內相關細節時，如有疑慮，可電00-0000000洽○專員。

二、案內本部設有相關網站，可供民眾查詢，亦請各機關網頁可連結本部網站，以廣成效。

正　　本：教育部、直轄市及各縣（市）政府教育局

副　　本：本部○○○

部長○○○（簽字章）

乙、測驗部分：（20分）

1) 本試題為單一選擇題，請選出一個正確或最適當的答案，複選作答者，該題不予計分。

2) 共10題，每題2分，需用2B鉛筆在試卡上依題號清楚劃記，於本試題或申論試卷上作答者，不予計分。

( C )　1. 下列語句，用詞完全適當的選項是：

(A) 張先生榮升處長已近一個月，處內同仁特別為他舉辦彌月慶祝餐會

(B) 王老師年前轉職至本校任教，在他任教百日時，校方決定予以彌留

(C) 百貨公司的行銷策略之一，就是在開館週年期間推出大型促銷活動

(D) 公車上備有多個博愛座椅，目的是讓身懷甲子的準媽媽們安全乘車

( D ) 2. 「白聞天下談士相聚而言曰：『生不用封萬戶侯，但願一識韓荊州！』何令人之景慕，一至於此耶？豈不以有周公之風，躬吐握之事，使海內豪俊，奔走而歸之。一登龍門，則聲價十倍；所以龍蟠鳳逸之士，皆欲收名定價於君侯。君侯不以富貴而驕之，寒賤而忽之，則三千賓中有毛遂，使白得脫穎而出，即其人焉！」（李白〈與韓荊州書〉）上文內容屬於哪一類的應用文寫作？

(A) 平行公文　　　(B) 保證契約　　　(C) 徵才廣告　　　(D) 自薦書信

( D ) 3. 下列選項中的「君子」，何者強調有品德操守之人？

(A) 冉冉孤生竹，託根中谷卑。結髮事君子，江蘺近華池

(B) 我今幸北轅，又念眾君子。懷哉千金軀，博此五斗米

(C) 何以延君子，唯有滿榆書。何以解君頤，淡句無足娛

(D) 丈夫無苟求，君子有素守。不能垂竹帛，正可死隴畝

( C ) 4. 「人性本善」是孟子的中心思想，下列選項，何者是孟子闡述性善的言論？

(A) 賊仁者，謂之賊；賊義者，謂之殘。殘賊之人，謂之一夫。聞誅一夫紂矣，未聞弒君也〈梁惠王下〉

(B) 桀紂之失天下也，失其民也。失其民者，失其心也。得天下有道，得其民，斯得天下矣〈離婁上〉

(C) 所以謂人皆有不忍人之心者，今人乍見孺子將入於井，皆有怵惕惻隱之心，非所以內交於孺子之父母也〈公孫丑上〉

(D) 明君制民之產，必使仰足以事父母，俯足以畜妻子；樂歲終身飽，凶年免於死亡。然後驅而之善，故民之從之也輕〈梁惠王上〉

( A ) 5. 華歆、王朗俱乘船避難，有一人欲依附，歆輒難之。朗曰：「幸尚寬，何為不可？」後賊追至，王欲捨所攜人。歆曰：「本所以疑，正為此耳；既已納其自託，寧可以急相棄邪？」遂攜拯如初。世以此定華、王之優劣。依照文意，當時的人從這個事件中，所做的優劣判斷是：

(A) 華歆謀事深遠，優於王朗　　　(B) 華歆三心二意，劣於王朗

(C) 王朗慈悲為懷，優於華歆　　　(D) 王朗見異思遷，劣於華歆

( C ) 6. 承上題，下列哪一個選項是這個故事給我們最主要的啟示？

(A) 所託非人，反而招致傷害　　　(B) 自私自利，終將遭人唾棄

(C) 行善助人，應該思慮周延　　　(D) 兩相激發，讓事情更完善

( C ) 7. 把麵包拿到嘴邊是個簡單的動作，如果肚子餓還是件好事，既對身體提供糧

食，也讓農夫受益。不過可能最得利的是有些人，懂得從鐮刀到牙齒之間，如何插手搬來運去與囤積，這就是生財之道。下列哪個選項最可能是本段文字討論的重點？

(A) 大人家有糧食的，囤住了不肯出糶

(B) 鐮刀指盜匪公然搶糧，牙齒喻商人舌燦蓮花

(C) 坐商囤積居奇，轉易牟利，致穀價貴二三倍餘

(D) 旱潦不時，當思囤積穀秕、轉運糧食，庶無欠缺懸隔之憂

( B ) 8.「縣人冉氏，有狗而猛，遇行人輒搏噬之，往往為所傷。傷則主人躬詣請罪，出財救療，如是者數矣。冉氏以是頗患苦狗，然以其猛也，未忍殺，故置之。居數月，冉氏之鄰至，問其狗，曰：『烹之矣。』驚而詰其故，曰：『日者冉氏有盜，主人覺之，呼二子起，操械共逐之，盜驚而遁。主人疑狗之不吠也，呼之不應，遍索之無有也。將寢，聞臥床下若有微息者，燭之則狗也。卷曲蹲伏，不敢少轉側，垂頭閉目，若惟恐人之聞其聲者。主人曰：「嘻！吾向之隱忍不之殺也，為其有倉卒一旦之用也，惡知其搏行人則勇，而見盜則怯乎哉？」以是故，遂烹之也。』」（崔述《崔東壁遺書·冉氏烹狗》）下列最適合用來形容「冉氏之狗」的選項是：

(A) 畫地自限　　(B) 欺善怕惡　　(C) 樹大招風　　(D) 為虎作倀

( C ) 9.「『一髮』是最小境界，『五湖』是廣大境界。能把一髮溪水，當作五湖般觀看，那個『作』的工夫，就不等閒。千萬不要以為是『做作』的『作』，也不要殘忍解為『自我欺騙』，而是處於狹窄侷促的現實裏，心境的恒常廣大。

在荒謬的世代，淨土何處？五湖何處？誰能天天安躲淨土？誰能日日浪遊五湖？於是只有『作』了。

心境是自己的，可以狹窄得殺死自己，殺死別人，也可以寬廣得容下世界，容下宇宙。是憂是樂，由人自取。市塵蔽眼處，我心裏依然有一片青天；喧聲封耳地，我心裏依然有半簾岑寂。狹如一髮之溪，能作五湖看，則對現今世界，當作如是觀，當作如是觀。」本篇文章所闡揚的境界，與下列哪一個選項所論相同？

(A) 對負面的人生，做不平衡的反省，會使你沮喪

(B) 只要看看我們在閒暇時如何不甘寂寞，就知道我們的內心多空虛了

(C) 心就是一座花園，我們想什麼，它就長什麼。或雜草叢生，或鮮花滿園

(D) 我們的一生必須睡掉三分之一，因為我們整天喜歡這個，不喜歡那個，把自己搞得筋疲力盡

（ A ）　10. 承上題，下列哪一個選項的詩句也呈現了相近的境界？

(A) 結廬在人境，而無車馬喧。問君何能爾，心遠地自偏

(B) 悵恨獨策還，崎嶇歷榛曲。山澗清且淺，可以濯吾足

(C) 且求容立錐頭地，免似漂流木偶人。但道吾廬心便足，敢辭湫隘與囂塵

(D) 日日抄書懶出門，小窗弄筆到黃昏。丫頭婢子忙勻粉，不管先生硯水渾

# 104年公務人員特種考試警察人員考試

等　　別：三等警察人員考試

類　　科：消防警察人員

科　　目：國文（作文、公文與測驗）

考試時間：2小時

座　　號：

※注意：禁止使用電子計算器。

甲、作文與公文部分：

1) 請以藍、黑色鋼筆或原子筆在申論試卷上由左至右橫式作答，於本試題上作答者，不予計分。

2) 不得於試卷上書寫姓名或入場證號。

## 一、作文：（60分）

　　同樣的一件事情，從不同的角度往往會有不同的看法。因此我們必須將心比心，尊重、包容每一個觀點不同的人。請以「**雅量**」為題，就自我的認知、經驗、省思，作文一篇，詳加闡述，文長不限。

解：

【起】

　　開頭先提出議題與自己的主張看法。

　　雅量常指一個人內在擁有寬廣的胸懷，對於別人比自己強，採取不妒忌也不自卑態度。反而能夠向他人學習，甚至會幫助他人，這就是雅量。……

【承】

　　承接「起」的主張，提出佐證或說明強化概念。

　　胸懷雅量，才能包容萬物，才能以美好善良之心看待萬物

　　唐太宗曾謂「人以銅為鏡，可以正衣冠，以人為鏡，可以明得失」，此正是希望從別人的批評中看到自己的缺點！像這種希望得到批評來改正自己不足的雅量，正是讓自己得以修正及調整自己，使自己邁向更茁壯、更完美之境！

　　可寫出自己早期之正面經驗

設法讓自己幫助別人，產生正面能量回饋……

【轉】

必須有別於「承」，可以換個觀點角度闡述主張、也可以舉出前段主張的盲點、或可以用反面例子強調主張的正確。

舉出自己曾經歷負面事件，並做檢討……

事事錙銖必較，氣量狹小，易使自己心胸窄化……

只活在自己之世界，就會永遠無法納入他人意見與建議，來做修正及調整自己觀念……

【合】

總合前文做出「結論」。

可由正反面經驗予以整合

有容人的雅量，這個世界會更美好

海不擇細流，故能就其深，擁有包容別人的雅量，成就自己有寬廣之能量。

泰山不讓土壤，故能成其大；河海不擇細流，故能成其深，我們只要擁有一顆寬容的心，雅量容人，寬容處事，人生就會更精彩！

## 二、公文：（20分）

試擬衛生福利部國民健康署致各直轄市、縣（市）政府衛生局函：為推動「104年校園周邊健康飲食輔導示範計畫」，請選擇國中、小學為示範學校（不限示範校區數目），對於校園周邊之超商、早餐店、速食店及飲料店，積極輔導業者開發及提供少油、少鹽、少糖之營養早餐，以維護學生身體健康。

檔號：

保存年限：

### 衛生福利部國民健康署　函

地址：

聯絡方式：

電話：

傳真：

受文者：各直轄市、縣（市）政府衛生局

發文日期：中華民國○○年○○月○○日

發文字號：○○字第○○○○○○○○○○○號

速　別：

密等及解密條件或保密期限：

附　件：如文

主　旨：為推動「104年校園周邊健康飲食輔導示範計畫」，請選擇國中、小學為示範學校，以維護學生身體健康，請查照。

說　明：

一、依據行政院00年00月00日0000次第0000號函辦理。

二、請選擇國中、小學為示範學校（不限示範校區數目），對於校園周邊之超商、早餐店、速食店及飲料店，積極輔導業者開發及提供少油、少鹽、少糖之營養早餐。

三、檢附本部國民健康署編印《健康飲食手冊》，可供參考。

辦　法：

一、對案內相關細節時，如有疑慮，可電00-0000000洽○專員。

二、案內本部設有相關網站，可供民眾查詢，亦請各機關網頁可連結本部網站，以廣成效。

三、本案列入年終重點考核項目之一。


正　本：直轄市、縣（市）政府衛生局

副　本：本部國民健康署○○○

署長○○○（簽字章）


**乙、測驗部分：（20分）**

1) 本試題為單一選擇題，請選出一個正確或最適當的答案，複選作答者，該題不予計分。

2) 共10題，每題2分，需用2B鉛筆在試卡上依題號清楚劃記，於本試題或申論試卷上作答者，不予計分。


( C )　　1. 下列各組成語，完全沒有錯別字的是：

(A) 風聲鶴戾／獨占鰲頭／焚膏繼晷　　(B) 光風濟月／信手拈來／珠聯璧合

(C) 卓爾不群／如蟻附羶／痌瘝在抱　　(D) 縱橫俾闔／怙惡不悛／孜孜矻矻

( D ) 2. 下列選項內的詞語何者意義相反？

(A) 不知變通：削足適履、守株待兔　　(B) 視死如歸：鼎鑊如飴、不避湯火

(C) 沽名釣譽：公孫布被、矯俗干名　　(D) 詩文拙劣：欬唾成珠、洛陽紙貴

( C ) 3. 杜甫：「岱宗夫如何？齊魯青未了。造化鍾神秀，陰陽割昏曉。盪胸生層雲，決眥入歸鳥。會當凌絕頂，一覽眾山小。」關於此詩之敘述，下列選項何者正確？

(A) 寫景由近及遠　　　　　　　　　　(B) 時間由夜至晝

(C) 由望嶽而想像登嶽之情景　　　　　(D) 前四句為動態描寫，後四句為靜態描寫

( D ) 4. 少讀詩書陋漢唐，暮年身世寄農桑。

騎驢兩腳欲到地，愛酒一樽常在傍。

老去形容雖變改，醉來意氣尚軒昂。

太行王屋何由動，堪笑愚公不自量。（宋陸游〈自嘲〉）

由全詩語境加以玩味，各聯詩句何者自嘲意味最為明顯？

(A) 少讀詩書陋漢唐，暮年身世寄農桑

(B) 騎驢兩腳欲到地，愛酒一樽常在傍

(C) 老去形容雖變改，醉來意氣尚軒昂

(D) 太行王屋何由動，堪笑愚公不自量

( C ) 5. 青天有月來幾時？我今停盃一問之。人攀明月不可得，月行卻與人相隨。皎如飛鏡臨丹闕，綠煙滅盡清暉發。但見宵從海上來，寧知曉向雲間沒。白兔擣藥秋復春，姮娥孤棲與誰鄰？今人不見古時月，今月曾經照古人。古人今人若流水，共看明月皆如此。唯願當歌對酒時，月光長照金罇裏。（李白〈把酒問月〉）

本文主旨與下列各項何者最為接近？

(A) 人生天地間，忽如遠行客　　　　　(B) 願為雙鴻鵠，分翅當高飛

(C) 晝短苦夜長，何不秉燭遊　　　　　(D) 胡馬依北風，越鳥巢南枝

( D ) 6. 《禮記·經解》云：「故禮之教化也微，其止邪也於未形，使人日徙善遠罪而不自知也。是以先王隆之也。《易》曰：『君子慎始，差若毫厘，繆以千里。』此之謂也。」根據上文，下列何者正確？

(A) 先王重視禮教，反對法律等有形的規範

(B) 預先制訂完備刑罰，能夠有效阻絕人民犯罪

(C) 政府應當放棄一切有形手段，使用無為而治的教化方式

(D) 潛移默化是教化的最高境界，能在無形之中提升人的思想與行為

( C ) 7. 孔子是因堅持以道自任和「士志於道」的理想，才使他無法被時君所用，才使他四處碰壁，甚至有時候連生活都過得很淒慘，但他並未因此而喪失熱情與自信。正因爲他對自己理想的堅持，才爲中國文化建立起一個用世不用世並不能決定人格價值及其歷史地位的新標準，因而開啓了一個人可以不用世，仍然可以有人生奮鬥的目標，仍然可以有偉大的理想，仍然可以賦予人生以豐富的意義，仍然可以享有歷史崇高地位的士人傳統。（韋政通《孔子》）

根據上文，下列敘述，何者正確？

(A) 孔子堅持理想，未受重用，理所當然

(B) 一個人不用世，便無貢獻社會的機會

(C) 以道自任者，切不可喪失熱情與自信

(D) 學而優則仕，否則生活會過得很淒慘

( C ) 8. 下列各選項文句均出自《老子》，何者最能表現其「正言若反、以退爲進」的哲理？

(A) 天道無親，常與善人

(B) 天下皆知美之爲美，斯惡已

(C) 善爲士者不武，善戰者不怒，善勝敵者不與

(D) 鄰國相望，雞犬之聲相聞，民至老死不相往來

( C ) 9. 「世有伯樂，然後有千里馬。千里馬常有，而伯樂不常有。故雖有名馬，祇辱於奴隸人之手，駢死於槽櫪之間，不以千里稱也。馬之千里者，一食或盡粟一石。食馬者，不知其能千里而食也，是馬也，雖有千里之能，食不飽，力不足，才美不外見，且欲與常馬等不可得，安求其能千里也？策之不以其道，食之不能盡其材，鳴之而不能通其意，執策而臨之，曰：『天下無馬。』嗚呼！其眞無馬邪？其眞不知馬也！」（韓愈〈雜說四‧馬說〉）

依上文，下列各組詞句中的「食」字，詞性與意義皆相同的是：①一「食」或盡粟一石 ②「食」馬者 ③不知其能千里而「食」也 ④「食」不飽，力不足 ⑤「食」之不能盡其材

(A) ①②③      (B) ①③④      (C) ②③⑤      (D) ②④⑤

( B ) 10. 承上題，本文意旨爲：

(A) 說明伯樂慨嘆天下千里馬難尋

(B) 諷刺昏庸無能的執政者埋沒人才

(C) 闡述千里馬必經淬勵磨鍊乃能行千里的道理

(D) 傳達千里馬得伯樂之欣喜與未遇伯樂之悲憤

# 103年公務人員特種考試警察人員考試

等　　別：三等警察人員考試

類　　科：消防警察人員

科　　目：國文（作文、公文與測驗）

考試時間：2小時

座　　號：

※注意：禁止使用電子計算器。

甲、作文與公文部分：

1) 請以藍、黑色鋼筆或原子筆在申論試卷上由左至右橫式作答，於本試題上作答者，不予計分。

2) 不得於試卷上書寫姓名或入場證號。

## 一、作文：（60分）

　　愛心帶來社會溫馨，耐心促使效率提升，對從事公職的人而言，二者尤不可或缺。請以「**愛心與耐心**」為題，作文一篇，闡述其義。

解：

【起】

　　開頭先提出議題與自己的主張看法。

　　解釋愛心及耐心之共同點及相異點

　　教育學生（部屬）不僅應施以愛心、施以細心，更應施以耐心。誰愛學生（部屬），學生（部屬）就會愛他，只有用愛才能教育學生（部屬）。老師（長官）要善於接近學生（部屬），體貼和關心學生（部屬），和他們進行親密的思想交流，讓他們真正感受到老師（長官）對他的親近和愛。這是老師（長官）順利開展一切工作的基礎。

　　……

【承】

　　承接「起」的主張，提出佐證或說明強化概念。

　　可寫出自己早期之正面經驗

　　身為消防人員為民服務時，能以愛心及耐心來提供民眾的服務，就可以讓人感受到無

比的溫暖，也許這就是「人在公門好修行」的眞諦。

設法讓自己幫助別人，產生正面能量回饋……

【轉】

必須有別於「承」，可以換個觀點角度闡述主張、也可以舉出前段主張的盲點、或可以用反面例子強調主張的正確。

舉出自己曾經歷負面事件，並做檢討……

沒有愛心及耐心之世界，就會永遠無法……

【合】

總合前文做出「結論」。

可由正反面經驗予以整合

有愛心及耐心的人群和社會，可以讓這個世界會更美好

海不擇細流，故能就其深，擁有愛心及耐心的態度，成就自己達到寬廣之能量。

泰山不讓土壤，故能成其大；河海不擇細流，故能成其深，我們只要擁有一顆眞實愛心及耐心，容人處事，人生就會更精彩！

## 二、公文：（20分）

試擬交通部觀光局致各直轄市、縣市政府函：請將轄區內足以引人入勝之景點，簡要說明其特色及交通路線，於1個月內報由本局統整、宣傳。

檔號：

保存年限：

### 交通部觀光局　函

地址：

聯絡方式：

電話：

傳眞：

受文者：各直轄市、縣市政府

發文日期：中華民國○○年○○月○○日

發文字號：○○字第○○○○○○○○○○○號

速　別：

密等及解密條件或保密期限：

附　件：如文

主　旨：請將轄區內足以引人入勝之景點，於1個月內報由本局統整、宣傳，請查照。

說　明：

一、依據行政院00年00月00日0000次第0000號函辦理。

二、為推廣觀光旅遊風氣，請將轄內足以引人入勝之景點，作簡要說明其特色及交通路線圖說。

三、檢附本部觀光局編印《觀光旅遊手冊》，可供參考。

辦　法：

一、對案內相關細節時，如有疑慮，可電00-0000000洽○專員。

二、案內本部觀光局設有相關網站，可供民眾查詢，亦請各機關網頁可連結本部網站，以廣成效。

三、本案列入年終重點考核項目之一。


正本：直轄市、縣市政府

副本：本部觀光局○○○

　　　　　　　　　　局長○○○（簽字章）


**乙、測驗部分：**（20分）

1) 本試題為單一選擇題，請選出一個正確或最適當的答案，複選作答者，該題不予計分。

2) 共10題，每題2分，需用2B鉛筆在試卡上依題號清楚劃記，於本試題或申論試卷上作答者，不予計分。


（D）　1. 下列各組成語「」內的字，何者意義不相同？

(A) 不「足」掛齒／死不「足」惜

(B) 「引」領而望／「引」頸就戮

(C) 朋「比」為奸／周而不「比」

(D) 安步「當」車／螳臂「當」車

（C）　2. 小巷那端傳來流動食攤斷斷續續的叫賣聲──通常是麵茶、燒酒螺、土窯雞或燒肉粽，其間偶爾夾雜著外面聽到呼呼而過的風聲，低沉、蒼寂、遠遠地拉著長腔……聽在另一些喜歡暗夜獨處的夜貓族耳根子裡，卻是再也沒有任何聲音能夠比這闋獨特、內斂而豐富的城市夜曲更加動人的了。

根據上引文字之意，有關市井叫賣聲的詮釋，何者錯誤？

(A) 是城市的民情風俗畫

(B) 是城市特有的聲音景觀

(C) 是城市居住環境文明程度高低的顯示

(D) 是城市中帶有濃郁鄉土風味的抒情聲音

( C ) 3.「靜裡工夫具性靈，井無人汲泉自生。蛛絲一縷分明在，不是閒身看不清」，（袁枚〈靜裡〉）作者所表達的意旨是：

(A) 謙和有禮的態度　　　　　　(B) 有守有為的期許

(C) 從容優游的體悟　　　　　　(D) 一絲不苟的要求

( A ) 4.「百二十回三國演義至此寫定，一抬頭，已是康熙年間。且把兄弟肝膽、十萬軍機都換它一計空城沽酒去，與孔明對酌，他怡怡然撫琴，拂塵的童子已睡，只聽得他頻頻頷首，道：天機至此甚明；那青埂峰下的石頭合該煉得一身靈秀了！這世間躲不過一場情劫。待要請問這劫之一字如何了法？他一指豎在嘴前只說：噓，你聽聽，林沖正夜奔。」這段文字除了《三國演義》，還提及哪些小說？

(A) 紅樓夢／水滸傳　　　　　　(B) 鏡花緣／儒林外史

(C) 老殘遊記／金瓶梅　　　　　(D) 西遊記／兒女英雄傳

( A ) 5. 詩句「砯崖轉石萬壑雷」，意謂「砯崖轉石」的聲音像「萬壑雷」一般大，「砯崖轉石」與「萬壑雷」間，可視為省去「如、似」。下列詩句，表達方式相同的選項是：

(A) 妾心古井水　　(B) 山月隨人歸　　(C) 散髮乘夕涼　　(D) 萬戶擣衣聲

( A ) 6.「唐柳公權善書。……嘗貯金銀杯盂一笥，令奴掌之，縢識如故，及啟而器皆亡，奴妄言叵測者。公權笑曰：『杯盂羽化矣。』不復詰問。」（王蓥《群書類編故事》）下列哪一選項最接近本文所述柳公權的形象？

(A) 深有雅量之人　(B) 服食求仙之人　(C) 喜愛說笑之人　(D)家境富裕之人

( B ) 7. 王安石〈興賢〉：「博詢眾庶，則才能者進矣；不有忌諱，則讜直之路開矣；不邇小人，則讒諛者自遠矣；不拘文牽俗，則守職者辨治矣；不責人以細過，則能吏之志得以盡其效矣。」下列選項何者最接近王安石舉用賢才的主張？

(A) 謙卑與廉潔　　(B) 開明與寬大　　(C) 納諫與勤政　　(D)守法與知人

( D ) 8.「衛人迎新婦，婦上車，問：『驂馬，誰馬也？』御曰：『借之。』新婦謂僕曰：『拊驂，無笞服！』車至門，扶，教送母：『滅竈，將失火。』入室見臼，曰：『徙之牖下，妨往來者。』主人笑之。此三言者，皆要言也，然而不

免爲笑者，蚤晚之時失也。」（《戰國策・宋衛策》）

下列選項最符合上文旨意的是：

(A) 言多必失

(B) 話不投機半句多

(C) 口善應對，自覺喜樂

(D) 話合其時，何等美好

( B ) 9. 《莊子・列禦寇》中有一短篇故事：「朱泙漫學屠龍於支離益，單千金之家，三年技成而無所用其巧。」依故事的主旨，推究於現代教育，下列哪項說法正確？

(A) 教學者需開拓多元學習的視野

(B) 學習之目標與內容需配合社會現實需求

(C) 教育是良心與樹人的事業，需注入無限的愛心與資源

(D) 教學者需掌控適當的教學技巧，在最短的時間引領學者獲得學問之精髓

( B ) 10. 閱讀下列詩作，選出最能概括詩意的選項：

今朝詩思爲髭抽，後日詩從撚處求。倘每吟詩頻撚斷，詩人口比老僧頭。（陳維英〈留髭自詠〉）

(A) 老來吟詩，總能振奮精神

(B) 苦吟成詩，每每不能自已

(C) 不入佛門，學詩方能有成

(D) 醉心詩學，不知老之將至

# 102年公務人員特種考試警察人員考試

等　　別：三等警察人員考試

類　　科：消防警察人員

科　　目：國文（作文、公文與測驗）

考試時間：2小時

座　　號：

※注意：禁止使用電子計算器。

甲、作文與公文部分：

1) 請以藍、黑色鋼筆或原子筆在申論試卷上由左至右橫式作答，於本試題上作答者，不予計分。

2) 不得於試卷上書寫姓名或入場證號。

## 一、作文：（60分）

　　有個種玉米的農夫長年榮獲藍色勳章。然而每一年他都將這最棒的玉米種子與每一個鄰居共享。「你把得獎品種的玉米種子分給別人，」有人問他：「這樣怎麼可能繼續得獎呢？」

　　「你不瞭解啊，」這農夫說：「風會把花粉四處散播。如果我要培育最優良的玉米，就必須確保我所有的鄰居也有最棒的玉米種子。如果他們的玉米種子差勁，會授粉給我的玉米，降低我的玉米品質。」

　　人生也是如此，我們都在同一塊田區耕耘。我們的人生，對於周遭人的生活品質，有直接的影響。

　　閱讀上文，請以「**自利與利他**」為題，作文一篇，申述現代公民應有的心態與作為。

解：

【起】

　　開門見山，開頭先提出議題與自己的主張看法，進行破題。

　　「自利」是使自己安樂；「利他」是使他人也能安樂。

　　亞當史密斯（Adam Smith）在《國富論》（*The Wealth of Nation*）提出，公共利益的發軔其實來自私利的極大化。

……

【承】

承接「起」的主張，提出佐證或說明強化概念。

可寫出自己早期之正面經驗

身為消防人員為民服務時，能以「**利他就是自利**」精神來提供民眾的服務，就可以讓人感受到無比的溫暖，也許這就是「人在公門好修行」的真諦。

設法讓自己幫助別人，產生正面能量回饋……。

「利他」思維是：「能夠在社會價值服務鏈上為他人創造最大利益。」從這個角度來解釋，所有社會服務的利潤來源都是從「利他」開始。最擅長利他的組織，才有機會賺取最大社會回饋。至於永遠停留在「利己」的小框框，也只賺得到內部短淺的蠅頭小利。

【轉】

必須有別於「承」，可以換個觀點角度闡述主張、也可以舉出前段主張的盲點、或可以用反面例子強調主張的正確。

舉出自己曾經歷負面事件，並做檢討……

有個種玉米的農夫長年榮獲藍色勳章。然而每一年他都將這最棒的玉米種子與每一個鄰居共享。「你把得獎品種的玉米種子分給別人，」有人問他：「這樣怎麼可能繼續得獎呢？」

「你不瞭解啊，」這農夫說：「風會把花粉四處散播。如果我要培育最優良的玉米，就必須確保我所有的鄰居也有最棒的玉米種子。如果他們的玉米種子差勁，會授粉給我的玉米，降低我的玉米品質。」

人生也是如此，我們都在同一塊田區耕耘。我們的人生，對於周遭人的生活品質，有直接的影響。

【合】

總合前文做出「結論」。

可由正反面經驗予以整合

世界首富之一比爾蓋茲在成功以後，不斷地付出大筆資金進行社會回饋活動，如：幫助愛滋病患與瀕臨飢餓的族群，他是一個完成自我之功名後企業回饋人群的典範。這也就是，在成就自我之後，可望獲得社會肯定，希望在對群體利他的付出當中得到社會的認可，與超越自我的崇高價值體現。

海不擇細流，故能就其深，擁有利他及利己的態度，成就自己有寬廣之能量。

泰山不讓土壤，故能成其大；河海不擇細流，故能成其深，我們只要擁有一顆真實利

他及利己的心，容人處事，人生就會更精彩！

　　若是有利他及利己的人群社會，這個世界會更美好。


## 二、公文：（20分）

　　試擬行政院農業委員會致各縣市政府農業局（處）函：請有效執行禁止活禽屠宰及販售措施，以確保環境衛生及國民健康。


檔　號：

保存年限：

**行政院農業委員會　函**

地　址：

聯絡方式：

電　話：

傳　眞：

受文者：各縣市政府農業局（處）

發文日期：中華民國○○年○○月○○日

發文字號：○○字第○○○○○○○○○○○號

速　別：

密等及解密條件或保密期限：

附　件：如文

主　旨：請有效執行禁止活禽屠宰及販售措施，以確保環境衛生及國民健康，請查照。

說　明：

一、依據行政院00年00月00日0000次第0000號函辦理。

二、活禽屠宰及販售措施，造成區域環境衛生不良及傳染病流行，嚴重有害國民健康。

三、檢附本院農業委員會編印《禁止活禽屠宰輔導措施與禽流感防疫政策》，可供參考。

辦　法：

一、對案內相關細節時，如有疑慮，可電00-0000000洽○專員。

二、案內本院農業委員會設有相關網站，可供民眾查詢，亦請各機關網頁可連結該網站，以廣成效。

三、本案列入年終重點考核項目之一。

正本：各縣市政府農業局（處）

副本：本院農業委員會○○○

主委○○○（簽字章）

**乙、測驗部分：（20分）代號：1301**

1) 本測驗試題為單一選擇題，請選出一個正確或最適當的答案，複選作答者，該題不予計分。

2) 共10題，每題2分，需用2B鉛筆在試卡上依題號清楚劃記，於本試題或申論試卷上作答者，不予計分。

（A）　1. 諸葛亮〈前出師表〉：「臣本布衣，躬耕於南陽，苟全性命於亂世，不求聞達於諸侯。先帝不以臣卑鄙，猥自枉屈，三顧臣於草廬之中，諮臣以當世之事，由是感激，遂許先帝以驅馳。」作者心意與下列哪個選項最為貼近？

(A) 士為知己者死，女為悅己者容

(B) 劍外忽傳收薊北，初聞涕淚滿衣裳

(C) 山不厭高，海不厭深。周公吐哺，天下歸心

(D) 枯桑知天風，海水知天寒。入門各自媚，誰肯相為言

（C）　2. 「世有周子，儁俗之士，既文既博，亦玄亦史，然而學遁東魯，習隱南郭；竊吹草堂，濫巾北岳。誘我松桂，欺我雲壑。雖假容於江皋，迺纓情於好爵。」（孔稚珪〈北山移文〉）文中「周子」的心態，與下列選項相近的是：

(A) 當其欣於所遇，暫得於己，快然自足，不知老之將至（王羲之〈蘭亭集序〉）

(B) 老當益壯，寧移白首之心？窮且益堅，不墜青雲之志（王勃〈滕王閣序〉）

(C) 志深軒冕，而泛詠皋壤；心纏幾務，而虛述人外（《文心雕龍·情采》）

(D) 危邦不入，亂邦不居；天下有道則見，無道則隱（《論語》）

（B）　3. 中國傳統戲劇的種類豐富，表演方法多樣，根據下列這首以數字嵌首的詩歌描述，請選出與它演出性質相符合的劇種：

一人一仙分身段，兩手靈活交替換，三條引首上中下，四肢關節各有線，五指乾坤大運搬，六字訣法六神生，七星腳步要穩定，八音神咒護身形，九天知聞眾符令，十指能移百萬兵。

(A) 布袋戲　　　(B) 傀儡戲　　　(C) 歌仔戲　　　(D) 皮影戲

( C ) 4. 「教養是一種內在自我的教育，對自己在宇宙與社會裡的定位有清楚的掌握與認知，對周遭生物的生存權利有敏感度，對別人的感受有所尊重，具強烈的正義感，知道如何節制自己，擁有具有目標的人生觀，是有擇善原則的社會人。」（黃崑巖《談教養》）下列選項何者無涉上文旨意？
(A) 克己復禮之謂仁 　　　　　(B) 夫禮者，自卑而尊人
(C) 三人同行，宜當擇善 　　　(D) 內修行義，莫矜伐掩人

( B ) 5. 下列對聯所緬懷歌詠的人物，錯誤的是：
(A) 「三顧頻煩天下計／兩朝開濟老臣心」：諸葛亮
(B) 「數點梅花亡國淚／二分明月故臣心」：李後主
(C) 「一門父子三詞客／千古文章八大家」：三蘇父子
(D) 「志在高山，志在流水／一客荷樵，一客聽琴」：伯牙、鍾子期

( D ) 6. 某地方政府舉辦才藝比賽而贈送獎牌，下列各獎牌的題辭與比賽項目何者完全不相符合？
(A) 鐵畫銀鉤：書法比賽 　　　(B) 錦心繡口：作文比賽
(D)懸河唾玉：演講比賽 　　　(D) 激濁揚清：游泳比賽

請依下文回答第7題至第8題：
泰山之東，有澧泉，其形如井，本體是石也。欲取飲者，皆洗心志，跪而挹之，則泉出如飛，多少足用。若或污漫，則泉止焉。蓋神明之嘗志者也。
空桑之地，今名為孔竇，在魯南。山之穴外，有雙石，如桓楹起立，高數丈。魯人絃歌祭祀。穴中無水，每當祭時，灑掃以告，輒有清泉自石間出，足以周事。既已，泉亦止。其驗至今存焉。

( B ) 7. 文中「欲取飲者，皆洗心志」，這是說要喝澧泉的人，都必須：
(A) 等待神意 　　(B) 清心寡慾 　　(C) 專心一意 　　(D) 洗淨身體

( D ) 8. 文中「足以周事」的「事」，是指：
(A) 飲用之事 　　(B) 灑掃之事 　　(C) 游賞之事 　　(D)祭祀之事

請依下文回答第9題至第10題：
「凡觀物有疑，中心不定，則外物不清；吾慮不清，則未可定然否也。冥冥而行者，見寢石以為伏虎也，見植林以為後人也；冥冥蔽其明也。醉者越百步之溝，以為蹞步之澮也；俯而出城門，以為小之閨也；酒亂其神也。厭目而視者，視一以為兩，掩耳而聽者，聽漠漠而以為哅哅，勢亂其官也。」（《荀子·解蔽》）

（D） 9. 下列選項何者正確？

    (A) 「觀物有疑」，源於視力不佳

    (B) 「冥冥而行」，指行事不光明

    (C) 「蹢步之澮」，指個性急躁之人碎步快走

    (D) 「厭目而視」，源於情勢亂其官能

（B） 10. 最符合本段主旨的選項是：

    (A) 處世判斷應眼見為憑，不可人云亦云

    (B) 只要心定慮清，可免於錯覺的影響，認清事實

    (C) 若以憎恨之眼，充耳不聞處世，則無法獲取他人認同

    (D) 行事問心無愧者，即使不幸身處幽暗，仍應企盼光明的到來

# 101年公務人員特種考試警察人員考試

等　　別：三等警察人員考試
類　　科：消防警察人員
科　　目：國文（作文、公文與測驗）
考試時間：2小時
座　　號：
※注意：禁止使用電子計算器。

甲、作文與公文部分：

1) 請以藍、黑色鋼筆或原子筆在申論試卷上由左至右橫式作答，於本試題上作答者，不予計分。

2) 不得於試卷上書寫姓名或入場證號。

## 一、作文：（60分）

　　一位名家的文章裏這麼寫道：「為什麼十年前路上的大石頭到現在還是大石頭？原因無他，每個路過的人不認為這是他的事，也不相信自己能移動它。」這真是一針見血地指出了我們大部分人的自私與怯懦。現在請以「**我願、我能、我做**」為題，作文一篇，申述現代公民應有的心態與作為。

### 解：

### 【起】

　　開門見山，開頭先提出議題與自己的主張看法，進行破題。

　　凱撒大帝曾說：「I hope, I can, I come.」，立下宏願，堅定自己的信念，持之以恆地執行，最後他真的成了大帝。

　　……

### 【承】

　　承接「起」的主張，提出佐證或說明強化概念。

　　可寫出自己早期之正面經驗

　　身為消防人員為民服務時，能以「**我願、我能、我做**」精神來提供民眾的服務，就可以讓人感受到無比的溫暖，也許這就是「人在公門好修行」的真諦。

設法讓自己幫助別人，產生正面能量回饋……

**「我願、我能、我做」**思維是：「能夠在社會價值服務鏈上為人群創造最大公益。」

愚公移山的故事，愚公立下自己心願，能去做大家不願意做的事，而且相信自己有能力去做，勤之以恆，最後真的達到其心願了。

【轉】

必須有別於「承」，可以換個觀點角度闡述主張、也可以舉出前段主張的盲點、或可以用反面例子強調主張的正確。

舉出自己曾經歷負面事件，並做檢討……

「為什麼十年前路上的大石頭到現在還是大石頭？原因無他，每個路過的人不認為這是他的事，也不相信自己能移動它。」這真是一針見血地指出了我們大部分人的自私與怯懦。

好比路上發生車禍，路過人們視而不見，有許多人有能力幫忙救助，卻不伸出援手，眼睜睜的看著黃金救援時間，一分一秒的過去……

事事勇於承做，面對困難與挫折，唯有經過痛苦的洗禮，才能蛻變成嶄新的自我，以十足勇氣面對往後的任何一項挑戰。

歡喜做願意做：一個自私的人，關心的只有自己的利益，心裡盤算的都是個人私事，這是多麼地狹隘局促窄化自己世界

【合】

總合前文做出「結論」。

可由正反面經驗予以整合

自私和怯懦只會為社會帶來冷漠無情，大家戮力同心，胼手胝足，一定能將這社會帶往嶄新的未來

海不擇細流，故能就其深，擁有**我願、我能、我做**的態度，便能成就自己有寬廣之正面能量。

在生命旅程裡，包羅萬象，別有洞天，無處不是燦爛陽光，無時不是左右逢源。

泰山不讓土壤，故能成其大；河海不擇細流，故能成其深，我們只要擁有一顆真實**我願、我能、我做**的心，人生就會更精彩！

擁有有**我願、我能、我做**的人群社會，這個世界會更美好。

## 二、公文：（20分）

試擬行政院致行政院勞工委員會函：針對暑假期間學生打工之勞動條件、環境，應予

以全面調查並加以督導改善，以維護青少年打工權益。

　　（勞動條件：勞動者與資方對工時、工資、休假、休息、醫療、安全衛生、撫卹等的約定。亦作「工作條件」。）


　　　　　　　　　　　　　　　　　　　　　　　　　　檔號：
　　　　　　　　　　　　　　　　　　　　　　　　　　保存年限：

　　　　　　　　　　　**行政院**　函

　　　　　　　　　　　　　　　　　　　　　　　　　　地址：
　　　　　　　　　　　　　　　　　　　　　　　　　　聯絡方式：
　　　　　　　　　　　　　　　　　　　　　　　　　　電話：
　　　　　　　　　　　　　　　　　　　　　　　　　　傳眞：

受文者：行政院勞工委員會

發文日期：中華民國○○年○○月○○日

發文字號：○○字第○○○○○○○○○○○號

速　別：

密等及解密條件或保密期限：

附　件：如文

主　旨：針對暑假期間學生打工之勞動條件、環境，應予以全面調查並加以督導改善，以
　　　　維護青少年打工權益，請查照。

說　明：

　　一、依據行政院00年00月00日0000次第0000號函辦理。

　　二、案內勞動條件係指勞動者與資方對工時、工資、休假、休息、醫療、安全衛生、
　　　　撫卹等的約定；亦作「工作條件」。

　　三、檢附本院編印《暑假期間學生打工注意事項》，可供參考。

辦　法：

　　一、對案內相關細節時，如有疑慮，可電00-0000000洽○專員。

　　二、案內本院設有相關網站，可供民眾查詢，亦請單位網頁可連結該網站，以廣成
　　　　效。

　　三、本案列入年終重點考核項目之一。


正本：行政院勞工委員會

副本：本院○○○

院長○○○（簽字章）

乙、測驗部分：（20分）

1) 本測驗試題為單一選擇題，請選出一個正確或最適當的答案，複選作答者，該題不予計分。

2) 共10題，每題2分，需用2B鉛筆在試卡上依題號清楚劃記，於本試題或申論試卷上作答者，不予計分。

（ C ）　1. 我們作為現代人，要有公民意識、社會參與，每一個人也都必須試著扮演知識份子的角色，即使只是在生活中的某一短暫的片段時刻。但是，正如西方一位女哲學家阿倫德（Hannah Arendt）所說，我們這個時代，由於太重視行動，卻成了一個不思不想的時代。「不思不想」正是缺乏判斷力的最大根源。沒有判斷力，一切「公民意識」、「社會參與」都變成了隨波逐流，依人的腳跟而轉；只有形式，而無內容。（摘錄自：余英時〈商業社會中士人精神的再造〉）上文作者想表達的旨意是：

(A) 公民意識和社會參與，是成為知識分子的首要條件

(B) 公民意識和社會參與能讓知識分子的思想更有內涵

(C) 培養判斷力可有助於知識分子獨立思考能力的建立

(D) 要有思想判斷力，就需減少花費在實際行動的時間

（ B ）　2. 「竹」虛心、有節、色青的品性，在文學中常用來象徵人的品格襟抱。以下詩句中的竹，不屬於此種用法的選項是：

(A) 多節本懷端直性，露青猶有歲寒心（劉禹錫〈酬元九侍御贈璧竹鞭長句〉）

(B) 離前吉夢成蘭兆，別後啼痕上竹生（駱賓王〈豔情代郭氏答盧照麟〉）

(C) 不用裁為鳴鳳管，不需裁作釣魚竿。千花百草凋零後，留向雪裏紛紛看（白居易〈題李次雲窗竹〉）

(D) 咬定青山不放鬆，立根原在破岩中。千磨萬擊還堅勁，任爾東西南北風（鄭燮〈竹石〉）

（ C ）　3. 《孟子・梁惠王》：「梁惠王曰：『寡人願安承教。』孟子對曰：『殺人以梃與刃有以異乎？』曰：『無以異也。』『以刃與政有以異乎？』曰：『無以異也。』」下列社會案件的起因，與孟子的中心思想吻合的選項是：

(A) 某賣場的地下停車場發生搶劫傷人案，廠商因管理過失被起訴

(B) 一群青少年鬥毆，不論持棍打人，或持刀殺人，都被檢察官起訴

(C) 非洲某國政府採取種族隔離政策，導致族群仇殺，人民流離失所，引起舉世關注

(D) 某兇嫌因強盜殺人案件，被判處死刑定讞，因我國尚未廢除死刑，故已於今年伏法

( A ) 4. 昔范文正公患諸路監司非人，視選簿有不可者，輒筆勾之。或謂：「一筆退一人，則是一家哭矣。」公曰：「一家哭，其如一路哭何？」

根據上文，下列對范文正公的評論最適切的選項是：

(A) 心存百姓，視民如傷　　　　　(B) 果敢堅毅，當斷則斷

(C) 公正無私，賞罰分明　　　　　(D) 擇善去惡，趨吉避凶

( B ) 5. 閱讀下段文字，選出最符合本文意旨的選項。

一仕宦將之官，其厚友送之，囑曰：「公居官無他難，只要耐煩。」仕者唯唯。已而再囑三囑，猶唯唯。及于四五，其人忿然怒曰：「君以我為呆子乎？只此二字，奈何言之數四？」厚友曰：

「我才多說兩次，爾遽發惱，輒為能耐煩，可乎？」

(A) 厚友不能「躬自厚而薄責於人」

(B) 仕者不耐煩，正因「知易行難」

(C) 仕者乃「可與共學，未可與適道」者

(D) 子曰：「不可與言，而與之言，失言。」厚友有失言之病

( B ) 6. 齊桓公謂管仲曰：「吾國甚小，而財用甚少，而群臣衣服輿馬甚汰，吾欲禁之，可乎？」管仲曰：「臣聞之，君嘗之，臣食之；君好之，臣服之。今君之食也，必桂之漿；衣練紫之衣，狐白之裘，此群臣之所奢大也。《詩》云：『不躬不親，庶民不信。』君欲禁之，胡不自親乎？」桓公曰：「善。」於是更制練帛之衣，大白之冠。一年而齊國儉也。

下列文句與本文意旨最不相關的選項是：

(A) 子帥以正，孰敢不正　　　　　(B) 文質彬彬，然後君子

(C) 上有所好，下必甚焉　　　　　(D) 風行草偃，從化無違

( D ) 7. 《論語・憲問》：「古之學者為己，今之學者為人。」《荀子・勸學》：「古之學者為己，今之學者為人。君子之學也，以美其身；小人之學也，以為禽犢。」根據上述引文，孔子以古今區分「學者」的特性，荀子更進而說明二者之異；則下列選項，何者敘述為是？

(A) 孔子以為當時的人皆為服務大眾而努力向學

(B) 荀子以爲小人應學習如何獲取牲畜力求溫飽

(C) 孔子與荀子都認爲古代學者具有自私的特性

(D) 孔子與荀子都認爲讀書志在增進自己的學養

（ B ）　8. 凡在官守，汩於詞訟，窘於財賦，困於朱墨，往往於閨門之內，類不暇察，至有子弟受人略而不知者。蓋子弟不能皆賢，或爲吏輩誘以小利，至累及終身。昔王元規爲河清縣軍民歌詠，以民吏不識知縣兒爲第一奇。蓋子弟當絕見客，勿出中門；仍嚴戒吏輩，不得與之交通，又時時密察之，庶幾亡弊。不然，則禍起蕭牆矣。

根據上文對官守的論述，下列最適切的選項是：

(A) 需重視子弟的品德教育

(B) 應嚴戒子弟與民吏不得結識交遊，謹防賄賂

(C) 宜注意子弟間手足之情，勿內鬥而禍起蕭牆

(D) 「汩於詞訟，窘於財賦，困於朱墨」，謂其工作能力不佳

（ A ）　9. 昔者，有「狐疑」之國，王忌其弟謀反而苦無稽焉。某日，一士自西方來，自謂能窺人之夢，以伺心機。王遣之偵察其弟，果得叛變之夢，因以爲據而殺之。復疑其弟魂魄爲亂，懼而不能自解，終癲狂而死。（顏崑陽〈窺夢人〉）

下列敘述最接近上文寓意的選項是：

(A) 疑鬼疑神，自取其咎　　　　(B) 兄弟鬩牆，外禦其侮

(C) 日有所思，夜有所夢　　　　(D) 戒慎恐懼，癲狂而亡

（ B ）　10. 「口者關也，舌者機也。出言不當，四馬不能追也。口者關也，舌者兵也。出言不當，反自傷也。言出於己，不可止於人；行發於邇，不可止於遠。夫言行者君子之樞機，樞機之發，榮辱之本也，可不愼乎？」（《說苑·談叢》）

以上這段文字的主旨在說明：

(A) 言必信，行必果　　　　　　(B) 謹言愼行的重要

(C) 一言既出，駟馬難追　　　　(D) 民主政治貴在自由論辯

# 100年公務人員特種考試警察人員考試

等　　別：三等警察人員考試
類　　科：消防警察人員
科　　目：國文（作文、公文與測驗）
考試時間：2小時
座　　號：
※注意：禁止使用電子計算器。

甲、作文與公文部分：

1) 請以藍、黑色鋼筆或原子筆在申論試卷上由左至右橫式作答，於本試題上作答者，不予計分。

2) 不得於試卷上書寫姓名或入場證號。

## 一、作文：（60分）

　　《貞觀政要》中說：「國家大事，惟賞與罰。賞當其勞，無功者自退。罰當其罪，為惡者咸懼。則知賞罰不可輕行也。」在管理理論上，西方也有所謂紅蘿蔔與棍子的說法。試以「**談管理**」為題，作文一篇。

解：

【起】

　　開門見山，開頭先提出議題與自己的主張看法，進行破題。

　　管理就是掌管事務，國家設官分職，各有職掌，旨在分別負責，以共同達到國家目的。從黃帝時代設百官，「百官以治，萬民以察」，百官就是負責主管各方面事務的官員。

　　科學管理之父泰勒（Taylor）認為：「管理就是確切地知道你要別人做什麼，並使他用科學的方法去做。」亦即管理就是：指揮他人能用最好的辦法去工作。

【承】

　　承接「起」的主張，提出佐證或說明強化概念。

　　可寫出自己早期之正面經驗

　　管理內務與重用人才是促成事業進步的要件，如何招賢納士，並懂得「以誠待人，以

德服人」，是主管們所當修習的重要課題

　　《貞觀政要》中說：「國家大事，惟賞與罰。賞當其勞，無功者自退。罰當其罪，為惡者咸懼。則知賞罰不可輕行也。」注重獎賞，即題意所言：「國家大事，惟賞與罰。賞當其勞，無功者自退。罰當其罪，為惡者咸懼。則知賞罰不可輕行也。」終造就貞觀之治。

　　往知人善任、放手釋權，疑人不用，用人不疑。

## 【轉】

　　必須有別於「承」，可以換個觀點角度闡述主張，也可以舉出前段主張的盲點，或可以用反面例子強調主張的正確。

　　舉出自己曾經歷負面事件，並做檢討……

　　管理內務與重用人才是促成事業進步的要件，如何招賢納士，並懂得「以誠待人，以德服人」，是主管們所當修習的重要課題；倘若非如此，招致眾人無法心悅誠服，工作效率顯然大打折扣。

## 【合】

　　總合前文做出「結論」。

　　可由正反面經驗予以整合

　　孟子亦言：「天時不如地利，地利不如人和。」為政當懂得管理之道，以人和為貴。

　　每一種組織都需要對其事務、資源、人員進行管理，以各司其職，發揮團隊整合效率。

　　具有有科學管理的人群社會，人生就會更精彩，這個世界會更美好。


## 二、公文：（20分）

　　試擬行政院致所屬各部會函：為因應即將開放大陸地區人民來臺觀光自由行，請轉知所屬機關，從速研擬相關措施，俾妥善處理各種狀況。


　　　　　　　　　　　　　　　　　　　　　　　　　　　　　　　　　　檔號：

　　　　　　　　　　　　　　　　　　　　　　　　　　　　　　　　　　保存年限：


　　　　　　　　　　　　　　行政院　函


　　　　　　　　　　　　　　　　　　　　　　　　　　　　　　　　　　地址：

　　　　　　　　　　　　　　　　　　　　　　　　　　　　　　　　　　聯絡方式：

　　　　　　　　　　　　　　　　　　　　　　　　　　　　　　　　　　電話：

傳眞：

受文者：本院所屬各部會

發文日期：中華民國○○年○○月○○日

發文字號：○○字第○○○○○○○○○○號

速　別：

密等及解密條件或保密期限：

附　件：如文

主　旨：為因應即將開放大陸地區人民來臺觀光自由行，請轉知所屬機關，從速研擬相關措施，請查照。

說　明：

一、依據行政院00年00月00日0000次第0000號函辦理。

二、案內即將開放大陸地區人民來臺觀光自由行，從速研擬相關配套措施，俾以妥善處理各種狀況。

三、檢附本院編印《大陸地區人民來臺觀光注意事項》，可供參考。

辦　法：

一、對案內相關細節時，如有疑慮，可電00-0000000洽○專員。

二、案內本院設有相關網站，可供民眾查詢，亦請單位網頁可連結該網站，以廣成效。

三、本案列入年終重點考核項目之一。

正　本：本院所屬各部會

副　本：本院○○○

院長○○○（簽字章）

乙、測驗部分：（20分）

1) 本測驗試題為單一選擇題，請選出一個正確或最適當的答案，複選作答者，該題不予計分。

2) 共10題，每題2分，需用2B鉛筆在試卡上依題號清楚劃記，於本試題或申論試卷上作答者，不予計分。

（C）　1. 下列句子，哪一個犯了用詞的錯誤？

(A) 愛護花木，就是愛護環境

(B) 勉勵他人，其實也在勉勵自己

(C) 我要你自我反省，你卻來反省我

(D) 民意代表經常檢討官員，也應經常檢討自己

（B）　2. 下列是一段古文，請依文意選出排列順序最恰當的選項：

約行二三里，渡兩小溪，甲、林木翳翳，乙、皆履而涉，丙、老藤纏結其上，丁、大小不可辨名，戊、復入深林中，若虯龍環繞。（郁永河《裨海紀遊》）

(A) 甲乙戊丙丁　　　(B) 乙戊甲丁丙　　　(C) 丙丁乙戊甲　　　(D) 戊乙甲丁丙

（A）　3. 下列文句，先敘「結果」，再敘「原因」的選項是：

(A) 晉侯、秦伯圍鄭，以其無禮於晉，且貳於楚也

(B) 昔先聖王之治天下也，必先公，公則天下平矣

(C) 今歲春雪甚盛，梅花為寒所勒，與杏桃相次開發

(D) 先世避秦時亂，率妻子邑人來此絕境，不復出焉

（C）　4. 晏幾道〈臨江仙〉：「記得小蘋初見，兩重心字羅衣。琵琶絃上說相思。當時明月在，曾照彩雲歸。」下列選項，何者情境最相近似？

(A) 寂寞空庭春欲晚　　　　　　(B) 紅顏未老恩先斷

(C) 此情可待成追憶　　　　　　(D) 猶為離人照落花

（D）　5. 園中本有點大理菊，被草萊淹得只剩一口游氣，有時在那有毒刺的豬草叢裡，開出兩三朵神氣黯然的小花。自我搬來以後，莠草去，嘉卉出，深紅淺紫，爛然滿眼。（蘇雪林〈灌園生活的回憶〉）

與上文內容意境相近的，是哪一個選項？

(A) 其山多楩，多楠，多篔簹之竹，多橐吾。（柳宗元〈柳州山水近治可游者記〉）

(B) 無土壤，而生嘉樹美箭，益奇而堅，其疏數偃仰，類智者所施設也。（柳宗元〈小石城山記〉）

(C) 其旁多巖洞，其下多白礫，其樹多楓、石楠、梗、櫧、樟、柚，草則蘭芷。（柳宗元〈袁家渴記〉）

(D) 即更取器用，鏟刈穢草，伐去惡木，烈火而焚之。嘉木立，美竹露，奇石顯。（柳宗元〈鈷鉧潭西小丘記〉）

（C）　6. 《孟子·告子》：「一簞食，一豆羹，得之則生，弗得則死，嘑爾而與之，行道之人弗受；蹴爾而與之，乞人不屑也。」行道之人與乞人不接受食物，基於哪一個原因？

(A) 食不知味　　　(B) 食不厭精　　　(C) 不食嗟來之食　　　(D) 不信耳食之言

（ C ）　7. 民謠《青春舞曲》「太陽下山明早依舊爬上來，花兒謝了明年還是一樣的開；美麗小鳥飛去無影蹤，我的青春小鳥一樣不回來，我的青春小鳥一樣不回來。」以上歌詞，與以下宋詞意思最接近的選項是：

(A) 可堪孤館閉春寒，杜鵑聲裡斜陽暮（秦觀〈踏莎行〉）

(B) 乍聽得、鴉啼鶯哢，惹起新愁無限（呂濱老〈薄倖〉）

(C) 願春暫留，春歸如過翼，一去無迹（周邦彥〈六醜〉）

(D) 去年春恨卻來時，落花人獨立，微雨燕雙飛（晏幾道〈臨江仙〉）

（ D ）　8. 非營利組織的「行銷導向」，有時不是單純地尊重服務對象的意願，而需要從服務對象長期的利益觀點，去教育與說服他們。最顯著的例子即是戒菸。……這時禁菸組織即應發揮教育的作用，而不是配合服務對象的表層偏好而行銷導向了。（司徒達賢《非營利組織的經營管理》）

與上文主旨最接近的選項是：

(A) 非營利組織不必講究行銷導向

(B) 禁菸組織亦應充分尊重吸菸者的嗜好

(C) 非營利組織可完全忽略服務對象的表層偏好

(D)「顧客永遠是對的」這句話，在非營利組織而言，未必適用

（ C ）　9.「昇平滿目頒新朔，日月無窮又履端。」這副對聯，最適宜用於哪種場合？

(A) 慶祝媽祖生日　(B) 慶祝開業週年　(C) 慶祝農曆元旦　(D) 慶祝醫院開業

（ B ）　10. 閱讀下文，推斷令尹子文因人們的何種作為而感慨「人不如麝」？

東南之美，有荊山之麝臍焉。荊人有逐麝者，麝急則抉其臍，投諸莽，逐者趨焉，麝因得以逸。令尹子文聞之曰：「是獸也，而人有弗如之者，以賄亡其身，以及其家，何其知之不如麝耶！」（《郁離子‧賄亡》）

(A) 投機取巧　　　(B) 捨命逐利　　　(C) 貴耳賤目　　　(D) 露才揚己

# 第2章

# 中華民國憲法與
# 消防警察專業英文

# 105年公務人員特種考試警察人員考試

等　　別：三等警察人員考試
類　　科：消防警察人員
科　　目：中華民國憲法與消防警察專業英文
考試時間：2小時
座　　號：
※注意：禁止使用電子計算器。

甲、申論題部分：（25分）
1) 不必抄題，作答時請將試題題號及答案依照順序寫在申論試卷上，於本試題上作答者，不予計分。
2) 請以藍、黑色鋼筆或原子筆在申論試卷上作答。

## 一、中譯英：（10分）

　　在著手開始他們的任務之前，消防警察得宣誓他們會憑藉他們的最佳能力，公正無私而且忠實地履行責任，方能取得資格。

**解：**

　　Before starting their mission, the fire police officers were sworn that they will keep their best ability, impartial and faithful to fulfill their responsibilities, in order to get the service qualifications.

## 二、英文作文：（15分）

　　你受邀到臺北美國學校，跟（小學）低年級的小朋友宣導防災的重要性。請說明你如何設計此次演講活動，方能夠引起學童的興趣和關注，達到宣導的效果。

**解：**

　　In order to enhance students' ability to handle the disasters, we will teach the　correct conception of disaster prevention from an early stage.

　　It is important to tell student that they should not to play with the fire and teach them how to escape when the fire happened.

Letting the students understand the basic operation of safety equipment, such as using the portable fire extinguishers, pulling sheath and pressing nozzle of fire extinguisher.

Try to arrange interesting safety drills, including ladder truck experience, escaping from the smoke area, fire engine jetting experience, CPR teaching, and portable fire extinguishers operating activities.

作文（中文意思）：

為加強在校學生災害應對能力，我們教導他們防災教育的正確觀念，能從早期就往下紮根。

教導學生不要用火，有火災逃生知識非常重要，瞭解基本消防安全設備操作，如使用手提式滅火器，拉插鞘、拉噴嘴和壓手把。

盡量安排有趣的消防安全演練，包括雲梯車體驗、火場濃煙體驗、消防車射水的經驗，CPR教學和操作手提式滅火器等活動體驗。

**乙、測驗題部分：（75分）**

1) 本試題為單一選擇題，請選出一個正確或最適當的答案，複選作答者，該題不予計分。

2) 共60題，每題1.25分，需用2B鉛筆在試卡上依題號清楚劃記，於本試題或申論試卷上作答者，不予計分。

( C )　1. 關於民主與共和之概念，下列敘述何者正確？
(A) 國家元首由人民直接選舉產生者為民主國；由人民間接選舉產生者為共和國
(B) 國家權力擁有者為人民者為民主國；國家權力擁有者為國家元首者為共和國
(C) 民主涉及者為政體問題；共和涉及者為國體問題
(D) 民主國家必然為共和國；共和國未必是民主國家

( A )　2. 依憲法及憲法增修條文之規定，下列何者無法案提案權？
(A) 總統　　　(B) 考試院　　　(C) 監察院　　　(D)司法院

( D )　3. 依司法院大法官解釋，下列何者屬於憲法第22條所保障之其他自由權利？
(A) 財產權　　　　　　　　(B) 集會自由
(C) 應考試服公職之權　　　(D) 契約自由

（C） 4. 地方自治團體中，下列何者由人民直接選舉產生？

（A) 縣議會之議長 （B) 直轄市之區長 （C) 鄉鎮之村里長 （D) 縣轄市副市長

（A） 5. 依憲法增修條文第10條，關於教育、科學、文化之經費，設有如何之規定？

(A) 不受憲法第164條規定之限制

(B) 在中央不得少於其預算總額百分之三十五

(C) 在省不得少於其預算總額百分之十五

(D) 在市、縣不得少於其預算總額百分之十五

（B） 6. 依憲法增修條文第12條之規定，擬訂憲法修正案，至少需經過立法委員下列何者比例之提議，始得交付決議？

(A) 五分之一 (B) 四分之一 (C) 三分之一 (D) 二分之一

（D） 7. 依司法院大法官解釋意旨，有關修憲之界限，下列敘述何者錯誤？

(A) 我國憲法及增修條文並無關於修憲界限之明文規定

(B) 憲法中具有本質重要性而為規範秩序存立之基礎者，屬修憲之界限

(C) 權力分立與制衡原則屬修憲之界限

(D) 逾越修憲界限之憲法修改條文，不待司法院大法官宣告，該條文自始無效

（D） 8. 依司法院大法官解釋意旨，下列何者非屬憲法第8條第1項所稱之警察機關？

(A) 依據刑事訴訟法對被告執行拘提之司法警察

(B) 依據行政執行法執行拘提管收之行政執行處執行員

(C) 依據刑事訴訟法對通緝犯逕行逮捕之司法警察官

(D) 依據刑事訴訟法對現行犯進行逮捕之一般人

（B） 9. 被害人民提起國家賠償訴訟之必要前提要件為何？

(A) 必須已經過訴願程序

(B) 賠償義務機關與被害人民協議不成

(C) 被害人民必須先向賠償義務機關之上級機關陳情

(D) 被害人民必須先向監察院舉發

（D） 10. 依司法院釋字第450號解釋，大學法及同法施行細則規定大學應設置軍訓室並配置人員，係違反下列何種原則？

(A) 法律保留原則 (B) 比例原則 (C) 民主原則 (D) 大學自治原則

（D） 11. 下列何者非屬憲法第10條保障之人民居住及遷徙自由之內涵？

(A) 人民享有經營私人居住生活不受干預之權利

(B) 人民享有選擇其居住處所之權利

(C) 人民享有任意移居或旅行各地之權利

（D) 人民享有尊嚴適足居住環境之權利

（ B ） 12. 下列何者非屬大法官之職掌事項？

(A) 審理總統彈劾案 　　　　　　　　(B) 審理一般人民團體違憲之解散事項

(C) 解釋憲法 　　　　　　　　　　　(D) 統一解釋命令

（ A ） 13. 依司法院釋字第709號解釋，關於居住自由之保障，下列敘述何者正確？

(A) 居住自由為人民有選擇其居住處所，營私人生活不受干預之自由

(B) 為促進都市土地之利用，得無條件強制人民遷離處所

(C) 都市更新係屬私法自治領域，國家不得介入

(D) 都市更新主管機關依法核准都市更新事業計畫，非屬公權力行為

（ C ） 14. 憲法上訴訟權保障之範圍，不及於下列何者？

(A) 聽審請求權 　　　　　　　　　　(B) 適時審判之權利

(C) 三級三審之審級制度 　　　　　　(D) 正當法律程序

（ B ） 15. 依司法院釋字第603號解釋，原戶籍法關於按捺指紋後始核發國民身分證之規定，違憲之理由為何？

(A) 憲法保障資訊隱私權係屬絕對保障，不得以法律加以限制

(B) 為防止冒領身分證之目的而強制錄存指紋，其手段仍屬過當

(C) 國家強捺指紋並錄存之目的，與防止冒領身分證欠缺關聯性

(D) 錄存指紋用以比對個人身分之真實性，非屬於世界趨勢

（ A ） 16. 依司法院釋字第680號解釋，懲治走私條例規定私運管制物品進出口逾公告數額者處以刑罰，管制物品與數額則由行政院公告。系爭規定違反下列何種原則？

(A) 授權明確性原則 　　　　　　　　(B) 信賴保護原則

(C) 比例原則 　　　　　　　　　　　(D) 正當程序原則

（ C ） 17. 司法院釋字第426號解釋所稱之空氣汙染防制費，係對於有特定關係之國民所課徵之公法上負擔，必須專款專用，此稱之為下列何者？

(A) 所得稅　　　(B) 營業稅　　　(C) 特別公課　　　(D) 一般公課

（ D ） 18. 依司法院釋字第371號解釋之意旨，法官於審理案件時，對於應適用之法律，依其合理之確信，認為有牴觸憲法之疑義者，應許其作下列何種處理？

(A) 提請所屬法院法官會議審議，如認有牴觸憲法，以法院名義聲請釋憲

(B) 提請所屬之最高層級法院法官會議審議，如認有牴觸憲法，以法院名義聲請釋憲

(C) 由法官以裁定告知當事人，當事人憑此裁定所附具體理由聲請釋憲

(D) 由法官裁定停止訴訟，提出確信違憲之具體理由聲請釋憲

（B） 19. 依公職人員選舉罷免法之規定，下列敘述何者正確？

(A) 公職人員選舉，以普通、平等、直接及記名投票之方法行之

(B) 全國不分區及僑居國外國民立法委員選舉，依政黨名單投票選出

(C) 中華民國國民，年滿18歲，除受監護宣告尚未撤銷者外，有選舉權

(D) 有選舉權人在各該選舉區繼續居住6個月以上者，為公職人員選舉各該選舉區之選舉人

（D） 20. 有關政黨推薦總統、副總統候選人之規定，下列何者錯誤？

(A) 同一政黨，不得推薦二組以上候選人

(B) 經政黨推薦為總統、副總統候選人者，其推薦之政黨，不得撤回其推薦

(C) 最近任何一次總統、副總統或立法委員選舉，其所推薦候選人得票數之和，達該次選舉有效票總和百分之五以上之政黨，得向中央選舉委員會推薦總統、副總統候選人

(D) 二個以上政黨，不得共同推薦一組候選人

（C） 21. 甲機關與乙民間拖吊業者簽訂契約，委託乙拖吊違規停放車輛。如乙拖吊時，當場受甲機關之公務員丙指揮監督，卻不慎刮傷受拖吊車輛。依國家賠償法之規定，下列敘述何者正確？

(A) 因乙非受甲機關指揮監督，故甲機關不負國家賠償責任

(B) 因乙為民間業者，即使損害人民財產亦無國家賠償責任

(C) 因乙協助甲機關執行職務，故甲機關應負國家賠償責任

(D) 因乙受甲機關委託執行職務，故甲機關對乙不得有求償權

（B） 22. 關於行政院之不信任案之敘述，下列何者正確？

(A) 不信任案若通過，行政院院長應即辭職，由行政院副院長繼任

(B) 不信任案若通過，除有任期者外，行政院院長、副院長、部會首長及政務委員應即總辭

(C) 不信任案是人民對行政院施政滿意度之公民投票

(D) 不信任案類似於監察院對行政院施政之彈劾

（C） 23. 有關法定預算之敘述，下列何者錯誤？

(A) 維持法定機關運作之經費，不得停止執行

(B) 執行法定職務之經費，不得停止執行

(C) 預算經費涉及國家重大政策之變更者，不得停止執行

(D) 因國家重大政策變更因而停止執行預算者，應使立法院有參與決策權

（B） 24. 依司法院大法官解釋意旨，下列何者係屬對於憲法第18條所保障應考試服公職

權之違憲限制？

(A) 要求原設籍大陸地區人民，需在臺灣地區設籍滿十年始有擔任公職之資格

(B) 曾受刑之宣告者，不得報考國防部預備士官班之招生簡章規定

(C) 專門職業及技術人員考試應試科目有一科成績爲零分即不予及格之規定

(D) 禁止公務員於離職後三年內，擔任與其離職前五年內之職務直接相關之營利事業特定職務

( A ) 25. 一般論述「雙首長制」時，往往以哪一國家憲法爲例？

(A) 法國第五共和憲法 　　　　(B) 美國憲法

(C) 日本國憲法 　　　　　　　(D) 德國基本法

( D ) 26. 依憲法增修條文之規定，採政黨比例代表方式選出之立法委員係爲：

(A) 僑居國外國民立法委員與山地原住民立法委員

(B) 平地原住民立法委員與山地原住民立法委員

(C) 全國不分區立法委員與邊疆民族立法委員

(D) 全國不分區立法委員與僑居國外國民立法委員

( C ) 27. 依憲法增修條文第8條之規定，下列有關立法委員報酬或待遇之敘述何者正確？

(A) 立法委員不得調整其報酬或待遇

(B) 立法委員得無條件以法律單獨增加其報酬或待遇

(C) 立法委員之報酬或待遇，如係年度通案調整時，得自本屆起實施

(D) 立法委員增加報酬或待遇之規定，應一律自次屆起實施

( A ) 28. 行政院對於立法院議決之法案，如認爲有窒礙難行時，行政院可經總統之核可退回覆議，覆議時立法院應如何表決才能維持原決議？

(A) 全體立法委員至少二分之一以上之決議

(B) 全體立法委員至少三分之二以上之決議

(C) 全體立法委員至少四分之三以上之決議

(D) 全體立法委員至少五分之四以上之決議

( A ) 29. 每屆立法委員任期屆滿時，尚未議決之議案，下屆不予繼續審議，但何種類型議案不受此限制？

(A) 決算案 　　　(B) 人事案 　　　(C) 修憲案 　　　(D) 條約案

( D ) 30. 依司法院釋字第702號解釋，關於教師法就行爲不檢有損師道，不得聘任爲教師之規定，下列敘述何者正確？

(A) 行爲不檢有損師道之要件，意義難以理解，受規範之教師亦無法預見，已違反法律明確性原則而屬違憲

(B) 行為不檢有損師道而剝奪教職之規定，無法達成改善國民整體素質之目的

(C) 教師因行為不檢有損師道得予以解聘、停聘與不續聘，不符合信賴保護原則

(D) 行為不檢有損師道，禁止終身再任教職，手段過當，違反比例原則

（A）31. 依據憲法增修條文之規定，關於司法院大法官之任期，下列敘述何者正確？

(A) 不得連任　　　　　　　　　　　(B) 只能連任一次

(C) 可以連選連任，無次數之限制　　(D) 大法官是終身職，無任期之限制

（B）32. 依司法院釋字第530號解釋，司法自主性與司法行政監督權之行使，均應以維護下列何者為目標？

(A) 國家高權　　　(B) 審判獨立　　　(C) 國家安全　　　(D)公共利益

（A）33. 關於人民得以之為聲請釋憲對象者，下列敘述何者錯誤？

(A) 確定終局裁判所適用之私人契約條款

(B) 確定終局裁判所適用之地方自治條例

(C) 確定終局裁判所適用之判例

(D) 確定終局裁判所適用之最高法院決議

（C）34. 下列何者無需經考試院依法考選銓定？

(A) 公務人員任用資格　　　　　　　(B) 專門職業人員執業資格

(C) 公務機關雇員之任用資格　　　　(D) 專門技術人員執業資格

（B）35. 依司法院釋字第325號解釋，修憲後監察院已不具民主國家國會之地位，但仍有下列何項權力？

(A) 覆議權　　　(B) 調查權　　　(C) 統帥權　　　(D)彈劾總統權

（A）36. 監察院認為被彈劾人之違法行為涉及刑事責任者，應如何處理？

(A) 向懲戒機關提出彈劾案，並逕送司法機關依法辦理

(B) 先送司法機關依法辦理，於檢察官起訴後，向懲戒機關提出彈劾案

(C) 先送司法機關依法辦理，於法院一審判決有罪後，向懲戒機關提出彈劾案

(D) 先送司法機關依法辦理，於法院判決有罪確定後，向懲戒機關提出彈劾案

（A）37. 地方政府民選首長之行為有違法失職之情事時，準用下列何者之懲戒規定？

(A) 政務人員　　(B) 事務官　　　(C) 民意代表　　　(D)法官

（D）38. 人民命名自由之依據為：

(A) 意見自由　　(B) 思想自由　　(C) 藝術自由　　　(D) 人格發展自由

（D）39. 公民投票法規定，下列何種事項不得作為公民投票之提案？

(A) 國防事務　　(B) 外交事務　　(C) 教育政策　　　(D)預算

（A）　40. 下列何項權利屬於營業自由之類型？

　　　　(A) 商業廣告自由　(B) 講學自由　　　(C) 人身自由　　　(D)宗教結社自由

（C）　41. The destructive fire was _____ by cheap fireworks meant for outdoor use.

　　　　(A) arisen　　　　(B) brought　　　(C) caused　　　(D) attributed

（B）　42. If the patient keeps bleeding, apply direct _____ to the wound by pressing with a piece of sterile gauze. Cover the patient with a blanket and try to keep him warm.

　　　　(A) pleasure　　　(B) pressure　　　(C) oppression　　(D) supplication

（B）　43. _____ The fire was so fierce that it took several hours to

　　　　(A) turn it on　　　(B) put it out　　　(C) take it off　　(D) turn it off

（D）　44. At schools, _____ measures such as fire drills ensure the safety of students in the event of an emergency.

　　　　(A) crispy　　　　(B) religious　　　(C) spectacular　　(D) precautionary

（A）　45. When local governments of the city _____ a tsunami warning, assume that a series of dangerous waves is on the way. Stay away from the beach.

　　　　(A) issue　　　　(B) appear　　　(C) relieve　　　(D) spread

（B）　46. Ladders used in the fire service have many pieces and parts. Which part is not part of a fire service ladder?

　　　　(A) Rope　　　　(B) Ream　　　(C) Pulley　　　(D) Halyard

（C）　47. Which of the following choices is not a factor when assessing a fire emergency?

　　　　(A) Occupants of building

　　　　(B) Type of building material

　　　　(C) What fire codes were violated

　　　　(D) Which direction the wind is blowing

（A）　48. Which action should a fire crew not take when responding to a natural gas leak?

　　　　(A) Turn electric lights on or off.

　　　　(B) Evacuate the building's occupants.

　　　　(C) Attempt to trace the source of the leak.

　　　　(D) Open windows and doors for ventilation.

（D）　49. There is a fire in a multi-room building. You have been instructed to help stop the spread of the fire. What should you do?

　　　　(A) Break all of the windows.

　　　　(B) Open all of the windows.

(C) Soak down the adjoining rooms or suites.

(D) Close the doors between rooms or suites.

( D ) 50. In which of the following circumstances is it okay to stretch a hoseline without taking care to not block a rescue attempt?

(A) This is never acceptable.

(B) Once the fire has been put out and salvage operations are underway.

(C) It can be done if the hoseline is used to spray nearby structures to keep the fire from spreading.

(D) When the hoseline provides a water stream that facilitates a rescue.

( C ) 51. A common and relatively safe rescue breathing method used today by firefighters is known as _____.

(A) mouth-to-nose resuscitation　　　(B) mouth-to-mouth resuscitation

(C) mouth-to-mask ventilation　　　(D) mouth-to-mouth ventilation

( A ) 52. The narrow surrounding passages made _____ difficult for the fire services to arrive quickly, so brave neighbors climbed into the residential house to rescue the old couple before fire engines arrived.

(A) access　　　(B) regress　　　(C) excess　　　(D) excursion

( B ) 53. All youngsters were trapped inside because the night club had metal grilles on the windows and no fire exits _____.

(A) vulnerable　　(B) available　　(C) capable　　(D) valuable

( D ) 54. The hospital owner asked the local building authority for permission in 2015 to expand the parking lot, but he modified the space to serve as outpatient units, which was in _____ of the Building Control Act 1984.

(A) reconciliation　　(B) arbitration　　(C) amendment　　(D) violation

( B ) 55. Confining the fire can be a quick and simple procedure _____ saving occupant evacuation time and in locating the fire when fire strikes.

(A) logging in　　(B) resulting in　　(C) majoring in　　(D) booking in

( C ) 56. A balcony can be used as an emergency access for firefighters once fire occurs. It can also be used as another _____ exit for residents.

(A) duplicated　　(B) complicated　　(C) alternative　　(D) competitive

( D ) 57. Nursing homes and elderly care facilities in the jurisdiction area have considerable life risks to occupants because of the large numbers, the difficulty of movement, and the _____ to evacuate the residents vertically in the building.

(A) accessibility (B) portability (C) capability (D) inability

( A ) 58. Firefighters on civilian _____ battled to rescue survivors who were trapped under debris after an earthquake.

(A) crane lifts (B) weight lifts (C) gymnastics lifts (D) sport lifts

( B ) 59. Some bodies were so charred that officials were having trouble making _____ and planned to use DNA samples and other methods.

(A) meditation (B) identification (C) certification (D) validation

( C ) 60. The dust explosion in Taiwan Formosa Water Park caused many youngsters to inhale the flammable powder, and to raise the on-site Emergency Medical Services's concerns that it could have damaged their _____ tract and internal organs.

(A) digestive (B) conservative (C) respiratory (D) obligatory

# 104年公務人員特種考試警察人員考試

等　　別：三等警察人員考試
類　　科：消防警察人員
科　　目：中華民國憲法與消防警察專業英文
考試時間：2小時
座　　號：
※注意：禁止使用電子計算器。

甲、申論題部分：（25分）
1) 不必抄題，作答時請將試題題號及答案依照順序寫在申論試卷上，於本試題上作答者，不予計分。
2) 請以藍、黑色鋼筆或原子筆在申論試卷上作答。

## 一、中翻英：（10分）

根據統計，火災每年奪走的人命，超過每年所有天災奪走之人命的總合。而所有火災意外，又以住宅火災為大宗。以英國為例，單是去年，就有兩百人死於住宅火災。

**解：**

According to the statistics, the amounts of people who died in the fire are more than the death by natural disaster per year. The residential fire is the majority of all fire accidents. For example, there are two hundred people died in residential fire last year in Britain.

## 二、英文作文：（15分）

事業（career），家庭（family），朋友（friends），對任何一個人而言，皆有其重要性。若無法同時兼顧時，你個人對其重要性的先後排序會是如何？為什麼？請以此為題，寫一篇約250字的文章，闡述你的看法。

**解：**

Career, family or friends, which is the most important. I think there is no need to arrange it in sequence.

Some people puts family in the first order, but he doesn't understand friends are really important until he lost all friends.

Some people thinks business is important than the family, but, when his business was at the peak of career, he feels very lonely because of lacking families caring, he would rather accompany with his family than everything.

Business, family, friends are important for each people and cannot exist independently,.

So, I said that each one is important, and can't be missing any one. Remember the best important thing is that you have to do the best to make everything perfect!

作文（中文意思）：

Career, family or friends, 哪一個最重要。我覺得根本沒有必要去排列先後次序。

有的人把家庭排在第一，當他失去所有朋友的時候，他才發覺原來朋友，真的是很重要。

有的人覺得事業比家庭重要，可是，當他處在事業尖峰的時候，他會覺得很孤獨，因為得不到家人們的關心，比起其他，他寧願陪伴家人。

事業、家庭、朋友是每一樣都重要。

所以，我說每一個都重要，且不能缺少任何一個。記住，最重要的是，你必須盡自己最大的努力，使每一樣都能更加完美！

**乙、測驗題部分：**（75分）

1) 本試題為單一選擇題，請選出一個正確或最適當的答案，複選作答者，該題不予計分。

2) 共60題，每題1.25分，需用2B鉛筆在試卡上依題號清楚劃記，於本試題或申論試卷上作答者，不予計分。

（C）　1. 我國憲法基本上已揭示了國家形式，下列何者不屬之？
　　　　(A) 民主國　　　　(B) 法治國　　　　(C) 君主國　　　　(D) 共和國

（A）　2. 依據地方制度法規定，直轄市市長如何產生？
　　　　(A) 由市民依法選舉之　　　　　　(B) 由行政院院長任命
　　　　(C) 由市議員選舉之　　　　　　　(D) 由內政部民政司派任

（A）　3. 直轄市政府辦理之自治事項有無違背憲法、法律、中央法規發生疑義時，得聲請何者解決？
　　　　(A) 司法院　　　　(B) 立法院　　　　(C) 行政院　　　　(D) 監察院

（ C ）　4. 直轄市議會或縣議會議長，其產生方式為何？

（A) 人民直接選舉之　　　　　　　　(B) 由市長提名經議會同意之

（C) 議會議員互選之　　　　　　　　(D) 立法院院長提名經議會同意之

（ C ）　5. 下列何者不是縣市申請合併改制為直轄市之法定必要程序？

（A) 擬訂改制計畫　　　　　　　　　(B) 縣市議會同意

（C) 縣市住民公民投票同意　　　　　(D) 內政部報請行政院核定

（ A ）　6. 依憲法增修條文第10條第3項之規定：「國家對於人民興辦之中小型經濟事業，應扶助並保護其生存與發展。」下列何者主要目的在於實踐此一目標？

（A) 中小企業發展條例　　　　　　　(B) 科學技術基本法

（C) 營業秘密法　　　　　　　　　　(D) 公平交易法

（ D ）　7. 下列關於基本權主體之敘述，何者正確？

（A) 凡自然人均應享有基本權，因此不分國籍，外國人也都可享有全部我國憲法所賦予之基本權

（B) 私法人可作為基本權之主體，因此私法人亦得主張宗教自由、選舉自由與政治選舉權

（C) 地方自治團體可主張享有工作權，而要求不經中央許可發行彩券

（D) 自然人及私法人為權利義務之主體，固均為憲法保護之對象，但為貫徹憲法對人格權及財產權之保障，於一定條件下，非法人團體亦為基本權主體

（ D ）　8. 憲法第8條規定，人民非經法定程序，不受逮捕、拘禁及審判，係屬下列何種權利之保障內容？

（A) 居住自由　　　　(B) 遷徙自由　　　　(C) 生存權　　　　(D) 人身自由

（ D ）　9. 依司法院解釋，有關平等之敘述，下列何者錯誤？

（A) 立法機關得斟酌規範事物本質之差異而為合理之差別對待

（B) 平等原則不只拘束行政權與司法權，也可以拘束立法權

（C) 貨物稅條例規定僅對設廠機製之清涼飲料品課徵貨物稅，而未對非設廠機製者課徵貨物稅，不違反平等原則

（D) 大陸地區人民經許可進入臺灣地區者，非在臺灣地區設有戶籍滿10年，不得擔任公務人員，違反平等原則

（ C ）　10. 自由旅行各地屬於下列何種憲法權利之保障內容？

（A) 人身自由　　　　(B) 通訊自由　　　　(C) 居住遷徙自由　　　(D) 結社自由

（ C ）　11. 下列何者是考試院會議之成員？

（A) 考試院秘書長　　　　　　　　　(B) 行政院人事行政總處人事長

（C）銓敘部部長　　　　　　　　　　　（D）公務人員保障暨培訓委員會委員

（D）12.憲法第16條規定，人民有請願、訴願及訴訟之權，針對上述基本權，下列敘述
　　　何者正確？

　　　(A) 請願係人民向司法機關提起，並需由法院判決之

　　　(B) 此之訴訟僅指公法事件之爭議

　　　(C) 訴願之標的為所有行政行為

　　　(D) 訴願為法院外之救濟途徑

（B）13.關於憲法第22條之基本權保障概括規定，下列敘述何者錯誤？

　　　(A) 個人為己命名之自由受憲法第22條保障

　　　(B) 個人工作選擇之自由受憲法第22條保障

　　　(C) 個人自主控制個人資料之權利受憲法第22條保障

　　　(D) 個人之名譽權受憲法第22條保障

（C）14.有關集會與結社自由之敘述，下列何者正確？

　　　(A) 憲法之集會自由規定，不及於遊行之自由

　　　(B) 集會與結社之不同處，在於集會為組成長期間之團體

　　　(C) 集會自由兼具消極防禦侵害權與積極請求集會地點之公物利用權

　　　(D) 人民團體之命名權，非屬憲法第14條結社自由所保障之範疇

（D）15.下列涉及人民工作權之法律規定，依司法院解釋，何者已侵害人民之工作權？

　　　(A) 限制中醫師不得以西藥製劑或西藥成藥為人治病

　　　(B) 對於航空人員經體格檢查不合格者，限制、暫停或終止其執業

　　　(C) 對於曾因觸犯故意殺人、搶劫、搶奪、強盜、恐嚇取財、擄人勒贖、妨害
　　　　　性自主等特定罪名並經判決罪刑確定之人，禁止其辦理營業小客車駕駛人
　　　　　執業登記

　　　(D) 禁止非視覺功能障礙者從事按摩業

（B）16.司法院釋字第696號解釋，對於所得稅法關於夫妻非薪資所得強制合併計算之規
　　　定，與單獨計算稅額比較，認為有增加稅負之情形，宣告相關規定違憲。本號
　　　解釋違憲審查之基準為何？

　　　(A) 信賴保護原則　(B) 實質平等原則　(C) 量能課稅原則　(D) 法律保留原則

（B）17.依公民投票法之規定，下列何者並無針對公民投票之相關爭議直接提起司法救
　　　濟的可能？

　　　(A) 公民投票案之領銜提案人

　　　(B) 投票權人

(C) 立法委員現有總額三分之一以上

(D) 檢察官

（ B ） 18. 依司法院釋字第645號解釋之見解，對於公民投票法之敘述，下列何者正確？

(A) 立法院依法得提出公民投票之議案，違反憲法權力分立之基本原則

(B) 全國性公民投票審議委員會之組織係置於行政院內，並非獨立之行政機關

(C) 公民投票違反我國憲政體制

(D) 公民投票審議委員會委員之任命，由各政黨依立法院各黨團席次比例推荐，並不牴觸權力分立原則

（ B ） 19. 對於行政院及其所屬行政機關之處分，人民認為有違法，致損害其權利或利益，得向下列何者提起救濟？

(A) 普通法院民事庭　　　　　　　(B) 行政法院

(C) 公務員懲戒委員會　　　　　　(D) 普通法院刑事庭

（ B ） 20. 下列何種事項得作為公民投票之提案？

(A) 預算　　　　　(B) 核能政策　　　　(C) 租稅　　　　(D) 薪俸

（ D ） 21. 有關憲法保障之罷免權，下列敘述何者錯誤？

(A) 公職人員之罷免，得由原選舉區選舉人向選舉委員會提出罷免案，但就職未滿1年者，不得罷免

(B) 罷免案，一案不得為2人以上之提議，但有二個以上罷免案時，得同時投票

(C) 罷免案之連署人，以被罷免人原選舉區選舉人為連署人，其人數應為原選舉區選舉人總數百分之十三以上

(D) 罷免案之投票，應於罷免案宣告成立後2個月內為之，但不得與各類選舉之投票同時舉行

（ A ） 22. 依國家賠償法之規定，有關國家賠償之損害賠償請求，若賠償義務機關拒絕賠償或協議不成立，被害人得：

(A) 依民事訴訟法提起損害賠償之訴

(B) 依刑事訴訟法附帶提起損害賠償之訴

(C) 向行政法院聲請假扣押

(D) 向普通法院聲請假扣押

（ A ） 23. 依公職人員選舉罷免法之規定，選舉或罷免無效之訴，何者有審判權？

(A) 普通法院　　　　　　　　　　(B) 行政法院

(C) 中央選舉委員會　　　　　　　(D) 司法院大法官

（ C ） 24. 下列何種人員得登記為公職人員選舉之候選人？

(A) 現役軍人

(B) 替代役男

(C) 就讀碩士在職專班之現職公職人員

(D) 各級選舉委員會之委員

（D）25. 下列何者並非國家安全會議組織法第4條規定之國家安全會議出席人員？

(A) 內政部部長　　　　　　　　(B) 經濟部部長

(C) 行政院大陸委員會主任委員　　(D) 總統府秘書長

（B）26. 有關總統副總統選舉競選費用補貼之敘述，下列何者錯誤？

(A) 各組候選人選舉得票數達當選票數三分之一以上者，應補貼其競選費用

(B) 每票補貼新臺幣20元。但其最高額，不得超過候選人競選經費最高金額

(C) 政黨推薦之候選人其補貼費用，應由該推薦之政黨領取

(D) 候選人競選費用之補貼，應於接獲通知3個月內掣據，向中央選舉委員會領取

（C）27. 行政院各部會之組織，應如何規範？

(A) 由行政院頒布組織規程定之

(B) 由行政院擬訂準則，各部會依準則自訂組織規程

(C) 以法律定之

(D) 行政院各部會自訂組織規程定之

（C）28. 依據憲法增修條文第3條第2項規定，行政院對於立法院之決議案，如認為有窒礙難行時，得經總統之核可，於該決議案送達行政院10日內，移請立法院覆議，下列何者不屬之？

(A) 法律案　　　(B) 預算案　　　(C) 媾和案　　　(D)條約案

（C）29. 下列何者無需經行政院會議議決？

(A) 條約案　　　(B) 預算案　　　(C) 特赦案　　　(D) 法律案

（D）30. 依行政院組織法第3條之規定，下列何者為行政院所設機關？

(A) 考選部　　　(B) 審計部　　　(C) 銓敘部　　　(D)科技部

（C）31. 有關立法院院長之敘述，下列何者錯誤？

(A) 任期至該屆立法委員任期屆滿

(B) 立法院院長綜理院務

(C) 立法院院長由總統提名，立法院同意之

(D) 立法院院長因故不能視事時，由副院長代理

（A）32. 依憲法增修條文規定，立法院對於行政院之重要政策不贊同時：

(A) 得對行政院院長提出不信任案

(B) 得對負責之部會首長提出不信任案

(C) 得對行政院院長及負責之部會首長提出不信任案

(D) 得以決議移請總統命行政院院長變更之

( C ) 33. 依憲法規定，下列何者無向立法院提法律案之權？

(A) 監察院　　　　(B) 考試院　　　　(C) 總統　　　　(D) 司法院

( B ) 34. 有關立法院行使人事同意權之規定，下列敘述何者錯誤？

(A) 立法院行使人事同意權時，就總統所提人事案，可不經討論，即交付全院
委員會審查

(B) 立法院行使人事同意權時，是以全體立法委員三分之二同意為通過

(C) 被提名人未獲得立法院同意時，總統應另提他人咨請立法院同意

(D) 全院委員會可就被提名人之資格及是否適任等相關事項進行審查與詢問

( B ) 35. 依司法院解釋，律師懲戒委員會在性質上相當於設在下列何機關之初審職業懲
戒法庭？

(A) 地方法院　　　(B) 高等法院　　　(C) 最高法院　　　(D) 司法院

( A ) 36. 依我國現行憲法及憲法增修條文之規定，下列有關我國司法院之規定，何者正
確？

(A) 司法院設大法官15人，並以其中1人為院長，1人為副院長

(B) 司法院大法官，由總統提名，經監察院同意任命之

(C) 司法院大法官，均適用憲法第81條及有關法官終身職待遇之規定

(D) 司法院大法官任期9年，分屆次，一併計算

( C ) 37. 依司法院大法官審理案件法之規定，有關司法院大法官解釋或審理案件，其可
決人數之通過或決定，下列敘述何者正確？

(A) 解釋憲法，應有總額過半數出席，及出席人過半數同意

(B) 宣告命令牴觸憲法，至少以出席人三分之二同意行之

(C) 統一解釋法律及命令，應有總額過半數之出席，及出席人過半數之同意

(D) 政黨違憲解散案件判決之評議，應經參與言詞辯論大法官過半數之同意

( D ) 38. 下列何者不是司法權行使之範圍？

(A) 民事訴訟之審判　　　　　　　(B) 公務員之懲戒

(C) 律師懲戒之覆審　　　　　　　(D) 審理總統罷免案

( A ) 39. 依現行憲法之規定，關於監察委員之敘述，下列何者錯誤？

(A) 監察委員在院內所為之言論與表決，對院外不負責任

(B) 監察委員由總統提名，經立法院同意任命之

(C) 監察院院長由總統提名，經立法院同意任命之

(D) 監察委員不得兼任其他公職或執行業務

( C ) 40. 有關監察院審計長之敘述，下列何者錯誤？

(A) 審計長審核行政院之決算，應於行政院提出決算後三個月內完成

(B) 審計長職務之性質與應隨執政黨更迭或政策變更而進退之政務官不同

(C) 審計長由監察院院長提請總統任命

(D) 審計長任期6年，依法獨立行使其審計職權，不受干涉

( B ) 41. On the scene of fires, a fire captain is expected to make an evaluation of the fire to _____ how the firefighters should respond.

    (A) appreciate     (B) determine     (C) forecast     (D) impress

( D ) 42. When fighting a wildfire, firefighters sometimes have to start a backfire to _____ the control lines.

    (A) hinder     (B) loosen     (C) ripen     (D) widen

( C ) 43. Firefighters are often called to other emergencies that do not necessarily "fires," such as medical calls, industrial accidents, and various types of rescues.

    (A) consume     (B) ensure     (C) involve     (D) matter

( A ) 44. In the US, a _____ firefighter refers to a new firefighter undergoing training or one under the legal age to be considered a firefighter.

    (A) cadet     (B) veteran     (C) retained     (D) solicited

( B ) 45. The three factors that make up _____ are heat, fuel, and oxygen, commonly called the "fire triangle."

    (A) ammunition     (B) combustion     (C) evaporation     (D) suffocation

( D ) 46. To avoid the pumps being shut down due to malfunction in the control system, they can only be switched off _____ by a firefighter.

    (A) momentarily     (B) severely     (C) voluntarily     (D) manually

( C ) 47. It was reported that a firefighter in Taoyuan was so _____ helping a pregnant woman in labor that he did not even recognize that the woman was his wife.

    (A) famous for     (B) suspicious of     (C) intent on     (D) opposed to

( A ) 48. Many older people live alone and have reduced _____, which makes it harder for them to escape from a fire.

    (A) mobility                 (B) living expenses

(C) hospital admissions　　　　　　(D) weight

( C )　49. In a major earthquake, collapsed structures may contain voids in which _____ persons can survive for comparatively long periods of time.

(A) disabled　　　(B) displaced　　　(C) trapped　　　(D) transported

( A )　50. At least 5,000 people have died in the quake and that number is expected to double as rescuers continue to _____ through the rubble.

(A) sift　　　(B) seep　　　(C) scroll　　　(D) shriek

( A )　51. Fire stations need to assess the suitability and condition of their internal and external travel routes, _____ safe access, and egress at all times.

(A) ensuring　　　(B) concluding　　　(C) regarding　　　(D) assembling

請依下文回答第52題至第55題：

　　In the fire department, all vehicles will require regular inspection of every aspect of their structure, systems, and operational functions. Servicing and **52** maintenance will ensure, as far as is practicable, that the vehicle will remain effectively available. The time taken to **53** these processes will be directly related to the accessibility of all the areas to be inspected and serviced and the design of the vehicle must provide this **54** . Additionally, in anticipation of the need to remove a major component, such as the engine, pump, tank, or **55** system, removable panels and suitable lifting connections must be in place to ensure that removal and replacement does not entail unacceptable extension of down-time.

( A )　52. (A) preventive　　(B) articulate　　(C) cosmetic　　(D) emergent

( B )　53. (A) compensate　　(B) complete　　(C) comprehend　　(D) compress

( D )　54. (A) record　　　　　　　　(B) direction

　　　　　　(C) administration　　　　　(D) facility

( C )　55. (A) metal-detection　　　　(B) sprinkler

　　　　　　(C) foam-making　　　　　(D) measurement

請依下文回答第56題至第60題：

　　Most traditional older fire departments in larger U.S. central cities use Fire engine red for their fire engines. **56** , many suburbs and smaller cities now use the color lime or bright yellow for their fire engines because of its greater visibility at night. The **57** research into fire appliance visibility was conducted by the City of Coventry (UK) Fire Brigade and Lanchester

College of Technology in 1965. This research **58** that under the range of artificial street lighting in common use at the time yellow more generally retained its great visibility under a variety of lighting color renderings. It was also more **59** in general road conditions in day time and during stormy weather. Research conducted by Dr. Stephen Solomon, a New York optometrist, promoted the use of "lime yellow" in the United States from the mid-1970s. Further research that **60** the use of yellow for emergency vehicles generally was published in 1978 in Australia. It found that the more brightly colored fire apparatus suffered a lower accident rate than the less brightly colored vehicles (red) used by the same fire department.

( D )　56. (A) Therefore　　(B) Besides　　(C) Indeed　　(D) However

( C )　57. (A) subsequent　(B) urgent　　(C) initial　　(D) remote

( A )　58. (A) concluded　　(B) refuted　　(C) regretted　　(D) conducted

( A )　59. (A) conspicuous　(B) obscure　　(C) subtle　　(D) puzzling

( B )　60. (A) prolonged　　(B) endorsed　　(C) deferred　　(D) authorized

# 103年公務人員特種考試警察人員考試

等　　別：三等警察人員考試
類　　科：消防警察人員
科　　目：中華民國憲法與消防警察專業英文
考試時間：2小時
座　　號：
※注意：禁止使用電子計算器。

甲、申論題部分：（25分）
1) 不必抄題，作答時請將試題題號及答案依照順序寫在申論試卷上，於本試題上作答者，不予計分。
2) 請以藍、黑色鋼筆或原子筆在申論試卷上作答。

## 一、中翻英：（10分）

延長線常是造成電器火災的原因。只有在必要且臨時狀況下，才使用延長線。使用延長線，應確保不會輕易被扯開。如果有過熱情形，延長線必須進行更換。

**解：**

Extension cords are often the cause of electrical fire. Only use an extension cord under the necessary and a temporary condition. Making sure that extensions cord is not easily tear fall. The extension cords must be replaced when overheating situation is happened.

## 二、英文作文：（15分）

每年夏、秋兩季為臺灣溺水事故發生最頻繁之季節，請闡述內政部消防署應如何推動各項防溺宣導及警戒工作，期能降低溺水事故發生率。

**解：**

Township office and relevant authority conduct drowning prevention before the summer season each year.

Expecting promoted drowning prevention, prohibited dangerous play water behavior and strengthen to rescue drowning of fire station in order to reduce the incidence of drowning accidents.

The following are drowning prevention advocacy content:

A. Before engaging in water sports, first you should understand your physical and mental conditions are suitable or not.

B. Choosing the place which has the lifeguard to swim, once the drowning happened that you might be rescue immediately. Otherwise you need to comply with the safety rules and the place must be set some warning signs.

C. Choosing the moderate climate and the suitable temperature of water to swim.

D. Following the swimming pool management regulations.

E. Learning fundamental water safety knowledge and skills.

F. As possible as to avoid swimming alone.

G. Warm-up exercise should be done before swimming.

作文（中文意思）：

於每年夏季期間來臨前，召集本部各相關機關、團體執行夏季防溺工作。期能透過「普及防溺宣導」、「禁制、勸導危險戲水行為」及「加強消防單位救溺整備」等作為，降低溺水事故發生率。

以下是防溺宣導內容：

A. 從事水上活動前，應先瞭解自己的身心體能狀況是否適合。

B. 選擇有救生員的場所。在開放及有救生人員看守的水域戲水游泳，一旦發生溺水時，才能立即有被救援的機會。此外，應遵守各項警告或禁止標誌。

C. 選擇適宜的氣候及水溫。

D. 遵守游泳場所的管理規定。

E. 學習基本的水上安全常識及能力。

F. 養成結伴游泳的習慣，避免單獨下水。

G. 下水前應作熱身運動。

乙、測驗題部分：（75分）

1) 本試題為單一選擇題，請選出一個正確或最適當的答案，複選作答者，該題不予計分。

2) 共60題，每題1.25分，需用2B鉛筆在試卡上依題號清楚劃記，於本試題或申論試卷上作答者，不予計分。

( C )　1. 從歷史的演進可以看出，現代憲法是以何者為核心內容？
　　　　(A) 政治體制的確立　　　　　　　(B) 立國的精神
　　　　(C) 基本人權的保障　　　　　　　(D) 憲法的變遷

( C )　2. 公務員違法侵害人民之權利，應依法律負一定責任，其責任不包括：
　　　　(A) 民事上損害賠償　　　　　　　(B) 依刑法受到訴追
　　　　(C) 經法定程序罷免　　　　　　　(D) 依考績法為懲處

( D )　3. 我國憲法第8條規定，人民因犯罪嫌疑被逮捕、拘禁後，至遲於多久時間內，需將被逮捕、拘禁之人，移送該管法院審問？
　　　　(A) 24天　　　　(B) 5天　　　　(C) 3天　　　　(D) 1天

( D )　4. 有關人民除現役軍人外，不受軍事審判之敘述，下列何者錯誤？
　　　　(A) 軍事審判機關所行使者，亦屬國家刑罰權之一種，具司法權之性質
　　　　(B) 司法審判與軍事審判兩種刑事訴訟程序，在本質上並無不同
　　　　(C) 人民之自由、權利所受之損害，不因受害人係屬依刑事訴訟法或依軍事審判法受理之案件而有異，均得依法向國家請求賠償
　　　　(D) 軍校學生應視同現役軍人，一律接受軍事審判

( B )　5. 有關姓名權之敘述，下列何者正確？
　　　　(A) 屬於憲法明文列舉規定保障的範圍
　　　　(B) 屬於憲法未明文列舉規定保障的範圍
　　　　(C) 不屬於憲法保障的範圍
　　　　(D) 屬於憲法隱私權保障的範圍

( A )　6. 依地方制度法之規定，下列何者為公法人？
　　　　(A) 市　　　　(B) 市政府　　　　(C) 區　　　　(D) 區公所

( D )　7. 下列何者不是地方自治立法機關？
　　　　(A) 直轄市議會　　　　　　　　　(B) 縣議會
　　　　(C) 鄉鎮市民代表會　　　　　　　(D) 省諮議會

( C )　8. 下列何者，非我國憲法關於土地所採之基本國策？
　　　　(A) 中華民國領土內之土地屬於全體國民
　　　　(B) 附著於土地之礦，及經濟上可供公眾利用之天然力，屬於國家所有
　　　　(C) 土地價值非因施以勞力資本而增加者，國家應無償強制徵收
　　　　(D) 國家對於土地之分配與整理，應以扶植自耕農及自行使用土地人為原則

( C )　9. 下列何者非用來指稱法律？
　　　　(A) 律　　　　(B) 通則　　　　(C) 規則　　　　(D) 條例

（ D ） 10. 司法程序中，「提審票」應由何機關核發？

    (A) 警察機關     (B) 檢察署     (C) 監察院     (D) 法院

（ B ） 11. 如果有法律規定，雇主對受僱者之退休、資遣、離職及解僱，不得因性別或性傾向而有差別待遇，是為了落實何項基本權利？

    (A) 選舉權     (B) 平等權     (C) 生存權     (D) 財產權

（ C ） 12. 下列關於法律之制定程序，何者正確？

    (A) 立法院議決法律案，必要時，得以交付公民投票方式取代三讀程序

    (B) 法律案經立法院通過後，總統認為必要時，得交付公民投票複決

    (C) 總統依法公布法律，需經行政院院長之副署，或行政院院長及有關部會首長之副署

    (D) 總統依法公布法律前，如認為法律與憲法有無牴觸發生疑義，應移請司法院解釋

（ B ） 13. 關於人身自由，下列敘述何者正確？

    (A) 犯罪嫌疑人不問何人皆得逕行逮捕之

    (B) 人民非由法院依法定程序，不得審問處罰

    (C) 鐵路警察發現正在破壞鐵軌之人，應通知當地警察分局處理，不得逕行逮捕

    (D) 檢察官對於有逃亡之虞之被告，得逕行羈押之

（ A ） 14. 依司法院解釋，下列何者尚不違反「平等原則」？

    (A) 法律對菸品業者要求於其菸品上標示有害健康之警語，但對人工果汁商品則無類此要求

    (B) 政黨推薦之候選人減半繳納保證金，但政黨撤回推薦者，應全額繳納

    (C) 父母對於未成年子女權利之行使不一致時，由父行使之

    (D) 妻以夫之住所為住所

（ D ） 15. 憲法規定，除現行犯之逮捕由法律另定外，非經司法或警察機關依法定程序，不得逮捕拘禁，此係為保障人民何種基本權利？

    (A) 宗教自由     (B) 集會自由     (C) 結社自由     (D) 人身自由

（ A ） 16. 依司法院釋字第331號解釋意旨，下列何者不屬於罷免權行使之對象？

    (A) 全國不分區選舉產生之立法委員     (B) 總統、副總統

    (C) 縣市長                   (D) 縣市議員

（ B ） 17. 父母若未讓學齡兒童接受國民教育，依法律規定政府應採取何種態度？

    (A) 不聞不問     (B) 強迫入學     (C) 判處拘役     (D) 判處徒刑

（B）18. 依憲法第129條規定，選舉應以普通、平等、直接及無記名投票方式爲之。關於選舉區與應選名額之決定，主要涉及憲法上開何種選舉原則之具體落實？

(A) 普通選舉　　　　(B) 平等選舉　　　　(C) 直接選舉　　　　(D) 無記名選舉

（D）19. 下列室外之集會遊行，依司法院解釋，何者在性質上無法對之施以事前行政管制？

(A) 學術藝文活動　(B) 體育競賽活動　(C) 宗教民俗活動　(D) 偶發性集會遊行

（D）20. 司法院釋字第509號解釋指出關於誹謗罪，「行爲人雖不能證明言論內容爲眞實，但依其所提證據資料，認爲行爲人有相當理由確信其爲眞實者，即不能以誹謗罪之刑責相繩」，乃是以下何種原則的表現？

(A) 法律明確性原則　　　　　　　　(B) 接近媒體使用權

(C) 恣意禁止　　　　　　　　　　　(D) 眞實惡意原則

（D）21. 下列何項基本人權，係指人民認爲其權利遭受不法侵害時，得請求法院審判排除侵害或賠償，以維護其權利？

(A) 工作權　　　　(B) 參政權　　　　(C) 社會權　　　　(D) 訴訟權

（A）22. 人民權益遭受公權力不法侵害，依法請求損害賠償時，應先向何機關請求之？

(A) 賠償義務機關　　　　　　　　　(B) 行政院國家賠償委員會

(C) 行政法院　　　　　　　　　　　(D) 普通法院

（D）23. 有關總統、副總統選舉結果，下列敘述何者正確？

(A) 選舉結果需候選人得票數達選舉人總數半數以上時始爲當選

(B) 若得票數相同時，候選人應抽籤決定誰當選

(C) 候選人僅有一組時，其得票數需達選舉人總數百分之三十始爲當選

(D) 同一組副總統候選人死亡，該組總統候選人仍當選爲總統時，其副總統視同缺位

（B）24. 依憲法增修條文規定，總統任期爲：

(A) 3年　　　　　　(B) 4年　　　　　　(C) 5年　　　　　　(D) 6年

（C）25. 依司法院釋字第328號解釋，以下有關中華民國領土之敘述，何者正確？

(A) 中華民國領土，憲法第4條採列舉方式

(B) 憲法並未設有領土變更之程序

(C) 固有疆域範圍之界定，爲重大之政治問題

(D) 國家領土之範圍，應由行使司法權之釋憲機關予以解釋

（B）26. 行政院應將預算案提出於哪一個機關？

(A) 監察院　　　　(B) 立法院　　　　(C) 審計部　　　　(D) 司法院

（D）27. 必須超出黨派以外，依法獨立行使職權者，下列何者不屬之？
(A) 法官　　　　　　(B) 監察委員　　　(C) 考試委員　　　(D) 法務部部長

（D）28. 現代民主國家的國會有所謂二院制（參議院與眾議院）與一院制（單一國會），下列何者不是二院制的優點？
(A) 兩院議員來源不同，可代表不同的社會階級
(B) 兩院審查法案，集思廣益
(C) 避免一院制可能的專橫或腐化
(D) 國會意志統一，制衡行政部門

（D）29. 依憲法增修條文第4條規定，有關立法委員之選舉，下列敘述何者錯誤？
(A) 立法委員任期4年
(B) 全國不分區及僑居國外國民之立法委員依政黨名單投票選舉之，由獲得百分之五以上政黨選舉票之政黨依得票比率選出之
(C) 連選得連任
(D) 於每屆任滿前4個月內，依規定選出新任立法委員

（C）30. 依憲法增修條文之規定，憲法修正案於何機關提出？
(A) 監察院與立法院　　　　　(B) 司法院
(C) 立法院　　　　　　　　　(D) 行政院

（B）31. 以下何者為憲法所禁止？
(A) 監察委員並任監察院院長　　(B) 立法委員兼任內政部部長
(C) 政務委員兼外交部部長　　　(D) 大法官並任司法院院長

（D）32. 下列何種立法委員之產生方式，係完全依政黨比例代表制選出？
(A) 區域立法委員　　　　　　(B) 婦女保障名額
(C) 自由地區山地原住民　　　(D) 僑居國外國民

（D）33. 法官於具體個案審判時，不受下列何者之拘束：
(A) 司法院大法官解釋　　　　(B) 法律
(C) 憲法　　　　　　　　　　(D) 行政命令

（B）34. 下列何者不是司法院之權限？
(A) 公務員懲戒　　　　　　　(B) 犯罪偵查
(C) 統一解釋法律命令　　　　(D) 解釋憲法

（C）35. 依司法院釋字第442號解釋，下列何者非選舉訴訟採二審終結且不得提起再審之訴之理由？
(A) 訴訟救濟應循之審級制度及相關程序，屬立法機關自由形成範圍

(B) 選舉訴訟重在公益之維護

(C) 現行選舉、罷免訴訟採職權進行主義

(D) 公職人員任期有一定之年限

（ A ） 36. 依司法院釋字第530號解釋，下列何者不應成為司法院發布規則或命令之內容？

(A) 與審理程序有關之原則性事項　　(B) 與審理程序有關之細節性事項

(C) 與審理程序有關之技術性事項　　(D) 有關司法行政事務之事項

（ C ） 37. 依司法院釋字第175號解釋之見解，司法院就其所掌有關司法機關之組織事項，如何提出法律案？

(A) 報請總統諮商立法院提出　　　　(B) 應由立法委員以立法委員名義提出

(C) 自行向立法院提出　　　　　　　(D) 應由行政院代為提出

（ C ） 38. 依憲法增修條文規定，考試院考試委員應如何產生？

(A) 由總統提名，經行政院同意任命之

(B) 由總統提名，經監察院同意任命之

(C) 由總統提名，經立法院同意任命之

(D) 由總統提名，經國民大會同意任命之

（ B ） 39. 依現行憲法之規定，下列何者非屬監察院之職權？

(A) 審計權　　　(B) 同意權　　　(C) 彈劾權　　　(D) 糾舉權

（ B ） 40. 我國「公職人員財產申報處」設於：

(A) 法務部調查局　(B) 監察院　　(C) 考試院　　(D) 行政院

（ D ） 41. As early as 1735, Englishman Obadiah Wild secured a flame retardant technology patent for _____ combustible substances from flaming.

(A) preserving　　(B) predicting　　(C) pretending　　(D) preventing

（ C ） 42. Firefighters are instructed to take the stairs when possible and take _____ in elevators, including inspecting open shafts for smoke and stopping at least two floors below the fire to walk the rest of the way.

(A) precedence　　(B) presumptions　　(C) precautions　　(D) preparation

（ B ） 43. There are two types of heat detectors. One type senses a fixed temperature that is considered to be indicative of a fire. The other senses _____.

(A) products of combustion　　　　(B) a rate of rise in temperature

(C) the decrease of an ionized current　(D) monochromatic light beams

（ A ） 44. Most deaths resulting from fires do not result from burns. Nearly two thirds of all fire-related deaths result from _____ of carbon monoxide, smoke or toxic gases, and asphyxiation.

(A) inhalation　　　(B) ingredients　　　(C) deficiencies　　　(D) detoxication

( A )　45. What type of fires, which produce significant yields of CO, can lead to incapacitation in roughly 1 to 2 hours in typical dwelling spaces?

(A) Smoldering　　　(B) Premixed　　　(C) Diffusion　　　(D) Torch

( C )　46. Just before World War I, a new agent, methyl bromide, was introduced in Europe for fire suppression purposes. This agent was extremely effective and outperformed $CO_2$ on both flammable liquids and, because of its poor conductivity, _____ fires.

(A) pool　　　(B) water reactive　　　(C) electrical　　　(D) reactive metal

( B )　47. Although production of Halon 1301 and Halon 1211 was discontinued in 1994, _____ systems and extinguishers were permitted to remain in service until suitable replacement agents were available.

(A) s ubstitute　　　(B) existing　　　(C) alternative　　　(D) complement

( D )　48. Hydraulic-powered tools such as hydraulic cutters and spreaders are usually used in vehicle _____, but can also be used in some forcible entry situations.

(A) strands　　　(B) repairs　　　(C) stagnation　　　(D) extrication

( B )　49. A mouth-to-mask ventilation device consists of a mask that fits over the victim's face, a one-way valve, and a mouthpiece through which the rescuer breathes. Because mouth-to-mask devices prevent direct contact with the victim, they reduce the risk of _____.

(A) foreign body airway obstructions　　　(B) transmitting infectious diseases

(C) gastric distention　　　(D) cardiac arrests

( D )　50. A charred V-pattern on a wall indicates that fire spread up and out from something at the base of the V, while an inverted V-pattern on a wall could indicate that a flammable liquid was used along the base of the wall to set the fire intentionally. A fire burning across a wide area at the floor level can funnel into a thermal column as it _____, creating the inverted-V pattern.

(A) filters　　　(B) snuffs　　　(C) exposes　　　(D) rises

( D )　51. Secondary contamination occurs when a person or object transfers the contamination or the source of contamination to another person or object by _____. In such cases, fire fighters may become contaminated and if they subsequently handle tools and equipment, and touch door handles or other responders, they will spread the contamination.

(A) water spray　　　　　　　　(B) chemical reaction

(C) airborne infections　　　　　(D) direct contact

( A )　52. Which of the following products, according to Article 11 of the Fire Services Act, is allowed to be used in any building of eleven floors or taller without a flame-proof label attached?

(A) Sofa　　　　　(B) Drape　　　　　(C) Carpet　　　　　(D) Billboard

In an earlier report published in Fire Findings we discussed results from testing performed on certain reflective radiant barrier laminated sheet material, which is purchased in rolls. This is the material commonly __53__ on attic floors (above the insulation) to provide an effective thermally reflective barrier above the ceiling of a building. That testing demonstrated __54__ that, if electrically energized by incidental contact with a powered conductor in a standard branch circuit, this material would arc and __55__ rather violently and would frequently catch fire and sustain flame. Clearly, this could __56__ other nearby more flammable materials, and thus initiate a major structure fire.

( A )　53. (A) installed　　(B) introduced　　(C) inscribed　　(D) instilled

( B )　54. (A) conceitedly　(B) conclusively　(C) conceivably　(D) conceptually

( D )　55. (A) spew　　　　(B) split　　　　(C) sprint　　　　(D) spark

( C )　56. (A) incur　　　　(B) inflate　　　(C) ignite　　　　(D) ignore

The remote firefighting apparatus of this invention provides a firefighting vehicle which can be transported to the general location of a fire, connected to a water supply hose, and __57__ by remote or self-contained control to the actual fire, and there to dispense water from the supply hose through a __58__ and onto the fire. The apparatus is preferably driven by a pair of independent, continuous tracks, thereby enabling superior turning and climbing ability.

The apparatus may include a video monitor to __59__ real-time images to the operator. The nozzle and monitor are preferably mounted in a vertically rotatable turret portion on top of the vehicle, enabling water __60__ from 0° (ground level) to approximately 120° (past vertical) or more, including a 90° (vertical) "self-protection" position which saturates the apparatus itself with water.

( A )　57. (A) maneuvered　(B) mandated　　(C) massaged　　(D) manufactured

（ B ）　58. (A) norm　　　　(B) nozzle　　　　(C) nomad　　　　(D) nominee

（ A ）　59. (A) transmit　　　(B) transit　　　　(C) transact　　　(D) transect

（ D ）　60. (A) consumption　(B) shortage　　　(C) management　(D) discharge

# 102年公務人員特種考試警察人員考試

等　　別：三等警察人員考試

類　　科：消防警察人員

科　　目：中華民國憲法與消防警察專業英文

考試時間：2小時

座　　號：

※注意：禁止使用電子計算器。

甲、申論題部分：（25分）

1) 不必抄題，作答時請將試題題號及答案依照順序寫在申論試卷上，於本試題上作答者，不予計分。

2) 請以藍、黑色鋼筆或原子筆在申論試卷上作答。

## 一、中翻英：（10分）

消防隊員應該知道如何滅火，如何於火災發生時保護人民生命與財產，如何宣傳火災預防和消防安全，及如何回應所有緊急呼救。

解：

　　Firefighters should know how to put out the fire, how to protect people's lives and property when the fire occurred, how to promote fire prevention and fire safety, and how to handle the accident of emergency call.

## 二、英文作文：（15分）

　　請闡述身為稱職的消防警察人員應具備哪些條件？其中最為重要的又是哪一項？為什麼？

解：

The qualifications of firefighters should be as follows

A. firefighters should have to accomplish their duties with safely health conditions, including optimistic mental and good physical fitness.

B. In order to maintain a good image that you need to complied with the discipline and could not have any bad habits.

C. Fire inspections must be done in accordance with regulations, goal management, crisis management, personality growth management, service-oriented concepts and capabilities.

D. It is important to establish integrity and enthusiasm of the service.

E. Utilizing modern of technology to enrich professional knowledge and improved efficiency.

作文（中文意思）：

消防人員應具備條件如下：

A. 消防員應具備能安全地履行其職責的健康條件，包括體格、心理、體能等。

B. 無不良習性、言行舉止嚴守分際、能維護團體良好形象。

C. 依法行政、嚴正執法、目標管理、危機管理、成長管理、服務導向等基本觀念與知能。

D. 培養廉潔之品德操守、熱誠親切之服務態度、重視人權法治、強化執法紀律。

E. 善用現代科技、運用科學方法、遵循作業程序、提升專業知能與效率。

乙、測驗題部分：（75分）

1) 本測驗試題爲單一選擇題，請選出一個正確或最適當的答案，複選作答者，該題不予計分。

2) 共60題，每題1.25分，需用2B鉛筆在試卡上依題號清楚劃記，於本試題或申論試卷上作答者，不予計分。

( B ) 1. 刑事法中強制工作之保安處分，係限制人民何種憲法上之基本權利？

    (A) 宗教自由    (B) 人身自由    (C) 訴訟權    (D) 生存權

( B ) 2. 中央與地方權限分配有爭議時，依照憲法第111條規定應由下列何項機關解決之？

    (A) 總統    (B) 立法院    (C) 行政院    (D) 內政部

( A ) 3. 現行憲法對於婦女保障所採之基本國策，不包括：

    (A) 對婦女施以特別之教育

    (B) 對婦女從事勞動者予以特別之保護

    (C) 維護婦女之人格尊嚴，並保障其人身安全

    (D) 消除性別歧視，促進兩性地位之實質平等

（B）　4. 下列關於副總統之敘述，何者錯誤？

(A) 副總統缺位時應由立法院補選，繼任至原任期屆滿爲止

(B) 總統被彈劾後，副總統應一併去職

(C) 副總統於我國政治體制下乃是總統的備位

(D) 副總統爲國家安全會議之成員

（D）　5. 下列何者爲司法院大法官之職權？

(A) 審理總統副總統罷免案　　　(B) 審議公務員懲戒案件

(C) 審理刑事訴訟之非常上訴案件　(D) 審理政黨違憲解散事項

（D）　6. 依照現行憲法增修條文規定，下列對於「省」此項地方制度之敘述何者正確？

(A) 省是地方自治團體性質之公法人　(B) 省不再監督縣自治事項

(C) 省政府委員由行政院任命　　　(D) 省諮議會議員由總統任命

（C）　7. 有關表現自由之敘述，下列何者正確？

(A) 憲法對言論自由及其傳播方式之保障，屬於絕對；如有依其特性而爲不同之保護範疇及限制，應盡量避免

(B) 社會秩序維護法規定，無正當理由，跟追他人，經勸阻不聽者，處罰鍰或申誡，牴觸憲法第11條保障新聞採訪自由

(C) 商品標示爲提供商品客觀資訊之方式，應受言論自由之保障

(D) 以判決命加害人公開道歉，牴觸憲法對不表意自由之保障

（D）　8. 依司法院大法官解釋，下列關於人民人身自由之限制，何者尚未達於違憲之程度：

(A) 民國89年修正公布之行政執行法，規定行政執行處合併爲拘提且管收之聲請時，法院亦得不經審問逕爲拘提管收之裁定

(B) 民國94年修正公布之少年事件處理法，規定對於經常逃學或逃家之虞犯少年，得收容於少年觀護所或感化教育處所之措施

(C) 民國94年修正公布之監獄行刑法，對於執行期滿者應於其刑期終了之次日午前釋放之規定

(D) 民國91年修正公布之傳染病防治法，規定得對曾與傳染病病人接觸或疑似被傳染者採取強制隔離處置

（C）　9. 國家賠償法所稱之公務員意義爲何？

(A) 依公務人員任用法任用之公務員　(B) 適用公務人員保障法之公務員

(C) 依法令從事公務之人　　　　　(D) 適用公務員服務法之公務員

（D）　10. 有關自治法規之制定，若經地方立法機關通過，並由各該行政機關公布者，稱

為：

(A) 自治規則　　　(B) 自治命令　　　(C) 自律規則　　　(D) 自治條例

( C ) 11. 關於國家賠償請求權之消滅時效，下列敘述何者正確？

(A) 國家賠償係由國家負擔賠償責任，不應使人民承擔時效消滅之不利益，故相關法規並無時效消滅之規定

(B) 依民法規定，自請求權人知有損害及賠償義務人時起，2年間不行使而消滅，自有侵權行為時起，逾10年者亦同

(C) 依國家賠償法規定，自請求權人知有損害時起，因2年間不行使而消滅，自損害發生時起，逾5年者亦同

(D) 依民法規定，自請求權人知有損害及賠償義務人時起，15年間不行使而消滅

( A ) 12. 依據憲法第24條規定，在一定要件下國家有賠償責任，因而制定國家賠償法予以因應。針對該法所規定之國家賠償責任，下列敘述何者錯誤？

(A) 所稱公務員，係指通過國家考試並經銓敘合格之人員

(B) 公務員有故意或重大過失時，賠償義務機關對之有求償權

(C) 公有公共設施因設置或管理有欠缺致人民生命、身體或財產受損害者，國家應負損害賠償責任

(D) 國家負損害賠償責任者，原則上以金錢為之

( C ) 13. 依司法院大法官解釋意旨，下列何者不符合憲法保障人民服公職基本權之意旨？

(A) 機關因改組、解散或改隸影響公務員權益者，應設適度過渡條款或其他緩和措施

(B) 戒嚴時期因犯內亂罪、外患罪所喪失或被撤銷之公務人員資格，於符合一定要件下，得申請回復，但排除武職人員申請

(C) 公務人員退休法施行細則在退休法未明定之情形下，規定再任公務人員之退休金基數應 同以前退休金基數合併計算，不得超過公務人員退休法所定35年之上限

(D) 臺灣地區與大陸地區人民關係條例規定大陸地區人民經許可進入臺灣地區者，非在臺灣地區設有戶籍滿10年，不得擔任公務人員

( D ) 14. 下列關於司法院之敘述何者錯誤？

(A) 司法院院長由總統提名，經立法院同意任命

(B) 大法官由法官轉任者，適用有關法官終身職待遇之規定

(C) 並為院長之大法官不受任期保障

(D) 司法院所提出之年度司法概算，立法院不得刪減

( C ) 15. 行政院向立法院所提出之何種議案，需經總統之核可？

(A) 戒嚴案　　　　(B) 法律案　　　　(C) 覆議案　　　　(D) 大赦案

( C ) 16. 依司法院大法官解釋，政府機關若無法律之依據於公共場所普設監視錄影器，此種行為將基本上可能干預下列何種基本人權？

(A) 言論自由　　　　　　　　　(B) 人身自由

(C) 隱私權與資訊自決權　　　　(D) 秘密通訊自由

( A ) 17. 自民國101年9月6日起，交通裁決事件由地方法院行政訴訟庭管轄，法院並依行政訴訟法審理。如甲主張此修法，致交通裁決事件不再由普通法院審理，損害人民受憲法保障之訴訟權，其主張是否有理由？

(A) 無理由，審判權歸屬及審級制度，尚屬於立法裁量範圍

(B) 有理由，基於交通裁決事件之違法特性，應由普通法院審理

(C) 無理由，此為基本權程序與組織保障的問題，與訴訟權無涉

(D) 有理由，基於司法一元主義，普通法院審理始可保障訴訟權

( D ) 18. 下列何者不屬於憲法第22條規定之保障範圍？

(A) 民法上契約締結自由　　　　(B) 婚姻自由

(C) 姓名權　　　　　　　　　　(D) 請求適當工作機會

( A ) 19. 依公職人員選舉罷免法之規定，公職人員就職未滿多久期間者，不能罷免？

(A) 1年　　　　(B) 1年6個月　　　　(C) 2年　　　　(D) 2年6個月

( D ) 20. 依地方制度法第82條第3項但書之規定，地方行政首長辭職、去職或死亡後，所遺任期最高不足幾年時，毋庸補選，由代理人代理至該任期屆滿為止？

(A) 半年　　　　(B) 1年　　　　(C) 1年半　　　　(D) 2年

( A ) 21. 依公職人員選舉罷免法之規定，政黨之得票率未達多少百分比以上者，其得票數不列入政黨比例代表制名額之計算？

(A) 5%　　　　(B) 6%　　　　(C) 7%　　　　(D) 8%

( B ) 22. 受委託行使公權力之團體，其執行職務之人於行使公權力時，若故意侵害人民權利，則依國家賠償法之規定，何者負賠償責任？

(A) 執行職務之個人　　　　　　(B) 委託行使公權力之機關

(C) 委託行使公權力機關之上級機關　　(D) 受委託行使公權力之團體

( D ) 23. 限制有特定犯罪前科紀錄之人民不得擔任營業小客車駕駛人是直接限制其何種基本權利？

　　　　　(A) 生存權　　　　　(B) 人格權　　　　　(C) 遷徙自由　　　(D) 職業自由

（ A ） 24. 依司法院大法官解釋，通訊保障及監察法規定，法官於符合法定要件時，得核
　　　　發通訊監察書，此等規定係涉及以下哪一項人民基本權利？
　　　　(A) 秘密通訊自由　(B) 生存權　　　　(C) 集會自由　　　(D) 言論自由

（ A ） 25. 關於人民之秘密通訊自由，下列敘述何者錯誤？
　　　　(A) 以書信、郵件、電話、電報為限
　　　　(B) 保護人與人彼此間溝通的過程
　　　　(C) 具有保護隱私的功能
　　　　(D) 通訊本身存在與否之探查，亦屬保護的範圍

（ B ） 26. 依司法院大法官解釋意旨，子女獲知其血統來源，確定其真實父子身分關係，
　　　　攸關子女之何種權利？
　　　　(A) 生存權　　　　　(B) 人格權　　　　　(C) 工作權　　　　(D) 人身自由

（ A ） 27. 下列有關我國憲法的基本權規範體系之論述，何者是錯誤的？
　　　　(A) 憲法已經窮盡列舉各種基本權
　　　　(B) 基本權對所有國家機關均有拘束力
　　　　(C) 基本權可依法律作適度的限制
　　　　(D) 法人在性質相容範圍內可作為特定基本權之主體

（ B ） 28. 人民有決定是否揭露其個人資料、及在何種範圍內、於何時、以何種方式、向
　　　　何人揭露之決定權，係憲法所保障之何種權利：
　　　　(A) 知的權利　　　(B) 資訊隱私權　　(C) 表意自由　　　(D) 身體自主決定權

（ A ） 29. 依司法院大法官解釋，下列有關軍事審判制度之敘述，何者錯誤？
　　　　(A) 軍事審判程序，不受憲法比例原則拘束
　　　　(B) 軍事審判之發動程序，亦必須合乎正當法律程序之最低要求
　　　　(C) 在平時軍事審判機關宣告有期徒刑以上之案件，應許被告向普通法院尋求
　　　　　　救濟
　　　　(D) 軍事審判程序之設，非即表示軍事審判機關對軍人之各種犯罪有專屬之審
　　　　　　判權

（ C ） 30. 依司法院釋字第499號解釋之意旨，下列有關修憲權行使之敘述，何者錯誤？
　　　　(A) 修改憲法乃最能直接體現國民主權之行為
　　　　(B) 憲法中具有本質之重要性而為規範秩序存立之基礎者，屬於自由民主憲政
　　　　　　秩序核心，不得任意修改
　　　　(C) 不論憲法是採總統制或內閣制設計，其屬於自由民主憲政秩序核心，不得

任意修改

(D) 國民大會代表自行延長任期，與自由民主憲政秩序不合

（ C ）31. 地方自治法規牴觸憲法者，無效，如對於有無牴觸發生疑義時，應如何處理？

(A) 由立法院審查並宣告無效　　　　(B) 提起行政訴訟並由法院進行審查

(C) 聲請司法院就爭議事項解釋　　　(D) 提請行政院院會討論決定

（ A ）32. 若法律授權警察得逕行強制人民到案，未踐行必要的司法程序，該法律係侵犯了人民之：

(A) 人身自由　　(B) 居住自由　　(C) 秘密通訊自由　(D) 財產自由

（ C ）33. 下列有關自治條例之論述，何者錯誤？

(A) 自治條例得就居民違反自治條例之行為規定罰鍰

(B) 自治條例需經地方立法機關之通過

(C) 自治條例所規定之罰鍰，無最高數額之限制

(D) 自治條例應分別冠以各該地方自治團體之名稱

（ D ）34. 依地方制度法第54條第1項之規定，直轄市議會之組織準則，如何產生？

(A) 由各直轄市議會制定，報行政院備查

(B) 由內政部訂定，報行政院備查

(C) 由各直轄市議會擬定，報行政院核定

(D) 由內政部擬定，報行政院核定

（ D ）35. 下列有關「選舉權」之保障的敘述，何者錯誤？

(A) 人民之選舉權受到國家公權力之侵害時，有請求司法救濟之可能

(B) 選舉權為人民參政權之一種，不包含有關人民團體內部之選舉事項在內

(C) 憲法上所保障之選舉權，既包含人民參與選舉之自由，亦包含人民不參與選舉之自由

(D) 憲法上所保障之選舉權，在無相關法律進一步具體形成前，人民仍得直接依據憲法行使之

（ B ）36. 人民裸體以抗議環保政策，涉及何種基本權利之行使？

(A) 生命權　　　(B) 言論自由　　(C) 宗教自由　　　(D) 參政權

（ D ）37. 主管機關進入營業場所檢查消防及相關安全設施是否合法，直接限制人民何種基本權利？

(A) 資訊自決權　(B) 平等權　　　(C) 旅行自由　　　(D) 居住自由

（ A ）38. 依司法院大法官解釋，以科處刑罰之方式，限制人民傳布任何以兒童少年性交易或促使其為性交易為內容之訊息，係限制人民之何種基本權利？

（A）言論自由　　　（B）國民健康權　　　（C）兒童福利權　　　（D）秘密通訊自由

（D）39. 司法院釋字第499號解釋認為，憲法整體基本原則所形成之「自由民主憲政秩序」，乃現行憲法賴以存立之基礎，為修憲之界限。其所稱「形成自由民主憲政秩序之憲法整體基本原則」，不包括下列何者：

（A）民主共和國原則　　　　　　　（B）國民主權原則

（C）權力分立與制衡之原則　　　　（D）總統與行政雙首長制原則

（B）40. 依司法院大法官解釋，所謂「接近使用媒體」之權利，係受我國憲法所保障之何種權利之一種：

（A）平等權　　　（B）言論自由　　　（C）財產權　　　（D）工作權

（D）41. A fire extinguisher consists of a hand-held cylindrical pressure vessel containing an ＿＿＿＿ which can be discharged to extinguish a fire.

(A) atom　　　(B) argent　　　(C) air　　　(D) agent

（C）42. The expedient and accurate ＿＿＿＿ of fire alarms or calls are significant factors in the successful outcome of any incident.

(A) deleting　　　(B) shifting　　　(C) handling　　　(D) haunting

（D）43. A smoke detector is a device that detects smoke, typically as an ＿＿＿＿ of fire.

(A) interest　　　(B) question　　　(C) movement　　　(D) indicator

（C）44. By definition, an automatic fire suppression system can operate without human intervention. To do so it must possess a means of detection, ＿＿＿＿ and delivery.

(A) observation　　　(B) station　　　(C) actuation　　　(D) extinction

（C）45. Firefighters are ＿＿＿＿ extensively trained in firefighting, primarily to extinguish hazardous fires that threaten property and civilian or natural populations.

(A) investigators　　　(B) negotiators　　　(C) rescuers　　　(D) waiters

（B）46. Buildings that are made of ＿＿＿＿ materials such as wood are different from so called "fire-resistant" buildings such as concrete high-rises.

(A) green　　　(B) flammable　　　(C) decorating　　　(D) flexible

（A）47. The images of fire professionals we see on television and in film are often romanticized versions of day-to-day life on the job. For firefighters, no two days are alike, and the work is as varied as it is ＿＿＿＿.

(A) unpredictable　　　(B) unnecessary　　　(C) hysterical　　　(D) secretive

（B）48. When called on to a medical emergency to care for a patient with a history of respiratory distress, it is best to place the patient in a ＿＿＿＿ position.

　　　(A) supine　　　　(B) sitting　　　　(C) prone　　　　(D) recovery

( A )　49. Fire control consists of depriving a fire of fuel, _____ , heat and/or the chemical chain reaction that are necessary to sustain itself or re-kindle.

　　　(A) oxygen　　　(B) liquid　　　(C) metal　　　(D) compound

( A )　50. The stage of fire at which all surfaces within a room reach their ignition temperature and ignite is known as _____ .

　　　(A) flashover　　(B) flameover　　(C) fireover　　(D) backdraft

( A )　51. While sometimes fires can be _____ to small areas of a structure, wider collateral damage due to smoke, water, and burning embers is common.

　　　(A) limited　　　(B) dependent　　(C) expanded　　(D) released

( D )　52. Vertical _____ is absolutely vital to firefighter safety in the event of a flashover or backdraft scenario.

　　　(A) window　　　(B) shaft　　　(C) opening　　　(D) ventilation

( A )　53. The _____ of modern industrialized life with a greater prominence of hazards has created an increase in the skills needed in firefighting technology.

　　　(A) complexity　　(B) simply　　(C) moderate　　(D) commission

( D )　54. The best procedure for extinguishing an electrical fire is to _____ .

　　　(A) pull out the plug and throw a large bucket of water on the fire

　　　(B) use any fire extinguisher

　　　(C) pull out the plug and use baking soda

　　　(D) pull out the plug and use an ABC-RATED fire extinguisher

( C )　55. The fire department of Taipei City conducted a _____ yesterday simulating the transfer of a suspected H7N9 avian influenza patient to a hospital by using an ambulance with the driver's cabin isolated from the rear cabin.

　　　(A) citation　　(B) investigation　　(C) drill　　(D) study

( C )　56. Condensed aerosol fire suppression is a particle-based form of fire extinction similar to _____ fire suppression or dry chemical fire extinction.

　　　(A) foam　　　(B) chemical　　(C) gaseous　　(D) water mist

( B )　57. Fire _____ systems have a proven record for controlling and extinguishing unwanted fires. Many fire officials recommend that every building, including residences, have fire sprinkler systems.

　　　(A) assistance　　(B) suppression　　(C) alert　　(D) risk

（ D ）　58. What may happen if water is applied to a burning combustible metal?

(A) The fire goes out immediately, but evolves into a poisonous gas.

(B) Nothing changes and the fire keeps burning.

(C) The fuel turns to powder but keeps burning.

(D) A violent reaction may occur.

（ A ）　59. What are the three stages of a compartment fire in order, from the first to the last?

(A) Incipient stage, free burning stage, decay stage.

(B) Decay stage, incipient stage, free burning stage.

(C) Free burning stage, incipient stage, decay stage.

(D) Decay stage, free burning stage, incipient stage.

（ C ）　60. You are fighting a fire with a hose in a large storeroom and find that the situation is too dangerous for you to remain there any longer. The room is so dark and so filled with thick smoke that you cannot see even a short distance. You can best find your way out by _____.

(A) lighting a match

(B) using your recollection of where the door is located

(C) following the hose back from the nozzle

(D) spraying water in different directions to locate an exit by sound.

# 101年公務人員特種考試警察人員考試

等　　別：三等警察人員考試
類　　科：消防警察人員
科　　目：中華民國憲法與消防警察專業英文
考試時間：2小時
座　　號：
※注意：禁止使用電子計算器。

甲、申論題部分：（25分）

1) 不必抄題，作答時請將試題題號及答案依照順序寫在申論試卷上，於本試題上作答者，不予計分。

2) 請以藍、黑色鋼筆或原子筆在申論試卷上作答。

## 一、中翻英：（10分）

假如有人受困在很深且流動快速的水裡，且車輛正在漂浮，車內的人應以鞋子或其它硬質的物體擊破車窗。

**解：**

If someone trapped in the vehicle that is sunk into the flowing water, the men who trapped in the car need to find solid thing, like shoes in order to break the window.

## 二、英文作文：（15分）

臺灣近年來外籍學生增加，且臺灣位於地震帶，許多外籍學生並無地震經驗。請寫一篇英文文章，講解外籍學生在學校碰到地震或因地震而引發火災時，應採取何種態度及自保的方法，將災害降至最低。

**解：**

In general, the time with vibration of earthquake is usually less than 30 seconds, in order to avoid casualties that you must stay calm and do not rush out of the indoor at first time, it easy to get hurt at the panic situation, you need to think twice unless the situation was very urgent.

A. Keep away from windows, glass, chandeliers and other dangerous fall objects.

B. To prevent the fire occur, turn off the light and put out the fire source when you are passing.

C. Open the door to avoid skewing of the door.

D. Do not use the elevator to avoid being stuck by power failure

作文（中文意思）：

一般大地震，最激烈的主振動時間通常不會超過30秒，爲了要避免傷亡必須先保持鎮定，在室內的人員應先保護自己身體，不要立即往外衝，在慌忙逃避時反而容易受傷，經判斷有需要緊急避難時再往外疏散。

以下幾點注意事項：

A. 遠離窗戶、玻璃、吊燈等危險墜落物、以及櫥櫃。

B. 隨手關閉使用中的電源或火源、防止火災發生。

C. 把出口處的門打開，以避免門框歪扭夾緊。

D. 不可使用電梯，以免因振動故障受困。

乙、測驗題部分：（75分）

1) 本測驗試題爲單一選擇題，請選出一個正確或最適當的答案，複選作答者，該題不予計分。

2) 共60題，每題1.25分，需用2B鉛筆在試卡上依題號清楚劃記，於本試題或申論試卷上作答者，不予計分。

（B）　1. 依憲法增修條文規定，我國現今有關領土變更之程序爲何？

　　　　(A) 由立法院提出，國民大會複決之

　　　　(B) 由立法院提出，自由地區選舉人複決之

　　　　(C) 由國民大會提出，立法院複決之

　　　　(D) 直接由全體公民投票

（A）　2. 依憲法規定，具有中華民國國籍者爲中華民國國民，而針對具有雙重國籍身分之國民，下列敘述何者是正確的？

　　　　(A) 具有雙重國籍者不能擔任立法委員

　　　　(B) 我國不承認雙重國籍

　　　　(C) 具有雙重國籍者絕對不能擔任任何職務的公務員

　　　　(D) 對於具有雙重國籍者，政府可以限制其言論自由

（D）　3. 下列何者非直轄市議會之職權？
　　　（A) 接受人民請願　　　　　　　　　（B) 審議直轄市決算之審核報告
　　　（C) 議決直轄市財產之處分　　　　　　（D) 議決一級首長之人事案

（A）　4. 依地方制度法第14條規定，下列何者不是地方自治團體之公法人？
　　　（A) 省政府　　　　　（B) 直轄市　　　　　（C) 縣（市）　　　　　（D) 鄉（鎮、市）

（A）　5. 依地方制度法第77條規定，中央與直轄市、縣（市）間，遇有權限爭議時，依
　　　　據下列何者處理之？
　　　（A) 由立法院院會議決之　　　　　　　（B) 由司法院解釋之
　　　（C) 由行政院決定之　　　　　　　　　（D) 由總統調處之

（D）　6. 依憲法增修條文規定，保障政治參與權之對象，不包括下列何者？
　　　（A) 原住民　　　　　　　　　　　　　（B) 僑居國外之國民
　　　（C) 澎湖、金馬地區之人民　　　　　　（D) 身心障礙者

（B）　7. 依司法院釋字第436號解釋，下列有關軍事審判之敘述，何者錯誤？
　　　（A) 軍人亦受憲法第8條正當程序之保障
　　　（B) 軍事審判機關對於軍人之犯罪有專屬之審判權
　　　（C) 經終審軍事審判機關宣告有期徒刑以上之案件，應許被告直接向普通法院
　　　　　以判決違背法令為理由請求救濟
　　　（D) 軍事審判之建制，憲法未設明文規定，得以法律定之

（C）　8. 憲法保障人民「服公職之權」，依公職人員選舉罷免法之規定，至少需年滿幾
　　　　歲方符合縣長與省轄市長之被選舉人資格？
　　　（A) 20歲　　　　　（B) 23歲　　　　　（C) 30歲　　　　　（D) 25歲

（A）　9. 警察機關於各公共場所裝設監視錄影器對路過行人車輛進行蒐錄，最主要涉及
　　　　人民何種基本權利？
　　　（A) 隱私權　　　　　　　　　　　　　（B) 身體不受侵犯權
　　　（C) 名譽權　　　　　　　　　　　　　（D) 遷徙自由

（D）　10. 依憲法增修條文規定，憲法修正案應公告多久後，再經中華民國自由地區選舉
　　　　人投票複決？　（A) 一個月　（B) 二個月　（C) 三個月　（D) 半年

（A）　11. 下列何者不屬於憲法第18條應考試權之保障範圍？
　　　（A) 大學入學考試　　　　　　　　　　（B) 公務人員高等考試
　　　（C) 公務人員升官等考試　　　　　　　（D) 專門職業及技術人員考試

（D）　12. 下列何者修憲時得予修改？
　　　（A) 民主共和國原則　　　　　　　　　（B) 國民主權原則

（C) 權力分立原則　　　　　　　　　　(D) 總統任期制度

（ A ）13. 關於民選公職人員之罷免，下列敘述何者正確？

　　　　(A) 就職未滿一年者，不得罷免　　(B) 不分區立法委員得隨時罷免

　　　　(C) 罷免案得一案提議罷免多人　　(D) 公務人員得為罷免案提議人

（ C ）14. 某甲現年28歲，則其依據公職人員選舉罷免法之規定，將因年齡限制，而未能登記為下列那一種公職人員之候選人？

　　　　(A) 里長　　　　　　　　　　　　(B) 區域立法委員

　　　　(C) 縣長　　　　　　　　　　　　(D) 全國不分區及僑居國外國民立法委員

（ A ）15. 依憲法增修條文規定，我國已經不再進行以下何者之選舉？

　　　　(A) 國民大會代表　(B) 直轄市長　　　(C) 縣市長　　　　　(D) 鄉鎮市長

（ D ）16. 總統缺位時，應如何處理？

　　　　(A) 由行政院院長繼任，任期四年

　　　　(B) 由副總統繼任，任期四年

　　　　(C) 由行政院院長繼任，至總統任期屆滿為止

　　　　(D) 由副總統繼任，至總統任期屆滿為止

（ B ）17. 有關總統、副總統彈劾案、罷免案之敘述，下列何者錯誤？

　　　　(A) 彈劾案需經全體立法委員二分之一以上之提議，全體立法委員三分之二以上之決議

　　　　(B) 罷免案需經全體立法委員五分之一以上之提議，全體立法委員三分之二以上之同意

　　　　(C) 彈劾案提出後，由司法院大法官組成憲法法庭審理

　　　　(D) 罷免案提出後由中華民國自由地區選舉人投票

（ A ）18. 基於下列何者，羈押被告憲法上權利之保障與一般人民所得享有者，原則上並無不同？

　　　　(A) 無罪推定原則　(B) 秘密通訊自由　(C) 集會自由　(D) 居住遷徙自由

（ D ）19. 有關在國外持有效中華民國護照者，行使總統、副總統選舉權之敘述，下列何者正確？

　　　　(A) 具有外國國籍者，不得為選舉人

　　　　(B) 得以通信方式投票，而無需返國投票

　　　　(C) 應在中央政府所在地投票所投票

　　　　(D) 需向戶政機關辦理選舉人登記後，始得投票

（ A ）20. 法院接受提審之聲請書狀，依法律之規定，認為無理由者，至遲應於幾小時內

以裁定駁回之？

(A) 24小時　　　　(B) 36小時　　　　(C) 48小時　　　　(D) 72小時

( B )　21. 依憲法規定，有關國防部部長產生方式，下列敘述何者正確？

(A) 由總統直接任命之

(B) 由行政院院長提請總統任命之

(C) 由行政院院長提名，經立法院同意後任命之

(D) 由總統提名，經立法院同意任命之

( A )　22. 下列何者不符申請登記為總統副總統候選人之資格？

(A) 在中華民國自由地區繼續居住4個月　　(B) 曾設籍15年以上

(C) 需有選舉人資格　　　　　　　　　　　(D) 年滿40歲

( B )　23. 依憲法增修條文第3條規定，行政院對於立法院之法律案或預算案，如認為有窒礙難行時，得循何種途徑解決？

(A) 請總統進行兩院爭議之調解

(B) 得經總統之核可，於該決議案送達行政院10日內，移請立法院覆議

(C) 逕移司法院解釋之

(D) 行政院應即接受立法院之決議並執行之

( # )　24. 憲法保障之集會遊行自由，下列敘述何者錯誤？

(A) 室內之集會原則上應先申請許可

(B) 集會遊行應以和平方法為之

(C) 集會遊行可主張「共產主義」與「分裂國土」

(D) 法律得規定特定區域禁止集會遊行

註：室外集會、遊行，應向主管機關申請許可。但左列各款情形不在此限：

一、依法令規定舉行者。

二、學術、藝文、旅遊、體育競賽或其他性質相類之活動。

三、宗教、民俗、婚、喪、喜、慶活動。

室內集會無須申請許可。但使用擴音器或其他視聽器材足以形成室外集會者，以室外集會論。

本題答案，答A者，考選部給分。

( B )　25. 有關警察實施臨檢之規定，依司法院釋字第535號解釋，下列敘述何者錯誤？

(A) 警察執行場所之臨檢勤務，應限於已發生危害或依客觀、合理判斷易生危害之處所、交通工具或公共場所

(B) 為了預防將來可能發生危害之公共場所，警察得逕予檢查、盤查

(C) 對人實施之臨檢，需以有相當理由足認其行為已構成或即將發生危害者為限

(D) 臨檢原則上應於現場實施

( B ) 26. 依司法院釋字第636號解釋，檢肅流氓條例曾規定「法院審理之結果，認應交付感訓者，應為交付感訓處分之裁定，但毋庸諭知其期間」，係屬違憲侵害人民何項權利？

(A) 宗教自由　　　(B) 人身自由　　　(C) 言論自由　　　(D) 集會自由

( A ) 27. 有關立法院常會會期之敘述，下列何者正確？

(A) 每年2次，自行集會，必要時得延長之

(B) 每年2次，由總統咨請集會，必要時得延長之

(C) 每年3次，自行集會，不得延長

(D) 每年3次，由總統咨請集會，必要時得延長之

( C ) 28. 立法委員被視為我國國會議員，惟與英國內閣制國家之國會議員相較，下列敘述何者錯誤？

(A) 均需定期改選　　　　　　　　(B) 均擁有倒閣權

(C) 均不可兼任官吏　　　　　　　(D) 均由人民直接選出

( D ) 29. 關於立法委員不受逮捕特權之敘述，下列何者錯誤？

(A) 立法委員在會期中享有不受逮捕特權

(B) 憲法保障立法委員不受逮捕特權乃是為防止司法機關及行政機關濫用逮捕權妨礙國會議員執行職務

(C) 立法委員在會期內如經立法院之許可仍可逮捕

(D) 立法委員在會期中如係現行犯仍不可逕予逮捕

( D ) 30. 公務員之懲戒，屬於下列何者之職權？

(A) 考試院公務人員保障暨培訓委員會　(B) 行政院

(C) 監察院　　　　　　　　　　　　(D) 司法院

( C ) 31. 依憲法規定，下列敘述何者正確？

(A) 法官為任期制

(B) 法官受懲戒處分，依法不得免職

(C) 法官受禁治產之宣告，依法得予免職

(D) 司法院基於業務需要，無法律之規定，即可將法官轉任

( A ) 32. 依憲法增修條文第4條規定，由政黨依得票比率選出之全國不分區立法委員，各政黨當選名單中婦女比例不得低於：

    (A) 二分之一   (B) 三分之一   (C) 四分之一   (D) 五分之一

（C）33. 依憲法增修條文規定，下列何者是由司法院大法官組成憲法法庭審理之？

    (A) 公務員違法失職案件     (B) 總統、副總統罷免案件

    (C) 政黨違憲之解散案件     (D) 立法委員違反議事紀律案件

（A）34. 考試委員應如何產生？

    (A) 由總統提名，經立法院同意任命之

    (B) 由行政院院長提名，經立法院同意任命之

    (C) 由考試院院長提名，經公民投票同意任命之

    (D) 由總統提名，經公民投票同意任命之

（C）35. 依憲法增修條文規定，行政院院長如何產生？

    (A) 由總統提名，經立法院同意任命之

    (B) 由總統提名，經監察院同意任命之

    (C) 由總統任命之

    (D) 由各部會首長及不管部會政務委員互選之

（A）36. 有關監察院之敘述，下列何者錯誤？

    (A) 監察院就所掌事項，不得向立法院提出法律案

    (B) 監察院之組織，以法律定之

    (C) 監察委員需超出黨派以外，依據法律獨立行使職權

    (D) 監察委員不得兼任其他公職或執行業務

（B）37. 依司法院釋字第654號解釋，若法律規定：「律師接見受羈押之被告時，應予以監聽、錄影。」請問此條規定違反被告下列何項憲法基本權利之保障？

    (A) 言論自由   (B) 訴訟權   (C) 人身自由   (D)思想自由

（A）38. 下列何者並無至立法院院會備詢之義務？

    (A) 考選部部長      (B) 法務部部長

    (C) 僑務委員會委員長    (D) 國家通訊傳播委員會主任委員

（C）39. 人民之罷免權在性質上係屬於下列何種權利之內容？

    (A) 自由權   (B) 受益權   (C) 參政權   (D)言論權

（A）40. 依司法院釋字第617號解釋，性言論之表現與性資訊之流通，是否受憲法上對言論自由之保障？

    (A) 不論是否以營利為目的，皆受保障 (B) 非以營利為目的者為限，始受保障

    (C) 屬低價值言論，故不予以保障  (D) 屬猥褻性言論，故不予以保障

（C）41. As in all technical professions, fire protection engineers must stay current in the

_____ technologies and capabilities.

(A) wildest　　(B) greatest　　(C) latest　　(D) highest

（ B ）42. The main forces of firefighters in Taiwan are _____ firefighters.

(A) military　　(B) career　　(C) volunteer　　(D) paid-on-call

（ B ）43. The buoyant gas stream rising above a burning fuel bed is often referred to as the fire _____ .

(A) cloud　　(B) plume　　(C) stream　　(D) feather

（ C ）44. Very _____ warning provides an opportunity to prevent fire growth and avoids the costly and disruptive release of suppression agents.

(A) decisive　　(B) loud　　(C) early　　(D) smart

（ A ）45. A single sprinkler extinguished a fire in the kitchen of a home that began when food left cooking unattended _____ .

(A) ignited　　(B) exploded　　(C) erupted　　(D) flourished

（ C ）46. Many high-rise building fires cannot be fought from outside the building, as the upper stories are _____ the reach of most aerial ladders.

(A) upon　　(B) without　　(C) beyond　　(D) above

（ C ）47. Portable fire extinguishers are categorized by _____ .

(A) the cost of the extinguisher

(B) who is able to use the extinguisher

(C) the types of fire for which they are intended

(D) whether they are for commercial or residential use

（ C ）48. _____ are the three primary missions of the Fire Services Act in Taiwan.

(A) Emergency response, disaster rescue, and emergency medical service

(B) Fire prevention, emergency response, and emergency medical service

(C) Fire prevention, disaster rescue, and emergency medical service

(D) Fire prevention, disaster rescue, and emergency response

（ D ）49. Usually, a backdraft will only _____ for a very short amount of time, in the order of seconds, during a fire.

(A) cease　　(B) suppress　　(C) replace　　(D) last

（ D ）50. Automatic sprinkler systems are often considered the most significant _____ of a building fire protection strategy.

(A) particle　　(B) partition　　(C) compartment　　(D) component

（ D ） 51. In apparent backdraft conditions, the best time to attempt to enter is _____ .

    (A) immediately                     (B) after ventilation has started

    (C) before beginning of ventilation     (D) only after ventilation is completed

（ A ） 52. Standpipe systems have been installed in health care facilities for many years to provide _____ valves in enclosed stairs and throughout selected occupied rooms and corridors.

    (A) hose          (B) duct          (C) coil          (D) water

（ A ） 53. _____ are designed to supply a large volume of water quickly to the protected area.

    (A) Deluge sprinkler systems         (B) Wet-pipe sprinkler systems

    (C) Dry-pipe sprinkler systems        (D) Residential sprinkler systems

（ A ） 54. "BLEVE" stands for _____ .

    (A) Boiling Liquid Expanding Vapor Explosion

    (B) Boiling Liquid External Valve Explosion

    (C) Bottled Liquid Explosive Vertical Expansion

    (D) Bottled Liquid Excessive Vibration Exchange

（ B ） 55. _____ is a main type of liquefied petroleum gas (LPG).

    (A) Methane     (B) Propane     (C) Ethylene     (D) Isobutene

（ B ） 56. Mass flow of hot smoke in and out of compartment openings can be calculated since the _____ differences across the opening can be estimated.

    (A) surface area     (B) pressure     (C) velocity     (D) force

請回答第57題至第60題：

    An interesting question arises regarding the use of elevators by rescue. Fire safety professionals __57__ the use of elevators by occupants as a means of escape under fire conditions. However, there are circumstances where elevators could be used to remove occupants when under the fire department's control. The use of elevators for evacuation may be __58__ in buildings that are subdivided by fire-resistive construction. If an elevator is remote and separated from fire area with an auxiliary power supply, using it for rescue purposes, especially to evacuate __59__ occupants, may be the best option. The use of an elevator in the immediate fire area is hazardous to everyone and should be avoided. If it is necessary to remove people from a multi-story building, use the interior __60__ as a first choice. When a decision has been made to remove occupants from the building, always use the safest and most efficient means available.

（ A ）　57. (A) discourage 　　(B) punish 　　　(C) enforce 　　　(D) improve

（ C ）　58. (A) clarified 　　　(B)estimated 　　(C) justified 　　　(D) saved

（ A ）　59. (A) immobile 　　　(B) vigilant 　　　(C) weak 　　　　(D) inconvenient

（ D ）　60. (A) elevators 　　　(B) windows 　　　(C) openings 　　　(D) stairways

# 100年公務人員特種考試警察人員考試

等　　別：三等警察人員考試
類　　科：消防警察人員
科　　目：中華民國憲法與消防警察專業英文
考試時間：2小時
座　　號：
※注意：禁止使用電子計算器。

甲、申論題部分：（25分）

1) 不必抄題，作答時請將試題題號及答案依照順序寫在申論試卷上，於本試題上作答者，不予計分。

2) 請以藍、黑色鋼筆或原子筆在申論試卷上作答。

一、**Translate the following passage into English.**（10分）

　　不要驚慌！我們會盡快趕到你那兒。你最好使用濕毛巾蓋住口鼻，馬上到最近的緊急出口，並立即疏散。如果你必須下樓，請走樓梯，不要使用電梯。

**解：**

　　Don't be panic! We will arrive to your place as soon as possible. You'd better use wet towel to cover your nose and mouth then evacuated to the nearest emergency exit immediately. If you have to go downstairs, please take the stairs instead of elevator.

二、**英文作文：**（15分）

　　寫一封通知書給一家大型飯店，告知於日前實施消防安全檢查時，發現有三項不符合規定項目。要求他們限期改善，否則將依違反消防法加以處分。通知書內需將三項違規項目明列出來。

**解：**

　　We implement fire safety checks in your place in a few days ago, we found that the following three points are not meet the fire safety regulations. Please complete improvement within a month, or your facility will be punished according to the fire safety law.

1. Fire extinguisher agent expired.

2. The fire detector failure.

3. The emergency lighting failure.

作文（中文意思）：

幾天之前在你場所執行消防安全檢查，我們發現以下三點不符合消防安全規定。請在一個月內完成改善，否則將按照消防法規定給予處罰。

1. 滅火器劑過期。

2. 火災探測器失敗。

3. 緊急照明故障。

乙、測驗題部分：（75分）

1) 本測驗試題為單一選擇題，請選出一個正確或最適當的答案，複選作答者，該題不予計分。

2) 共60題，每題1.25分，需用2B鉛筆在試卡上依題號清楚劃記，於本試題或申論試卷上作答者，不予計分。

( B )　1. 下列何者不是憲法第80條所稱之法官？

(A) 公務員懲戒委員會委員　　　　　(B) 公務人員保障暨培訓委員會委員

(C) 律師懲戒委員會委員　　　　　　(D) 司法院大法官

( B )　2. 依憲法本文之規定，下列何者為我國最高司法機關？

(A) 最高法院　　　(B) 司法院　　　(C) 法務部　　　(D) 行政院

( C )　3. 依憲法增修條文之規定，總統、副總統彈劾之審理，是由下列何者負責？

(A) 最高法院　　　　　　　　　　(B) 監察院

(C) 憲法法庭　　　　　　　　　　(D) 公務員懲戒委員會

( C )　4. 自民國92年起，司法院大法官可否適用憲法第81條及有關法官終身職待遇之規定？

(A) 全部司法院大法官均得適用

(B) 全部司法院大法官均不得適用

(C) 僅法官轉任司法院大法官者始得適用

(D) 僅非法官轉任司法院大法官者始得適用

( D )　5. 下列各項職務中，何者需經立法院同意後，始得任命？

（A) 行政院主計長 （B) 法務部部長

（C) 行政院勞工委員會主任委員 （D) 審計長

（ B ）　6. 依憲法增修條文，立法院針對下列何種人事案有同意權？

（A) 行政院院長 （B) 司法院大法官

（C) 內政部部長 （D) 司法院公務員懲戒委員會委員

（ A ）　7. 有關憲法第63條立法院對於預算之議決權的敘述，下列何者錯誤？

（A) 預算案只許立法院以外之關係院提出，立法院及立法委員則僅有審議之權限

（B) 預算案每一年度實施一次即失其效力，故在學理上又稱為措施性法律

（C) 立法院就預算案之審議不得對各機關所編列預算之數額，在款項目節間移動增減

（D) 預算案之審議關係政府整年度之收支，故審議時有法定之時間之限制

（ C ）　8. 依現行規定，立法委員的婦女保障名額如何選出？

（A) 由直轄市、縣市的當選名額中選出

（B) 由原住民的當選名額中選出

（C) 由全國不分區及僑居國外國民的當選名額中選出

（D) 未予以規範

（ A ）　9. 立法院行使罷免總統之職權，其程序性之規定係規範於下列何種法律？

（A) 立法院職權行使法 （B) 立法委員行為法

（C) 立法院組織法 （D) 總統副總統選舉罷免法

（ D ）　10. 當總統犯內亂罪時，其他國家機關對總統得採取的行動中，不包括：

（A) 罷免總統 （B) 彈劾總統

（C) 對總統為刑事上之訴究 （D) 對總統為民事上之訴究

（ B ）　11. 有關總統發布緊急命令之條件，下列敘述何者錯誤？

（A) 需為避免國家或人民遭遇緊急危難或應付財政經濟上重大變故

（B) 需依緊急命令法為之

（C) 需經行政院會議之決議

（D) 需於發布命令後十日內提交立法院追認

（ D ）　12. 依憲法增修條文規定，總統對下列何人的任命，不需經立法院同意？

（A) 司法院大法官　 （B) 考試委員　　　 （C) 監察委員　　　 （D)行政院院長

（ B ）　13. 有關總統、副總統彈劾案之敘述，下列何者正確？

（A) 總統、副總統彈劾案由監察院提出

(B) 總統、副總統彈劾案由司法院大法官審理

(C) 經全體立法委員三分之二以上同意時，被彈劾人應即解職

(D) 經中華民國自由地區選舉人總額過半數投票同意時，被彈劾人應即解職

( D ) 14. 依憲法本文之規定，總統行使下列何項職權，需經行政院會議之決議？

(A) 提名司法院院長 　　　　　　(B) 任命法務部部長

(C) 任命國家安全局局長 　　　　(D) 宣戰媾和

( B ) 15. 依憲法增修條文之規定，總統為國情報告時，應向下列何者為之？

(A) 監察院 　　　　　　　　　　(B) 立法院

(C) 國家統一委員會 　　　　　　(D) 國家安全會議

( B ) 16. 依地方制度法第25條規定，自治法規經地方立法機關通過，並由各該行政機關公布者，稱為何者？

(A) 自治規則 　　(B) 自治條例 　　(C) 自治通則 　　(D)地方通則

( A ) 17. 依地方制度法之規定，下列何者非地方自治團體？

(A) 省 　　　　(B) 直轄市 　　(C) 縣（市） 　　(D)鄉（鎮、市）

( D ) 18. 下列何種地方公職人員，非由選舉產生？

(A) 直轄市市長 　　(B) 縣（市）長 　　(C) 村（里）長 　　(D)區長

( D ) 19. 下列關於間接民主之敘述，何者錯誤？

(A) 又稱為代議民主

(B) 國家權力之行使非由人民自己為之

(C) 國家權力之正當性最後仍需回溯自人民意志

(D) 為我國憲法及增修條文所採取之唯一民主體制

( A ) 20. 憲法第1條明定中華民國為民主共和國，下列何項原則並非由「民主共和國」所演繹出的原則？

(A) 不告不理原則 　(B) 權立分立原則 　(C) 法治國家原則 　(D) 國家責任原則

( C ) 21. 有關民主共和國之國家權力運作原則，下列何者不屬之？

(A) 權力分立原則 　(B) 法治國家原則 　(C) 君主立憲原則 　(D) 憲法優越原則

( A ) 22. 我國憲法增修條文第9條關於省的規定，下列何者錯誤？

(A) 省設省政府，置主席一人，另置委員九人

(B) 省設省諮議會，置省諮議會議員若干人

(C) 省承行政院之命，監督縣自治事項

(D) 省政府主席，由行政院院長提請總統任命

( D ) 23. 司法院釋字第328號針對我國領土作出解釋，認為固有疆域如何界定純屬何種重

大問題？

(A) 社會問題　　　(B) 經濟問題　　　(C) 文化問題　　　(D) 政治問題

（D）24. 通訊監察書由檢察官與司法警察機關負責聲請與核發，而非由法官核發，與何種基本權利之保障意旨不符？

(A) 意見表達自由　(B) 不表意自由　(C) 新聞媒體自由　(D) 秘密通訊自由

（B）25. 中央警察大學入學考試招生簡章以有無色盲決定能否取得入學資格之規定，涉及下列何者？

(A) 財產權　　　　　　　　　　(B) 平等原則

(C) 受國民教育之權　　　　　　(D) 信賴保護原則

（A）26. 行政機關不得以命令干預大學教學之內容及課程之訂定，與下列何者有關？

(A) 大學自治　　　　　　　　　(B) 契約自由

(C) 人格發展自由　　　　　　　(D) 機關自我拘束原則

（A）27. 憲法第24條未提及公務員之何種責任？

(A) 政治責任　　　(B) 民事責任　　　(C) 刑事責任　　　(D) 懲戒責任

（C）28. 憲法規定，人民有應考試、服公職之權。此種權利在理論上屬於：

(A) 自由權　　　(B) 受益權　　　(C) 參政權　　　(D) 平等權

（A）29. 依司法院釋字第487號解釋，下列何者係憲法第24條國家賠償責任之特別立法？

(A) 冤獄賠償法　　　　　　　　(B) 犯罪被害人保護法

(C) 強制汽車責任保險法　　　　(D) 二二八事件處理及賠償條例

（A）30. 依司法院大法官之解釋，下列何者與婚姻自由之憲法上保障依據相同？

(A) 人格權　　　(B) 平等權　　　(C) 宗教自由　　　(D) 藝術自由

（B）31. 下列何者為人民基本權之核心保障？

(A) 公共利益　　　(B) 人性尊嚴　　　(C) 自由平等　　　(D) 民主共和

（A）32. 私法人不可能享有之人權是：

(A) 民意代表選舉權　　　　　　(B) 財產權

(C) 表現自由權　　　　　　　　(D) 賠償請求權

（C）33. 刑罰之制定應符合比例原則，請依司法院大法官對此之解釋來判斷下列敘述何者錯誤？

(A) 國家得將特定事項以特別刑法規定特別之罪刑

(B) 國家刑罰權之規定，其內容需符合目的正當性、手段必要性、限制妥當性

(C) 刑罰中誣告罪之反坐規定，立法雖嚴，但仍屬必要，並無違憲

(D) 刑罰之規定，如僅強調同害之原始報應，即有違比例原則

（ C ） 34. 下列何者並非憲法保障財產權之理念？

　　(A) 財產權保障之意義在於維持人性尊嚴生活上必須的財產之保障

　　(B) 因支配他人勞動力所取得的資本型財產，亦應予保障

　　(C) 對於個人財產權的保障是一種絕對保障

　　(D) 人民財產權被侵害，得依法請求賠償

（ D ） 35. 關於公務員之懲戒與憲法人權保障，司法院大法官解釋認為：

　　(A) 公務員之懲戒，與人權無關

　　(B) 公務員懲戒標準，得由行政機關訂定

　　(C) 懲戒處分與懲處處分在構成要件與效力上並無不同

　　(D) 免職處分之訴訟確定前，得先令停職，但於訴訟確定後方得執行

（ A ） 36. 下列何者非憲法所定限制基本權之要件？

　　(A) 增進國家機關權威　　　　　　(B) 避免國家社會及個人之緊急危難

　　(C) 維持社會秩序或增進公共利益　(D) 防止妨礙他人自由

（ C ） 37. 下列何項屬於憲法未明文規定之自由權利？

　　(A) 財產權　　　(B) 集會自由　　　(C) 隱私權　　　(D) 工作權

（ A ） 38. 關於憲法第23條之規定，下列敘述何者正確？

　　(A) 揭示基本權利以保障為原則，限制為例外

　　(B) 憲法第23條只有規定了比例原則

　　(C) 只要有公共利益事由的存在，行政機關即可直接限制人民基本權利

　　(D) 自治條例非憲法第23條所規定之「法律」，故自治條例不得規定行政罰之
　　　　條款

（ D ） 39. 對於人民違反行政法上義務之行為處以裁罰性之行政處分，其處罰之構成要件
　　及法律效果，應由法律定之，以命令為之者，應有法律明確授權，始符合下列
　　何種原則？

　　(A) 法定法官原則　　　　　　　　(B) 法律優位原則

　　(C) 法律不溯既往原則　　　　　　(D) 法律保留原則

（ B ） 40. 妨害兵役治罪條例規定後備軍人居住處所遷移，無故不依規定申報者，即處以
　　刑事罰。依司法院大法官解釋，下列敘述何者正確？

　　(A) 該規定限制人民之居住遷徙自由　(B) 該規定與人民服兵役之義務有關

　　(C) 該規定有違憲法所定之比例原則　(D) 該規定有違憲法所定之平等原則

（ D ） 41. Which of the following is not included in the automatic sprinkler system?

　　(A) Wet-Pipe system　　　　　　　(B) D ry-Pipe system

(C) Deluge open system　　　　　　(D) Action system

( B ) 42. Proper sprinkler systems should be _____ in all buildings to release water onto fire.

(A) gratified　　(B) installed　　(C) disguised　　(D) oriented

( A ) 43. How often shall fire departments of the municipal and county government carry out _____ disinfection?

(A) periodic　　(B) fragile　　(C) everlasting　　(D) deficient

( C ) 44. In case of fire emergencies, firefighters should be quick in action, calm in mind, and most importantly, _____ with fire apparatus.

(A) well-received　(B) well-conducted　(C) well-equipped　(D) well-informed

( B ) 45. For the sake of fire prevention, all _____ should be removed from the reach of flammability range.

(A) compatibles　(B) combustibles　(C) containables　(D) conductables

( C ) 46. Fire prevention systems now include not only early evaluation, instant notification, but also quick responses by fire _____ units.

(A) supposition　(B) submission　(C) suppression　(D) substitution

( C ) 47. There are four stages in a fire: the phase, the _____ growth phase, the fully-developed phase, and the decay phase.

(A) ignomity　　(B) ignorance　　(C) ignition　　(D) igneous

( D ) 48. For the sake of safety, all interior finish should be designed and made of _____ materials to prevent the breakout of fire.

(A) inclusion　　(B) induction　　(C) instruction　　(D) insulation

( C ) 49. Each building should be equipped with a fixed-temperature _____ to respond to the increase of heat to a predetermined level.

(A) divider　　(B) denouncer　　(C) detector　　(D) decoder

( C ) 50. ICS (_____ _____ _____) is a set of standard operation system that is designed to maintain order in any emergency situation.

(A) Incorporation Certificate System　　(B) Incident Configuration System

(C) Incident Command System　　(D) Incorporation Command System

( A ) 51. One of the most important items of personal protective equipment used by firefighters and rescue personal is "self-_____ breathing apparatus," which ensures the automatic and sufficient breathing of the firefighter staff member.

(A) contained　　(B) maintained　　(C) sustained　　(D) extended

( C ) 52. For a comprehensive fire rescue action, it's important to search for survivors and victims hidden in debris in _____ buildings and structures.

(A) collected　　(B) combined　　(C) collapsed　　(D) condensed

( C ) 53. In the 1980s, the _____ imaging cameras (TICs) were used to allow firefighters to visualize objects by shape on a viewing screen in conditions that do not allow visualization by use of normal vision.

(A) temporary　　(B) temporal　　(C) thermal　　(D) thematic

( B ) 54. If the heat, smoke, and fire gases are not released, they will accumulate at the highest point of the structure and begin to _____ .

(A) monopolize　　(B) mushroom　　(C) mortalize　　(D) metaphorize

( C ) 55. A portable fire _____ can knock down small fire or control a large one until firefighters can stretch or advance a hoseline to the fire area.

(A) suppressor　　(B) oppressor　　(C) extinguisher　　(D) exhauster

　　Firefighters have always been first-aid trained. All of our firefighters/paramedics can perform all of the Advanced Life Support (ALS) skills, __56__ sophisticated patient assessment, starting IV's, administering medications, cardiac defibrillation, and insertion of breathing tube in lungs. These firefighters/paramedics can even perform other aggressive patient __57__ . The fire district's vehicle response plan is designed to get its first vehicle __58__ of an incident within six minutes. Fire and medical emergencies will have different vehicles respond __59__ on the location and the type of incident. However, whether that first vehicle is a fire engine, ladder truck or ambulance, the same level of medical care and treatment will begin without __60__ . The only thing the fire engine and ladder truck cannot do is transport the patient. On average, the second vehicle will arrive within 90 seconds of the first.

( D ) 56. (A) so much　　(B) based on　　(C) due to　　(D) such as

( A ) 57. (A) treatments　　(B) solutions　　(C) deliveries　　(D) arrangements

( D ) 58. (A) in sum　　(B) by far　　(C) at all cost　　(D) on the scene

( B ) 59. (A) counting　　(B) depending　　(C) turning　　(D) looking

( C ) 60. (A) cost　　(B) reason　　(C) delay　　(D) purpose

第**3**章

# 消防與災害防救法規

# 105年公務人員特種考試警察人員考試

等　　別：三等考試、高員三級考試

類 科 別：各類別、各類科

科　　目：消防與災害防救法規（包括消防法及施行細則、災害防救法及施行細則、爆竹
煙火管理條例及施行細則、公共危險物品及可燃性高壓氣體設置標準暨安全管
理辦法、緊急救護辦法、緊急醫療救護法及施行細則、直轄市縣市消防機關火
場指揮及搶救作業要點）

考試時間：2小時

座　　號：

※注意：禁止使用電子計算器。

甲、申論題部分：（50分）

1) 不必抄題，作答時請將試題題號及答案依照順序寫在申論試卷上，於本試題上作答
者，不予計分。

2) 請以藍、黑色鋼筆或原子筆在申論試卷上作答。

　　一、試述消防法第6條消防安全檢查之立法意旨及規定為何？另為避免消防安全檢查
產生風紀問題，請就消防機關辦理消防安全檢查注意事項規定，論述其預防機制為何？
（25分）

解：

一) 消防安全檢查之立法意旨及規定

　　消防法所定各類場所之管理權人對其實際支配管理之場所，應設置並維護其消防安全
設備；場所之分類及消防安全設備設置之標準，由中央主管機關定之。消防機關得依前項
所定各類場所之危險程度，分類列管檢查及複查。消防安全檢查之立法意旨主要是維護建
築物消防安全設備保持在堪用功能正常情況。

消防安全檢查之種類及實施方式如下：

1. 第一種檢查：成立專責檢查小組執行

　　每次檢查時，至少抽查該場所一處製造、儲存或處理場所之位置、構造、設備及消防
安全設備，並將檢查結果填載檢查紀錄表；下次檢查時，則應抽查不同場所。

本項檢查得由消防機關視轄區狀況及特性，由轄區分隊執行檢查或共同執行檢查。

2. 第二種檢查：由轄區分隊執行

消防分隊應對於轄內具消防搶救上必要設備之場所。

消防分隊應對於轄內危險物品場所或人員依下列期程實施檢查或訪視，並將結果填載紀錄表，一份分隊留存，一份送交專責檢查小組彙整。

3. 第三種檢查：配合上級機關之規劃及轄內重大災害事故發生排定之檢查勤務專責檢查小組之組成：

甲、人員配置：由消防機關視轄區狀況及特性，配置檢查所需之必要人力。

乙、成員不得有因品操、風紀問題遭申誡以上處分。

二) 預防機制

加強督考及管理如下：

甲、消防機關應加強督考，檢討得失及實施績效考核，評定轄內單位及個人辦理績優者，定期從優獎勵，對於執行不力者，則依規定懲處。

乙、消防機關對於專責檢查小組人員在資積計分上，得視表現優異情形予以加分。

丙、本署得針對各消防機關執行情形，每年定期或不定期辦理督導評核或實地抽查。

二、災害防救法第23條第1項緊急應變整備事項中之災害防救物資、器材與設施、設備所指為何？試分述之。（25分）

解：

緊急應變整備事項中之災害防救物資、器材與設施、設備如下：

1. 第10條本法第二十三條第一項第五款所定災害防救物資、器材，其項目如下：

甲、飲用水、糧食及其他民生必須品。

乙、急救用醫療器材及藥品。

丙、人命救助器材及裝備。

丁、營建機具、建材及其他緊急應變措施之必須品。

戊、其他必要之物資及器材。

2. 本法第二十三條第一項第六款所定災害防救設施、設備，其項目如下：

甲、人員、物資疏散運送工具。

乙、傳染病防治、廢棄物處理、環境消毒及衛生改善等設備。

丙、救災用準備水源及災害搶救裝備。

丁、各種維生管線材料及搶修用器材、設備。

戊、資訊、通信等器材、設備。

己、其他必要之設施及設備。

乙、測驗題部分：（50分）

1) 本試題為單一選擇題，請選出一個正確或最適當的答案，複選作答者，該題不予計分。

2) 共25題，每題2分，需用2B鉛筆在試卡上依題號清楚劃記，於本試題或申論試卷上作答者，不予計分。

（ A ）　1. 生物病原災害的中央災害防救業務主管機關，下列何者正確？
（A) 衛生福利部　　　　　　　　　（B) 行政院環境保護署
（C) 行政院原子能委員會　　　　　（D) 行政院農業委員會

（ D ）　2. 消防法所稱「消防安全設備檢修」，下列何者正確？
（A) 指消防安全設備種類及數量之規劃，並製作消防安全設備圖說
（B) 指消防安全設備施工中需經試驗或勘驗事項之查核，並製作紀錄
（C) 指消防安全設備施工完成後之功能測試，並製作消防安全設備測試報告書
（D) 指規定受託檢查各類場所之消防安全設備，並製作消防安全設備檢修報告書

（ B ）　3. 依照消防法所定之防火管理人任用資格，應為管理或監督層次人員，並經中央消防機關認可之訓練機構或直轄市、縣（市）消防機關講習訓練合格領有證書始得充任，而前述的講習訓練，則分為初訓及複訓。
依現行法令規定，初訓合格後，每X年至少應接受複訓一次。而講習訓練時數，初訓不得少於Y小時；複訓不得少於Z小時。X、Y、Z為下列何者？
(A) X = 3；Y = 16；Z = 16　　　　(B) X = 3；Y = 12；Z = 6
(C) X = 2；Y = 12；Z = 6　　　　(D) X = 2；Y = 16；Z = 16

（ A ）　4. 災區受災居民購屋貸款之自用住宅，經各級政府認定因災害毀損致不堪使用者，得經原貸款金融機構之同意，以該房屋及其土地，抵償原貸款債務。依法得由哪一部會於原貸款剩餘年限，就承受原貸款餘額予以利息補貼？
(A) 內政部　　　　　　　　　　　(B) 財政部
(C) 金融監督管理委員會　　　　　(D) 衛生福利部

（ A ）　5. 有關爆竹煙火流向申報之規定，下列何者錯誤？

 (A) 專業爆竹煙火成品之流向登記，應載明出貨對象姓名或名稱、電話及所在之直轄市、縣（市）

 (B) 業者應於次月15日前向直轄市、縣（市）主管機關申報前一個月之紀錄

 (C) 紀錄應至少保存5年

 (D) 一般爆竹煙火成品之流向登記，若單筆或一個月內同一登記對象或同一登記地址達中央主管機關所定管制量，應載明出貨對象姓名或名稱、地址（如住居所、事務所或營業所）、電話及其他經中央主管機關公告事項

（ D ）　6. 下列違反消防法之行為，得按次處罰，何者正確？①消防設備師或消防設備士為消防安全設備不實檢修報告者　②未依規定遴用防火管理人，責其製定消防防護計畫，報請消防機關核備，並依該計畫執行有關防火管理上必要之業務　③未經主管機關許可，使用以產生火焰、火花或火星等方式，進行表演性質之活動　④管理權人規避、妨礙或拒絕消防機關分類列管檢查及複查

 (A) ①②③④　　(B) ②③④　　(C) ①②　　(D) ③④

（ A ）　7. 下列違反消防法之行為，何者經依法連續處罰，並予以停業或停止使用之處分後，仍不改善者，得依行政執行法處以怠金。逾期不改善，並得依行政執行法之規定斷絕其營業所必須之自來水、電力或其他能源？

 (A) 應設置住宅用火災警報器並維護之場所管理權人，未依規定設置、維護

 (B) 陳列、銷售非附有防焰標示之防焰物品或其材料之管理權人

 (C) 未依規定遴用防火管理人，責其製定消防防護計畫，報請消防機關核備之管理權人

 (D) 未經主管機關許可，使用以產生火焰、火花或火星等方式，進行表演性質之活動之管理權人

（ A ）　8. 根據災害防救法之規定，各種災害防救業務計畫或各地區災害防救計畫間有所牴觸而無法解決者，應如何處理？

 (A) 應報請中央災害防救委員會協調之

 (B) 各種災害防救業務計畫不得與各地區災害防救計畫牴觸，若有牴觸部分，以各地區災害防救計畫為準

 (C) 災害防救業務計畫與各地區災害防救計畫無主從關係，各自獨立運作

 (D) 退回所屬地區的災害防救會報，重新審訂

（ C ）　9. 人民因災害而失蹤時，檢察機關得依職權或應為繼承人之聲請，經詳實調查後，有事實足認其確已因災死亡而未發現其屍體者，核發死亡證明書。此項聲請，根據災害防救法之規定，應於災害發生後多久之內提出？

(A) 1個月　　　　(B) 6個月　　　　(C) 1年　　　　(D) 2年

（ A ）10. 遇大量傷病患或野外緊急救護，參與現場急救救護人員及救護運輸工具設置機
關（構），拒絕依現場指揮協調系統之指揮，施行救護者，處救護車設置機關
（構）罰鍰之規定，下列何者正確？

(A) 處新臺幣5萬元以上25萬元以下罰鍰

(B) 處新臺幣1萬元以上5萬元以下罰鍰，並通知限期改善；屆期未改善者，按
次處罰至改善為止

(C) 處新臺幣6萬元以上30萬元以下罰鍰

(D) 廢止該救護車設置機關（構）全部救護車之設置許可；其屬救護車營業機
構者，並廢止其設立許可

（ C ）11. 根據緊急醫療救護法之規定，救護車之設置，以下列那些機關（構）為限？
①軍事機關　②學校機構　③警察機關　④救護車營業機構　⑤消防機關

(A) ①②③④⑤　　(B) ②③④　　　　(C) ①④⑤　　　　(D) ③⑤

（ D ）12. 根據緊急醫療救護法及其施行細則之規定，救護車違反下列那一規定者，由警
察機關取締後，移送當地衛生主管機關處理？

(A) 救護車因前方車輛未禮讓，造成車禍意外

(B) 救護車未遵守交通標線、號誌，違規臨停

(C) 救護車未依規定定期消毒

(D) 救護車非因情況緊急，使用警鳴器及紅色閃光燈

（ B ）13. 依消防法相關規定，有關明火表演之描述，下列何者正確？

(A) 表演場所管理權人曾違反明火表演規定，依消防法規定裁處未滿3年者，不
得申請明火表演許可

(B) 供公眾使用建築物之管理權人，申請明火表演許可者，表演期間投保公共
意外責任險，總保險金額：新臺幣1千2百萬元

(C) 違反消防法明火表演規定，處新臺幣3萬元以上15萬元以下罰鍰，不得按次
處罰

(D) 主管機關派員檢查時，經出示有關執行職務之證明文件後，妨礙檢查者，
處管理權人及行為人新臺幣1萬元以上5萬元以下罰鍰

（ C ）14. 依消防法、消防法施行細則、爆竹煙火管理條例、公共危險物品及可燃性高壓
氣體設置標準暨安全管理辦法有關安全管理制度之敘述，下列何者正確？

(A) 一定規模以上供公眾使用建築物，應由管理權人，遴用保安監督人，責其
製定消防防護計畫

  (B) 製造、儲存或處理六類危險物品達管制量15倍之場所，應由防火管理人擬訂消防防災計畫

  (C) 達中央主管機關所定管制量30倍之販賣場所負責人，應選任爆竹煙火監督人，責其訂定安全防護計畫

  (D) 保安監督人、防火管理人、爆竹煙火監督人均應在選任後30日內報請當地消防機關備查

（ B ）15. 依消防法之規定，下列何種場所，其管理權人應使用附有防焰標示之地毯、窗簾、布幕、展示用廣告板及其他指定之防焰物品？①專用樓地板面積合計200平方公尺之商場　②專用樓地板面積合計200平方公尺之幼兒園　③專用樓地板面積合計200平方公尺之圖書館　④專用樓地板面積合計200平方公尺以上之戲院

  (A) ①④   (B) ②④   (C) ③④   (D) ①②③

（ C ）16. 依消防法之規定，下列何者應實施防火管理？①收容人數在26人之視障按摩場所　②總樓地板面積300平方公尺之護理之家機構　③總樓地板面積300平方公尺之撞球場　④總樓地板面積300平方公尺之補習班

  (A) ①②   (B) ①③④   (C) ②④   (D) ①②③④

（ D ）17. 依災害防救法規定，災區低收入戶未申請政府優惠融資或其他補助，經金融機構核放創業融資貸款者，得由X對承辦該貸款之金融機構補貼利息，其貸款金額不得超過新臺幣Y萬元。X、Y為下列何者？

  (A) X＝內政部，Y＝100   (B) X＝內政部，Y＝150

  (C) X＝金融監督管理委員會，Y＝100　(D) X＝衛生福利部，Y＝150

（ A ）18. 依災害防救法規定，災區受災企業因受影響而發生營運困難者，下列敘述何者正確？

  (A) 各中央目的事業主管機關得予以紓困

  (B) 於災害前已辦理之貸款，其本金及利息之償還得予以展延期限，週轉金最長2年

  (C) 合意展延期間之利息損失，由各中央災害防救業務主管機關補貼金融機構

  (D) 於災害前已辦理之貸款，其本金及利息之償還得予以展延期限，資本性融資最長5年

（ A ）19. 依災害防救法規定，有關中央災害防救業務主管機關之敘述，下列何者正確？①輻射災害：行政院原子能委員會　②動植物疫災：行政院農業委員會　③工業管線災害：內政部　④海難：行政院海岸巡防署

  (A) ①②   (B) ①②③   (C) ②③④   (D) ①③④

（ B ）20. 依緊急醫療救護法之規定，下列何者非直轄市、縣（市）消防機關之救災救護指揮中心，處理緊急救護事項？
(A) 建立緊急醫療救護資訊　　　　(B) 空中轉診之聯繫
(C) 聯絡救護運輸工具之設置機關（構）執行緊急救護業務
(D) 協調有關機關執行緊急救護業務

（ B ）21. 依爆竹煙火管理條例規定，下列何者非直轄市、縣（市）主管機關權責？
(A) 爆竹煙火製造之許可、變更、撤銷及廢止
(B) 爆竹煙火監督人講習、訓練之規劃及辦理
(C) 爆竹煙火製造及達中央主管機關所定管制量之儲存、販賣場所，其位置、構造、設備之檢查及安全管理
(D) 受理依規定輸入一般爆竹煙火之封存

（ A ）22. 依災害防救法規定，乘災害之際而故犯下列何罪者，得依刑法之規定，加重其刑至二分之一？①公共危險罪　②詐欺　③竊盜　④毀損
(A) ②③　　　　　　　(B) ③④　　　　　　　(C) ②④　　　　　　　(D) ①②③④

（ B ）23. 消防機關於香舖金紙店查獲販賣未附加認可標示之一般爆竹煙火時，應處之罰鍰金額下列何者正確？
(A) 新臺幣30萬元以上150萬元以下　　(B) 新臺幣3萬元以上15萬元以下
(C) 新臺幣6萬元以上30萬元以下　　　(D) 新臺幣3千元以上1萬5千元以下

（ C ）24. 依公共危險物品及可燃性高壓氣體設置標準暨安全管理辦法規定，有關室內儲槽場所位置、構造及設備之敘述，下列何者正確？
(A) 儲槽構造：儲槽材質應為厚度3毫米以上之鋼板或具有同等以上性能者
(B) 應設置於地下層建築物之儲槽專用室
(C) 儲槽專用室之窗戶及出入口，應設置30分鐘以上防火時效之防火門窗
(D) 儲槽專用室出入口應設置10公分以上之門檻，或設置具有同等以上效能之防止流出措施

（ A ）25. 依消防法規定，有關民力運用之敘述，下列何者正確？
(A) 直轄市、縣（市）政府，得編組義勇消防組織
(B) 義勇消防編組之人員接受訓練，其所屬機關（構）、學校、團體、公司、廠場應給予事假
(C) 參加義勇消防編組之人員，因接受訓練、演習、服勤致患病、傷殘或死亡者，依公務人員委任第五職等身分請領各項給付
(D) 直轄市、縣（市）政府應補助義勇消防組織所需裝備器材之經費

# 104年公務人員特種考試警察人員考試

等　　別：三等警察人員考試

類　　科：消防警察人員

科　　目：消防與災害防救法規（包括消防法及施行細則、災害防救法及施行細則、爆竹煙火管理條例及施行細則、公共危險物品及可燃性高壓氣體設置標準暨安全管理辦法、緊急救護辦法、緊急醫療救護法及施行細則、直轄市縣市消防機關火場指揮及搶救作業要點）

考試時間：2小時

座　　號：

※注意：禁止使用電子計算器。

甲、申論題部分：（50分）

1) 不必抄題，作答時請將試題題號及答案依照順序寫在申論試卷上，於本試題上作答者，不予計分。

2) 請以藍、黑色鋼筆或原子筆在申論試卷上作答。

　　一、依據「災害防救法」之規定，行政院設「中央災害防救會報」、直轄市、縣（市）政府設「直轄市、縣（市）災害防救會報」及鄉（鎮、市）公所設「鄉（鎮、市）災害防救會報」之組織各為何？（25分）

解：

一) 行政院設「中央災害防救會報」組織

　　第7條中央災害防救會報置召集人、副召集人各一人，分別由行政院院長、副院長兼任；委員若干人，由行政院院長就政務委員、秘書長、有關機關首長及具有災害防救學識經驗之專家、學者派兼或聘兼之。

　　為執行中央災害防救會報核定之災害防救政策，推動重大災害防救任務與措施，行政院設中央災害防救委員會，置主任委員一人，由行政院副院長兼任，並設行政院災害防救辦公室，置專職人員，處理有關業務；其組織由行政院定之。

　　行政院災害防救專家諮詢委員會、國家災害防救科技中心提供中央災害防救會報及中央災害防救委員會，有關災害防救工作之相關諮詢，加速災害防救科技研發及落實，強化

災害防救政策及措施。

　　為有效整合運用救災資源，中央災害防救委員會設行政院國家搜救指揮中心，統籌、調度國內各搜救單位資源，執行災害事故之人員搜救及緊急救護之運送任務。

　　內政部災害防救署執行災害防救業務。

**二) 直轄市、縣（市）政府設「直轄市、縣（市）災害防救會報」組織**

　　第9條直轄市、縣（市）災害防救會報置召集人一人、副召集人一人或二人，分別由直轄市、縣（市）政府正、副首長兼任；委員若干人，由直轄市、縣（市）長就有關機關、單位首長、軍事機關代表及具有災害防救學識經驗之專家、學者派兼或聘兼。

　　直轄市、縣（市）災害防救辦公室執行直轄市、縣（市）災害防救會報事務；其組織由直轄市、縣（市）政府定之。

　　直轄市、縣（市）災害防救專家諮詢委員會提供直轄市、縣（市）災害防救會報災害防救工作之相關諮詢。

**三) 鄉（鎮、市）公所設「鄉（鎮、市）災害防救會報」組織**

　　第11條鄉（鎮、市）災害防救會報置召集人、副召集人各一人，委員若干人。召集人由鄉（鎮、市）長擔任；副召集人由鄉（鎮、市）公所主任秘書或秘書擔任；委員由鄉（鎮、市）長就各該鄉（鎮、市）地區災害防救計畫中指定之單位代表派兼或聘兼。

　　鄉（鎮、市）災害防救辦公室執行鄉（鎮、市）災害防救會報事務；其組織由鄉（鎮、市）公所定之。

　　區得比照前條及前二項規定，成立災害防救會報及災害防救辦公室。


　　二、依據「消防機關火場指揮及搶救作業要點」，有關火災搶救作業要領之規定，抵達火場處置內容為何？（25分）

**解：**

抵達火場處置：

1. 災情回報：初期救火指揮官到達火場，應立即瞭解火場現況（建築物內部結構、火點位置、延燒範圍、受困災民、儲放危險物品等），並回報指揮中心。

2. 請求支援：初期救火指揮官就災情研判，現有人、車、裝備等救災戰力，如有不足，應立即向指揮中心請求支援。

3. 指揮權轉移：若火勢擴大，火災等級升高，指揮層級亦相對提高，初期救火指揮官應向後續到達之高層指揮官報告人、車、裝備部署狀況、人員搜救情形及分析火勢可能發展情形，並接受新任務派遣，以完成指揮權轉移手續。

4. 車輛部署：以「車組作戰」及「單邊部署」爲原則，三樓以上建築物火場正面空間，應留給高空作業車使用。

5. 水源運用：以接近火場之水源爲優先使用目標，但避免「水源共撞」（注意是否同一管路及管徑大小），另充分利用大樓採水口、專用蓄水池等水源。

6. 水線部署：以爭取佈線時間及人力爲原則。
   (1) 室內佈線：沿室內樓梯部署水線之方式，適用較低樓層。
   (2) 室外佈線：利用雲梯車、雙（三）節梯加掛梯及由室內垂下水帶等方式部署水線，適用較高樓層。
   (3) 佈線時應善用三（分）叉接頭，以節省佈線時間及人力。

7. 人命搜救：抵達火場後，應優先進行人命搜救任務。
   (1) 第一梯次抵達火場之救災人、車，應優先進行人命搜救任務，水源部署應掩護搜救任務之進行。
   (2) 搜救小組應以兩人以上爲一組，以起火層及其直上層爲優先搜救目標，樓梯、走道、窗邊、屋角、陽台、浴廁、電梯間等，應列爲搜救重點。
   (3) 由指揮官分配各搜索小組搜索區域、聯絡信號，入室搜索前應先登錄管制搜救小組「姓名」、「人數」、「時間」、「氣瓶壓力」，每一區域搜索完畢後，需標註記號，以避免重複搜索或遺漏搜索。
   (4) 入室搜索應伴隨水線掩護，並預留緊急脫離路線。
   (5) 設有電梯處所發生火警時，應立即將所有電梯管制至地面層，以防止民衆誤乘電梯，並協助避難。
   (6) 對被搜救出災民應做必要之緊急救護程序，並同時以救護車儘速送往醫療機構急救。

8. 局限火勢：無法立即撲滅火勢，應先將火勢局限，防止火勢擴大。

9. 周界防護：對有延燒可能之附近建築物，應部署水霧進行防護。

10. 滅火攻擊：消防力具有優勢時，應集中水線，一舉撲滅火勢。

11. 破壞作業：
   (1) 破壞前應有「測溫」動作，並注意內部悶燒狀況，以免因破壞行動使火勢擴大或引發閃（爆）燃之虞。
   (2) 擊破玻璃應立於上風處，手應保持在擊破位置上方，以免被玻璃碎片所傷。
   (3) 可用堆高機、乙炔氧熔斷器、斧頭、橇棒或切斷器等切割、破壞鐵捲門、門鎖、門閂等。
   (4) 平時應將轄內有重機械處所（如堆高機、挖土機、吊車等）設立緊急聯絡簿，以便

需要時，可隨即聯絡協助破壞作業。

12. 通風排煙作業：

(1) 適當的採取通風排煙作業（垂直、水平、機械、水力等），可使受困災民呼吸引進的冷空氣，並改善救災人員視線，有利人命救助，且可縮短滅火的時間。

(2) 執行通風排煙作業前，應有水線待命掩護，並注意避開從開口冒出的熱氣、煙霧或火流。

(3) 適當的在建築物頂端開口通風排煙，可藉煙囪效應直接將熱氣、煙霧及火流向上排解出去，有助於局限火勢。

13. 飛火警戒：對火場下風處應派員警戒，以防止飛火造成火勢延燒。

14. 殘火處理：火勢撲滅後，對可能隱藏殘火處所，加強清理、降溫以免復燃。

15. 人員裝備清點：火勢完全熄滅後，指揮官應指示所有參與救災單位清點人員、車輛、裝備器材，經清點無誤後始下令返隊，並回報指揮中心。

乙、測驗題部分：（50分）

1) 本試題為單一選擇題，請選出一個正確或最適當的答案，複選作答者，該題不予計分。

2) 共25題，每題2分，需用2B鉛筆在試卡上依題號清楚劃記，於本試題或申論試卷上作答者，不予計分。

( D )　1. 依消防法之規定，下列何者錯誤？

(A) 地面樓層達11層以上建築物，其管理權有分屬時，各管理權人應協議製定共同消防防護計畫

(B) 防焰物品或其材料之防焰標示，應經中央主管機關認證具有防焰性能

(C) 原供公眾使用建築物變更為他種公眾使用時，主管建築機關應會同消防機關審查其消防安全設備圖說

(D) 應設置消防安全設備場所，其防火管理人應委託消防設備師或消防設備士，定期檢修消防安全設備

( C )　2. 下列何者，應由管理權人遴用防火管理人，責其製定消防防護計畫，並依該計畫執行有關防火管理上必要之業務？

(A) 總樓地板面積在兩百平方公尺之餐廳

(B) 總樓地板面積在兩百平方公尺之超級市場

(C) 總樓地板面積在兩百平方公尺之指壓按摩店

(D) 總樓地板面積在兩百平方公尺之遊藝場

( A )　3. 下列何者非中央災害防救會報之任務？

(A) 核定災害防救基本計畫及地區災害防救計畫

(B) 核定全國緊急災害之應變措施

(C) 督導、考核中央及直轄市、縣（市）災害防救相關事項

(D) 核定重要災害防救政策與措施

( C )　4. 依災害防救法施行細則之規定，下列何者錯誤？

(A) 中央災害防救業務主管機關每2年應依規定及災害防救基本計畫等，檢討災害防救業務計畫

(B) 直轄市、縣（市）政府每2年應依規定及災害防救計畫，檢討地區災害防救計畫

(C) 中央災害防救會報每5年應依災害防救法，檢討災害防救基本計畫

(D) 各級政府應依法對災害防救器材、設備，每月至少實施功能測試1次，每半年至少舉辦演練1次

( C )　5. 依消防機關火場指揮及搶救作業要點之規定，有關消防車無線電代號，下列何者正確？

(A) 空壓車「七六」　　　　　　　(B) 排煙車「七五」

(C) 照明車「八一」　　　　　　　(D) 化學車「四一」

( A )　6. 依災害防救法之規定，下列何者可處新臺幣10萬元以上50萬元以下罰鍰？

(A) 救災所需必要物資之製造、運輸、販賣、保管、倉儲業者，拒絕政府因救災需求徵用者

(B) 緊急應變警報訊號之種類、內容、樣式、方法，未經許可而擅自使用者

(C) 拒絕政府為徵用救災物資派員進入營業場所檢查之業者

(D) 未進行災害監測、預報、警報發布及其設施之強化，致發生重大損害之公共事業

( D )　7. 依爆竹煙火管理條例施行細則之規定，下列何者已達爆竹煙火儲存、販賣場所之管制量？

(A) 摔炮類以外之一般爆竹煙火：火藥量3公斤

(B) 舞臺煙火以外之專業爆竹煙火：總重量0.3公斤

(C) 爆炸音類一般爆竹煙火之排炮、連珠炮、無紙屑炮類：火藥量5公斤

(D) 摔炮類一般爆竹煙火：總重量1.5公斤

( D )　8. 依爆竹煙火管理條例之規定，中央主管機關之權責，下列何者錯誤？

(A) 一般爆竹煙火認可相關業務之辦理

(B) 爆竹煙火監督人講習、訓練之規劃及辦理

(C) 達中央主管機關公告數量之氯酸鉀或過氯酸鉀之販賣許可

(D) 爆竹煙火製造之許可、變更、撤銷及廢止

( B ) 9. 公共危險物品及可燃性高壓氣體設置標準暨安全管理辦法所稱擋牆,下列何者錯誤?

(A) 高度能有效阻隔延燒

(B) 厚度在10公分以上之鋼筋或鋼骨混凝土牆

(C) 厚度在20公分以上之鋼筋或鋼骨補強空心磚牆

(D) 堆高斜度不超過60度之土堤

( D ) 10. 有關六類危險物品製造場所之構造規定,下列何者正確?

(A) 窗戶及出入口應設置1小時以上防火時效之防火門窗

(B) 牆壁開口有延燒之虞者,應設置30分鐘以上防火時效之常時關閉式防火門

(C) 牆壁、樑、柱、地板及樓梯,應以耐燃材料建造;外牆有延燒之虞者,不得設置其他開口

(D) 設於室外之製造或處理液體六類物品之設備,應在周圍設置距地面高度在15公分以上之圍阻措施

( C ) 11. 六類危險物品室內儲存場所其位置、構造及設備規定,下列何者錯誤?

(A) 儲存倉庫之牆壁、柱及地板應為防火構造,且樑應以不燃材料建造

(B) 每一儲存倉庫樓地板面積不得超過一千平方公尺

(C) 儲存倉庫之屋頂應以不燃材料建造,天花板應以輕質金屬板或其他輕質不燃材料設置

(D) 儲存倉庫之窗戶及出入口應設置30分鐘以上防火時效之防火門窗

( D ) 12. 室外儲槽場所儲槽儲存第四類公共危險物品者,其防液堤之規定,下列何者錯誤?

(A) 單座儲槽周圍所設置防液堤之容量,應為該儲槽容量百分之一百一十以上

(B) 防液堤之高度應在50公分以上,但儲槽容量合計超過20萬公秉者,高度應在1公尺以上

(C) 防液堤內面積不得超過8萬平方公尺

(D) 防液堤內部設置儲槽,不得超過10座,但所儲存物之閃火點在攝氏70度以上未達200度者,無設置數量之限制

( C ) 13. 下列有關可燃性高壓氣體儲存場所之構造、設備及安全管理,何者錯誤?

(A) 設有警戒標示及防爆型緊急照明設備

(B) 採用不燃材料構造之地面一層建築物，屋頂應以輕質金屬板或其他輕質不燃材料覆蓋

(C) 通路面積至少應占儲存場所面積之百分之十五以上

(D) 保持攝氏40度以下之溫度；容器並應防止日光之直射

（ D ）14. 下列有關液化石油氣儲存場所之規定，何者錯誤？

(A) 液化石油氣儲存場所僅供一家販賣場所使用之面積，不得少於10平方公尺

(B) 液化石油氣儲存場所供二家以上共同使用者，每一販賣場所使用之儲存面積，不得少於6平方公尺

(C) 設置位置與販賣場所距離不得超過5公里

(D) 儲存場所設有圍牆防止非相關人員進入，並有24小時專人管理時，其距離得為10公里內

（ B ）15. 依照消防法第27條之規定，直轄市、縣（市）政府，得聘請有關單位代表及學者專家，設火災鑑定委員會，調查、鑑定火災原因；其組織由何機關定之？

(A) 內政部 　　　　　　　　　　(B) 直轄市、縣（市）政府

(C) 內政部消防署 　　　　　　　(D) 消防局

（ A ）16. 依照消防法施行細則第21條之規定，直轄市、縣（市）政府對轄內無自來水供應或消防栓設置不足地區，應籌建或整修蓄水池及其他消防水源，並由何機關列管檢查？

(A) 當地消防機關 　　　　　　　(B) 當地自來水公司

(C) 自來水事業處 　　　　　　　(D) 當地工務局

（ D ）17. 依照災害防救法第30條及第40條之規定，公共事業發現、獲知災害或有發生災害之虞時，未主動蒐集、傳達相關災情並迅速採取必要之處置，致發生重大損害時：

(A) 處新臺幣5萬元以上25萬元以下罰金

(B) 處新臺幣3萬元以上15萬元以下罰金

(C) 處新臺幣5萬元以上25萬元以下罰鍰

(D) 處新臺幣3萬元以上15萬元以下罰鍰

（ B ）18. 依爆竹煙火管理條例之規定，以郵購方式販賣一般爆竹煙火者，應如何處置？

(A) 處新臺幣3千元以上1萬5千元以下罰鍰

(B) 處新臺幣3萬元以上15萬元以下罰鍰

(C) 處新臺幣6萬元以上30萬元以下罰鍰

(D) 處新臺幣30萬元以上150萬元以下罰鍰

( B )　19. 依照災害防救法第47條之規定，委任第三職等之公務人員執行本法災害防救事項，致傷病、身心障礙或死亡者，應依照何種標準請領各項給付？

(A) 以公務人員委任第五職等年功俸最高級月支俸額為基數計算之基準

(B) 以公務人員委任第三職等本職有關規定請領各項給付

(C) 以公務人員委任第三職等年功俸最高級月支俸額為基數計算之基準

(D) 以公務人員委任第五職等有關規定請領各項給付

( D )　20. 下列何者為災害防救法第23條第1項第6款所定災害防救設施、設備：

(A) 急救用醫療器材及藥品

(B) 人命救助器材及裝備

(C) 營建機具、建材及其他緊急應變措施之必須品

(D) 資訊、通信等器材、設備

( D )　21. 依照爆竹煙火管理條例第7條規定，輸入或販賣達中央主管機關公告數量之氯酸鉀或過氯酸鉀者，應如何辦理？

(A) 應檢附數量、合格儲存地點證明、使用計畫書、輸入或販賣業者、押運人、運輸方法及經過路線等資料，向當地直轄市、縣（市）主管機關申請發給許可文件

(B) 輸入之氯酸鉀或過氯酸鉀，應運至合格儲存地點放置，並於入庫當日前通知當地直轄市、縣（市）主管機關清點數量後始得入庫

(C) 輸入之氯酸鉀或過氯酸鉀，應運至合格儲存地點放置，並於入庫1日前通知中央主管機關清點數量後始得入庫

(D) 氯酸鉀或過氯酸鉀應於運出儲存地點前，由輸入或販賣者將相關資料報請當地直轄市、縣（市）主管機關及目的地直轄市、縣（市）主管機關備查後，始得運出儲存地點

( B )　22. 下列有關消防法施行細則之規定，何者錯誤？

(A) 液化石油氣零售業之安全技術人員應每2年接受複訓1次，每次複訓時數不得少於8小時

(B) 消防防護計畫中減火、通報及避難訓練之實施；每年至少應舉辦1次，每次不得少於4小時

(C) 甲類場所之管理權人應每半年檢修消防安全設備1次，甲類以外場所，每年實施1次

(D) 防火管理人應為管理或監督層次幹部，並每2年至少應接受講習訓練1次

（B）23. 依照爆竹煙火管理條例施行細則第10條之規定，直轄市、縣（市）主管機關依爆竹煙火管理條例第32條第2項規定進行銷毀之程序，何者錯誤？

(A) 於安全、空曠處所進行，並採取必要之安全防護措施

(B) 於上午8時後下午7時前為之，並應派人警戒監視，銷毀完成俟確認滅火後始得離開

(C) 應製作銷毀紀錄，記載沒入處分書編號、被處分人姓名、沒入爆竹煙火名稱、單位、數（重）量及沒入時間、銷毀時間，並檢附相片

(D) 中央主管機關依爆竹煙火管理條例第9條第4項及第14條第4項規定逕行銷毀，應先通知當地主管機關，再依前項第1款及第2款規定辦理，並製作銷毀紀錄，記載銷毀之爆竹煙火名稱、單位、數（重）量及銷毀時間，及檢附相片

（D）24. 依照緊急救護辦法第18條之規定，為確保緊急救護品質，應有何作為？

(A) 中央主管機關應每半年辦理緊急救護品質考核及評估

(B) 中央衛生主管機關應每年辦理緊急救護品質考核及評估

(C) 中央主管機關應會同中央衛生主管機關每半年辦理緊急救護品質考核及評估

(D) 中央主管機關應會同中央衛生主管機關每年辦理緊急救護品質考核及評估

（A）25. 依照緊急救護辦法第7條之規定，救護人員實施緊急救護時，如緊急傷病患或其家屬拒絕接受運送，應如何處理？

(A) 應要求其於救護紀錄表中簽名後，不予運送

(B) 應報請衛生機關協助處理

(C) 應要求其配合執行公務，救命為先

(D) 應通知警察協助處理

# 103年公務人員特種考試警察人員考試

等　　別：三等警察人員考試

類　　科：消防警察人員

科　　目：消防與災害防救法規（包括消防法及施行細則、災害防救法及施行細則、爆竹煙火管理條例及施行細則、公共危險物品及可燃性高壓氣體設置標準暨安全管理辦法、緊急救護辦法、緊急醫療救護法及施行細則、直轄市縣市消防機關火場指揮及搶救作業要點）

考試時間：2小時

座　　號：

※注意：禁止使用電子計算器。

**甲、申論題部分：（50分）**

1) 不必抄題，作答時請將試題題號及答案依照順序寫在申論試卷上，於本試題上作答者，不予計分。

2) 請以藍、黑色鋼筆或原子筆在申論試卷上作答。

　　一、依「消防機關火場指揮及搶救作業要點」之規定，火場指揮官之區分及任務分別為何？（25分）

**解：**

**一) 火場指揮官區分**

甲、火場總指揮官：由消防局局長擔任。

乙、火場副總指揮官：由消防局副局長擔任。

丙、救火指揮官：依情形由轄區消防大（中）隊長、消防分隊長或救災救護指揮中心指定人員擔任。

丁、警戒指揮官：協調轄區警察局派員擔任。

戊、偵查指揮官：協調轄區警察局派員擔任。

**二) 火場指揮官任務如下：**

甲、火場總指揮官（副總指揮官）：

　　A. 成立火場指揮中心。

　　B. 統一指揮火場救災、警戒、偵查等勤務之執行。

　　C. 依據授權，執行消防法第三十一條「調度、運用政府機關公、民營事業機構消防、救災、救護人員、車輛、船舶、航空器及裝備，協助救災」。

　　D. 必要時協調臨近之軍、憲、民間團體或其他有關單位協助救災或維持現場秩序。

乙、救火指揮官：

　　A. 負責指揮人命救助及火災搶救部署任務。

　　B. 劃定火場警戒區。

　　C. 建立人員裝備管制站。

　　D. 指揮電力、自來水、瓦斯等相關事業單位，配合執行救災。

　　E. 指揮救護人員執行緊急救護。

　　F. 災情回報及請求支援等事宜。

丙、警戒指揮官：

　　A. 指揮火場警戒及維持治安勤務。

　　B. 指揮火場週邊道路交通管制及疏導勤務。

　　C. 指揮強制疏散警戒區之人車，維護火場秩序。

　　D. 必要時由轄區消防機關通知協助保持火場現場完整，以利火場勘查及鑑定。

丁、偵查指揮官：

　　A. 刑案發生，指揮現場勘查工作。

　　B. 指揮火警之刑事偵查工作。

　　C. 火警現場之其他偵防工作。


　　二、試就「防火管理人」、「保安監督人」及「爆竹煙火監督人」等三類人員，回答下列問題：（每小題5分，共25分）

　　一) 遴聘該人員之法源依據為何？

　　二) 在何種情況下才應遴聘該人員？

　　三) 該人員初訓及複訓時數至少各應為多久？

　　四) 每隔多久該人員至少應接受講習訓練一次？

　　五) 該人員應製定計畫名稱為何？

**解：**

一) **遴聘該人員之法源依據**

　　「防火管理人」、「保安監督人」及「爆竹煙火監督人」分別依消防法第13條、爆竹

煙火管理條例第18條、公共危險物品暨可燃性高壓氣體管理辦法第47條。

二) 在何種情況下才應遴聘該人員

1.「防火管理人」為一定規模以上供公眾使用建築物，應由管理權人，遴用防火管理人，責其製定消防防護計畫，報請消防機關核備，並依該計畫執行有關防火管理上必要之業務。及消防法施行細則第14條本法第13條所定防火管理人，應為管理或監督層次人員，並經中央消防機關認可之訓練機構或直轄市、縣（市）消防機關講習訓練合格領有證書始得充任。

2.「保安監督人」為製造、儲存或處理六類物品達管制量三十倍以上之場所，應由管理權人選任管理或監督層次以上之幹部為保安監督人，擬訂消防防災計畫，報請當地消防機關核定，並依該計畫執行六類物品保安監督相關業務。

3.「爆竹煙火監督人」為爆竹煙火製造場所及達中央主管機關所定管制量三十倍之儲存、販賣場所之負責人，應選任爆竹煙火監督人，責其訂定**安全防護計畫**，報請直轄市、縣（市）主管機關備查，並依該計畫執行有關爆竹煙火安全管理上必要之業務。爆竹煙火管理條例施行細則第8條本條例第十八條所定爆竹煙火監督人，應為爆竹煙火製造場所或達中央主管機關所定管制量三十倍以上儲存、販賣場所之管理或監督層次幹部。

三) 該人員初訓及複訓時數至少各應為多久

1.「防火管理人」前項講習訓練分為初訓及複訓。初訓合格後，每三年至少應接受複訓一次。第一項講習訓練時數，初訓不得少於十二小時；複訓不得少於六小時。

2.「保安監督人」第一項保安監督人應經直轄市、縣（市）消防機關，或中央主管機關認可之專業機構，施予二十四小時之訓練領有合格證書者，始得充任，任職期間並應每二年接受複訓一次。

3.「爆竹煙火監督人」任職期間，每二年至少應接受複訓一次。所定訓練之時間，不得少於二十四小時。

四) 每隔多久該人員至少應接受講習訓練一次

1.「防火管理人」每三年至少應接受複訓一次。

2.「保安監督人」任職期間並應每二年接受複訓一次。

3.「爆竹煙火監督人」任職期間，每二年至少應接受複訓一次。

五) 該人員應製定計畫名稱

1.「防火管理人」製定消防防護計畫。

2.「保安監督人」製定消防防災計畫。

　3.「爆竹煙火監督人」製定安全防護計畫。

**乙、測驗題部分：〔50分〕**

1) 本試題爲單一選擇題，請選出一個正確或最適當的答案，複選作答者，該題不予計
　　分。

2) 共25題，每題2分，需用2B鉛筆在試卡上依題號清楚劃記，於本試題或申論試卷上作答
　　者，不予計分。

（ C ）　1. 未依消防法設置、銷售、陳列或使用附有防焰標示之地毯、窗簾、布幕、展示
　　　　　用廣告板及其他指定之防焰物品者，依法得就何者不經限期改善，逕處罰鍰之
　　　　　處分？①設置人員　②銷售人員　③陳列人員 ④使用人員（該使用場所之管理
　　　　　權人）　　（A）①②③④　（B）①②③　（C）①②　（D）③

（ B ）　2. 消防法所稱管理權人係指依法令或契約對各該場所有實際支配管理權者，以直
　　　　　轄市爲例，轄內消防分隊廳舍之管理權人，下列何者正確？
　　　　　(A) 消防分隊所屬直轄市市長　　　　　　(B) 消防分隊所屬消防局局長
　　　　　(C) 消防分隊所屬消防大隊大隊長　　　　(D) 該消防分隊分隊長

（ A ）　3. 液化石油氣零售業者依法應備妥相關資料並定期向轄區消防機關申報之規定，
　　　　　下列何者正確？①定期申報，係指每年6月及12月　②用戶安全檢查資料，包括
　　　　　用戶地址、檢測項目及檢測結果　③安全技術人員應接受指定的機關或專業機
　　　　　構16個小時講習訓練合格並領有證書，始得充任　④擔任安全技術人員在接受
　　　　　講習訓練合格後，每2年應接受複訓一次
　　　　　(A) ②③④　　　　　(B)①②③　　　　　(C)①②③④　　　　(D)①④

（ D ）　4. 消防法規關於消防栓之設置、保養與維護之規定，下列何者正確？①依消防法
　　　　　設置之消防栓，以採用地下雙口式爲原則　②消防栓之保養、維護由消防機關
　　　　　負責　③消防栓之開關（轉動帽），依規定限用五角形　④依規定消防栓附近
　　　　　應設明顯標誌，消防栓標誌支柱露出地面之高度爲250公分
　　　　　(A) ②③④　　　　　(B)①②③　　　　　(C)①②③④　　　　(D)③④

（ B ）　5. 依災害防救法之規定，下列何者不屬直轄市、縣（市）災害防救會報之任務職
　　　　　掌？
　　　　　(A) 核定重要災害防救措施及對策
　　　　　(B) 推動社區災害防救事宜
　　　　　(C) 核定轄區內災害之緊急應變措施

(D) 督導、考核轄區內災害防救相關事項

( D ) 6. 依災害防救法之規定，違反下列何者規定致遭遇危難，並由各級災害應變中心進行搜救而獲救者，各級政府得就搜救所生費用，以書面命獲救者或可歸責之業者繳納：①徵調相關專門職業、技術人員及所徵用物資之操作人員協助救災　②危險建築物、工作物之拆除及災害現場障礙物之移除　③劃定警戒區域，製發臨時通行證，限制或禁止人民進入或命其離去　④指定道路區間、水域、空域高度，限制或禁止車輛、船舶或航空器之通行

(A) ②③④　　　　(B) ①②③　　　　(C) ①②③④　　　　(D) ③④

( A ) 7. 依災害防救法之規定，中央災害防救委員會應儘速協調金融機構，就災區民眾所需重建資金，予以低利貸款。貸款金額、利息補貼額度及作業程序應報請①核定之，利息補貼額度由　②編列預算執行之，補貼範圍應斟酌民眾受災程度及自行重建能力

(A) ① = 中央災害防救會報；② = 各級政府

(B) ① = 行政院；② = 各級政府

(C) ① = 中央災害防救委員會；② = 直轄市、縣（市）災害防救委員會

(D) ① = 立法院；② = 行政院

( C ) 8. 依公共危險物品及可燃性高壓氣體設置標準暨安全管理辦法之規定，室外儲槽場所設置以不燃材料建造具多少小時以上防火時效之防火牆者，不受儲存液體儲槽側板外壁與儲存場所廠區間境界線距離規定之限制。

(A) 0.5　　　　(B) 1　　　　(C) 2　　　　(D) 3

( A ) 9. 員工20人之工廠，其自衛消防編組非必設置下列何種班？

(A) 救護班　　　　(B) 滅火班　　　　(C) 通報班　　　　(D) 避難引導班

( D ) 10. 依公共危險物品及可燃性高壓氣體設置標準暨安全管理辦法之規定，室外儲槽儲存下列何者，應設置能將洩漏之儲存物局限於特定範圍，並導入安全槽或具有同等以上效能之設施：①烷基鋁　②烷基鋰　③乙醛　④環氧丙烷

(A) ①②③④　　　　(B) ①④　　　　(C) ①③④　　　　(D) ①②

( B ) 11. 下列違反爆竹煙火管理條例之情事者，經命其限期改善，屆期未改善者，得按次處罰，並得予以停工或停業之處分：①合法爆竹煙火製造業者提供原料或半成品予第三人，於本條例規定之製造場所以外地點，從事製造、加工等作業　②製造、輸入業者或零售商以外之供應者，違反規定販賣或陳列未附加認可標示之一般爆竹煙火　③一般爆竹煙火經廢止型式認可後，其認可證書及認可標示，由中央主管機關註銷並公告之；其負責人未於中央主管機關所定期限內，

回收製造、儲存或販賣場所之一般爆竹煙火　④爆竹煙火製造場所、達中央主管機關所定管制量30倍之儲存、販賣場所，其負責人違反規定，投保公共意外責任保險之投保金額未達中央主管機關公告之數額

(A) ①②③④　　　(B) ①④　　　(C) ①③④　　　(D) ①②

( C ) 12. 依法有下列何種情形者，中央主管機關得撤銷或廢止其相關爆竹煙火之許可，並得逕行或命當事人銷毀之：①一般爆竹煙火經個別認可不合格且不能修補者 ②申請輸入專業爆竹煙火資料虛偽不實者　③海關依法處理之爆竹煙火　④負責人未依規定於施放舞臺煙火之外之專業爆竹煙火前，報請主管機關備查

(A) ①②③④　　　(B) ①②④　　　(C) ①②　　　(D) ①④

( B ) 13. 依公共危險物品及可燃性高壓氣體設置標準暨安全管理辦法之規定，下列何者正確？

(A) 高閃火點物品，指閃火點在攝氏130度以上之第六類公共危險物品

(B) 使用液化石油氣作為燃氣來源，其串接使用量達80公斤以上之場所，屬可燃性高壓氣體處理場所

(C) 安全距離，以具有土地所有權或土地使用權者為限

(D) 第一種販賣場所，指販賣裝於容器之六類物品，其數量超過管制量15倍之場所

( C ) 14. 依緊急醫療救護法之規定，下列何者屬中央衛生主管機關公告之公共場所，應置有自動體外心臟電擊去顫器或其他必要之緊急救護設備：①高速公路服務區 ②總噸位100噸以上或乘客超過150人之客船　③國中（小）　④立法院

(A) ①②③④　　　(B) ①②③　　　(C) ①②④　　　(D) ①③④

( D ) 15. 直轄市、縣（市）消防主管機關為辦理下列事項，應指定醫療指導醫師，其中並得增加具野外醫學專業者，建立醫療指導制度，下列何者錯誤？

(A) 各級救護技術員執行緊急救護之教育、訓練、督導及考核

(B) 訂定各級救護技術員品質指標、執行品質監測

(C) 核簽高級救護員依據預立醫療流程施行緊急救護之救護紀錄表

(D) 定期辦理年度重大災害有關緊急醫療之演練

( D ) 16. 依緊急救護辦法之規定，下列何者錯誤？

(A) 為確保緊急救護品質，中央主管機關應會同中央衛生主管機關每年辦理緊急救護品質考核及評估

(B) 消防機關為因應特殊意外災害緊急救護需求，應研訂執行計畫，並就計畫每年實施訓練或演習乙次

(C) 消防機關應每年舉辦教育訓練，使救護人員保持執行緊急救護所必要之技能及知識

(D) 為確保救護車輛及裝載物品安全不受汙染，各級消防機關所屬救護車輛每年定期消毒乙次

（A）17. 有關使用燃氣之熱水器及配管之承裝，下列何者錯誤？

(A) 熱水器及其配管之安裝標準，由直轄市、縣（市）政府定之

(B) 熱水器應裝設於建築物外牆，或裝設於有開口且與戶外空氣流通之位置

(C) 承裝業應向直轄市、縣（市）政府申請營業登記後，始得營業。並自中華民國95年2月1日起使用燃氣熱水器之安裝，非經僱用領有合格證照者，不得為之

(D) 承裝業營業登記之申請、變更、撤銷與廢止、業務範圍、技術士之僱用及其他管理事項之辦法，由中央目的事業主管機關會同中央主管機關定之

（A）18. 依消防機關火場指揮及搶救作業要點之規定，下列何項非屬救火指揮官之任務？

(A) 統一指揮火場救災、偵查等勤務之執行　(B) 劃定火場警戒區

(C) 建立人員裝備管制站　　　　　　　　(D) 災情回報及請求支援等事宜

（D）19. 鄉（鎮、市）災害防救會報之任務，下列何者錯誤？

(A) 核定各該鄉（鎮、市）地區災害防救計畫

(B) 核定重要災害防救措施及對策

(C) 推動疏散收容安置、災情通報、災後緊急搶通、環境清理等災害緊急應變及整備措施

(D) 督導、考核轄區內災害防救相關事項

（C）20. 依爆竹煙火管理條例之規定，直轄市、縣（市）主管機關之權責，下列何者錯誤？

(A) 爆竹煙火安全管理業務之規劃、自治法規之制（訂）定、修正、廢止及執行

(B) 爆竹煙火製造之許可、變更、撤銷及廢止

(C) 爆竹煙火監督人講習、訓練之規劃及辦理

(D) 輸入一般爆竹煙火之封存

（A）21. 各級政府應依災害防救法第28條第2項之規定，充實災害應變中心固定運作處所有關資訊、通信等災害防救器材、設備，隨時保持堪用狀態，並每A個月至少實施功能測試一次，每B個月至少舉辦演練一次，並得隨時為之。A、B各值為

何？

    (A) A = 1、B = 6    (B) A = 1、B = 12    (C) A = 2、B = 6    (D) A = 2、B = 12

（ A ） 22. 六類物品製造場所，其外牆或相當於該外牆之設施外側，與廠區外鄰近場所之安全距離，下列何者錯誤？

    (A) 與古蹟之距離，應在30公尺以上

    (B) 與電壓超過35,000伏特之高架電線之距離，應在5公尺以上

    (C) 與電壓超過7,000伏特，35,000伏特以下之高架電線之距離，應在3公尺以上

    (D) 於製造場所設有擋牆防護或具有同等以上防護性能者，得減半計算之

（ B ） 23. 依公共危險物品及可燃性高壓氣體設置標準暨安全管理辦法之規定，有關液化石油氣製造、販賣及儲存場所，下列何者錯誤？

    (A) 液化石油氣儲存場所僅供一家販賣場所使用之面積，不得少於10平方公尺

    (B) 液化石油氣儲存場所供二家以上共同使用者，每一販賣場所使用之儲存面積，不得少於5平方公尺

    (C) 儲存場所設置位置與販賣場所距離不得超過5公里

    (D) 儲存場所設有圍牆防止非相關人員進入，並有24小時專人管理時，其距離得為20公里內

（ D ） 24. 爆竹煙火監督人，應為爆竹煙火製造場所或達中央主管機關所定管制量A倍以上儲存、販賣場所之管理或監督層次幹部；爆竹煙火監督人任職期間，每B年至少應接受複訓一次，訓練之時間，不得少於C小時；爆竹煙火監督人選任後D日內，應報請直轄市、縣（市）主管機關備查。A、B、C、D各值為何？

    (A) A = 5、B = 1、C = 8、D = 15    (B) A = 10、B = 1、C = 16、D = 30

    (C) A = 20、B = 2、C = 16、D = 30    (D) A = 30、B = 2、C = 24、D = 15

（ B ） 25. 依緊急救護辦法之規定，下列何者錯誤？

    (A) 消防機關應訓練救護人員，使具初級、中級或高級救護技術員資格，以執行緊急救護工作

    (B) 救護人員實施緊急救護時，如緊急傷病患或其家屬拒絕接受運送，應予強制運送

    (C) 直轄市、縣（市）消防機關受理緊急傷病事故之申請或知悉有緊急事故發生時，應確認該事故之發生場所、緊急傷病患之人數及程度等，並立即出動所需之救護隊前往救護

    (D) 緊急傷病患之運送，由救護隊負責，其受理申請及就醫聯絡由救災救護指揮中心負責

# 102年公務人員特種考試警察人員考試

等　　別：三等警察人員考試

類　　科：消防警察人員

科　　目：消防與災害防救法規（包括消防法及施行細則、災害防救法及施行細則、爆竹煙火管理條例及施行細則、公共危險物品及可燃性高壓氣體設置標準暨安全管理辦法、緊急救護辦法、緊急醫療救護法及施行細則、直轄市縣市消防機關火場指揮及搶救作業要點）

考試時間：2小時

座　　號：

※注意：禁止使用電子計算器。

甲、申論題部分：（50分）

1) 不必抄題，作答時請將試題題號及答案依照順序寫在申論試卷上，於本試題上作答者，不予計分。

2) 請以藍、黑色鋼筆或原子筆在申論試卷上作答。

　　一、近年來多起醫院、老人安養機構火災，凸顯病患、老人等弱勢族群之避難問題。假設你是醫院、老人安養機構的防火管理人，則你所擬定之消防防護計畫應包括哪些事項？對老人與避難弱者之防火宣導重點又為何？試依消防法施行細則及相關規定說明之。（25分）

解：

一) 消防防護計畫應包括那些事項

　　第15條本法第十三條所稱消防防護計畫應包括下列事項：

　　一、自衛消防編組：員工在十人以上者，至少編組滅火班、通報班及避難引導班；員工在五十人以上者，應增編安全防護班及救護班。

　　二、防火避難設施之自行檢查：每月至少檢查一次，檢查結果遇有缺失，應報告管理權人立即改善。

　　三、消防安全設備之維護管理。

　　四、火災及其他災害發生時之滅火行動、通報聯絡及避難引導等。

五、減火、通報及避難訓練之實施；每半年至少應舉辦一次，每次不得少於四小時，並應事先通報當地消防機關。

六、防災應變之教育訓練。

七、用火、用電之監督管理。

八、防止縱火措施。

九、場所之位置圖、逃生避難圖及平面圖。

十、其他防災應變上之必要事項。

遇有增建、改建、修建、室內裝修施工時，應另定消防防護計畫，以監督施工單位用火、用電情形。

二) **對老人與避難弱者之防火宣導重點**

甲、有效灌輸老人等於火災發生時「避難第一」之觀念。

乙、平時應熟悉屋內逃生避難方法及動線、電器用品使用安全、燃氣熱水器裝設位置及一氧化碳中毒防範等。

丙、抽煙應使用較深廣之煙灰缸，注意吸煙安全及良好吸煙習慣。

丁、睡前關閉瓦斯、熄滅火種，盡量使用電蚊香替代傳統蚊香等微小火源（種），並確保遠離可（易）物，以免引燃起火。

戊、使用電熱器等，與可（易）燃物保持適當距離。

己、減少家中可燃物及雜物之堆放，避免爆竹煙火及焚燒紙錢引發火災。

庚、優先輔導或補助設置獨立式住宅火災警報器。

辛、烹煮食物時，不可離開現場，倘有接聽電話等其他事項，應即關閉火源，燃燒器具附近不可堆積可燃物及雜物。

二、對於各種災害之預防、應變及復原重建，中央災害防救業務主管機關就其主管災害防救業務之權責為何？行政院為推動災害之防救，依災害防救法第6條規定，設立中央災害防救會報，為執行災害防救政策，推動重大災害防救任務與措施，依災害防救法第7條第2項規定，設立中央災害防救委員會，請依據災害防救法、中央災害防救會報設置要點、中央災害防救委員會設置要點之內容，說明中央災害防救會報與中央災害防救委員會二者之任務為何？（25分）

解：

一) **中央災害防救業務主管機關就其主管災害防救業務之權責**

中央災害防救業務主管機關就其主管災害防救業務之權責如下：

1. 中央及直轄市、縣（市）政府與公共事業執行災害防救工作等相關事項之指揮、督導及協調。
2. 災害防救業務計畫訂定與修正之研擬及執行。
3. 災害防救工作之支援、處理。
4. 非屬地方行政轄區之災害防救相關業務之執行、協調，及違反本法案件之處理。
5. 災害區域涉及海域、跨越二以上直轄市、縣（市）行政區，或災情重大且直轄市、縣（市）政府無法因應時之協調及處理。

**二) 中央災害防救會報與中央災害防救委員會二者之任務**

第6條行政院設中央災害防救會報，其任務如下：
1. 決定災害防救之基本方針。
2. 核定災害防救基本計畫及中央災害防救業務主管機關之災害防救業務計畫。
3. 核定重要災害防救政策與措施。
4. 核定全國緊急災害之應變措施。
5. 督導、考核中央及直轄市、縣（市）災害防救相關事項。
6. 其他依法令所規定事項。

中央災害防救委員會之任務如下：
1. 執行中央災害防救會報核定之災害防救政策、推動重大災害防救任務及措施。
2. 規劃災害防救基本方針。
3. 擬訂災害防救基本計畫。
4. 審查中央災害防救業務主管機關之災害防救業務計畫。
5. 協調各災害防救業務計畫或地區災害防救計畫間牴觸無法解決事項。
6. 協調金融機構就災區民眾所需重建資金事項。
7. 督導、考核、協調各級政府災害防救相關事項及應變措施。
8. 其他法令規定事項。


**乙、測驗題部分：**（50分）

1) 本測驗試題為單一選擇題，請選出一個正確或最適當的答案，複選作答者，該題不予計分。

2) 共25題，每題2分，需用2B鉛筆在試卡上依題號清楚劃記，於本試題或申論試卷上作答者，不予計分。

( A ) 1. 依消防法及其施行細則之規定，液化石油氣零售業者應備置資料，並定期向轄區消防機關申報，其中用戶安全檢查資料包括：①用戶地址　②檢測項目　③檢測結果　④安全技術人員管理資料
(A) ①②③　　　　(B) ①②③④　　　　(C) ②③④　　　　(D) ③④

( A ) 2. 依直轄市縣市消防機關火場指揮及搶救作業要點規定，對於抵達火場之處置作業，何者符合規定：①請求支援：初期救火指揮官就災情研判，現有人、車、裝備等救災戰力，如有不足，應立即向指揮中心請求支援　②破壞作業：擊破玻璃應立於下風處，手應保持在擊破位置上方，以免被玻璃碎片所傷　③飛火警戒：對火場下風處應派員警戒，以防止飛火造成火勢延燒　④水源運用：以接近火場之水源為優先使用目標，並以水源共撞為原則
(A) ①③　　　　(B) ①④　　　　(C) ①②③　　　　(D) ①③④

( B ) 3. 依消防法有關罰則之規定，下述何者正確？
(A) 謊報火警者，處新臺幣1萬元以上5萬元以下罰鍰
(B) 毀損消防、救護設備者，處3年以下有期徒刑或拘役，得併科新臺幣6千元以上3萬元以下罰金
(C) 消防設備師或消防設備士為消防安全設備不實檢修報告者，處新臺幣1萬元以上5萬元以下罰鍰
(D) 違反防火管理規定，經通知限期改善逾期不改善者，處其管理權人6千元以上3萬元以下罰鍰

( D ) 4. 依消防法施行細則之規定，下列何者錯誤？
(A) 一定規模以上供公眾使用建築物應每半年至少舉辦1次滅火、通報及避難訓練
(B) 防火管理人每2年至少應接受講習訓練1次
(C) 液化石油氣零售業者設置之安全技術人員應接受講習訓練時間不得少於16小時
(D) 一定規模以上供公眾使用建築物應每3月至少1次防火避難設施之自行檢查

( B ) 5. 依直轄市縣市消防機關火場指揮及搶救作業要點之規定，下列何者錯誤？
(A) 初期救火指揮官由轄區消防分隊長擔任
(B) 抵達火場處置之車輛部署：以車組作戰及單邊部署為原則，5樓以上建築物火場正面空間，應留給高空作業車使用
(C) 搜救小組應以兩人以上為一組，以起火層及其直上層為優先搜救目標
(D) 出動時間為於出動警鈴響起至消防人車離隊，白天60秒內，夜間90秒內

（B）　6. 下列何者違反消防法情事，應經通知限期改善，逾期不改善或複查不合規定者，予以處分：

(A) 燃氣熱水器承裝業未僱用合格技術士從事熱水器安裝

(B) 消防安全設備之設置及維護違反規定

(C) 瓦斯行超量儲氣

(D) 非消防設備師或消防設備士從事消防安全設備之設計、監造、裝置及檢修工作

（D）　7. 依災害防救法之規定，下列何者屬中央災害防救會報任務：①決定災害防救之基本方針　②擬訂災害防救基本計畫　③核定重要災害防救政策與措施　④督導、考核、協調各級政府災害防救相關事項及應變措施

(A) ①②③　　　　(B) ①③④　　　　(C) ①②④　　　　(D) ①③

（B）　8. 依災害防救法有關罰則之規定，下述何者正確？

(A) 各級政府成立災害應變中心後，指揮官於災害應變範圍內，徵調相關專門職業、技術人員及所徵用物資之操作人員協助救災，違反規定，處新臺幣5萬元以上25萬元以下罰鍰

(B) 未經許可擅自使用為緊急應變所需警報訊號，處新臺幣5萬元以上25萬元以下罰鍰

(C) 各級政府成立災害應變中心後，指揮官於災害應變範圍內，劃定警戒區域，製發臨時通行證，限制或禁止人民進入或命其離去，違反規定，處新臺幣10萬元以上50萬元以下罰鍰

(D) 公共事業應依其災害防救業務計畫，實施有關減災事項，違反規定，處新臺幣5萬元以上25萬元以下罰鍰

（D）　9. 依災害防救法規定，中央災害防救業務主管機關為達災害防救之目的，得採取法律、行政及財政金融之必要措施，並向何機關報告？

(A) 行政院　　　　　　　　　(B) 監察院

(C) 中央災害防救會報　　　　(D) 立法院

（A）　10. 依照災害防救法之規定，下列有關有效執行緊急應變措施，各級政府依權責實施整備事項，何者正確？

(A) 災害防救之訓練、演習　　(B) 災害防救教育、訓練及觀念宣導

(C) 治山、防洪及其他國土保全　(D) 災害保險之規劃及推動

（B）　11. 臺灣地震頻繁，依災害防救法之規定，發生震災時中央災害防救業務主管機關為哪一機關？

（A) 經濟部　　　　　　　　　　　（B) 內政部

（C) 交通部　　　　　　　　　　　（D) 行政院農業委員會

（ A ）12. 依災害防救法及災害防救法施行細則之規定，下列何者錯誤？

（A) 各級政府應充實災害應變中心固定運作處所有關資訊、通信等災害防救器材、設備，隨時保持堪用狀態，每年至少舉辦演練1次

（B) 公共事業每2年應依災害防救基本計畫、相關減災、整備、災害應變、災後復原重建等，進行勘查、評估，檢討災害防救業務計畫

（C) 災害防救法在中央主管機關為內政部

（D) 乘災害之際而故犯竊盜、恐嚇取財、搶奪、強盜之罪者，得依刑法之規定，加重其刑至二分之一

（ D ）13. 依爆竹煙火管理條例及其施行細則之規定，下列敘述何者正確？

（A) 一般爆竹煙火經個別認可不合格者，亦不能修補者，中央主管機關得命申請人銷毀，於上午6時後下午6時前為之

（B) 爆竹煙火監督人任職期間，複訓受訓之時間，不得少於16小時

（C) 安全防護計畫有關滅火、通報及避難演練之實施；每年至少應舉辦1次

（D) 直轄市、縣（市）主管機關依規定進行銷毀，於上午8時後下午6時前為之

（ C ）14. 依爆竹煙火管理條例及其施行細則之規定，爆竹煙火監督人訂定安全防護計畫，有關場所安全對策包括事項：①搬運安全管理　②儀器維修安全管理　③銷毀安全管理　④消防安全設備之維護管理

（A) ②④　　　（B) ②③④　　　（C) ①③④　　　（D)①②④

（ C ）15. 依公共危險物品及可燃性高壓氣體設置標準暨安全管理辦法之規定，各公共危險物品之種類名稱及管制量敘述，何者正確？

（A) 硫磺：第二類　易燃固體，管制量50公斤

（B) 黃磷：第三類　發火性液體、發火性固體及禁水性物質，管制量10公斤

（C) 齒輪油：第四類　易燃液體，管制量6000公升

（D) 乙醚：第四類　易燃液體，管制量30公升

（ B ）16. 依公共危險物品及可燃性高壓氣體設置標準暨安全管理辦法規定，六類物品製造場所或一般處理場所構造及設備之敘述，何者正確？

（A) 可設於建築物之地下層

（B) 設於室外之製造或處理液體六類物品之設備，應在周圍設置距地面高度在15公分以上之圍阻措施

（C) 有積存可燃性蒸氣或可燃性粉塵之虞之建築物，應設置將蒸氣或粉塵有效

排至屋簷以上或室外距地面3公尺以上高處之設備

(D) 牆壁開口有延燒之虞者，應設置常時關閉式30分鐘以上防火時效之防火門

( B ) 17. 依公共危險物品及可燃性高壓氣體設置標準暨安全管理辦法規定，六類物品製造場所，其外牆或相當於該外牆之設施外側，與廠區外加油站之安全距離應在多少公尺以上？

(A) 10公尺　　　　(B) 20公尺　　　　(C) 30公尺　　　　(D) 40公尺

( C ) 18. 依公共危險物品及可燃性高壓氣體設置標準暨安全管理辦法規定，有關室外儲槽場所儲槽儲存第四類公共危險物品者，其防液堤之敘述何者錯誤？

(A) 室外儲槽之直徑未達15公尺者，防液堤與儲槽壁板間之距離，不得小於儲槽高度之三分之一

(B) 防液堤之高度應在50公分以上

(C) 同一地區設有2座以上儲槽者，其周圍所設置防液堤之容量，應為所有儲槽容量和百分之一百一十以上

(D) 防液堤內部設置儲槽，不得超過10座

( D ) 19. 依照爆竹煙火管理條例規定，爆竹煙火製造場所、達中央主管機關所定管制量之儲存場所與輸入者，及輸入或販賣達中央主管機關公告數量之氯酸鉀或過氯酸鉀者，其負責人應登記進出之爆竹煙火原料、半成品、成品、氯酸鉀及過氯酸鉀之種類、數量、時間、來源及流向等項目，以備稽查；其紀錄應至少保存X年，並應於次月Y日前向直轄市、縣（市）主管機關申報前一個月之紀錄。X與Y分別為多少？

(A) X = 3；Y = 10　　　　　　　　(B) X = 3；Y = 15

(C) X = 5；Y = 10　　　　　　　　(D) X = 5；Y = 15

( D ) 20. 依緊急醫療救護法之規定，下列敘述何者正確？

(A) 救護人員以外之人，為免除他人生命之急迫危險，使用緊急救護設備或施予急救措施者，不適用民法、刑法緊急避難免責之規定

(B) 救護人員於非值勤期間，為免除他人生命之急迫危險，使用緊急救護設備或施予急救措施者，不適用民法、刑法緊急避難免責之規定

(C) 救護車應裝設警鳴器及紅色閃光燈，惟不可裝設車廂內外監視錄影器

(D) 救護技術員之受訓，訓練課程，應包括野外地區之救護訓練

( C ) 21. 依據緊急救護辦法之規定，直轄市、縣（市）消防機關為實施救護業務，對所轄之區域，應依哪些事項進行調查？①地勢及交通狀況　②醫療機構等之位置及其他必要之事項　③人口分布狀況　④有急救事故發生之虞之對象物，其位

置及構造

(A) ②④     (B) ②③④     (C) ①②④     (D) ①③④

（ D ） 22. 依緊急救護辦法之規定，下列何者錯誤？

(A) 消防機關應每年舉辦教育訓練，使救護人員保持執行緊急救護所必要之技能及知識

(B) 緊急傷病患之入院手續及醫藥費用由其本人或家屬自行負責

(C) 直轄市、縣（市）消防機關對於救護車輛每月1次實施定期消毒

(D) 消防機關為因應特殊意外災害緊急救護需求，應研訂執行計畫，並就計畫每2年實施訓練或演習乙次

（ B ） 23. 依據緊急醫療救護法之規定，下列何者錯誤？

(A) 救護技術員施行緊急救護之地點包含轉診途中

(B) 救護人員施行救護，應填具救護紀錄表，分別交由該救護車設置機關（構）及應診之醫療機構保存至少5年

(C) 救護車設置機關（構）利用救護車從事犯罪行為廢止其全部救護車之設置許可

(D) 救護車設置機關（構）受廢止其救護車之設置許可處分者，於3年內不得再申請設置

（ D ） 24. 依據緊急醫療救護法之規定，下列何者正確？

(A) 救護人員應依救災救護指揮中心指示前往現場急救，並將緊急傷病患送達病患所指定之醫療機構

(B) 救護車之設置不包含軍事機關

(C) 加護救護車出勤之救護人員，至少應有1名為醫師、護理人員或初級以上救護技術員

(D) 救護隊或消防分隊，每隊至少應配置救護車1輛及救護人員7名，其中專職人員不得少於半數

（ D ） 25. 依據緊急醫療救護法及緊急醫療救護法施行細則之規定，下列何者錯誤？

(A) 全天候提供緊急傷病患醫療照護為急救責任醫院應辦理事項之一

(B) 直轄市、縣（市）衛生主管機關對所轄救護車之人員配置、設備及救護業務，應每年定期檢查

(C) 醫院未立即依其醫療能力救治緊急傷病患或未作適當處置而逕予轉診，處新臺幣6萬元以上30萬元以下罰鍰

(D) 大量傷病患：指單一事故、災害發生之傷病患人數達10人以上，或預判可能達10人以上者

# 101年公務人員特種考試警察人員考試

等　　別：三等警察人員考試

類　　科：消防警察人員

科　　目：消防與災害防救法規（包括消防法及施行細則、災害防救法及施行細則、爆竹煙火管理條例及施行細則、公共危險物品及可燃性高壓氣體設置標準暨安全管理辦法、緊急救護辦法、緊急醫療救護法及施行細則、直轄市縣市消防機關火場指揮及搶救作業要點）

考試時間：2小時

座　　號：

※注意：禁止使用電子計算器。

**甲、申論題部分：（50分）**

1) 不必抄題，作答時請將試題題號及答案依照順序寫在申論試卷上，於本試題上作答者，不予計分。

2) 請以藍、黑色鋼筆或原子筆在申論試卷上作答。

　　一、消防法要求設置住宅用火災警報器之場所為何？在建築物新建、改建或變更用途等不同建築行為時，住宅用火災警報器之設置義務為何？未依規定設置時，罰則有處罰與否之設定，有關考量分別為何？（25分）

**解：**

**一) 設置住宅用火災警報器之場所如下：**

　　民99年5月19日消防法第6條修正，不屬於第一項所定標準應設置火警自動警報設備之旅館、老人福利機構場所及中央主管機關公告場所之管理權人，應設置住宅用火災警報器並維護之；其安裝位置、方式、改善期限及其他應遵行事項之辦法，由中央主管機關定之。

　　不屬於第一項所定標準應設置火警自動警報設備住宅場所之管理權人，應設置住宅用火災警報器並維護之。

**二) 建築物新建、改建或變更用途等不同建築行為時住宅用火災警報器設置義務如下：**

　　依住宅用火災警報器設置辦法第9條指出，本法第六條第四項規定之場所，於本法中

華民國九十九年五月二十一日修正生效前既設者，應於一百年十二月三十一日以前設置住宅用火災警報器。前項場所於本法中華民國九十九年五月二十一日至本辦法發布生效前有新建、增建、改建、用途變更者，應於一百年三月三十一日以前設置住宅用火災警報器。

三) 未依規定設置時，罰則有處罰與否之設定，有關考量如下：

1. 第35條依第6條第一項所定標準應設置消防安全設備之供營業使用場所，或依同條第四項所定應設置住宅用火災警報器之場所，其管理權人未依規定設置或維護，於發生火災時致人於死者，處一年以上七年以下有期徒刑，得併科新臺幣一百萬元以上五百萬元以下罰金；致重傷者，處六月以上五年以下有期徒刑，得併科新臺幣五十萬元以上二百五十萬元以下罰金。

2. 依據消防法第37條，未設置火警自動警報設備旅館、老人福利機構場所及中央主管機關指定之場所違反住宅用火災警報器設置、維護之規定，經通知限期改善，逾期不改善或複查不合規定者，處其管理權人新臺幣六千元以上三萬元以下罰鍰，經處罰鍰後仍不改善者，得連續處罰，並得予以三十日以下之停業或停止其使用之處份。

二、依據「消防法」與「消防法施行細則」之規定，請說明消防人員於進行災害搶救工作時，與當地警察單位、電力、公用氣體燃料事業機構及自來水事業機構應相互採行之相關措施為何？不聽從依相關規定所為之處置者，罰則為何？（25分）

解：

一) 災害搶救工作時與當地警察單位、電力、公用氣體燃料及自來水事業機構措施

依消防法如下：

1. 第20條（警戒區）消防指揮人員，對火災處所周邊，得劃定警戒區，限制人車進入，並得疏散或強制疏散區內人車。

2. 第21條（使用水源）消防指揮人員，為搶救火災，得使用附近各種水源，並通知自來水事業機構，集中供水。

3. 第22條（截斷電源、瓦斯）消防指揮人員，為防止火災蔓延、擴大，認有截斷電源、瓦斯必要時，得通知各該管事業機構執行之。

4. 第23條（警戒區）直轄市、縣（市）消防機關，發現或獲知公共危險物品、高壓氣體等顯有發生火災、爆炸之虞時，得劃定警戒區，限制人車進入，強制疏散，並得限制或禁止該區使用火源。

依消防法施行細則如下：

1. 第20條依本法第十七條設置之消防栓，以採用地上雙口式為原則，附近應設明顯標誌，消防栓規格由中央主管機關定之。

2. 當地自來水事業應依本法第十七條規定，負責保養、維護消防栓。直轄市、縣（市）消防機關並應定期會同當地自來水事業全面測試其性能，以保持堪用狀態。

3. 第21條直轄市、縣（市）政府對轄內無自來水供應或消防栓設置不足地區，應籌建或整修蓄水池及其他消防水源，並由當地消防機關列管檢查。

4. 第22條直轄市、縣（市）轄內之電力、公用氣體燃料事業機構及自來水事業應指定專責單位，於接獲消防指揮人員依本法第二十一條、第二十二條所為之通知時，立即派員迅速集中供水或截斷電源、瓦斯。

5. 第23條消防指揮人員、直轄市、縣（市）消防機關依本法第二十條、第二十三條劃定警戒區後，得通知當地警察分局或分駐（派出）所協同警戒之。

**二) 不聽從依相關規定所為之處置罰則**

第36條（罰則）有下列情形之一者，處新臺幣三千元以上一萬五千元以下罰鍰：一、謊報火警者。二、無故撥火警電話者。三、不聽從依第十九條第一項、第二十條或第二十三條所為之處置者。四、拒絕依第三十一條所為調度、運用者。五、妨礙第三十四條第一項設備之使用者。

**乙、測驗題部分：（50分）**

1) 本測驗試題為單一選擇題，請選出一個正確或最適當的答案，複選作答者，該題不予計分。

2) 共25題，每題2分，需用2B鉛筆在試卡上依題號清楚劃記，於本試題或申論試卷上作答者，不予計分。

（C）　1. 依據「消防法」之規定，液化石油氣零售業者應備置資料，定期向轄區消防機關申報，並保存多久，以備查核？

　　　　(A) 六個月　　　　(B) 一年　　　　(C) 二年　　　　(D) 三年

（A）　2. 依據「消防法」規定，下列敘述何者有誤？

　　　　(A) 地面樓層達六層以上之建築物，消防安全設備之定期檢修，其管理權人應委託中央主管機關審查合格之專業機構辦理

　　　　(B) 自中華民國95年2月1日起使用燃氣熱水器之安裝，非經申請營業登記之承裝業僱用領有合格證照者，不得為之

(C) 直轄市、縣（市）政府為消防需要，應會同自來水事業機構選定適當地
　　點，設置消防栓，所需費用由直轄市、縣（市）政府、鄉（鎮、市）公
　　所，酌予補助

(D) 直轄市、縣（市）政府，應舉辦防火教育及宣導，並由機關、學校、團體
　　及大眾傳播機構協助推行

（C）3. 直轄市、縣（市）政府，為消防需要，依「消防法」第17條之規定，應會同自
　　來水事業機構設置「消防栓」。有關前述消防栓之規格與管理規定，下述何者
　　錯誤？

(A) 採用地上雙口式為原則

(B) 消防栓的出水口口徑為63.5公厘

(C) 消防機關負保養、維護消防栓之責

(D) 消防栓之開關（轉動帽）限用五角形

（D）4. 消防機關依消防法執行火災現場之調查鑑定，下述何者正確？

(A) 消防機關依法調查、鑑定火災原因後，應即製作火災原因調查鑑定書，移
　　送當地地方法院依法處理

(B) 消防機關調查、鑑定火災原因，不需會同當地警察機關辦理

(C) 火災原因調查鑑定書應於火災發生後10日內完成，必要時，得延長至60日

(D) 檢察、警察機關或消防機關得封鎖火災現場，於調查、鑑定完畢後撤除之

（A）5. 依據「消防法施行細則」有關山林、田野引火燃燒之規定，下列敘述何者正
　　確？

(A) 山林、田野引火燃燒如有延燒之虞者，引火人應於五日前向當地消防機關
　　申請許可

(B) 於引火前在引火地點四週設置五公尺寬之防火間隔，及配置適當之滅火設
　　備

(C) 毋需將引火日期、時間、地點通知鄰接地之所有人或管理人

(D) 引火應在上午七時後，下午七時前為之

（A）6. 為提昇直轄市、縣（市）消防機關火場指揮能力，強化火災搶救效率，依「直
　　轄市縣市消防機關火場指揮及搶救作業要點」之規定，必要時協調臨近之軍、
　　憲、民間團體或其他有關單位協助維持現場秩序，係屬下列何種火場指揮官之
　　任務？

(A) 火場總指揮官　　(B) 救火指揮官　　　(C) 警戒指揮官　　　(D)偵查指揮官

（B）7. 依據「直轄市縣市消防機關火場指揮及搶救作業要點」之規定，對於抵達火場

之處置作業，何者符合規定：①災情回報：初期救火指揮官到達火場，應立即瞭解火場現況　②車輛部署：以「車組作戰」及「單邊部署」為原則，五樓以上建築物火場正面空間，應留給高空作業車使用　③室內水線佈線：沿室內樓梯部署水線之方式，適用較高樓層　④人命搜救：抵達火場後，應優先進行人命搜救任務

(A) ①②　　　　(B) ①④　　　　(C) ②③　　　　(D) ③④

( C )　8. 為有效執行緊急應變措施，依「災害防救法」之規定，各級政府應依權責實施之整備事項，下述何者正確？①災害防救之訓練、演習　②有關弱勢族群災害防救援助必要事項　③災情蒐集、通報與指揮所需通訊設施之建置、維護及強化　④災害防救物資、器材之儲備及檢查

(A) ①②④　　　(B) ②③④　　　(C) ①③④　　　(D) ①②③

( A )　9. 依「災害防救法」之規定，人民因災害防救之必要，受各級政府所為之處分、強制措施或命令，致其財產遭受損失時，得依法請求補償。前述之損失補償，應自知有損失時起，幾年內請求之。但自損失發生後，經過幾年者，不得為之？

(A) 2；5　　　　(B) 1；3　　　　(C) 1；2　　　　(D) 0.5；1

( A )　10. 依「災害防救法」第2條有關災害防救業務計畫之規定，係指中央災害防救業務主管機關及公共事業就其掌理業務或事務擬訂之災害防救計畫。前述所稱之公共事業，下述何者正確？①大眾傳播事業　②醫療服務業　③運輸業　④公用氣體燃料事業

(A) ①③④　　　(B) ②③④　　　(C) ①②　　　　(D) ③④

( B )　11. 依據「災害防救法」與「災害防救法施行細則」之規定，下列項目何者屬災害防救設施、設備？①飲用水、食　②急救用醫療器材　③人命救助器材　④營建機具　⑤人員、物資疏散運送工具　⑥傳染病防治、廢棄物處理設備

(A) ③④　　　　(B) ⑤⑥　　　　(C) ①②③　　　(D) ④⑤⑥

( A )　12. 依「災害防救法」之規定，中央災害防救委員會每幾年應檢討災害防救基本計畫，直轄市、縣（市）政府及鄉（鎮、市）公所每幾年應檢討地區災害防救計畫；必要時，得隨時辦理之？

(A) 5；2　　　　(B) 3；1　　　　(C) 2；1　　　　(D) 1；1

( B )　13. 依「爆竹煙火管理條例」第13條之規定，中央主管機關得公告禁止兒童施放之一般爆竹煙火種類。下列何種一般爆竹煙火，已公告禁止兒童施放：①行走類②升空類　③火花類　④飛行類

(A) ①④　　　　(B) ②④　　　　(C) ①③　　　　(D) ③④

( D ) 14. 依據「爆竹煙火管理條例」之規定，爆竹煙火製造場所及達中央主管機關所定管制量X倍之儲存、販賣場所之負責人，應選任爆竹煙火監督人，責其訂定安全防護計畫，並應於選任後Y日內，報請直轄市、縣（市）主管機關備查，X與Y分別為何？

(A) X = 10倍，Y = 7日　　　　　(B) X = 20倍，Y = 7日
(C) X = 15倍，Y = 15日　　　　(D) X = 30倍，Y = 15日

( A ) 15. 依據「爆竹煙火管理條例」之規定，下列項目何者為中央主管機關之權責？①一般爆竹煙火認可相關業務之辦理　②爆竹煙火製造之許可、變更、撤銷及廢止　③直轄市、縣（市）爆竹煙火安全管理之監督　④爆竹煙火監督人講習、訓練之規劃及辦理　⑤輸入一般爆竹煙火之封存

(A) ①③④　　　(B) ②③④　　　(C) ①②⑤　　　(D) ②④⑤

( D ) 16. 依「爆竹煙火管理條例」及其施行細則，有關爆竹煙火相關場所選任爆竹煙火監督人之規定，下列敘述何者正確？①所有的爆竹煙火製造及儲存場所之負責人，均應選任爆竹煙火監督人　②達中央主管機關所定管制量10倍以上之販賣場所之負責人，應選任爆竹煙火監督人　③爆竹煙火監督人任職期間，每2年至少應接受複訓1次　④初任爆竹煙火監督人，應經中央主管機關或其認可之專業機構施予訓練，並領有合格證書，始得充任，前述訓練之時間，不得少於24小時

(A) ①③④　　　(B) ②③④　　　(C) ①②　　　(D) ③④

( C ) 17. 依據「爆竹煙火管理條例施行細則」之規定，各種爆竹煙火儲存、販賣場所之管制量敘述，何者正確？

(A) 舞臺煙火以外之專業爆竹煙火，為總重量一公斤
(B) 摔炮類一般爆竹煙火，為火藥量零點五公斤或總重量二點五公斤
(C) 摔炮類以外之一般爆竹煙火及舞臺煙火，為火藥量五公斤或總重量二十五公斤
(D) 手持火花類及爆炸音類之排炮、珠炮、無紙屑炮類，為火藥量十五公斤或總重量七十五公斤

( D ) 18. 依「公共危險物品及可燃性高壓氣體設置標準暨安全管理辦法」之規定，與廠區境界線應保有一定間隔距離的公共危險物品之場所，下述何者正確？

(A) 製造場所　　(B) 室內儲存場所　　(C) 一般處理場所　　(D) 室外儲槽場所

( D ) 19. 依據「公共危險物品及可燃性高壓氣體設置標準暨安全管理辦法」之規定，公

共危險物品室內儲槽場所之位置、構造及設備應符合之規定，下列何者正確？

(A) 儲槽容量不得超過管制量之三十倍

(B) 儲槽專用室之儲槽與室內牆面之距離應在三十公分以上

(C) 儲存第四類公共危險物品中之第二石油類及第三石油類，不得超過三萬公升

(D) 儲槽專用室內設置二座以上之儲槽時，儲槽相互間隔距離應在五十公分以上

( A ) 20. 依據「公共危險物品及可燃性高壓氣體設置標準暨安全管理辦法」之規定，使用液化石油氣容器 接燃氣設施之場所，使用量在三百公斤以上未滿六百公斤者，應符合之規定，下列敘述何者正確？

(A) 場所之溫度應經常保持攝氏四十度以下，並有防止日光直射措施

(B) 容器與用火設備保持三公尺以上距離

(C) 容器放置於室外者，應設有柵欄或圍牆，其上方應以輕質金屬板或其他輕質不燃材料覆蓋，並距離地面三點五公尺以上

(D) 容器與第一類保護物最近之安全距離應在十六點九七公尺以上

( A ) 21. 依緊急醫療救護法及其施行細則規定，下述何者正確？

(A) 大量傷病患：指單一事故、災害發生之傷病患人數達十五人以上，或預判可能達十五人以上者

(B) 救護車依緊急醫療救護法規定所施行之定期消毒，每週應至少一次，並留存紀錄以供衛生主管機關查核

(C) 緊急傷病患：指緊急傷病之患者。也包括醫院已收治住院者

(D) 救護隊或消防分隊，每隊至少應配置救護車一輛及救護人員五名，其中專職人員不得少於半數

( D ) 22. 依「緊急醫療救護法」之規定，直轄市、縣（市）消防機關之救災救護指揮中心，應由救護人員二十四小時執勤，處理緊急救護事項，下列何者錯誤？

(A) 建立緊急醫療救護資訊

(B) 提供緊急傷病患送達醫療機構前之緊急傷病諮詢

(C) 聯絡救護運輸工具之設置機關（構）執行緊急救護業務

(D) 遇緊急傷病或大量傷病患救護時，派遣當地救護車設置機關（構）之救護車及救護人員出勤，可不必通知直轄市、縣（市）衛生主管機關

( C ) 23. 依據「緊急醫療救護法」之規定，下列敘述何者正確？

(A) 內容所稱衛生主管機關，在中央為行政院衛生署；在直轄市為直轄市政府

衛生局

(B) 救護車於救護傷病患及運送病人時，應至少有救護人員一名出勤，並需為護理人員或中級以上救護技術員

(C) 直轄市、縣（市）衛生主管機關對所轄救護車之人員配置、設備及救護業務，應每年定期檢查，救護車設置機關（構）不得規避、妨礙或拒絕

(D) 救護人員施行救護，應填具救護紀錄表，分別交由該救護車設置機關（構）及應診之醫療機構保存至少五年

（ B ） 24. 依據「緊急救護辦法」之規定，下列敘述何者正確？

(A) 緊急傷病患之運送就醫服務，應送至急救責任醫院或其指定之醫療機構

(B) 孕婦待產者符合緊急傷病患之定義

(C) 消防機關為因應特殊意外災害緊急救護需求，應研訂執行計畫，並就計畫每月實施訓練或演習乙次

(D) 身分無法查明或低收入戶之緊急傷病患，需由救護人員先行填具救護紀錄表，並於當地警察機關查明身分後再行救治

（ A ） 25. 依據「災害防救法」之規定，中央災害防救會報置召集人、副召集人各一人，行政院設中央災害防救委員會，置主任委員一人，試問各為何者兼任？

(A) 行政院院長、行政院副院長、行政院副院長

(B) 行政院院長、行政院副院長、內政部部長

(C) 行政院副院長、內政部部長、內政部部長

(D) 行政院副院長、內政部部長、內政部消防署署長

# 100年公務人員特種考試警察人員考試

等　　別：三等警察人員考試

類　　科：消防警察人員

科　　目：消防與災害防救法規（包括消防法及施行細則、災害防救法及施行細則、爆竹煙火管理條例及施行細則、公共危險物品及可燃性高壓氣體設置標準暨安全管理辦法、緊急救護辦法、緊急醫療救護法及施行細則、直轄市縣市消防機關火場指揮及搶救作業要點）

考試時間：2小時

座　　號：

※注意：禁止使用電子計算器。

**甲、申論題部分：（50分）**

1) 不必抄題，作答時請將試題題號及答案依照順序寫在申論試卷上，於本試題上作答者，不予計分。

2) 請以藍、黑色鋼筆或原子筆在申論試卷上作答。

　　一、請說明災害防救法及其施行細則相關條文中，有關於弱勢族群及疏散撤離之部分有那些？其作用分別為何？（10分）

**解：**

**一) 關於弱勢族群及疏散撤離之部分**

依照我國現行災害防救法，有關弱勢族群之相關條文，內容如下：

1. 第22條為減少災害發生或防止災害擴大，各級政府平時應依權責實施下列減災事項：有關弱勢族群災害防救援助必要事項。

2. 第27條為實施災害應變措施，各級政府應依權責實施下列事項：受災民眾臨時收容、社會救助及弱勢族群特殊保護措施。

3. 第24條為保護人民生命、財產安全或防止災害擴大，直轄市、縣（市）政府、鄉（鎮、市、區）公所於災害發生或有發生之虞時，應勸告或強制其撤離，並作適當之安置。

4. 直轄市、縣（市）政府、鄉（鎮、市、區）公所於災害應變之必要範圍內，對於

有擴大災害或妨礙救災之設備或物件之所有權人、使用人或管理權人，應勸告或強制其除去該設備或物件，並作適當之處置，分述如下：

① 勸告撤離

為預防災情，鄉（鎮、市、區）公所應先行勸導潛在受害對象避難，經村長（指揮官或代行者）同意啟動疏散避難小組，原則上以挨家挨戶方式進行勸導，並提供潛在危險度、避難處所、避難路線、攜帶物品等相關資訊，同時了解需要特別服務之對象（如身心障礙者等弱勢族群）。並利用村里廣播系統、消防、警察、民政等所有廣播車、地區廣播電台、電視台、簡訊、網路、電話等通（告）知。

② 強制撤離

經研判或獲得訊息指出土石流危險度提升，需立即撤離潛在受害對象，於村長（指揮官或代行者）同意後即行廣播告知，並強制民眾疏散。若同時需劃定警戒區時，經請示縣府同意並公告後，執行管制該區禁止進入及命其離去之強制疏散。

二) 其作用分別如下：

1. 中央單位（業務相關主管機關）：分析研判及監控災情，並將災害資訊轉換成疏散撤離建議，業務相關主管機關並應協助中央災害應變中心，判斷縣市政府是否有應變之能力及執行力。

2. 縣市層級：參考中央情資研判結果，以及綜合本身之災情研判能力，在中央通知撤離建議後，主要負責執行疏散撤離之資源派遣及調度，並判斷自身及鄉鎮的應變能力是否足夠，若有不足應請求中央支援，並協調、支援、調度鄉鎮的疏散撤離作業，同時將地方的資訊回報給中央。

3. 鄉鎮市區層級：接受縣市政府的撤離命令後，判斷自身的應變能力是否足夠，若有不足應請求縣市支援，執行撤離工作，同時回報當地災情給縣市政府。

4. 第三十一條第一項：各級政府成立災害應變中心後，指揮官於災害應變範圍內，依其權責分別實施下列事項，並以各級政府名義為之：
由於條文中之授權除第24條明定由地方政府執行以外，其他應變措施之執行機關涵蓋各級政府、各級應變中心及公共事業，撤離之執行權限之設計似乎人人有責，變得相當模糊。因此如何執行疏散撤離或救援撤離，在不同政府機關的程序上就產生不同的分歧。

5. 於災害防救基本計畫有關避難收容之部分，對於弱勢族群照護則有以下敘述：
甲、地方政府應主動關心及協助避難場所與臨時收容所內之老人、外國人、嬰幼

兒、孕婦、產婦及身心障礙等弱勢族群之生活環境及健康照護，辦理臨時收容所之優先遷入及設置老年或身心障礙者臨時收容所。對無助老人或幼童應安置於安養或育幼等社會福利機關（構）。

乙、地方政府對受災區之學生應立即安排至附近其他學校或設置臨時教室就學，或直接在家施教，並進行心理輔導以安撫學童心靈。

6. 災害防救法與社會救助法、身心障礙者保護法、就業服務法等福利法規所定義之弱勢族群有相當之差異，依照災害防救法之規定，弱勢族群並非以經濟因素與生理狀況為考量，而是考慮在災害衝擊下，相對於一般民眾之避難弱勢。

（引用文獻：馬士元，大規模災害弱勢族群救援撤離對策之研究瑞，鉅災害管理及安全事務顧問股份有限公司，協同主持人：林永峻博士，內政部消防署委託研究報告內政部消防署委託研究報告內政部消防署委託研究報告，中華民國99年12月）

---

二、發生在新北市的五股煙火爆炸案中，針對爆竹煙火管理條例的實施，有哪些具體的檢討方向？請區分為中央與地方政府不同辦理權責說明之。（15分）

**解：**

**一) 具體的檢討方向**

地方權責依監察院糾正○○市政府、○○縣政府之糾正案文指出如下：

1. ○○市政府消防局無視新興堂香舖平時即有超量囤積、販賣爆竹煙火的事實，在爆炸前竟未曾有取締紀錄，顯長期縱容該香舖業者違法妄為，有重大違失，新北市府監督不周。

2. ○○市消防局12次訪查皆僅在店鋪門市虛晃一招，未依規定會同相關人員到倉庫查看，該香舖爆炸後已拆除，竟仍有檢查結果登載符合規定，○○市消防局檢查草率，有重大違失。

3. ○○市消防局明知100年4月間適逢媽祖誕辰期間，爆竹煙火需求大，竟未依規定加強檢查該香舖及全面清查轄內可疑貨櫃，導致該香舖負責人向桃園萬達廠調貨時，不慎釀成重大災害；該香舖爆炸前，○○市消防局竟未察覺該香舖負責人早已在泰山地區租用貨櫃違法儲存爆竹煙火，嚴重怠忽職責。

4. ○○縣政府自轄內萬達廠爆炸後，未依法清點、封存、管制，甚至未經檢查，草率認為該廠殘存的爆竹煙火合法，確有違失。

5. ○○縣政府草率發函任令業者自行限期處理該批具危險性的爆竹煙火，導致萬達

廠急欲變賣，與新興堂香舖負責人僱用違法車輛載運，釀成重大災害。

6. 新興堂香舖負責人在本案爆炸發生前，已多次承接國內高空煙火大型施放活動，相關機關竟毫無掌握違法事證，突顯缺乏橫向聯繫與查核機制及法令疏漏，危害公共安全，相關活動主辦機關及消防主管機關均未善盡職責，確有違失。

中央權責依監察院糾正案文如下：

新興堂香舖爆炸災害經調查，肇因於未經許可而滿載高空煙火的交通運輸工具，內政部及交通部等所屬機關明知疏漏，卻未主動積極檢討改進，監察院多次糾正，仍推諉塞責，均有不當。

## 二) 中央與地方政府不同辦理權責

第2條　本條例所稱主管機關：在中央為內政部；在直轄市為直轄市政府；在縣（市）為縣（市）政府。

主管機關之權責劃分如下：

一、中央主管機關：

(一) 爆竹煙火安全管理制度之規劃設計與法規之制（訂）定、修正及廢止。

(二) 爆竹煙火成品及達中央主管機關公告數量之氯酸鉀（$KClO_3$）或過氯酸鉀（$KClO_4$）之輸入許可。

(三) 達中央主管機關公告數量之氯酸鉀或過氯酸鉀之販賣許可。

(四) 一般爆竹煙火認可相關業務之辦理。

(五) 直轄市、縣（市）爆竹煙火安全管理之監督。

(六) 爆竹煙火監督人講習、訓練之規劃及辦理。

二、直轄市、縣（市）主管機關：

(一) 爆竹煙火安全管理業務之規劃、自治法規之制（訂）定、修正、廢止及執行。

(二) 爆竹煙火製造之許可、變更、撤銷及廢止。

(三) 爆竹煙火製造及達中央主管機關所定管制量之儲存、販賣場所，其位置、構造、設備之檢查及安全管理。

(四) 違法製造、輸入、儲存、解除封存、運出儲存地點、販賣、施放、持有或陳列爆竹煙火之成品、半成品、原料、專供製造爆竹煙火機具或施放器具之取締及處理。

(五) 輸入一般爆竹煙火之封存。

(六) 其他有關爆竹煙火之安全管理事項。

中央主管機關基於特殊需要，依法於特定區域內特設消防機關時，該區域內

屬前項第二款所定事項，由中央主管機關辦理；必要時，得委辦直轄市、縣（市）主管機關辦理。

三、為落實防火管理，平時需建立火災預防管理編組，請依強化防火管理制度指導綱領，說明有關防火管理責任體系及應注意事項分別為何？（25分）

解：

一) **防火管理責任體系分述如下：**

1. 火源責任者：係擔任某一關連性區域內之火源管理工作，定期檢查並向防火負責人回報檢查情形。

2. 防火負責人：大規模場所、高層建築物或該場所自行認定有其必要性時，得以樓層或區域為範圍，設置防火負責人，其任務係輔助防火管理人，並指導監督負責區域內之火源責任者。

3. 核心要員：在同一建築物之自衛消防編組成員中宜設有核心要員，此核心要員需具有基本救護技能，並配置有效之通訊工具及地方消防機關指定之相關技能。此要員由滅火班班長、通報班班長或救護班班長等擔任為宜。當自衛消防編組之核心要員設於指揮中心稱為本部核心要員，而設於地區時，稱為地區核心要員。

4. 核心區域：應實施防火管理之場所，以樓、棟為單位，將若干場所形成一個區域，在此區域內整合有關災情及救護救援資訊，並由核心要員，執行橫向及縱向之災害協調支援。其設於指揮中心時，稱為本部核心區域，而設於地區時，稱為地區核心區域。

5. 防火管理技術員：遴選所屬對技術較有專精之人員，協助防火管理人推動各項防火管理業務，惟並無需為幹部或管理層級之資格限制。

二) **應注意事項如下：**

應實施防火管理之場所，為落實日常用火用電管理，並依場所特性，進行平時火災預防管理編組，並注意下列事項：

1. 由防火管理人落實推動各項防火管理業務外，每一員工皆有火災預防之共識，並得視場所規模、用途，依棟、樓或區，劃設責任區域，分別設置防火負責人及火源責任者，並納入消防防護計畫，以明確分層管制。

2. 防火負責人之任務為輔助防火管理人，並指導、監督、彙整負責區域內火源責任者之平時火災預防執行情形，並適時回報防火管理人。

3. 火源責任者擔任防火管理人（如無防火負責人時）或防火負責人指定範圍內之用

火用電安全管理工作，進行該範圍內平時之消防安全設備及之防火避難設施之簡易日常維護管理，並回報其執行情形。

**補充資料**

強化地震災害應變之平時整備及教育訓練之注意事項：

一、平時整備，宜注意下列事項：

(一) 電梯停止所伴隨之人員受困之應變：

A. 電梯宜具有防震措施，地震發生時，有關纜線不可有斷裂脫落之情形。

B. 電梯宜有地震感知裝置，於地震發生時，可迅速停於最近之樓層，如無此類裝置時，需可於電梯內按下按鈕後，於最近之樓層停止。

C. 電梯內緊急按鈕壓下後，宜具有與指揮據點（如防災中心等有人常駐之處所）保持通話之功能。

D. 如受困電梯時宜確保其緊急照明，並能使用電梯內部通話裝置與外界聯繫等待救援。

E. 地震發生時不可驚慌，電梯內人員宜靠近電梯內側或坐在電梯內，保持身體平衡，以防跌倒或撞擊。

F. 平時宜瞭解緊急時自外部開啟電梯所需工具之位置及保管人，並熟悉其開啟方式。

(二) 避難設施及消防安全設備損壞之應變：

A. 地震發生時，需開門以確保逃生通出口之通暢。

B. 掌握建築內部避難器具之位置及狀況，以及外部開口之情形，並準備繩索、梯子及相關之破壞器具，萬一無法由內部防火避難設施逃生時，得使用繩索或梯子等類似物品，運用外部開口向外逃生。

C. 為防止震後火災之發生，需瞭解內部消防蓄水池之位置及附近可供運用之天然或人工水源之運用，並準備盛水工具或可攜式消防幫浦，俾便緊急時進行滅火。

(三) 停水斷電、通信障礙、交通受阻等基礎設施障礙之應變：

A. 平時即瞭解周遭臨時避難處所之位置（如公園、廣場或學校操場等大型公地），於地震發生時，分組進行避難，依照指揮人員之指示，協助高齡人士、孩童、傷患或自力避難者，有次序地至臨時避難所集結。

B. 平時與周遭單位建立合作機制及聯絡方式，相互支援必要之器具與人力。

C. 進行避難時，如平時有準備乾糧或飲用水、發電設備時需攜行並攜帶所有可運用的通訊工具（含收音機與電池等）至臨時避難處所。

D. 考量救災車輛之優先使用及道路可能受損，不可使用車輛進行避難，宜步行至臨時收容處所。

二、教育訓練：注意事項如下：

1. 建築物內部進行避難引導部分：

A. 平時即於消防防護計畫劃定責任區域，俾於地震發生後需進行疏散，在確保自身安全無虞時，搜索負責區域並確認有無人員受困。

B. 進行疏散引導人員，需攜帶緊急廣播設備、哨子或繩索等，引導有關人員至出口位置。

C. 為防止混亂，需以距離避難層較近之樓層優先進行避難引導，並以人命救援為第一考量。

D. 為防止餘震之持續發生，可能有牆壁或電線等各種物品之掉落，需佩戴安全頭盔等防護器具保護頭部，並注意上方及地面及可能障礙物。

2. 受困人員之救援部分：

A. 需以倒塌之建築物為中心，大聲呼喊是否有人受困並集結安全離開之人員。

B. 如有人員受困，在確保自身安全無虞之情形下，需以眾人之力，進行救援，如需移除重物時，確實掌握有無可能伴隨其他物件之掉落，並注意附近有無瓦斯管線或電線。

C. 倒塌現場倘有發生火災之虞，盡可能準備滅火器或水等簡易滅火器具，以便緊急時滅火。

D. 進行受困人員之施救時，以受傷程度為考量，但受困人員需使用大型機具等涉及專業器材或技術始能救出時，需通報並記錄其位置，以便後續人員之救援，此時，暫以較易救出人員為優先考量。

E. 如受重物壓住，不可硬行拉出，需先清除周遭障礙物並觀察或詢問該受困人員情形，再行決定。

F. 如有電鋸等較具危險之救災器具，需由熟悉其操作之人員使用，不可貿然運用。

G. 受困人員救出後，需立即送醫，並儘可能記錄其姓名、年齡、性別、救出時間及位置、有無可能受困之同伴等相關書面資料，並予以保管。

H. 對於受困人員（傷者），注意其聲調、臉（膚）色、身體狀況之變化等。

**乙、測驗題部分：**（50分）

1) 本測驗試題為單一選擇題，請選出一個正確或最適當的答案，複選作答者，該題不予計分。

2) 共25題，每題2分，需用2B鉛筆在試卡上依題號清楚劃記，於本試題或申論試卷上作答者，不予計分。

（A）1. 下列何者為消防法第13條第1項所定之一定規模以上供公眾使用建築物？
(A) 總樓地板面積在200平方公尺以上之補習班或訓練班
(B) 總樓地板面積在300平方公尺以上，其員工在30人以上之工廠
(C) 總樓地板面積在500平方公尺以上，其員工在50人以上之工廠
(D) 總樓地板面積在500平方公尺以上之餐廳

（D）2. 下列何種建築物設置之消防安全設備，無需委託專業機構辦理定期檢修？
(A) 高度在50公尺以上之建築物
(B) 樓層在16層以上之建築物
(C) 地下建築物
(D) 供公眾使用建築物

（A）3. 下列有關消防法所稱管理權人之敘述，何者正確？①領有使用執照或營利事業登記證之合法場所，係以現場實際負責人或依契約實際負責之人為管理權人　②無獨立預算之鎮立圖書館，其管理權人為館長　③所有權未區分之建築物，其管理權人為所有人，有租賃或借貸關係時，為承租人或使用人　④連鎖店係由總公司直營，則管理權人為總公司之負責人
(A) ③④　　　(B)①②④　　　(C)①②③　　　(D)②③④

（D）4. 某消防分隊配置各式消防車7部，雲梯消防車1部、化學消防車1部、水箱消防車2部、水庫消防車1部、救助器材車1部、救災指揮車1部，依直轄市、縣（市）消防機關配置標準規定，最多可配置消防人員數為：
(A) 26人　　　(B) 30人　　　(C) 34人　　　(D) 38人

（A）5. 下列對於人民因災害失蹤時，有關死亡證明書聲請之敘述，何者正確？①死亡證明書之聲請，應於災害發生後6個月內為之　②失蹤人尚生存者，檢察機關得依利害關係人之聲請，撤銷死亡證明書　③失蹤人尚生存者，檢察機關得依本人之聲請，撤銷死亡證明書　④撤銷死亡證明書之效力，準用民事訴訟法第640條規定
(A) ②③④　　　(B)①②④　　　(C)①②③　　　(D)①②③④

（B）6. 依災害防救法規定，下列何者情形得處新臺幣3萬元以上，15萬元以下罰鍰？
(A) 違反徵用、徵購救災機具或車輛裝備規定

(B) 規避、妨礙或拒絕進入業者營業場所或物資所在處所檢查

(C) 違反警戒區域內禁止進入或命其離去之規定

(D) 未經許可擅自使用緊急應變警報訊號

( D )　7. 下列有關「劃定警戒區域，限制或禁止人民進入或命其離去」處分時機及執行規定之敘述，何者正確？

①應於災害應變中心成立後

②應由中央災害應變中心指揮官下令

③應指定災害應變範圍

④應予公告

(A) ①②③④　　　(B) ②③④　　　(C) ①②③　　　(D) ①③④

( A )　8. 某一建築物地下三層設置一間儲槽專用室，放置供緊急發電機使用之柴油儲槽一座（內容積為3公秉之非壓力儲槽）請問下列敘述何者正確？

①該儲槽應於申請完工檢查前，委託中央主管機關指定之專業機構完成滿水檢查，並出具合格證明文件

②倘該儲槽未設有固定式滅火設備者，其容量範圍為2700至2850公升

③該室內儲槽場所僅能儲存閃火點在攝氏40度以上第四類公共危險物品

④該儲槽應設置安全裝置

⑤室內儲槽場所儲槽容量不得超過管制量之40倍，且第四類公共危險物品中之第二石油類及第三石油類，不得超過2萬公升。同一儲槽專用室設置二座以上儲槽時，其容量應合併計算

(A) ①②③⑤　　　(B) ①②③④⑤　　　(C) ②③⑤　　　(D) ①②③

( A )　9. 使用液化石油氣容器連接燃氣設施之場所，其使用量為200公斤，有關其使用安全管理規定，下列敘述何者正確？①設置自動緊急遮斷裝置　②設置氣體漏氣警報器　③以書面向各當地消防機關陳報　④容器放置於室外者，應設有柵欄或圍牆　⑤容器與用火設備保持2公尺以上距離

(A) ②⑤　　　(B) ①③④　　　(C) ②④　　　(D) ②③⑤

( B )　10. 你帶隊去檢查液化石油氣容器儲存場所，依據「公共危險物品及可燃性高壓氣體設置標準暨安全管理辦法」第70條規定進行檢查，下列敘述何者正確？①應設置防止氣體滯留之有效通風裝置　②應設置氣體漏氣自動警報設備　③該場所應保持攝氏35度以下之溫度；容器並應防止日光之直射　④假設該液化石油氣容器儲存場所總面積為100平方公尺，其通路面積至少需保留20平方公尺

(A) ①②③　　　(B) ①②④　　　(C) ①③④　　　(D) ②③④

( C ) 11. 下列有關爆竹煙火安全管理，何者敘述正確？
(A) 雜貨店販賣均有附加認可標示之連珠炮且火藥量合計為1.5公斤，應投保公共意外責任險
(B) 雜貨店櫃子發現一個未貼認可標示之連珠炮，老闆表示該連珠炮僅供陳列不販賣，則尚無違反「爆竹煙火管理條例」之規定
(C) 儲存摔炮類以外之一般爆竹煙火（不含排炮、連珠炮）火藥量為200公斤之場所，應設置爆竹煙火監督人
(D) 一般爆竹煙火之管制量為火藥量5公斤

( C ) 12. 甲地（直轄市）舉辦大型活動欲施放特殊煙火，施放煙火公司想至國外輸入並儲存於乙地（直轄市）合法儲存場所，請問依「爆竹煙火管理條例」第14條及第16條規定，下列敘述何者正確？①該公司需向甲地市政府取得施放許可，方得向內政部申請該批特殊煙火之輸入許可　②該批輸入之特殊煙火應運至合格儲存地點放置，並於通知乙地市政府清點數量後辦理封存　③該批特殊煙火應於運出儲存地點前，將相關資料報請乙地與臨時儲存場所及甲地之直轄市、縣（市）政府備查後，始得運出儲存地點
(A) ③　　　　　(B) ②③　　　　　(C) ①③　　　　　(D) ①②③

( B ) 13. 依據「直轄市縣市消防機關火場指揮及搶救作業要點」規定，有關「救火指揮官」之敘述，下列何者正確？①救火指揮官由消防局長擔任　②火災初期由轄區消防分隊長擔任　③劃定火場警戒區是救火指揮官任務之一　④人員裝備管制站係由救火指揮官於室內安全樓層或室外適當處所設立　⑤初期救火指揮官應攜火警地址登錄紙、甲、乙種搶救圖、搶救部署計畫圖、及其他相關搶救應變指南等資料出動
(A) ②④⑤　　　　(B) ②③④⑤　　　　(C) ②⑤　　　　(D) ①②③④⑤

( D ) 14. 主管機關派員檢查經許可之田野引火燃燒場所時，管理權人或現場有關人員違反「消防法」第14條第2項所定法規有關安全防護措施、禁止從事之區域、時間、方式或應遵行事項之規定者，處新臺幣多少元以下罰鍰？
(A) 3萬元　　　　(B) 1萬5千元　　　　(C) 6千元　　　　(D) 3千元

( A ) 15. 依「消防法」規定，未經主管機關許可擅自施放天燈者，處新臺幣多少元以下罰鍰？
(A) 3千元　　　　(B) 6千元　　　　(C) 1萬5千元　　　　(D) 3萬元

( C ) 16. 主管機關依「消防法」第14條之1第1項規定派員至經申請許可得使用以產生火焰、火花或火星等方式，進行表演性質活動之供公眾使用建築物時，管理權人

或現場有關人員拒絕檢查人員要求提供相關資料來檢查之請求者，處管理權人或行為人新臺幣多少元之罰鍰？

(A) 3萬元以上15萬元以下　　　　(B) 2萬元以上10萬元以下

(C) 1萬元以上5萬元以下　　　　(D) 3千元以上3萬元以下

( C ) 17. 高層建築物消防安全設備之定期檢修，其管理權人應委託中央主管機關審查合格之專業機構辦理。又依「消防安全設備檢修專業機構管理辦法」第4條第1款規定：「檢修機構應置有專任之消防設備師及消防設備士合計達A人以上，其中消防設備師至少B人」。違反「消防法」第7條第1項規定從事消防安全設備之設計、監造、裝置及檢修者，處新臺幣C萬元以上D萬元以下罰鍰，而A，B，C，D各值為何？

(A) A = 30，B = 10，C = 3，D = 15　　(B) A = 20，B = 5，C = 2，D = 10

(C) A = 10，B = 2，C = 1，D = 5　　(D) A = 10，B = 1，C = 0.6，D = 3

( B ) 18. 依「災害防救法」有關罰則規定，下述何者錯誤？

(A) 乘災害之際而故犯竊盜、恐嚇取財、搶奪、強盜之罪者，得依刑法之規定，加重其刑至二分之一

(B) 未經許可擅自使用緊急應變所需警報訊號之種類、內容、樣式及方法者，處新臺幣10萬元以上50萬元以下罰鍰

(C) 不從被各級政府為救災所需必要物資徵用、徵購或命其保管所為處分之倉儲業者，處新臺幣10萬元以上50萬元以下罰鍰

(D) 相關專門職業、技術人員不從被各級政府徵調協助救災者，處新臺幣10萬元以上50萬元以下罰鍰

( C ) 19. 執行「災害防救法」相關災害防救事項致重度身心障礙者，無法依其本職責身分有關規定請領各項給付時，應比照義勇消防人員傷病、死亡之請領數額給與一次身心障礙給付A個基數請領，前項基數之計算，以公務人員委任第B職等年功俸最高級月支俸額為準，而A、B各值為何？

(A) A = 8、B = 3　　(B) A = 18、B = 4　　(C) A = 36、B = 5　　(D) A = 90、B = 6

( A ) 20. 依「災害防救法」第40條有關公共事業違反情形，致發生重大損害規定，下述何者非處新臺幣3萬元以上15萬元以下罰鍰？

(A) 未置專職人員，執行災害預防各項工作

(B) 發現、獲知災害或有發生災害之虞時，未主動蒐集、傳達相關災情並迅速採取必要之處置

(C) 未依其災害防救業務計畫，實施有關災害應變事項

（D) 未依其災害防救業務計畫，實施有關災後復原重建事項

（B）21. 依「公共危險物品及可燃性高壓氣體設置標準暨安全管理辦法」第17條有關第一種販賣場所內設六類物品調配室者規定，下述何者錯誤？

(A) 樓地板面積應在6平方公尺以上，10平方公尺以下

(B) 出入口應設置0.5小時以上防火時效之防火門

(C) 有積存可燃性蒸氣或可燃性粉塵之虞者，應設置將蒸氣或粉塵有效排至屋簷以上或室外距地面4公尺以上高處之設備

(D) 應設於建築物之地面層

（D）22. 依「公共危險物品及可燃性高壓氣體設置標準暨安全管理辦法」第13條，有關六類物品製造場所，爲涉有擋牆或具有同等以上防護性能者，其外牆或相當於該外牆之設施外側，與廠區外鄰近場所之安全距離規定，下述何者錯誤？

(A) 與紀念館之距離，應在50公尺以上

(B) 與收容人員在20人以上K書中心之距離，應在30公尺以上

(C) 與可燃性高壓氣體儲槽之距離，應在20公尺以上

(D) 與電壓超過3萬5千伏特之高架電線之距離，應在3公尺以上

（D）23. 依「緊急醫療救護法」有關罰則規定，下述何者錯誤？

(A) 非救護技術員使用救護技術員名稱者，處新臺幣5千元以上2萬5千元以下罰鍰

(B) 救護車設置機關（構）未定期施行消毒及維持清潔者，處新臺幣5千元以上2萬5千元以下罰鍰

(C) 救護技術員及其他參與緊急醫療救護業務之機關（構）所屬人員，因業務而知悉或持有他人之秘密，無故洩漏者，處新臺幣1萬元以上5萬元以下罰鍰

(D) 急救責任醫院未指派專責醫師指導救護人員執行緊急救護工作者，處新臺幣5萬元以上25萬元以下罰鍰

（A）24. 依「緊急醫療救護法施行細則」規定，下述何者錯誤？

(A) 單一事故、災害發生之傷病患人數達17人以上，或預判可能達17人以上者，稱爲大量傷病患

(B) 直轄市、縣（市）衛生主管機關應每年至少辦理一次轄區內醫療機構緊急醫療業務督導考核

(C) 醫院收治一定傳染病或疑似一定傳染病之病人，經依傳染病防治法規定報告該管主管機關並經其證實後，應於24小時內將結果及應採行之必要措

施，通知運送救護車所屬之機關（構）

(D) 救護車設置機（關）構規定收取費用時，應掣給收費憑證

（Ａ）25. 依「爆竹煙火管理條例」規定，下述何者正確？

(A) 輸入之氯酸鉀或過氯酸鉀，應運至合格儲存地點放置，並於入庫2日前通知當地直轄市、縣（市）主管機關清點數量後始得入庫

(B) 未經許可擅自製造爆竹煙火，因而致人於死者，處1年以上7年以下有期徒刑，得併科新臺幣1百萬元以上1千萬元以下罰金

(C) 陳列未附加認可標示之一般爆竹煙火者，處新臺幣3千元以上1萬5千元以下罰鍰

(D) 專業爆竹煙火施放場所未投保公共意外責任保險，處負責人及實際負責執行業務之人新臺幣60萬元以上3百萬元以下罰鍰

# 第 **4** 章

# 火災學與消防化學

# 105年公務人員特種考試警察人員考試

考　試　別：警察人員考試

等　　　別：三等考試

類　科　別：消防警察人員

科　　　目：火災學與消防化學

考試時間：2小時

※注意：

1) 禁止使用電子計算器。

2) 不必抄題，作答時請將試題題號及答案依照順序寫在試卷上，於本試題上作答者，不予計分。

　　一、依「公共危險物品及可燃性高壓氣體設置標準暨安全管理辦法」，乙醚為何類別公共危險物品？請依其理化特性，說明其危險性。洩漏時之滅火措施為何？（25分）

**解：**

**一) 乙醚為何類別公共危險物品**

　　乙醚為第4類公共危險物品

**二) 乙醚理化特性之危險性**

　　乙醚為液體形狀，顏色為透明無色，氣味屬於特殊甜刺激味，pH值：中性，沸點：35℃，閃火點：−45℃，自燃溫度：170℃，爆炸界限：1.7～36%，蒸氣壓：422mmHg（20℃），蒸氣密度：2.55，密度：0.7135（水＝1），溶解度：6.05g/100g（25℃）。

　　液體和蒸氣高度易燃。攪動或流動時可能積聚靜電。蒸氣比空氣重，會傳播至遠處，火源可能造成回火。液體會浮於水面上，火災時可能隨水蔓延開。缺乏抑制劑下可能形成具爆炸性的過氧化物。

**三) 洩漏時之滅火措施：**

　　適用滅火劑：化學乾粉、酒精泡沫、二氧化碳。

　　滅火時可能遭遇之特殊危害：

　　1. 蒸氣會與空氣形成爆炸性混合物，並會沿地面傳播，若遇引燃源會回火。

　　2. 液體會浮於水面上，將火勢蔓延開。

　　3. 火場中密閉容器可能破裂。

特殊滅火程序：

1. 如外洩物未被引燃，噴水霧驅散其蒸氣並保護止洩人員及沖洗外洩物遠離暴露。

2. 安全情況下將容器搬離火場。

消防人員之特殊防護裝備：消防人員配戴空氣呼吸器及防護手套、消防衣。

二、某醫院某日晚間不慎發生火災，經消防人員搶救，幸無人傷亡，事後現場調查係屬電氣火災，再深入了解係因「焦耳熱異常」所造成，試說明「焦耳熱異常」發生原因及防範方法。（25分）

解：

一) 「焦耳熱異常」發生原因如下：

依NFPA 921指出，電氣造成火災原因主要是從2種熱量形成的：即電阻發熱（Resistive Heating Faults）和電弧發熱（Arcing）。如果發生點燃形成火災之前，能透過中斷電流技術如斷路器等，就能予以防止電氣起火現象。

### NFPA指出2種熱量是造成電氣火災大部分原因表

| 電氣錯誤故障類型 | 起火原因 | NFPA 921章節 |
|---|---|---|
| 電阻發熱（Resistive Heating） | 短路 | 8.11.9 |
| | 電路過載 | 8.9.3 |
| | 電氣設備過載 | 8.10.5 |
| | 連接不良 | 8.9.2.3 |
| | 高電阻錯誤 | 8.9.6 |
| | 中性線未接 | 8.5 |
| 電弧發熱（Arcing） | 高壓電弧 | 8.9.4.2 |
| | 靜電（粉塵或可燃氣起火） | 8.9.4.3 |
| | 分離電弧（串聯） | 8.9.4.4 |
| | 積汙導電（並聯） | 8.9.4.5 |
| | 電弧跨越碳化路徑 | 8.10.3 |
| | 火花（平行，高電流） | 8.9.5及8.10.2 |

（引用資料：盧守謙、陳永隆，《火災學》，第2版，2016，吳鳳科技大學消防系用書）

二) 電氣火災防範方法如下：

A. 合格施作人員

所有電氣設備施作必須由有資格人員，按照現行的電氣規範，以避免電路過載
（Circuit Overloading）或其他不安全情況。理論上，在電路的閉合迴路內，為了
滿足電荷守恆定律，從源點傳送出去的所有電荷都必須回到源點。

B. 適當保險絲和斷路器裝置

當電路有較多迴路具更多的電流，電線會過熱並導致火災，所以應使用保險絲和
相應安培額定值之斷路器，以防止電路過載。在電氣導體和設備方面，應適當地
使用和保護，透過適當尺寸和性能良好保險絲（Operating Fuses）或斷路器（Cir-
cuit Breakers）等，通常不存在火災危險情況。然而，如果輕易將可燃物質緊鄰電
氣設備時，當其不正確安裝、破損或使用，電氣導線和設備能提供極高溫之起火
源。

C. 定期檢查

應定期檢查室內所有電（纜）線之情況。因此，電氣設備應接受定期的預防性維
護檢修，以確保能發現潛在風險問題，而在引起電弧或短路造成火災之前，能得
到改善而消弭於無形。

D. 合格電氣設施

有關NFPA電氣設備規定要求，其目的在於防止因電弧放電和過熱而引起火災，並
防止因意外接觸而造成電擊。為降低危險程度的方法，必須使用合格電氣設施與
定期檢修，以防止電氣絕緣失敗問題

E. 使用空間

使用空間上空氣充分流通，以防止出現不安全高溫和電氣絕緣失敗問題。

F. 使用習慣

在電氣使用上，養成正確使用習慣並做檢查。

a) 電線

延長線不應被用來替代固定線路，因其增加了電路過載和裸露的電導體的風
險。一旦，絕緣導線外皮破裂裸露情況，假使可燃物觸及電流或電弧，即會導
致著火情況。此外，電線不可重壓或踩踏、延長線不能綑綁、電線或電氣設備
遠離熱源、不可同時過載使用。

b) 插頭

正確拔插頭方式、插頭呈現黑色有可能是過載電流所致、插頭呈現銅綠色氧化
有可能遭空氣濕度高、插頭灰塵易吸收空氣中濕度有時會呈現茶褐色，而導致

積汙導電現象。

c) 電器製品

不使用應將插頭拔掉，周遭不應堆積可燃物體。

d) 發熱體

白熾燈、電暖器、電鍋、電燙斗、電爐等發熱電器用品，使用時應正確並特別留意，及遠離輕質可燃物如紙張或塑膠品等。

（引用資料：盧守謙、陳永隆，《火災學》，第2版，2016，吳鳳科技大學消防系用書）

三、某公寓凌晨發生火警，由1樓騎樓機車起火，除燒燬多輛機車外，火勢從樓梯間形成「煙囪效應」向上延燒，樓上住戶逃生困難，造成多人死亡。請說明「煙囪效應」產生原因及對火災煙氣流動的影響。（25分）

解：

一)「煙囪效應」產生原因

當建築物內部溫度較高時，於樓梯或管道間等垂直通道內，空氣因密度較建築物外界空氣低而具有浮力，使其向上浮升，經由開口流出。而外界空氣由下方開口進行補充空氣上升後空間，如此循環現象即為正煙囪效應（Normal Stack Effect）。在建築物設有空調系統，溫度如較外界低，則建築物垂直通道中存在向下流動之氣流，此現象稱之為逆煙囪效應（Reverse Stack Effect），這因素取決於建築物內部空氣與室外空氣的溫度差異高低。

二)「煙囪效應」對火災煙氣流動的影響

如果火災發生在中性面以下的區域，則火場的煙氣與中性面以下建築物內的空氣將大部分竄入各豎井中，由於煙氣溫度高，強化了浮力作用，當煙氣超過中性面後，將竄出豎井，進入各走廊與室內。如果火災發生在中性面以上的樓層，則煙氣將由建築物內的空氣氣流攜帶從火場之建築物外表的開口流出，若樓層之間的煙氣蔓延可以忽略，則除著火樓層以外的其他樓層均保持相對無煙，直到火場的煙生成量超過煙囪效應流動所能排放的煙量。

（引用資料：盧守謙、陳永隆，《火災學》，第2版，2016，吳鳳科技大學消防系用書）

四、「公共危險物品及可燃性高壓氣體設置標準暨安全管理辦法」中之第三類公共危險物品：發火性液體、發火性固體及禁水性物質。依物質在空氣中發火性、與水接觸之發火性或產生可燃性氣體進行判定，試寫出下列物質遇水之化學反應方程式（需平衡係數）：（每小題5分，共25分）

一) 磷化鈣（$Ca_3P_2$）

二) 氫化鈉（$NaH$）

三) 碳化鋁（$Al_4C_3$）

四) 碳化鎂（$MgC_2$）

五) 三氯矽甲烷（Trichlorosilane）

解：

上述物質遇水化學反應之平衡方程式分別如下：

$Ca_3P_2 + H_2O \rightarrow Ca(OH)_2 + PH_3$

$NaH + H_2O \rightarrow NaOH + H_2$

$Al_4C_3 + H_2O \rightarrow CH_4 + Al(OH)_3$

$MgC_2 + H_2O \rightarrow Mg(OH)_2 + C_2H_2$

$SiHCl_3 + 2H_2O \rightarrow SiO_2 + 3HCl + H_2$

# 104年公務人員特種考試警察人員考試

考 試 別：警察人員考試

等　　別：三等考試

類 科 別：消防警察人員

科　　目：火災學與消防化學

考試時間：2小時

※注意：

1) 禁止使用電子計算器。

2) 不必抄題，作答時請將試題題號及答案依照順序寫在試卷上，於本試題上作答者，不予計分。

　　一、請說明丙烯的分子結構、外觀狀態、蒸氣密度、閃火點及爆炸範圍等特性，當其洩漏時之滅火措施為何？（**25分**）

解：

一) **丙烯分子結構、外觀狀態、蒸氣密度、閃火點及爆炸範圍**

　　丙烯分子結構$C_3H_6$，是無色可燃氣體，丙烯為僅次於乙烯較為簡單的烯烴結構。在大量運輸時，使用加壓液化。

## 丙烯物理及化學性質表

| |
|---|
| 外觀狀態：壓縮氣體 |
| 可燃性：易燃氣體 |
| 氣味：微弱氣味，23ppm（偵測）、68ppm（覺察） |
| 沸點：$-47°C$，熔點：$-185.25°C$ |
| 蒸氣密度：1.5（$21°C$，1atm）（空氣＝1） |
| 溶解度：與水可溶 |
| 閃火點：於常溫會被點燃，爆炸範圍：2～11% |

## 二) 丙烯洩漏時之滅火措施

### 丙烯之洩漏滅火措施表

| 適用滅火劑：二氧化碳、化學乾粉、噴水、水霧、泡沫。 |
| --- |
| 滅火時可能遭遇之特殊危害：<br>A. 安全情況下將容器搬離火場。<br>B. 滅火前先關掉來源，如果不能阻止溢漏且周圍無任何危險，讓火燒完，若沒有阻止溢漏而先行滅火。氣體會形成爆炸性混合物而再引燃。<br>C. 隔離未著火物質且保護人員。<br>D. 以水霧冷卻暴露火場的貯槽或容器。<br>E. 自安全距離或受保護以防爆炸的地點滅火。<br>F. 大區域之大型火災，使用無人操作之水霧控制或自動搖擺消防水瞄，否則，盡可能撤離該地區。<br>G. 遠離貯槽。<br>H. 貯槽安全排氣閥已響起或因著火而變色時立即撤離。<br>I. 消防人員之特殊防護裝備：消防人員必須配戴全身式化學防護衣、空氣呼吸器（必要時外加抗閃火鋁質被覆外套）。 |

（引用資料：盧守謙、陳永隆，《火災學》，第2版，2016，吳鳳科技大學消防系用書）

二、請說明積汙導電與金原現象，並比較其異同？（25分）

解：

## 一) 積汙導電現象

　　導線體成為受汙染的鹽分、導電性粉塵（Conductive Dusts）、毛髮、木屑粉、灰塵或液體情況下，電弧能在非導電物質的表面發生。電弧被認為是一種微小的漏電流，透過如此汙染物引起基體物質之降解作用，導致電弧放電、炭化或點燃鄰近電弧之可燃物質。積汙導電（Arc Tracking）是在一種已知高電壓現象。此已在120/240-V交流電系統所產生電弧現象之研究報導證實，並引起火災事件之原因。

## 二) 金原現象

　　橡膠、木材等有機物絕緣體，因受電氣火花而碳化，碳化部分會逐漸形成微量石墨結晶，就會具有導電性，稱金原現象，又稱石墨化現象。亦即正負極板間若有機物夾於其間，則會因電氣火花使該部分局部石墨化，形成石墨導電的結果深入內部產生焦耳熱形成高溫，使該有機物繼續石墨化，終致大範圍發熱現象，致引起火災。

三) 二者現象異同

| | 積汙導電 | 金原現象 |
|---|---|---|
| 相異點 | a) 異極導體間水或汙染物而通電。<br>b) 限於表面發生。<br>c) 附著物如水或粉塵，主要是濕度。 | a) 異極導體間絕緣體形成導電化通路。<br>b) 絕緣體變質劣化後電流形成內部通路。<br>c) 木材體等，不一定是濕度。 |
| 相同點 | a) 有機物絕緣體石墨化。<br>b) 形成碳化導電路。<br>c) 電化學變化。<br>d) 電弧跨越碳化路徑現象。 | |

（引用資料：盧守謙、陳永隆，《火災學》，第2版，2016，吳鳳科技大學消防系用書）

三、請寫出BC、KBC與ABC等三種乾粉滅火藥劑受熱之化學反應式？（25分）

**解：**

BC、KBC與ABC等三種乾粉滅火藥劑化學反應式分述如下：

一) 第一種乾粉：碳酸氫鈉（$NaHCO_3$）

適用於B、C類火災，為白色粉末，碳酸氫鈉即小蘇打粉，為增加其流動性與防濕性，會加入一些添加劑。碳酸氫鈉易受熱分解為碳酸鈉、二氧化碳和水。化學反應式如下：

$$2NaHCO_3 \rightarrow Na_2CO_3 + H_2O + CO_2$$

二) 第二種乾粉：碳酸氫鉀（$KHCO_3$）

適用B、C類火災，效果會比第一種乾粉佳，粉末偏紫色，受熱分解為碳酸鉀、二氧化碳與水。本身吸濕性較第一種乾粉為高，儲藏時應注意防濕。化學反應式如下：

$$2KHCO_3 \rightarrow K_2CO_3 + H_2O + CO_2$$

三) 第三種乾粉：磷酸二氫銨（$NH_4H_2PO_4$）

適用A、B、C類火災，為淺粉紅粉末，又稱多效能乾粉。磷酸二氫銨受熱後初步形成磷酸與$NH_3$，之後形成焦磷酸與水，再繼續變成偏磷酸，最後變成五氧化二磷。此種乾粉能與燃燒面產生玻璃狀之薄膜，覆蓋於表面上形成隔絕效果，所以也能適用於A類火災，但乾粉之冷卻能力不及泡沫或二氧化碳等，於火勢暫熄後，應注意火勢復燃之可能。化學反應式如下：

$$NH_4H_2PO_4 \rightarrow NH_3 + H_3PO_4$$

$$2H_3PO_4 \rightarrow H_4P_2O_7 + H_2O$$

$$H_4P_2O_7 \rightarrow 2HPO_3 + H_2O$$

$$2HPO_3 \rightarrow P_2O_5 + H_2O$$

（引用資料：盧守謙、陳永隆，《火災學》，第2版，2016，吳鳳科技大學消防系用書）

四、請說明熱的自然對流與強制對流？以及火災發生時影響煙霧自然對流之因素？
（25分）

解：

## 一) 自然對流

自然對流（Natural or Free Convection）：透過溫差所造成的密度差而產生能量傳遞者，如我們穿衣服，減低體溫（37℃）與外界冷空氣進行自然對流。在建築物空氣流方面，如煙囪效應、自然風力、熱膨脹及熱浮力現象。

## 二) 強制對流

強制對流（Forced Convection）：透過外力如電風扇或幫浦去帶動流體者，如吹風機使用。在建築物空氣流方面，如空調系統、電梯活塞效應現象。

## 三) 火災發生時影響煙霧自然對流之因素

甲) 煙囪效應

當建築物內部溫度較高時，於樓梯或管道間等垂直通道內，空氣因密度較建築物外界空氣低而具有浮力，使其向上浮升，經由開口流出。而外界空氣由下方開口進行補充空氣上升後空間，如此循環現象即為正煙囪效應（Normal Stack Effect）。在建築物設有空調系統，溫度如較外界低，則建築物垂直通道中存在向下流動之氣流，此現象稱之為逆煙囪效應（Reverse Stack Effect），這因素取決於建築物內部空氣與室外空氣的溫度差異高低。基本上，依據國內學者黃伯全氏指出，在一幢受正煙囪效應影響的建築物，如果火災發生在中性面以下的區域，則火場的煙氣與中性面以下建築物內的空氣將大部分竄入各豎井中，由於煙氣溫度高，強化了浮力作用，當煙氣超過中性面後，將竄出豎井，進入各走廊與室內。如果火災發生在中性面以上的樓層，則煙氣將由建築物內的空氣氣流攜帶從火場之建築物外表的開口流出，若樓層之間的煙氣蔓延可以忽略，則除著火樓層以外的其它樓層均保持相對無煙，直到火場的煙生成量超過煙囪效應流動所能排放的煙量。逆煙囪效應引起建築物內部空氣流動的情況，對冷卻後煙氣蔓延的影響與正煙囪效應相反，但在煙氣未完全冷卻時，其浮力還會很大，有可能在逆煙囪效應下，煙氣仍可在豎井中往上流動。

乙)風力影響（Effect of the wind）

火災排煙設計應考慮建築物外在環境影響，尤其是沿海地帶或緊鄰山緣地區。原則上，於所有建築物內部空氣能允許或大或小之程度存在，於許多情況下，風力能對建築物內火災煙氣體流動方式，產生非常大效果。

基本上，風壓力是正比於風速的平方；這意味著，如風速從1～10m/s時，對風側的壓力正常會從0.4～40$P_a$，或從0.6～60$P_a$（典型值）作大幅增加著。

垂直表面（壁面）通常在風側產生正壓力（成直角的風），而負壓則位於背風側（Leeward Side）（對面／平行側）。在背風側負壓大約是在風側壓力之一半；而曝露在屋頂表面上風的壓力是取決於屋頂的角度。超過45在風側上將形成正壓力，並且在背風側形成一種負壓力狀態。

無論建築物正壓力和負壓力最大位置，皆位於其屋頂基座上（Bases of the Roof），並向上朝著屋脊（Ridge）依次作遞減。在屋頂介於30～45°，也能在最接近屋脊迎風側處產生負壓力。在屋頂小於30°，則其整個屋頂是曝露在一種負壓力狀態，而負壓最高處是位於迎風側（Wind Side）；如風吹平行於屋脊部（Ridge）或人字形屋頂（Gable roofs）能沿著整個表面曝露於一種負壓力，且無視乎屋頂的角度。對屋頂角度所產生壓力狀態差異，能在某些情況下比僅使用熱浮力原理，使通風排煙產生更良好的效果。

丙)熱膨脹（Thermal expansion）

由於燃燒所產生高溫使氣體膨脹，當建築物火災釋放能量時，會因空氣體積膨脹而造成煙流移動，此與熱浮力效應是火災室區附近支配煙氣流動的主要驅動力。在區畫內火勢，生成煙會由火場流出，周圍空氣會流入火場，其空氣流量遠大於燃燒物質量，在忽略燃燒物質量的條件下，流入火場內空氣的體積與流出火場外煙的體積流量，是可表示如下：

$$\frac{Q_{out}}{Q_{in}} = \frac{T_{out}}{T_{in}}$$

式中：

$Q_{out}$為流出火場外煙之體積流率（$m^3$/s）。

$Q_{in}$為流入火場內煙之體積流率（$m^3$/s）。

$T_{out}$為流出火場外煙之絕對溫度（K）。

$T_{in}$為流入火場內煙之絕對溫度（K）。

丁)熱浮力（Thermal buoyancy force）

因火焰上方高溫氣體與周圍冷空氣之間密度不同，煙密度高低差，相對產生煙流浮力。亦即當建築物內部燃料正在燃燒會產生熱氣，這些熱氣體比未受影響周遭

空氣，具有較低的密度，並向上升形成氣體流，此稱之為熱浮力（Thermal Buoyancy Force）。此種由火災室產生的高溫煙氣與周遭環境的常溫空氣，二者密度差所導致不同流體間的壓力差，因而造成一股上升氣流的現象。當火災高溫生成煙流密度比外界空氣密度低，自然產生一明顯上升氣流，隨著火場溫度愈高，此浮力效應將更形顯著。

在理想的情況下，室內會呈現熱空氣的上部層和下部層之冷空氣區域；如整個建築物垂直空間，內部熱氣體會往建築物頂部快速向上流動，如樓梯空間即是。高溫的煙因比周遭溫度高，密度比較低，會產生浮力。在火場與周圍環境的壓力差，熱浮力可以表示如下：

$$\Delta P = 3460\left(\frac{1}{T_0} - \frac{1}{T_g}\right)h$$

其中$\Delta P$為壓力差（Pa），$T_0$為室外空氣溫度（K），$T_g$為室內火場溫度（K），h為天花板面熱煙層至中性層之高度距離（m）。當煙從火場流出後，會被周圍環境冷卻而降低溫度，因此煙受浮力的影響會隨距離火場愈遠而愈小，同時亦隨火災成長而改變。只要火災煙氣體比環境空氣具有更高的溫度，較低的密度會向上浮升，這些浮力（Buoyancy Force）會與熱膨脹（Thermal Expansion）作用相結合，導致火煙氣體從高位置之開口（如通氣孔等）被擠壓出至室外。這通常能清楚地看到，在火災室開口部之新鮮空氣從開口部下方流入，而高熱氣體透過開口部上方流出。

（資料來源：盧守謙、陳永隆，《火災學》，第2版，吳鳳科技大學消防系，2016）

# 103年公務人員特種考試警察人員考試

考　試　別：警察人員考試

等　　　別：三等考試

類　科　別：消防警察人員

科　　　目：火災學與消防化學

考試時間：2小時

※注意：

1) 禁止使用電子計算器。

2) 不必抄題，作答時請將試題題號及答案依照順序寫在試卷上，於本試題上作答者，不予計分。

　　一、乙醚（$C_2H_5OC_2H_5$）及二硫化碳（$CS_2$）皆為第四類公共危險物品之易燃液體，試計算1莫耳（mol）之該等液體於標準條件下（0℃，1大氣壓）燃燒需多少公升之理論空氣量？並請就其密度、自燃溫度、閃火點、爆炸範圍及蒸氣密度等理化性質，討論此兩特殊易燃物於防災與救災時滅火劑選擇與特殊滅火程序。（25分）

**解：**

一) 1莫耳（0℃，1大氣壓）燃燒需多少公升之理論空氣量計算如下：

$$2C_2H_5OC_2H_5 + 12O_2 \rightarrow 8CO_2 + 10H_2O$$

$$6 \times \frac{100}{21} \times 22.4 = 640公升之理論空氣量$$

$$CS_2(s) + 3O_2(g) \rightarrow CO_2(g) + 2SO_2(g)$$

$$3 \times \frac{100}{21} \times 22.4 = 320公升之理論空氣量$$

二) 乙醚（$C_2H_5OC_2H_5$）及二硫化碳（$CS_2$）滅火劑選擇與特殊滅火程序分述如下：

　　1. 乙醚物理特質及化學性質

　　　　液體形狀

　　　　顏色：透明無色，氣味：特殊甜刺激味

　　　　pH值：中性，沸點：35℃

　　　　閃火點：−45℃

　　　　自燃溫度：170℃，爆炸範圍：1.7～36%

蒸氣壓：422mmHg（20℃），蒸氣密度：2.55

密度：0.7135（水＝1），溶解度：6.05g/100g（25℃）

物理性及化學性危險性：液體和蒸氣高度易燃。攪動或流動時可能積聚靜電。蒸氣比空氣重，會傳播至遠處，火源可能造成回火。液體會浮於水面上，火災時可能隨水蔓延開來。缺乏抑制劑下可能形成具爆炸性的過氧化物。

乙醚洩漏時之滅火措施：

適用之滅火劑：化學乾粉、酒精泡沫、二氧化碳。

滅火時可能遭遇之特殊危害：

A. 蒸氣會與空氣形成爆炸性混合物，並會沿地面傳播，若遇引燃源會回火。

B. 液體會浮於水面上，導致火勢蔓延開來。火場中密閉容器可能破裂。

特殊滅火程序：

A. 如外洩物未被引燃，噴水霧驅散其蒸氣並保護止洩人員及沖洗外洩物遠離暴露。

B. 安全情況下將容器搬離火場。

消防人員之特殊防護裝備：消防人員配戴空氣呼吸器及防護手套、消防衣。

2. 二硫化碳物理特質及化學性質

澄清無色液體

顏色：澄清無色，暴露於光線下會轉變成黃色

氣味：純的有淡甜味，不純時會有強烈不適氣味

沸點：46.3℃

閃火點：－30℃

爆炸範圍：1.3～50%

蒸氣壓：360mmHg（25℃）

蒸氣密度：2.63

密度：1.263（水＝1）

溶解度：2g/L（水）

特殊狀況下可能之危害反應：

A. 活性金屬（如鋁、鉀、鋅等）：可能起劇烈反應。

B. 金屬氧化物（如鐵鏽）：可能形成爆炸性鹽。

C. 金屬偶氮物（如$LiN_3$）：反應形成金屬（azidodithio format）可能起爆炸。

D. 胺、鹼、亞胺：可能起劇烈反應。

E. 鹵素（如氯）：可能起劇烈反應。

F. 氮氧化物：可能起劇烈反應。

G. 過錳酸物和硫酸：可能起劇烈反應。

二硫化碳適用滅火劑：二氧化碳、化學乾粉、惰性氣體、水霧

滅火時可能遭遇之特殊危害：

A. 其蒸氣此空氣重，避免停留於低窪地區。

B. 蒸氣傳播可能造成回火。

C. 容器會劇烈爆裂。

特殊滅火程序：

A. 利用水霧、化學乾粉、二氧化碳滅火劑滅火。

B. 安全許可下，將容器移離火場。

C. 不要用高壓水柱趨散洩漏物。

D. 利用水霧冷卻容器。

E. 遠離貯槽兩端。

F. 貯槽安全排氣閥已響起或因著火而變色時立即徹離。

消防人員之特殊防護裝備：配戴全身式化學防護衣及空氣呼吸器（必要時需外加抗閃火鋁質被覆外套）。


二、氧化性固體種類眾多，列舉於「公共危險物品及可燃性高壓氣體設置標準暨安全管理辦法」，屬第一類公共危險物品之氧化性固體，其自身雖無可燃性，但卻具有氧化性，故富於反應，常因加熱、衝擊或磨擦而起分解，可能釋出氧氣而致災，請寫出下列氧化性固體受熱分解之化學反應方程式（需平衡係數）。（每小題5分，共25分）

一)氯酸銨（$NH_4ClO_3$）

二)亞硝酸銨（$NH_4NO_2$）

三)重鉻酸銨（$(NH_4)_2Cr_2O_7$）

四)硝酸銀（$AgNO_3$）

五)硝酸鉛（$Pb(NO_3)_2$）

解：

氧化性固體受熱分解之化學反應方程式，依序如下列各式：

一)$2NH_4ClO_3 \rightarrow O_2 + 2NH_4ClO_2$

二)$NH_4NO_2 \rightarrow N_2 + 2H_2O$

三)$(NH_4)_2Cr_2O_7 \rightarrow N_2 + 4H_2O + Cr_2O_3$

四)$2AgNO_3 \rightarrow 2Ag + 2NO_2 + O_2$

五)$2Pb(NO_3)_2 \rightarrow 2PbO + 4NO_2 + O_2$

三、物質於常溫常壓下有固態、液態及氣態等物理三態的差異，請說明影響可燃性固體、液體及氣體燃燒難易或燃燒效果之因素。（25分）

**解**：

影響可燃性固體、液體及氣體燃燒難易或燃燒效果之因素，分述如下：

A. 影響可燃性固體

    a. 火載量及火災猛烈度：可燃物數量愈多，火災持續時間越久燃燒愈猛烈，燃燒速度愈快。燃燒熱值及熱釋放率關係到火災之猛烈度。

    b. 形狀尺寸：物質比表面積愈大，其所需最小起火能量愈低。

    c. 排列方位：豎立狀態比水平狀狀態容易燃燒。

    d. 含水量：含水量愈高及吸熱量愈大。

    e. 排列高低與密度：燃料排列愈高，上方燃料較易接受下方火焰，產生預燃效應。排列密度主與與空氣中氧氣接觸程度。

B. 影響可燃性液體

    a. 閃火點：閃火點愈低，愈易引燃。

    b. 燃燒範圍：燃燒範圍越寬，危險性較大。

    c. 液體表面積：表面積愈能接觸空氣中氧氣。

    d. 溫度及壓力：二者任一增加皆會使燃燒下限降低。

C. 影響可燃性氣體

    a. 燃燒下限：下限愈低愈危險。

    b. 燃燒範圍：燃燒範圍愈寬，危險性較大。

    c. 溫度及壓力：二者任一增加皆會使燃燒下限降低。

此外，仍是火三要素

A. 燃料方面，燃料本身理化性。

B. 氧氣方面，通風程度或密閉。

C. 熱能方面，最小起火能量、起火源大小、容器或壁面（邊界層）等熱傳屬性等。

（引用自盧守謙、陳永隆，《火災學》，第2版，2016，吳鳳科技大學消防系用書）

四、請說明爆炸之意義？爆炸時依火焰傳播速度，可區分成爆燃（Deflagration）及爆轟（Detonation），兩者有何差異？爆炸性物質對撞擊之敏感度甚高，影響其敏感度之

因素有哪些？（25分）

解：

一) **爆炸之意義**

　　爆炸是一種氣體動力學現象，即在理想的理論情況下，將自身表現為一個擴大的球形熱量和壓力波前鋒（Pressure Wave Front）發展。由爆炸產生熱量和壓力波造成結構設施損壞。

　　爆炸是某種物質系統在發生迅速的物理變化或化學反應時，系統本身的能量藉助於氣體的急劇膨脹，而轉化為對周圍介質作機械功。基本上，爆炸定義主要是指在爆炸發生當時產生　快速爆轟波，也就是有一定體積氣體在短時間內以恆定速率向外輻射性高速脹大（壓力變化），不一定有熱量或光的產生，如TATP（三過氧化三丙酮）炸藥，其爆炸只有壓力變化和氣體生成，而不會有熱量或光的產生。爆炸作功是系統內部的高壓、高溫氣體的突然膨脹對爆炸源周圍介質作功，因此，爆炸是一個系統中物理和化學的能量急劇轉化的一種過程，在此一過程中系統的內在勢能急劇轉化為動能、機械功以及光和熱的輻射。

二) **爆燃（Deflagration）及爆轟（Detonation）差異性如下：**

　　根據爆炸所釋放能量速率的壓力大小和擴展速度的快慢，得把爆炸分為低階爆燃（Deflagration）和高階爆轟（Detention）現象。以快速燃燒發生所產生擴展速度，頂多在3m/s以下，形成壓力不超過0.3psi；低階爆燃發生所產生擴展速度約在500m/s以下，形成壓力在1500psi以下；而爆轟發生所產生擴展速度則約在500m/s以上，形成壓力在1500psi以上（如下圖所示）。

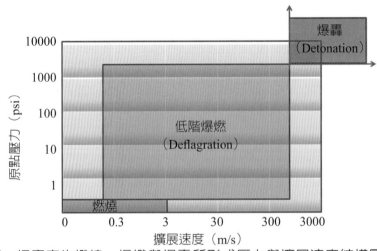

圖　爆轟產生燃燒、爆燃與爆轟所形成壓力與擴展速度結構圖

　　但低階爆燃（Deflagration）是一種反應，該反應以亞音速度（Subsonic Velocity）的速度通過反應物，向未反應物行進一種表面現象（Surface Phenomenon）。如在局限空間環境下反應，會增加壓力、反應速率和溫度，並可能過渡轉變成一種爆轟（Detonation）現象。

圖　低階爆燃在管道間反應會增加壓力和溫度並轉變為爆轟現象

　　基本上，爆轟是一種放熱反應，產生極高溫度，但在非常有限之持續時間；因建立及維持反應引起振波存在特徵。反應區間物質進行反應，是在爆轟壓力前鋒區，其速度大於音速，形成一種大於音速之衝擊波型態。加熱機制原理是因衝擊波形成震波壓縮，使溫度上升至數千度（壓力與溫度成正相關）。震波機制是延燒來源，而這些反應在開放空間中產生震波。

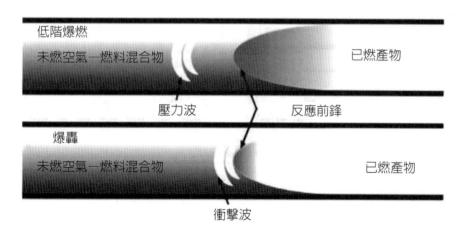

圖　低階爆燃與爆轟之反應前鋒與波速差異

　　而低階爆燃也是一種放熱反應，產生較低溫度，與爆轟比較，有相對較長之持續時間。如易燃性粉塵或空氣中蒸氣非常快速氧化，未燃燒物質是低於音速之壓力前鋒進行，是一種與音速一樣之壓力波型態。質量傳送機制是延燒的來源。

　　爆轟之反應前鋒是藉由一強大波並壓縮前鋒區之未反應物，使其快速上升至其自動起火溫度以上之狀態，這種壓縮發生非常快速，導致一突然壓力改變或衝擊在反應前鋒區，因而使反應前鋒，與形成衝擊波快速展開至未反應可燃混合物，以一種超音速型態前進著。

　　低階爆燃是從反應之能量轉變到前端未反應可燃混合物，藉由熱傳導與分子擴散作用；這些過程是相對較慢，造成反應前鋒以低於音速進行展開。因此，爆轟與低階爆燃之所形成爆轟壓力如下圖所示。

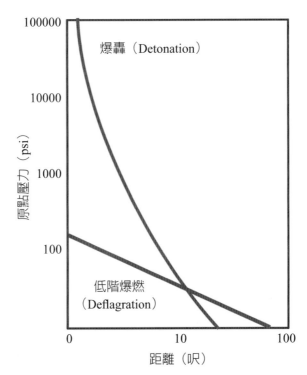

**圖　以100磅量爆炸形成爆轟與爆燃產生壓力，為起爆處距離之函數**

（上述皆引用：盧守謙、陳永隆，《火災學》，第2版，吳鳳科大消防系用書，2016）

　　低階爆燃（Deflagration）和爆轟（Detention）之主要差異性可整理如下表：

| 性質 | 低階爆燃 | 爆轟 |
| --- | --- | --- |
| 溫度 | 較低 | 相當高 |
| 時間 | 持續較長 | 持續較短 |
| 波速 | 500 m/s以下 | 500 m/s以上 |

| 性質 | 低階爆燃 | 爆轟 |
|------|---------|------|
| 波壓 | 同音速壓力波，1500 psi以下 | 超音速爆轟波，1500 psi以上 |
| 前鋒 | 反應前鋒落後於壓力前鋒 | 反應前鋒與壓力前鋒並行 |
| 延燒來源 | 熱傳導等質量傳送機制 | 震波機制 |
| 反應物前鋒 | 亞音速 | 超音速 |

（資料來源：盧守謙、陳永隆，《火災學》，第2版，吳鳳科大消防系用書，2016）

### 三) 影響其敏感度因素

1) 溫度

物質起爆溫度低，敏感度高。

2) 密度

物質密度高，敏感度低。

3) 結晶

物質結晶體不同，敏感度也不同。

4) 雜質

物質有雜質，敏感度提高。但鬆軟或液態雜質，則敏感度降低。

5) 化學結構與組成

硝基（$NO_2$）多，敏感度高。

# 102年公務人員特種考試警察人員考試

考　試　別：警察人員考試

等　　　別：三等考試

類　科　別：消防警察人員

科　　　目：火災學與消防化學

考試時間：2小時

※注意：

1) 禁止使用電子計算器。

2) 不必抄題，作答時請將試題題號及答案依照順序寫在試卷上，於本試題上作答者，不予計分。

　　一、消防法規定公共危險物品達管制量時，應在製造、儲存或處理場所以安全方法進行儲存或處理；試問公共危險物品有何危險性？對於避免混合危險發生，有何因應對策？試說明之。（25分）

解：

一) 公共危險物品之危險性為：

　　公共危險物品（Hazardous Material），依美國NFPA指出，乃具有燃燒、爆炸、有毒、腐蝕、快速氧化及其他有害性質，會造成人類死亡或傷害之物品。

二) 避免混合危險因應對策

　　A.第一類公共危險物品應避免與可燃物接觸或混合，或與具有促成其分解之物品接近，並避免過熱、衝擊、摩擦。無機過氧化物應避免與水接觸。下圖為簡易作用圖：

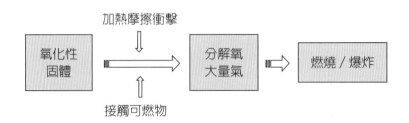

B. 第二類公共危險物品應避免與氧化劑接觸混合及火焰、火花、高溫物體接近及過熱。金屬粉應避免與水或酸類接觸。下圖為簡易作用圖：

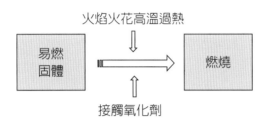

C. 第三類公共危險物品之禁水性物質不可與水接觸。下圖為簡易作用圖：

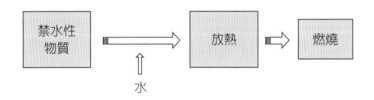

D. 第四類公共危險物品不可與火焰、火花或高溫物體接近，並應防止其發生蒸氣。下圖為簡易作用圖：

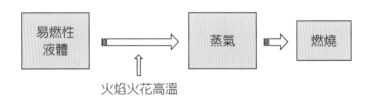

E. 第五類公共危險物品不可與火焰、火花或高溫物體接近，並避免過熱、衝擊、摩擦。下圖為簡易作用圖：

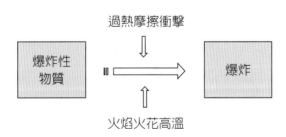

F. 第六類公共危險物品應避免與可燃物接觸或混合，或具有促成其分解之物品接近，並避免過熱。下圖為簡易作用圖：

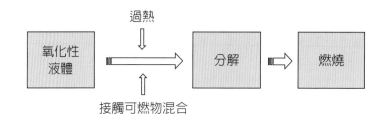

在6類公共危險物品之混合危險如下表所述。

公共危險物品之混合危險表

| 公共危險物品 | 第1類 | 第2類 | 第3類 | 第4類 | 第5類 | 第6類 |
|---|---|---|---|---|---|---|
| 第1類 | | × | × | × | × | × |
| 第2類 | × | | | ○ | ● | × |
| 第3類 | × | × | | ● | × | × |
| 第4類 | × | ○ | ● | | ● | ● |
| 第5類 | × | ● | × | ● | | × |
| 第6類 | × | × | × | ● | × | |

表中×表有混合危險者，●表有潛在危險者，○表無混合危險者。

二、某冷凍工廠發生爆炸，造成氨氣外洩，試回答下列問題：

一)請以化學反應式說明與氧氣進行燃燒時之反應及危險性。（10分）

二)現場若有氯氣存在時，易發生爆炸，試以化學反應式說明爆炸之起因及危險性。（10分）

三)洩漏時，應如何處理？試說明之。（5分）

解：

一) 化學反應式如下：

$$4NH_3 + 3O_2 \rightarrow 2N_2 + 6H_2O$$
$$4NH_3 + 5O_2 \rightarrow 4NO + 6H_2O$$

氧氣進行燃燒時之反應及危險性：

A. 氨氣與氧氣產生黃色火焰燃燒，分解氮與水分。

B. 液態氨在常溫常壓下易放出氨氣，加溫時釋出速度加快。氨氣雖然屬於不易燃之氣體，但能與氧氣發生催化氧化反應，有明火而連續供應氨氣時會燃燒。

C. 氨氣與空氣之混合物其燃燒上下限爲28～15%，有火源時易爆炸。無火源而在密

閉容器中被加熱時易破壞容器形成氣爆。

## 二) 氯氣存在易生爆炸以化學反應式說明爆炸起因及危險性

液態氨與鹵素，強酸接觸時起激烈反應，有爆炸、飛濺等潛在危險性。氨氣不能在空氣中燃燒，但能在純氧中燃燒，化學反應式如下：

$$8NH_3 + 3Cl_2 \rightarrow 6NH_4Cl + N_2$$

$$2NH_3 + 3Cl_2 \rightarrow 6HCl + N_2$$

$$HCl + NH_3 \rightarrow NH_4Cl（白煙）$$

$$NH_4Cl \rightarrow NCl_3 + HCl$$

氨氣和氯氣接觸，由於氯氣的氧化性與氨氣的還原性，發生氧化還原反應；氯氣和氨氣混合後會生成氯化銨，並放出熱量。當小劑量氯氣和氨氣混合後不會發生爆炸，當大劑量高濃度的氯氣和氨氣混合後，產生$NCl_3$會發生爆炸。

## 三) 洩漏處理方法

個人應注意事項：

1. 限制人員進入，直至外溢區完全清乾淨為止。

2. 確保僅由受過訓之人員負責清理工作。

3. 穿戴合適的個人防護裝備。

環境注意事項：

1. 撲滅及移走所有發火源。

2. 保持洩漏區通風良好。

3. 若有大量物質外洩至周遭環境，應報告有關之環保單位。

清理方法：

1. 將鋼瓶移至排風罩或通風良好之室外安全處所通風排氣，空桶需做記號。

2. 利用水霧或噴水來減少嚴重洩漏時的氣雲量。

3. 不要直接加水於外洩物或洩漏源。

4. 若可能，翻轉外洩容器使氣體逸出，而非液體流出，隔離洩漏區直至氣體完全消散。

滅火措施

小火：化學乾粉、二氧化碳。

大火：噴水、水霧、泡沫。

滅火時可能遭遇之特殊危害：

1. 火場中的壓力容器可能會破裂、爆炸並放出有毒及刺激性氣體。

2. 氨不易著火，但是在密閉空間，氨與空氣的混合物會爆炸。

三、試述火災的特性，並說明消防人員從事滅火搶救工作時應有的作為。（25分）

**解：**

1) 不定性：消防人員面臨火災不定性環境，必須時常不斷接受各類救災訓練，消防戰術亦需調整因應，以應付時常變化不定之火災現場。

2) 偶發性：消防人員必須全天候24小時待命備勤，消防救災採取整體作戰方式，人員休假制度需採取輪流方式，隨時在單位內保持一定消防力（人員、車輛裝備、水源），以備有相當救災能量可以迅速出勤，以應付災害發生之偶發性質。

3) 成長性：火災從一起火之後就有逐漸成長之趨勢，在燃料與氧氣供應下持續燃燒擴大之災害事件。假使在不受外力（消防滅火、風雨等）干擾情況下，燃燒面積與經過時間之平方成正比。因此，區畫空間火災處於成長期，火勢大小隨著時間成正相關發展。而消防人員車輛於每日早晨勢必發動引擎暖車，一旦火災發生消防人員能於白日60秒、夜間90秒內完成車輛駛離車庫動作，開始馳往火災現場。

（資料來源：盧守謙、陳永隆，《火災學》，第2版，吳鳳科大消防系用書，2016）

四、可燃性氣體若與空氣適度混合，很容易引火燃燒，試敘述影響引火之因素。（25分）

**解：**

影響引火因素

A) 蒸發速率（Evaporation Rate）

B) 燃燒速率（Burning Rates of Liquids）

C) 汽化潛熱（Latent Heat of Vaporization）

D) 燃燒／爆炸範圍

E) 燃燒熱值

F) 燃燒下限值

G) 最小起火能量

H) 導電性

I) 比熱

J) 沸點

K) 溫度和壓力（Variation in Hazard with Temperature and Pressure）

**補充**

1) 混合濃度（Fuel-Air Ratio）

通常區畫結構受損之程度，可以是起火時燃料／空氣混合物比例之一種指標。爆炸發生在混合物比例達到或接近「氣體／蒸氣」爆炸下限（LEL）或上限（UEL）情況，則相對於近乎最佳濃度而言，這產生較不劇烈爆炸比其。因低於最佳比例燃料／空氣混合物，會產生較低之火焰速度與最大壓力。在一般情況下，這些在區畫空間爆炸傾向於下沉（Heave）和推擠（Push），產生低層次之損害（Low-order Damage）。

火焰速度（Flame Speed）是自由傳播火焰相對於某固定點之局部速度，是燃燒速度和火焰前緣之平移速度（Translational Velocity）之合計。甲烷和丙烷最大層流（Laminar Flame）之火焰速度，分別為3.5 m/sec（11.5 ft/sec）和4 m/sec（13.1 ft/sec）。而燃燒速度（Burning Velocity）是相對於前緣未燃燒氣體速度的火焰傳播速率。基本燃燒速度是壓力規定條件下組成分（Composition）、溫度和未燃燒氣體，所產生層流火焰之燃燒速度而言。基本燃燒速度是可燃物之固有特性，並是一個固定值，而火焰速度（Flame Speed）可以變化很大，這取決於溫度、壓力、區畫空間體積／結構、可燃氣濃度和紊流等現有參數。

基本上，燃燒速度（Burning Velocity）是火焰反應前緣移動到未燃燒混合氣體之速度，其中未燃燒混合氣體，必須燃料／氧化劑化學轉化為燃燒產物，其僅是火焰速度的一小部分。轉化速度（Transitional Velocity）是由燃燒產物體積膨脹，所導致火焰前緣速度之總和，由於在未起火前氣體混合物的運動，已增加莫耳數和任何流體速度，也導致溫度之增加。火焰前緣的燃燒速度，可從基本燃燒速度（進一步參考NFPA68）來進行計算。而爆炸過程中壓力和紊流大幅增長，使基本燃燒速度增加，進一步加快壓力上升之速度，請參考NFPA68所列表各種物質數據。

爆炸混合物濃度接近下限（LEL）情況時，爆炸後不傾向於產生火災，因幾乎所有燃料用於爆轟性傳播過程中耗燼。爆炸混合物濃度接近上限（UEL）情況時，爆炸後傾向於產生火災，因豐富燃料混合物，由這些剩餘燃料的延遲燃燒，而產生爆炸後火災。通常，超過UEL混合物一部分燃料是不燃燒的，直到其爆炸過程正壓段（Venting Phase）或負壓段（Negative Pressure Phase）與空氣混合，由此始產生隨後之火災。

當最佳（即最猛烈）爆炸發生時，幾乎其混合物濃度，總是接近化學當量理想比例或稍高（即稍微富燃料），這是最佳的混合物。其能產生最有效的燃燒，因

此，能得出最高火焰速度、壓力上升速率、最大壓力，並因而造成大多數損害程度。如果區畫空間存有過於豐富混合物口袋區（Pockets），可能發生爆炸後火災（Post-explosion Fires）之情況。對於住宅建築常見的是比空氣輕氣體災害，當其在最佳濃度比例時，爆炸有時會導致木質結構物質一些粉碎性破壞效果。

又溫度對「氣體／蒸氣」爆炸下限（LEL）或上限（UEL），有實質影響關係；亦即在大氣壓力下溫度，對在含有易燃液體封閉容器中，其可燃性蒸氣／空氣均勻混合物之產生影響，如下圖所示。圖中顯示能產生爆炸最低點，僅低於在純液體情況閃火點之K氏溫度幾度而已。這種差異可以在不同揮發性液體混合物的情況下達1～30度之差。

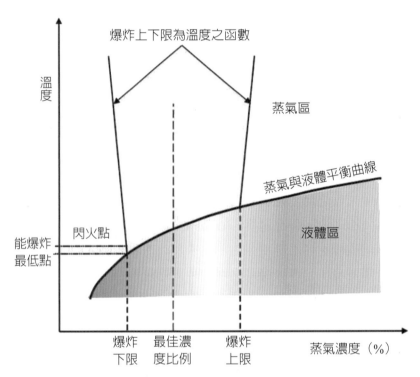

圖　溫度對燃料／空氣比例影響結構

2) 蒸氣密度（Vapor Density）

氣體／蒸氣燃料之蒸氣濃度，可對區畫結構內爆炸損壞程度，產生顯著性之影響，尤其是在住宅等一般建築物中。雖然從自然和強制對流空氣運動，是一結構中移動氣體的主導機制；當燃氣從容器或管道逸出時，其蒸氣密度能影響氣體／蒸氣之流動。

當燃氣如可燃液體和液化石油氣比空氣重之氣體／蒸氣（蒸汽密度大於1.0），產生洩漏時會流向較低漥之地區。比空氣輕氣體如天然氣，則會上升並流動到上部區域。如爆炸後在天花板擱柵間之口袋區域（Pocketed Areas），存有燃燒跡象，可表示一個比空氣輕燃料，而不是比空氣重氣體／蒸氣。輕於空氣氣體具有較高的遷移率和向上逸出，較不太可能產生危險情況；而比空氣重氣體易流入地下室、窄小爬行空間（Crawl Spaces）、井道和槽體（Tanks）。

假使天然氣洩漏在多層建築結構的第一層，也可能使爆炸震央在上層樓。因天然氣具有輕易上升的趨勢，通過自然孔洞甚至移入牆壁內空間。此種氣體將繼續在該建築結構擴散，直到起火爆炸為止。假使，液化石油氣洩漏在房子之第一層，假使其尚未點燃能繼續擴散並遠離洩漏點，由於其密度傾向於向下遷移。在洩漏一段時間之後，該氣體在低漥區域會得到更高濃度累積。

氣體起火發生僅當濃度是在燃燒界限範圍，並接觸到一定起火源（一個具有足夠的能量）。在現場發現燃料／空氣混合層，所形成火焰通過之痕跡，可表示有空氣輕或重之可燃氣體存在。燒焦（Scorching）、油漆起泡、爆坑痕（Tide-marks），是表示如此類型的現象之指標。暖氣和空調系統、溫度梯度以及風對建築物的影響動作，皆可能會導致混合和運動，而減少蒸汽密度的影響。在靜止空氣條件下蒸氣密度影響是最大的。

從全尺寸房間實驗（Full-scale Testing）可燃氣體濃度的分配情形，已顯示其濃度可能如下：

A. 比空氣輕氣體，蓄積在天花板

B. 比空氣重氣體，蓄積在地板上。此與洩漏位置之間，能發展為化學當量理想比例狀態（Stoichiometric Concentrations）。

誠如上述，一個比重空氣的氣體會洩漏在地板上，而產生地板層次有較大濃度氣體，並會慢慢稍向上擴散。相反地，比空氣輕的氣體漏出，會累積在天花板高度。無論是天然的和機械的通風，皆可改變氣體之流動和混合程度，並可能使氣體擴散到相鄰的房間。

由建築結構爆炸損壞痕跡，顯示在地板以上相對高度，並不一定是燃料蒸汽密度之一種指標。因此，特定結構牆壁在近地板位置明顯損壞，如此燃料氣體比空氣重，而相反地，如果牆壁在近天花板位置損壞，燃料會比空氣輕，但這不全然正確。因室內爆炸損壞的程度，是牆壁頂端（Wall Headers）和底板（Bottom Plates）間結構強度之函數

3) 紊流（Turbulence）

燃料／空氣混合物中紊流現象，提高了火焰速度。因此，其大幅增加燃燒速度和壓力升高速率。紊流可提高壓力上升速率與相對少量的燃料所需，而導致高層次（High-order）損害，即使僅是一稀薄混合濃度即燃燒下限（LFL），亦是如此。密閉容器之形狀和尺寸，能影響紊流屬性，進而對爆炸產生嚴重程度有一顯著影響。在爆轟燃燒波路徑上出現許多障礙物，已顯示會增加紊流現象，並大幅增加爆炸之嚴重度；此由於紊流增加混合物之火焰速度，其他來源如使用風扇和強制通風，皆可能會形成紊流增加爆炸效果。

4) 密閉空間屬性（Nature of Confining Space）

密閉空間之尺寸、形狀、結構、體積、材料和設計等屬性，將會很大地改變爆炸影響。例如，天然氣體積與空氣混合之特定百分比，會產生完全不同的效果，如點燃時在一個28.3 $m^3$（1000 $ft^3$）房間，與283.2 $m^3$（10,000 $ft^3$）房間。這種變化的影響是真實的，即使是火焰前鋒速度和所表現出最大過壓（Maximum Overpressure）在本質上都是相同的。

在一個長而窄走廊上充滿可燃蒸氣／空氣混合物，相比於多層立方體區畫空間（Cubical Compartment）燃料／空氣混合物之相同體積，當一端點燃，其壓力分佈、壓力上升速率與在結構上爆炸所產生效果，二者將是非常不同的。於一般情況下，在所設定燃料／空氣混合物，如在較小型容器體積內會有較快壓力上升速率，並且有較猛烈之爆炸。

依照波以耳定律（Boyle's Law）壓力與體積關係，二者成負相關。

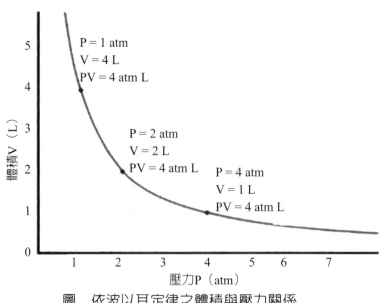

圖　依波以耳定律之體積與壓力關係

於密閉容器在爆炸過程，遇到障礙物形成紊流（Turbulence），而增加破壞效果。這種紊流可透過固體障礙物，如欄柱（Columns）或桿（Posts）、機械設備或牆壁隔板（Wall Partitions），而能加快火焰速度，並因而引起壓力上升速率之增加。

5) 起火源位置和大小（Location and Magnitude of Ignition Source）
如果起火源是發生在區畫結構之中心位置，其壓力上升速率將是最高的。起火源愈靠近密閉容器（Confining Vessel）或建築結構之壁面，有較快火焰前緣將到達牆壁，熱傳至壁面產生冷卻情況。如此結果造成能量損失和壓力上升相對速率較慢，以及劇烈爆炸（Violent Explosion）程度較低。起火源的能量，通常在爆炸過程中僅具相當少之影響，但異常地大之起火源（如雷管或爆炸裝置）可以顯著增加壓力發展速度，並在一些情況下，可引起爆轟燃燒之低階爆炸（Deflagration）轉變成爆轟之高階爆炸（Detonation）。

6) 通風孔（Venting）
無論在氣體、蒸汽或粉塵之燃料爆炸，儲存容器之通風孔（Venting）對引火與爆炸損害程度，能產生深遠之影響。如一條長的通風孔鋼管，能在其中心產生爆裂，儘管鋼管二端具有開口之事實。因此，在一個房間通風開口數目、大小和位置，能決定此房間在爆炸時是否遭到完全破壞，或僅是牆壁和天花板輕微的運動。

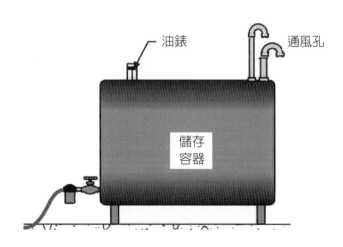

圖　儲存容器之通風孔對引火及爆炸損害程度之影響

在儲存容器或結構中排氣孔，也可能引起容器或結構外的損害，而最大損害可以預期在通風的路徑上。例如，在一個房間裡爆轟壓力前鋒（Blast Pressure Front）可透過門廊（Door-way）行進，並且在相鄰房間門廊筆直走道上的物品，造成直

接損害。假使，一旦發生高階爆炸之爆轟（Detonations），會形成非常快速之爆轟壓力前鋒，以致任何排氣口是無法釋放如此壓力，在此排氣之效果將是微乎其微的。

7) 氣體／蒸氣量規模

洩漏物質可能液體、氣體或液氣兩相洩漏狀態，有些液體洩漏可能還不會起火燃燒，如矽甲烷洩漏不會燃燒，而會形成矽甲烷蒸氣雲。因矽甲烷高反應性及不穩定特性，一旦蒸氣雲燃燒，則會引起爆炸及其所形成破壞性過壓情況。而洩漏形成蒸氣雲規模與過壓大小成正相關。

（引用資料：盧守謙、陳永隆，《火災學》，第2版，吳鳳科技大學消防系叢書）

# 101年公務人員特種考試警察人員考試

考　試　別：警察人員考試
等　　　別：三等考試
類　科　別：消防警察人員
科　　　目：火災學與消防化學
考試時間：2小時
※注意：
1) 禁止使用電子計算器。
2) 不必抄題，作答時請將試題題號及答案依照順序寫在試卷上，於本試題上作答者，不予計分。

　　一、國內油槽車與液化氣體槽車甚多，此類車輛意外事故亦不鮮見，若不慎事故發生火災，如何預測其發生蒸氣爆炸之時機與爆炸方向？請述明其預測之判斷依據。（25分）

**解：**

一) 預測其發生蒸氣爆炸之時機
　　1. 火焰發白、變亮，使人產生刺眼感覺。一般而言，組成液化石油氣烴類在火災情況下會出現高溫裂解，產生碳粒子。碳粒子在一般火焰溫度（700～800℃）時呈現紅光或黃光，在火焰溫度超過1000℃高溫時，這些碳粒子就會發白、變亮，給人刺眼的感覺。
　　2. 安全閥和排出閥等泄放孔發出刺耳的嘯叫聲。火場上溫度比一般可燃物高出許多，溫度升高使液化石油氣儲罐內的氣體體積膨脹，為了保持罐內的安全壓力，罐內的氣體會大量外泄，通過安全閥和排空閥等泄放孔的氣體流速就會大幅度增高，從而發出刺耳之嘯叫聲。
　　3. 金屬槽體變形、抖動，並且發出響聲。當儲槽罐所承受的主應力超過材料屈服極限時，通常會發生較大變形。與其相連之管道、閥門、基礎相對變形，發出響聲。
　　4. 火焰結構增大、發亮、變白，火舌形似火箭，煙色由濃變淡。
　　5. 金屬槽壁顫抖，槽體發出強烈的雜訊。此外，現場還有可能發出另一種劇烈「嘶

嘶」聲。

## 二) 爆炸方向之預測

槽車發生火災時，因橫式容器二端之鏡版面，即面對車頭和車尾方向之窄面，承受的爆炸力和衝擊波最大，可能因爆炸而飛散，故一定要由容器之胴版面（長面）側展開活動，最佳部署於車頭方向之45度或135度位置。

## 三) 判斷之依據

因LPG在氣相燃燒時會呈明亮的黃色火焰，同時伴隨著刺耳的哨音，LPG在液相燃燒時呈鮮豔的橙黃色火焰並分離出碳黑；LPG在氣液兩相混合燃燒時，火焰的高度呈週期性變化；如外洩液相LPG燃燒時火焰高度比燃燒面積直徑大2～2.5倍。有些液狀化學品槽體受火災勢致壓力增加（與溫度升高成正比），一旦破裂外洩會產生液體蒸氣膨脹爆炸（BLEVE）、火球現象（Fire Ball），導致現場救災人員之安全性受到嚴重威脅；但其發生大多有其一定規律機制及徵兆。

二、化學物質之相關危險性是預防、搶救及事後調查鑑定上必要之知識，試問三乙基鋁有何危險性？請以其化學反應式說明之。（25分）

解：

## 一) 三乙基鋁之危險性

三乙基鋁是由三個乙烷基與一個鋁原子結合形成的金屬有機化合物，分子式為$(CH_3CH_2)_3Al$，分子量114.17在常溫下為無色透明液體，具有強烈的霉爛氣味。閃火點：$-52℃$，引燃溫度$<-52℃$，當三乙基鋁濃度低於15%（m/m）時，無發火性。其化學性質活潑，與氧反應劇烈，在空氣中能自燃，遇水爆炸分解成氫氧化鋁和乙烷，熱穩定性差，主要用於有機合成，也用作火箭燃料，能發生自燃，對潮濕及微量氧反應靈敏，易引起爆炸，火災滅火劑目前只限於乾粉類滅火劑。

## 二) 以三乙基鋁化學反應式說明危險性

三乙基鋁是乙烯常壓聚合的催化劑。實驗室中方便的制法是二乙基汞與金屬鋁進行作用，反應式如下：

$$3Hg(C_2H_5)_2 + 2Al \rightarrow 2Al(C_2H_5)_3 + 3Hg$$

燃燒（分解）產物：一氧化碳、二氧化碳、氧化鋁。

經研究顯示，三乙基鋁與水反應，能產生高溫至600～750℃，並產生危險$Al_2O_3$。反應高溫能透過壁面之傳導，造成鄰近可燃物引起燃燒擴大。

三、試述天然氣與液化石油氣的特性？若不慎產生洩漏而爆炸，可以分為哪三個階段？發生事故時如何處置？（25分）

**解：**

### 一) 天然氣與液化石油氣特性

甲、天然氣主成分為甲烷，液化石油氣主成分為丙烷。

乙、甲烷蒸氣密度為0.55，其比重較空氣小，不會有滯留於低處之危險，因此其較LPG為安全。液化石油氣蒸氣密度為1.52，氣態時之比重約為空氣之1.5倍，較空氣重，故洩漏時，會滯留在低下處，容易造成窒息、火災等傷害事故。但其燃燒範圍的下限很低，一旦洩漏出來即成高危險具爆炸性之混合氣體，且會沿地面廣泛地擴散開來，引火之危險性較汽油大。

### 二) 洩漏而爆炸三個階段

1. 可燃氣體之洩漏──第一階段：在區劃空間內洩漏之物質需達一定的量。

2. 可燃混合氣體之形成──第二階段

   1) 物質之蒸發與昇華及流入封閉空間內之氣體，形成可燃氣體。

   2) 隨著空間之容積、換氣率、氣體之種類與發生狀況，甚至是流入或外洩之狀況，使混合程度與速率有所差異。

3. 起火（爆炸）──第三階段

   1) 混合氣體達到燃燒範圍，當接受到必要能量足以產生化學反應（燃燒反應）時，即會起火燃燒。

   2) 燃燒範圍及持續時間，則要視混合氣體之溫度與壓力及混合氣體中之物質、氧化劑、不可燃氣體之混合程度。

   3) 考量到氣體之爆炸，一般來說，溫度、壓力上升後，燃燒範圍也會變大。

### 三) 發生事故時之處置方式

處理瓦斯漏氣事故最忌輕忽，若確認僅為小規模瓦斯外洩，入室後應先關閉瓦斯開關閥，再小心將室內門、窗開啟，使其自然通風，防止瓦斯聚集，並嚴禁使用電氣開關（包含開及關，故當現場已經有電器設備運轉，勿匆忙將之關閉，因為開關之間均會產生火花）。到達現場最好先至周圍觀察，了解洩漏的範圍。消防人員接獲派遣指令到達現場後，需先了解現場為何種瓦斯外洩，到達現場後，可詢問大樓管理員或觀察大樓外有無天然瓦斯管線來研判可能外洩的瓦斯種類，千萬不可因沒聞到瓦斯味道而掉以輕心；以液化石油氣而言，洩漏時自地面開始堆積，在密閉空間中，雖未積至人鼻高度，但濃度可能足以致災。

四、何謂自由基鏈鎖反應（Chain Reaction）？試以$H_2 + Cl_2 \rightarrow 2HCl$之反應說明自由基鏈鎖反應之步驟？在滅火實務上，如何抑制鏈鎖反應之進行以達到終止火災之目的？（25分）

解：

一) 自由基鏈鎖反應之步驟

自由基連鎖反應機制可分三階段：

A. 鏈反應觸動階段：產生游離基的方法有很多，包括但不限於點燃、光照、輻射、催化或加熱等。一些少數物質能自發化合引起燃燒，如氟氣和氫氣在冷暗處就能劇烈燃燒引發爆炸。主要依靠熱、光、電、化學等作用在反應系統中產生第一個鏈載體的反應，一般為穩定分子分解為自由基的反應，如下列反應式(1)；即產生游離基並形成反應鏈的階段。

B. 鏈傳遞階段：由鏈載體與飽和分子作用產生新的鏈載體和新的飽和分子的反應，如下列反應式(2)、(3)；意即游離基反應的同時又產生更多的游離基，使燃燒持續甚至擴大。

C. 鏈終止階段：游離基失去能量或者所有物質反應完畢，沒有新游離基產生而使反應鏈斷裂，反應結束如下列反應式(4)。

二) $H_2 + Cl_2 \rightarrow 2HCl$反應式說明

$H_2 + Cl_2 \rightarrow 2HCl$：

$$Cl_2 + M \rightarrow 2Cl + M \quad (1)$$
$$Cl + H_2 \rightarrow HCl + H \quad (2)$$
$$H + Cl_2 \rightarrow HCl + Cl \quad (3)$$
$$\cdots\cdots\cdots\cdots$$
$$2Cl + M \rightarrow Cl_2 + M \quad (4)$$

在反應式(1)中，靠熱、光、電或化學作用產生活性組分——氯原子，隨之在反應式(2)、(3)中活性組分與反應物分子作用而交替重複產生新的活性組分——氯原子和氫原子，使反應能持續不斷地循環下去，直到活性組分消失，此即鏈反應。在反應式(1)中，靠熱、光、電或化學作用產生活性組分——氯原子，隨之在反應式(2)、(3)中活性組分與反應物分子作用而交替重複產生新的活性組分——氯原子和氫原子，使反應能持續不斷，循環下去，直到活性組分消失，此即鏈反應。反應中的活性組分稱為鏈載體。反應中的活性組分稱為鏈載體。式中M為接受鏈終止所釋放出能量的第三體（其他分子或反應器壁等）。

### 三) 如何抑制鏈鎖反應

如乾粉中的無機鹽的揮發性分解物，與燃燒過程中燃料所產生的自由基，發生化學抑制和副催化作用，亦就是其表面能夠捕獲$H^+$和$OH^-$使之結合成水，而破壞鏈鎖反應（Chain Reaction），有效抑制自由基的產生或者能夠迅速降低火焰中$H^+$、$OH^-$等自由基濃度，導致燃燒中止現象

可滅火中破壞燃燒的連鎖反應，如氟、氯、溴、碘等鹵化烷類之滅火劑。以下為反應式

$$H\alpha + Z^- \rightarrow HZ + \alpha^-$$
$$OH^- + HZ \rightarrow H_2O + Z^-$$

上述$H\alpha$是含有氫原子的可燃物質，Z是鹵族元素，$Z^-$奪取燃燒物中的H+ 形成HZ，然後與燃燒物中的OH中和分離出Z，如此循環作用而抑制連鎖反應。因其會奪取$H^+$和$OH^-$，所以對於燃燒現象具有負觸媒效果，而抑制燃燒。

# 100年公務人員特種考試警察人員考試

考　試　別：警察人員考試

等　　　別：三等考試

類　科　別：消防警察人員

科　　　目：火災學與消防化學

考試時間：2小時

※注意：

1) 禁止使用電子計算器。

2) 不必抄題，作答時請將試題題號及答案依照順序寫在試卷上，於本試題上作答者，不予計分。

　　一、就自然發火性物質而言，油脂類之火災並不鮮見，試問其係屬於何種熱的蓄積而發火之物質？判斷油脂自然發火之危險性之依據為何？試述其燃燒時之特徵。（25分）

解：

一) 油脂類熱蓄積之類型

　　油脂類係屬於氧化熱。

二) 油脂自然發火之危險性

　　油脂的碘值愈高，說明油脂中含雙鍵愈多，因而發生自燃的可能性就愈大。碘值小於80～90的物質，一般不會發生自燃。

三) 自然發火燃燒特徵

(1) 動物油因含有非常高飽和脂肪，燃點為290～315℃；而植物油則不然，燃點為360℃，高於動物油燃點。從氧化熱蓄積而言，油脂類與礦物油燃燒顯著不同，由於礦物油是在礦物中提煉出來的，不耐高溫，其速度較快。

(2) 植物油是不飽和脂肪酸與甘油酯化形成的。動物油是飽和脂肪酸與甘油酯化形成的。植物油含不飽和脂肪酸比動物油多，熔點低，在常溫下呈液體。動物油除豬油含不飽和脂肪酸較多以外，其他動物油脂都因含飽和脂肪酸較高，故而熔點高。

(3) 含有大量不飽和脂肪酸油脂類物質，假使附著在多孔性物質上，能增加比表面積，促進油脂氧化反應速度，又因多孔性產生斷熱效果，且在高溫、通風不良及長期堆積下易發生自燃發火之情形。

二、有關於天然氣及液化石油氣，請說明其主要成分為何？（6分）兩者之蒸氣密度大小對起火原因之研判有何意義？（7分）兩者各一公斤時，完全燃燒所需之理論空氣量各為多少公斤？（12分）

**解：**

一) 天然氣及液化石油氣主要成分

　　天然氣主成分為甲烷，液化石油氣主成分為丙烷。

二) 蒸氣密度大小對起火原因之意義

　　甲烷蒸氣密度為0.55，其比重較空氣小，不會有滯留於低處之危險，因此其較LPG為安全。液化石油氣蒸氣密度為1.52，氣態時之比重約為空氣之1.5倍，較空氣重故洩漏時，會滯留在低下處，容易造成窒息、火災等傷害事故。但其燃燒範圍的下限很低，一旦洩漏出來即成高危險具爆炸性之混合氣體，且會沿地面廣泛地擴散開來，引火之危險性較汽油還大。

三) 兩者各一公斤時，完全燃燒所需之理論空氣量各為多少公斤

$$CH_4 + 2O_2 \rightarrow CO_2 + 2H_2O$$

天然氣 $\dfrac{1000 \times 32 \times 2}{16} \times \dfrac{100}{23}$

$= 17400(g)$

$= 17.4$公斤理論空氣量（燃燒1公斤甲烷需2公斤純氧）

$$C_3H_8 + 5O_2 \rightarrow 3CO_2 + 4H_2O$$

液化石油氣 $\dfrac{1000 \times 32 \times 5}{44} \times \dfrac{100}{23}$

$= 15800(g)$

$= 15.8$公斤理論空氣量（燃燒1公斤丙烷需5公斤純氧）

三、在電氣火災中有短路與地路不同之狀況，試詳述短路與地路之差異性為何？（25分）

**解：**

　　正常回路外電流之流通，通電導體的接觸所造成之短路、地路說明。

1. 短路

　　回路電流未經過用電負載，異極導體即直接接觸或經過低阻抗連接，短路電流超出額定值數十倍以上，大電流所產生的過熱與機械應力，會導致電氣設備的損壞或火災。短路

時在異極導體的接觸點會產生電弧熱，導體因而熔解形成短路痕。

## 2. 地路（漏電）

電力系統遇雷擊或變壓器線圈絕緣破損，會導致配電線路產生異常的高壓。漏電點有時並不在起火建築物內，其電源側亦可能發現類似短路之熔痕（稱地路痕），若是金屬部位漏電，則可能伴有氧化亞銅增質發熱之現象，若因濕氣而漏電則可能伴有金原現象。

接地事故也可稱作漏電的事故，如金屬製機臺底部與地面接觸，若因機臺內部通電導體（如電線）絕緣劣化破損（造成漏電）；而接觸到接地導體（如機臺金屬外殼），此時形成接地回路（也就是地路），接觸點會有電弧火花產生，導線流通之電流也會增加，所產生之過量焦耳熱會使導線絕緣部起火燃燒。

## 3. 短路與地路差異性

A. 接地事故發生時，在通電導體的接地點處，會形成與短路情況類似的電氣痕（地路痕）。

B. 短路痕兩導線上均可能發生，而地路痕只發生在非接地通電導線上。

C. 電路由於種種原因相接或相碰，產生電流忽然增大的現象稱短路。相線之間相碰叫相同短路；相線與地線、與接地導體或與大地直接相碰叫對地短路。

四、曾有一火災搶救案例，消防人員在搶救某建築時由於不知道倉庫放有電石作為水果之催熟用，因射水而發生意外之案件，試詳述其相關之化學反應式與可能發生之意外狀況。（25分）

**解：**

碳化鈣（Calcium carbide，俗稱電石）加水會形成乙炔和氫氧化鈣，如反應式所示：

$$CaC_2(s) + 2H_2O \rightarrow Ca(OH)_2 + C_2H_2$$

電石在接觸到水或潮濕的空氣時會產生乙炔。而乙炔在室溫下是一種無色、極易燃的氣體。乙炔和氧氣燃燒的溫度可達到3300℃以上，這是常用燃料中燃燒的溫度最高者。

乙炔易燃，反應時供氧量決定反應的產物，當氧氣不足時，產生黑色碳粒或一氧化碳，反應式如下：

$$2C_2H_2 + O_2 \rightarrow 4C + 2H_2O$$

$$2C_2H_2 + 3O_2 \rightarrow 4CO + 2H_2O$$

當氧氣充足時，足以讓乙炔完全燃燒，如反應式所示：

$$2C_2H_2 + 5O_2 \rightarrow 4CO_2 + 2H_2O$$

第 **5** 章

# 消防安全設備

# 105年公務人員特種考試警察人員考試

考　試　別：警察人員考試

等　　　別：三等考試

類　科　別：消防警察人員

科　　　目：消防安全設備

考試時間：2小時

※注意：

1) 禁止使用電子計算器。

2) 不必抄題，作答時請將試題題號及答案依照順序寫在試卷上，於本試題上作答者，不
予計分。（請接背面）

　　一、試說明並舉例如何決定所選用火警探測器防護間距（**Listed Spacing**）之性能設
計流程及查核檢驗重點。（25分）

**解：**

　　火警探測器防護間距（Listed Spacing）之性能設計流程及查核檢驗重點為選擇適當
的評估方法，許多國家評估方法分級與工具選擇，依所涉及子系統程度來決定分析的複
雜程度，使用評估方法包括決定性（deterministic）及機率性（probabilistic）量化分析兩
種，選擇方式如圖分為以下三級架構：

1. 第一級評估：牽涉一個子系統或其元件時使用，最多僅考慮最嚴重之可能火災情境，使
   用決定性方法；例如NFPA72附錄Bvi目的在於提供火警探測器的位置和間隔的性能設
   計準則，考量潛在的火災成長率和火災信號（fire signs）、單獨區劃特徵和目標物的危
   險特徵（如居住者、設備、結構等），以決定探測器的位置和特殊型式來滿足系統的需
   求。

2. 第二級評估：牽涉二個以上子系統時使用，必須包含數個可能的火災情境，使用時間
   過程分析（timeline analysis）之決定性方法。除防火避難檢證法採用之工程計算外，
   目前國內性能設計案皆採用國外的技術及模式（Models），一般電腦燃燒模型大多區
   分為區域模型（zone model）及場模型（field model）二種，區域模型多以實驗經驗式
   （empirical formulas）為設計基礎，防火工程界較常使用的軟體如CFAST、Hazard I等
   皆屬之，在以往個人電腦速度不快的情況下，以區域一致特性分析燃燒情況來做預測，

雖可獲得一些結果，但因無法應用於燃燒初始階段、極不穩定燃燒、建築物外部燃燒、建築物外部燃燒生成物的擴散及大型燃燒等情境，因此許多防火安全工程研究人員逐漸以場模型來取代區域模型。

場模型又稱為計算流體動力模型（CFD, Computational Fluid Dynamics），防火安全工程界較常使用的商業CFD模型包括模擬煙流的JASIME，模擬空間燃燒的SOFIE及占有百分之七十CFD市場的FLUENT等模型，此種模型以理論方程式（first principles）為設計基礎，由於近年來電腦運算速度提升，降低許多成本，現行防火工程專業人員多以此種模型作為設計分析的工具。

3. 第三級評估：牽涉六個子系統時使用，使用分析方法類似二級評估，但需結合不同火災情境，進行機率分析：vii設計火災情境並且決定發生的次數、決定實驗設計的可靠性；假設設計成功，火災情境中損失、假設設計失敗、火災情境中損失、重複每一項火災情境、以及計算經驗設計中之總風險。

（資料來源：曾偉文、吳明朗，〈防火安全性能設計之評估等級與方法〉，第三屆消防性能化規範發展研討會2006年5月1日）

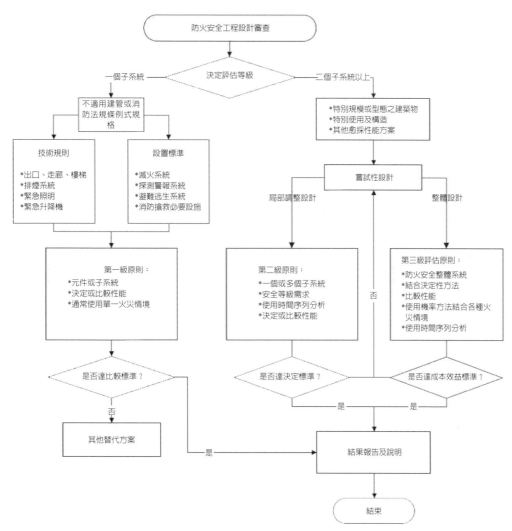

（資料來源：曾偉文、吳明朗，〈防火安全性能設計之評估等級與方法〉，第三屆消防性能化規範發展研討會2006年5月1日）

二、試說明並舉例潔淨式滅火藥劑系統（Clean Agent Fire Extinguishing Systems），其設計滅火濃度與人員得暴露限制時間之相關性，並列出某機構秘書室設置此類滅火系統時之審核安檢重點。（25分）

解：

一) 滅火濃度與人員暴露限制時間之相關性

海龍替代品在可撲滅火災設計濃度下，設計濃度均遠高於海龍1301，致使其體積與重量大增。所產生的HF與$COF_2$至少高出5～10倍，HF與$COF_2$的產生量遠高於所有人類的暴露極限，依NRC的試驗指出鹵化烴藥劑在火災撲滅過程產生CO。

因此，增加藥劑濃度會加速滅火，相同的藥劑濃度下，快速的放射致使快速的滅火及產生較低量的HF。如此，可避免不必要人員的暴露危險，而暴露時間不得超過五分鐘。（資料來源：簡賢文教授研究室）

**二) 此類滅火系統時之審核安檢重點**

1. 代理授權證明有效期限。
2. 原廠訓練證明文件應經受訓人員簽名確認。
3. 測試報告應經駐外單位驗證並檢附其中譯本。
4. MSDS物質安全資料表中譯本。
5. 列表說明各式噴頭之最大防護半徑、放射壓力及相關設置限制。
6. 針對本設備適用之防護場所高度限制，請提供原廠說明。
7. 噴頭、配管、選擇閥等相關配件是否均經第三測試認證機構認可，請補充認可資料並列表說明。
8. 加壓式系統配管是否有最大長度之限制？另配管耐壓如何？鋼瓶儲存藥劑及氮氣之壓力分別為何？以上資訊的確認。
9. 鋼瓶啟動方式、使用年限。
10. 相關構件之認可檔號資料。
11. 設計實績。
12. 原廠系統規範、設計手冊、施工安裝、維修保養及流量計算軟體之操作方式、錯誤訊息、使用限制等資料之完整中譯本，並應附上相關圖例說明。
13. 軟體操作手冊中譯本及經認證之資料。
14. Error Messages之顯示情形及其中譯本。
15. 設計案例之流量計算軟體操作說明。
16. 動作流程圖加強檢討確認（如：延遲時間、連動關閉空調及閘門、緊急暫停開關、手動啟動不得再有延遲時間等）。
17. 氣密試驗計畫（應包含委託契約書及審核認可書等）。
18. 請依「各類場所消防安全設備檢修及申報作業基準」提供本設備之檢修方法、判定基準及檢查表。
19. 請依「消防安全設備審查及查驗作業基準」提供本設備竣工勘驗之測試項目、方法、判定基準及相關書表。
20. 翻譯資料請與原文資料加強校對，相關用語應符合消防相關法令規定。
21. 申請資料檔案光碟。

**補充資料**

以下為測試重點

1. 回風路徑

區劃裡的每一個漏洞必須要有完整和無阻礙的流動路徑回到風機，否則有些漏洞可能會測量不到，這時可能需要開啟通到下方與上方樓層的樓梯間門、相鄰區劃的門，也可能是通往外面的窗戶和門，見證者應該確認測試人員已經檢查所有從漏洞返回的路徑。

2. 區劃和設備設定

在區劃裡的所有門必須要打開，空調系統和所有的風門必須要設定成它們在放射時或放射期間的狀態。現場以捲尺實際測量區劃體積、最大藥劑高度和最小防護高度，並現場實際檢查鋼瓶來確認藥劑的重量或體積。

3. 區劃靜壓檢查

在開始測試之前，測試人員必須在門和風機完全密封下準確的測量出區劃靜壓的大小。

4. 壓力表設定

見證者應該確認壓力表已經正確地歸零。

5. 正確輸入風量和區劃壓力

見證者應確認測試人員記錄並輸入正確的壓力值。

6. 限流板（Range）選擇

見證者在測試期間必須要確認在軟體上所顯示的限流板範圍與測試人員所實際使用的範圍相符。

7. 兩方向測試

區劃必須採正壓力及負壓力測試來消除因為風管洩漏和其他靜壓所帶來的誤差。

8. 分辨上方及下方洩漏

總洩漏測試得到的洩漏面積包括天花板上方洩漏的整個區劃洩漏，若要取得更準確的存留時間預測，於總洩漏測試後得視狀況執行低處洩漏來分別測量天花板上方及下方之洩漏面積。

三、請問水系統滅火設備設置屋頂水箱之目的為何？（10分）如第一種室內消防栓滅火設備與自動撒水設備、泡沫滅火設備等並用時，其屋頂水箱容量至少應為多少？（5分）另國內某大型石化工業園區內各工廠的水系統滅火設備，係採消防幫浦站集中供應水源的模式，且送水管平時充滿水並保持一定水壓，試問前述模式是否有設屋頂水箱之必要

性？（10分）

解：

一) 設置屋頂水箱之目的

　　以確保室內消防栓和自動撒水滅火系統撲救初期火災所需的水量和水壓，呼水槽自動給水裝置應使用自來水管或屋頂水箱，經由球塞自動給水，達到迅速撲救初期火災的目的，另一目的是當發生火災時，下方幫浦尚未啟動時，能藉由重力來增加出水之壓力，使人員一打開即有水壓之情況。

　　為避免消防水泵開啟後水經供水管進入屋頂水箱，屋頂水箱的出水管上還需加逆止閥，確保消防幫浦開啟時維持管內壓力。當屋頂消防水箱不能滿足上述靜壓要求時，宜設增壓設施。

二) 屋頂水箱容量

　　屋頂水箱部分：

　　(一) 水箱之水量，第一種消防栓有零點五立方公尺以上；第二種消防栓有零點三立方公尺以上。但與其他滅火設備並用時，水量應取其最大值。

　　(二) 採取有效之防震措施。

　　(三) 斜屋頂建築物得免設。

三) 是否有設屋頂水箱之必要性

　　國內某大型石化工業園區內各工廠的水系統滅火設備，係採消防幫浦站集中供應水源的模式，且送水管平時充滿水並保持一定水壓。如果有設屋頂水箱，經由自然重力，就能確保初期火災所需的水量和水壓之必要性，設備系統可靠度高，避免設備機械故障，而產生系統可靠度問題。


　　四、請依「消防安全設備測試報告書測試方法及判定要領」之規定，說明居室排煙設備在進行排煙風量測試時，其綜合試驗的測試方法及判斷要領為何？（15分）某一應設排煙設備場所共分成連續併排的三個防煙區劃，其中左區劃面積為100平方公尺、中區劃面積為150平方公尺、右區劃面積為120平方公尺，而各區劃均設一排煙閘門（60cm×60cm），且共用排煙機及排煙風管，經實測三個區劃的排煙口之平均風速均為每秒6公尺，請問該場所的排煙設備在風量測試方面是否合格？（10分）

**解：**

## 一) 綜合試驗的測試方法及判斷要領

### 1. 測試方法

防煙區劃為一區時，該區內各排煙口排煙量之合計，不得小於該防煙區劃面積每平方公尺每分鐘一立方公尺，且不得小於每分鐘一百二十立方公尺。防煙區劃為二區以上時，應開啟最大防煙區劃及其前後防煙區劃之排煙口，合計其排煙量，不得小於該最大防煙區劃面積每平方公尺每分鐘二立方公尺。

### 2. 判定要領

a. 排煙口之開口面積不得小於防煙區劃面積之百分之二，且應以自然方式直接排至戶外。排煙口無法以自然方式直接排至戶外時，應設排煙機。

b. 排煙機應能隨任一排煙口之開啟而動作，其排煙量不得小於每分鐘一百二十立方公尺，且在一防煙區劃時，不得小於該防煙區劃面積每平方公尺每分鐘一立方公尺，在二區以上之防煙區劃時，應不得小於最大防煙區劃面積每平方公尺每分鐘二立方公尺。但地下建築物之地下通道，其總排煙量不得小於每分鐘六百立方公尺。

## 二) 風量測試方面

$Q = A \times V = 0.36m^2 \times 6m/sec = 2.16 \times 60m^3/min = 129.6m^3/min$

$Q$ = 風量（$m^3/min$）

$A$ = 排煙口有效面積（$m^2$）

$V$ = 平均風速（$m/sec$）

在二區以上之防煙區劃時，應不得小於最大防煙區劃面積每平方公尺每分鐘二立方公尺。

區劃面積最大為150平方公尺，而129.6$m^3$/min為$0.864 \dfrac{m^3}{m^2 \times min} < 2 \dfrac{m^3}{m^2 \times min}$（不合格）

# 104年公務人員特種考試警察人員考試

考　試　別：警察人員考試

等　　　別：三等考試

類　科　別：消防警察人員

科　　　目：消防安全設備

考試時間：2小時

※注意：

1) 禁止使用電子計算器。

2) 不必抄題，作答時請將試題題號及答案依照順序寫在試卷上，於本試題上作答者，不予計分。（請接背面）

　　一、撒水設備為控制火勢相當有效的消防安全設備，試說明影響撒水頭動作之因素有那些？（25分）

解：

　　影響撒水頭動作之因素，公式如下：

$$\tau = \frac{mc}{hA}$$

τ：時間常數，sec

m：感熱元件質量，mass-g

c：感熱元件比熱，cal/g-℃

h：對流熱傳係數，kW/m$^2$k

A：感熱元件暴露於氣流之表面積，m$^2$

$$RTI = \left(\frac{mc}{hA}\right)(u)^{\frac{1}{2}} \quad (m.sec)^{1/2}$$

式中u為空氣流流速

RTI值愈高，感熱元件的反應時間愈長，代表感熱元件的敏感度較低。

　　由上式可知影響RTI值的因素包括：空氣流流速、對流熱傳係數、感熱元件質量、比熱及表面積。即當感熱元件質量愈大、比熱值愈高，τ值愈大。當感熱元件暴露於氣流之表面積愈大，τ值愈小。此外，感熱元件的τ值愈大，熱敏感度愈差，反應時間愈長。反之，τ值愈小，熱敏感度愈佳，反應時間愈短。

　　二、排煙設備為火災發生人員避難逃生時可協助火場煙流控制與排除，試說明免設排煙設備之條件為何？（25分）

**解：**

　　下列處所得免設排煙設備：

(一)建築物在第十層以下之各樓層（地下層除外），其非居室部分，符合下列規定之一者：

　1. 天花板及室內牆面，以耐燃一級材料裝修，且除面向室外之開口外，以半小時以上防火時效之防火門窗等防火設備區劃者。

　2. 樓地板面積每一百平方公尺以下，以防煙壁區劃者。

(二)建築物在第十層以下之各樓層（地下層除外），其居室部分，符合下列規定之一者：

　1. 樓地板面積每一百平方公尺以下，以具一小時以上防火時效之牆壁、防火門窗等防火設備及各該樓層防火構造之樓地板形成區劃，且天花板及室內牆面，以耐燃一級材料裝修者。

　2. 樓地板面積在一百平方公尺以下，天花板及室內牆面，且包括其底材，均以耐燃一級材料裝修者。

(三)建築物在第十一層以上之各樓層、地下層或地下建築物（地下層或地下建築物之甲類場所除外），樓地板面積每一百平方公尺以下，以具一小時以上防火時效之牆壁、防火門窗等防火設備及各該樓層防火構造之樓地板形成區劃間隔，且天花板及室內牆面，以耐燃一級材料裝修者。

(四)樓梯間、升降機升降路、管道間、儲藏室、洗手間、廁所及其他類似部分。

(五)設有二氧化碳或乾粉等自動滅火設備之場所。

(六)機器製造工廠、儲放不燃性物品倉庫及其他類似用途建築物，且主要構造為不燃材料建造者。

(七)集合住宅、學校教室、學校活動中心、體育館、室內溜冰場、室內游泳池。

(八)其他經中央主管機關核定之場所。

　　前項第一款第一目之防火門窗等防火設備應具半小時以上之阻熱性，第二款第一目及第三款之防火門窗等防火設備應具一小時以上之阻熱性。

　　三、電子科技廠房採用主動式極早期火警探測系統相當普遍，試說明採用主動式極早期火警探測系統之理由為何？及主動式極早期火警探測系統作動原理為何？（25分）

解：

## 一) 採用主動式極早期火警探測系統之理由

　　極早期火災預警系統是高靈敏度的空氣取樣式煙霧偵測系統。它的偵測原理是靠著主機內部的抽氣泵，透過取樣管路的延伸將空氣樣品抽回主機內部進行分析比對，如同人類嗅覺一樣，當空氣中的煙霧濃度到達一定程度時，系統則會即時發出警報。若能在火災醞釀階段即時產生告警訊號，將能提供更多的時間來控制火災的發展。一般極早期火災偵測系統應該裝置在如：電信機房、無塵室、電廠、高壓設備區域、中控室或是手術房等等的特殊需求的場所；但其實火災的風險是任何場所都承擔不起的，因此極早期火災偵測系統預期將推廣到一般場所，如：旅館、醫院、機場、餐館、學校、娛樂場所、購物場所、體育館、百貨公司，甚至居家的環境範圍。

## 二) 主動式極早期火警探測系統動作原理

　　主動式極早期火警探測系統如VESDA VLP，其能在火災即早期階段進行偵測對極低和極高的煙霧濃度都可提供可靠的偵測。它具有世界上最寬的靈敏度範圍，0.005至0.20 obs/m（0.0015至0.06 obs/ft）。VESDA VLP支援可程式化的四級警報（警示、行動、火警1、火警2），最大防護面積為2000平方公尺。

　　探測原理

(1) VESDA主機

　　模擬人類呼吸系統持續抽取空氣做為偵測樣本，空氣樣品被抽回偵測主機時，會先經過雙層濾網（Dual Stage Filter）進行過濾；其內部偵測室使用雷射為偵測光源，其偵測原理為光散射方式（Light Scattering），亦即當煙霧粒子通過雷射光束時，由於煙霧粒子是球型的，於是就發生了三度空間的散射，並由光接收器接收煙霧粒子的散射信號。探測器有兩個分離的光接收器，其信號在微處理器中形成立體的視覺，另有第三個光接收器，藉由量測散射光的強弱大小，即可知道煙霧濃度之大小。其偵測系統藉由高效抽氣機採用主動抽氣方式以適應各種情形，通過防護區的管路不斷的抽取空氣樣本，經過濾器過濾灰塵，進入激光分析室進行分析和測量完成光電轉換。

(2) 空氣取樣管路

　　局限型探測器一律配置在天花板下面，極早期火警預警系統取樣管路可隨保護區域及對象調整取樣位置的做法，能真正的達到火災偵測的效果。

四、室內消防栓設備依規定設置的水源應連結加壓送水裝置，試說明使用啓動用水壓開關裝置應如何設定使加壓送水裝置啓動？（25分）

**解：**

使用啓動用水壓開關裝置使加壓送水裝置啓動之設定

啓動用水壓開關裝置：消防栓開關開啓，配管內水壓降低，或撒水頭動作，自動啓動加壓送水裝置之裝置。

室內消防栓設備加壓送水裝置之啓動裝置，除依設置標準第37條規定設置外，使用啓動用水壓開關裝置連動啓動，該啓動用水壓開關裝置壓力開關處之配管內壓降至左列二者較大壓力值時，加壓送水裝置應即啓動。

甲、使用第一種消防栓時，最高或最遠消防栓開關至啓動用水壓開關裝置壓力開關間之落差壓力（H1）加每平方公分二公斤；使用第二種室內消防栓時，爲落差壓力（H1）加每平方公分三公斤及第二種消防栓之開關、水帶瞄子之摩擦損失（Ho）。

乙、屋頂水箱至啓動用水壓開關裝置壓力開關之落差壓力（H2）加每平方公分零點五公斤。

**補充資料**

啓動用水壓開關裝置應符合下列規定：

1. 啓動用壓力槽容量應有100公升以上。

2. 啓動用壓力槽之構造應符合危險性機械及設備安全檢查規則之規定。

3. 啓動用壓力儲槽應使用口徑25mm以上配管，與幫浦出水側逆止閥之二次側配管連接，同時在中途應裝置止水閥。

4. 在啓動用壓力槽上或其近旁應裝設壓力表、啓動用水壓開關及試驗幫浦啓動用之排水閥。

5. 啓動用水壓開關裝置，其設定壓力不得有顯著之變動。

# 103年公務人員特種考試警察人員考試

考 試 別：警察人員考試

等 　 別：三等考試

類 科 別：消防警察人員

科 　 目：消防安全設備

考試時間：2小時

※注意：

1) 禁止使用電子計算器。

2) 不必抄題，作答時請將試題題號及答案依照順序寫在試卷上，於本試題上作答者，不予計分。

　　一、某地下美食街，人潮眾多，依法設有排煙設備。試問各家餐飲店舖廚房空間內配置之排煙口，應如何連動控制啓動，才符合法規規定內容及火災境況需求？（25分）

**解：**

甲、排煙口設手動開關裝置及探測器連動自動開關裝置；以該等裝置或遠隔操作開關裝置開啓，平時保持關閉狀態，開口葉片之構造應不受開啓時所生氣流之影響而關閉。手動開關裝置用手操作部分應設於距離樓地板面八十公分以上一百五十公分以下之牆面，裝置於天花板時，應設操作垂鍊或垂桿在距離樓地板一百八十公分之位置，並標示簡易之操作方式。

乙、排煙口之開口面積在防煙區劃面積之百分之二以上，且以自然方式直接排至戶外。排煙口無法以自然方式直接排至戶外時，應設排煙機。

丙、排煙機應隨任一排煙口之開啓而動作。排煙機之排煙量在每分鐘一百二十立方公尺以上；且在一防煙區劃時，在該防煙區劃面積每平方公尺每分鐘一立方公尺以上；在二區以上之防煙區劃時，在最大防煙區劃面積每平方公尺每分鐘二立方公尺以上。但地下建築物之地下通道，其總排煙量應在每分鐘六百立方公尺以上。

丁、連接緊急電源，其供電容量應供其有效動作三十分鐘以上。

戊、排煙口直接面向戶外且常時開啓者，得不受第六款及前款之限制。

己、前項之防煙壁，指以不燃材料建造，自天花板下垂五十公分以上之垂壁或具有同等以上阻止煙流動構造者。但地下建築物之地下通道，防煙壁應自天花板下垂八十公分以

上。

此外，啓動裝置

1. 自動啓動裝置

　(1) 檢查方法

　　偵煙式探測器性能檢查，依照火警自動警報設備的檢查要領進行，確認探測器動作後，能否連動排煙機啓動。

　(2) 判定方法

　　A. 依照火警自動警報設備的檢查要領對探測器進行判定。

　　B. 排煙機應能確實啓動。

2. 手動啓動方式

　(1) 檢查方法

　　確認手動啓動操作箱的把手及操作桿之轉動及打開動作有無異常。

　(2) 判定方法

　　A. 用手應能容易轉動把手。

　　B. 操作桿應無破損，鋼索應無斷落或生鏽。

　　二、一設有海龍替代藥劑滅火系統之作業場所，為確認該系統於火災發生時，能在一定時間內達成撲滅火災之目的，則在審勘查作業時應核對哪些事項？試說明之。（25分）

**解：**

一) 將電源切換爲緊急電源狀態，依下列各點規定進行檢查。鹵化烴滅火設備全區放射方式應依設置之系統數量進行抽樣檢查，其抽樣分配方式如下表例示。抽測之系統放射區域在二區以上時，應至少擇一放射區域實施放射試驗；進行放射試驗系統，應於滅火藥劑儲存容器標示放射日期。

　(一) 檢查方法

　　1. 以空氣或氮氣進行放射試驗，所需空氣量或氮氣量，應就放射區域應設滅火藥劑量之10%核算，每公斤以下表所列公升數之比例核算，每次試驗最多放出5支。

表　鹵化烴滅火藥劑每公斤核算空氣量或氮氣量

| 滅火藥劑 | 每公斤核算空氣量或氮氣量（公升） |
|---|---|
| HFC-23 | 34 |
| HFC-227ea | 14 |

2. 檢查時應注意下列事項：

(1)充填空氣或氮氣之試驗用氣體容器壓力，應與該滅火設備之儲存容器之充填壓力大約相等。

(2)使用啟動用氣體容器之設備者，應準備與設置數量相同之氣體容器數。

(3)應準備必要數量供塞住集合管部或容器閥部及操作管部之帽蓋或塞子。

3. 檢查前，應依下列事項事先準備好儲存容器等：

(1)暫時切斷控制盤等電源設備。

(2)將自儲存容器取下之容器閥開放裝置及操作管連接裝設在試驗用氣體容器上。

(3)除試驗用氣體容器外，應取下連接管後用帽蓋蓋住集合管部。

(4)應塞住放射用以外之操作管。

(5)確認儲存容器部分外之其餘部分是否處於平時設置狀況。

(6)控制盤等設備電源，應在「開」之位置。

4. 檢查時，啟動操作應就下列方式擇一進行：

(1)手動式者，應操作手動啟動裝置使其啟動。

(2)自動式者，應將自動、手動切換裝置切換至「自動」位置，使探測器動作、或使受信機、控制盤探測器回路之端子短路，使其啟動。

(二) 判定方法

1. 警報裝置應確實鳴響。

2. 遲延裝置應確實動作。

3. 開口部等之自動關閉裝置應能正常動作，換氣裝置需確實停止。

4. 指定防護區劃之啟動裝置及選擇閥能確實動作，可放射試驗用氣體。

5. 配管內之試驗用氣體應無洩漏情形。

6. 放射表示燈應確實亮燈。

(三) 注意事項

1. 檢查結束後，應將檢查時使用之試驗用氣體容器，換裝回復為原設置之儲存容器。

2. 在未完成完全換氣前，不得進入放射區域。遇不得已之情形非進入時，應著空氣呼吸器。

3. 完成檢查後，應確實將所有裝置回復定位。

| 測試項目 | | | | 測試方法 | 判定要領 |
|---|---|---|---|---|---|
| 性能試驗 | 動作試驗 | 選擇閥動作試驗 | | 解開各系統在儲存容器周圍之導管，如為電力啓動者，應操作啓動裝置；如為氣壓啓動者，則應使用試驗用氣體，以確認各個動作狀況。 | 自動及手動之動作應確實。 |
| | | 容器閥開放裝置動作試驗 | | 將容器閥開放裝置從啓動用氣體容器取下，操作手動啓動裝置或控制盤；如為自動啓動裝置，則使探測器動作。確認各該裝置之動作狀況，測定、記錄遲延時間，並做自動及手動切換試驗。 | 撞針應無變形、損傷等，且確實地動作。 |
| | | 控制裝置試驗 | 遲延時間 | | 遲延裝置應依設定時間動作。 |
| | | | 緊急停止裝置動作狀況 | | 在遲延裝置之設定時間內操作緊急用停止開關時，放出機關應停止。 |
| | | | 音響警報先行動作狀況 | | 放出用開關、拉栓等應在音響警報裝置動作、操作後，才能操作。 |
| | | | 自動・手動切換動作狀況 | | 切換開關應為專用，且切換應能確實執行。 |
| | | 異常信號試驗 | 短路試驗 | 解開各系統在儲存容器周邊之導管，並在控制盤或操作箱輸出入端子，以試驗用電源進行下列測試：<br>①使放射啓動信號線與電源線短路，確認動作狀況。<br>②使放射啓動信號線與表示燈用信號線短路，確認動作狀況。 | ①放射啓動回路不得動作。<br>②應有回路短路或回路異常之顯示，且音響警報不得動作。 |
| | | | 接地試驗 | 解開各系統在儲存容器周邊之導管，使控制盤或操作箱之音響警報啓動信號線、放射停止信號線、電源線及容器閥開放裝置啓動用信號線等（已接地之電源線除外）分別接地，確認動作狀況。 | 應有回路接地或回路異常之顯示，且音響警報不得動作。 |

| 測試項目 | | | 測試方法 | 判定要領 |
|---|---|---|---|---|
| 動作試驗 | 音響警報裝置試驗 | 啓動裝置動作狀況 | 如為手動啓動裝置，應操作該裝置，確認其動作狀況。 | 應由手動或自動啓動裝置之操作或動作即自動發出警報。 |
| | | 警報鳴動狀況 | 如為自動啓動裝置，應以符合火警自動警報設備探測器動作試驗之測試方法，確認其動作狀況。 | 只要未操作手動啓動裝置或控制盤之緊急停止裝置或復舊開關，警報即應在一定時間內繼續鳴動。 |
| | | 音量 | | 音量應在防護區域內任一點均能加以確認。 |
| | | 音聲警報裝置動作狀況 | | 應可在警鈴或蜂鳴器鳴動後，以人語發音發出警報。 |
| | | 自動警報動作狀況 | | 即使已操作手動啓動裝置之緊急停止開關或控制盤之復舊開關，如火警自動警報設備之探測器動作時，仍應自動發出警報。 |
| | 附屬裝置連動試驗 | 動作狀況 | 如為電力啓動者，應操作啓動裝置；如為氣壓啓動者，應以試驗用氣體，確認換氣裝置之停止、防火捲門之自動關閉機關的動作狀況。 | 應在設定時間內確實地動作。 |
| | | 復歸操作狀況 | | 應可從防護區域外容易地進行復舊操作。 |
| | 滅火藥劑排出試驗 | | 啓動排放裝置。 | 排放裝置應正常地動作。 |
| | 放射表示燈試驗 | | 使壓力開關動作，以確認該區域之表示燈的亮燈狀況。 | 設置在防護區域出入口等之放射表示燈應確實地亮燈或閃爍。 |
| 綜合試驗 | 綜合動作試驗 | 選擇閥動作狀況‧放出管路 | 在各防護區域操作啓動裝置，放射試驗用氣體，確認通氣及各構件之狀況。試驗用氣體應使用氮氣或空氣，施加與該設備之使用壓力相同的壓力。所需試驗用氣體量，依放射區域應設滅火藥劑量之10%核算。 | 控制該防護區域之選擇閥應確實動作，從噴頭放射試驗用氣體的放出管路應無誤。 |
| | | 通氣狀況 | | 因試驗用氣體的放射，通氣應確實。 |
| | | 氣密狀況 | | 集合管、導管等各配管部分及閥類應無外漏之情形。 |
| | | 警報裝置動作狀況 | | 音響警報裝置之鳴動及警示燈之警示效果應確實。 |
| | | 放射表示燈亮燈狀況 | | 在該區域之放射表示燈應亮燈或閃爍。 |
| | | 附屬裝置動作狀況 | | 附屬裝置、自動關閉裝置之動作、換氣裝置之停止等應確實。 |

三、大賣場生鮮食品之冷藏空間及其他特殊作業場所之低溫材料儲存區，如仍有發生火災之虞，則其火警探測器在設置上，有何應考量事項？試列述之。（25分）

**解：**

| 場所 | | | 1 灰塵、粉末會大量滯留場所 | 2 水蒸氣會大量滯留之場所 | 3 會散發腐蝕性氣體之場所 | 4 平時煙會滯留之場所 | 5 顯著高溫之場所 | 6 排放廢氣會大量滯留之場所 | 7 煙會大量流入之場所 | 8 會結露之場所 |
|---|---|---|---|---|---|---|---|---|---|---|
| 適用探測器 | 差動式局限型 | 一種 | | | | | | ○ | ○ | |
| | | 二種 | | | | | | ○ | ○ | |
| | 差動式分布型 | 一種 | ○ | | ○ | | | ○ | ○ | ○ |
| | | 二種 | ○ | ○ | ○ | | | ○ | ○ | ○ |
| | 補償式局限型 | 一種 | ○ | | ○ | | | ○ | ○ | ○ |
| | | 二種 | ○ | | ○ | | | ○ | ○ | ○ |
| | 定溫式 | 特種 | ○ | ○ | ○ | ○ | ○ | | ○ | ○ |
| | | 二種 | | ○ | ○ | ○ | ○ | | ○ | ○ |
| | 火焰式 | | ○ | | | | | ○ | | |

註：
1) ○表可選擇設置。
2) 場所1、2、4、8所使用之定溫式或補償式探測器，應具有防水性能。
3) 場所3所使用之定溫式或補償式探測器，應依腐蝕性氣體別，使用具耐酸或耐鹼性能者；使用差動式分布型時，其空氣管及檢出器應採有效措施，防範腐蝕性氣體侵蝕。

　　大賣場生鮮食品之冷藏空間及其他特殊作業場所之低溫材料儲存區為會結露之場所，可使用差動式分布型一種或二種、補償式（防水性）局限型一種或二種、定溫式（防水性）特種或二種。

**第115條　探測器之裝置位置，依下列規定：**

　　一、天花板上設有出風口時，除火焰式、差動式分布型及光電式分離型探測器外，應距離該出風口一點五公尺以上。

　　二、牆上設有出風口時，應距離該出風口一點五公尺以上。但該出風口距天花板在一公尺以上時，不在此限。

　　三、天花板設排氣口或回風口時，偵煙式探測器應裝置於排氣口或回風口周圍一公尺

範圍內。

四、局限型探測器以裝置在探測區域中心附近為原則。

五、局限型探測器之裝置，不得傾斜四十五度以上。但火焰式探測器，不在此限。

### 第121條

差動式分布型探測器，依下列規定設置：

一、差動式分布型探測器為空氣管式時，應符合下列規定：

(一) 每一探測區域內之空氣管長度，露出部分在二十公尺以上。

(二) 裝接於一個檢出器之空氣管長度，在一百公尺以下。

(三) 空氣管裝置在裝置面下方三十公分範圍內。

(四) 空氣管裝置在自裝置面任一邊起一點五公尺以內之位置，其間距，在防火構造建築物，在九公尺以下，其他建築物在六公尺以下。但依探測區域規模及形狀能有效探測火災發生者，不在此限。

二、差動式分布型探測器為熱電偶式時，應符合下列規定：

(一) 熱電偶應裝置在裝置面下方三十公分範圍內。

(二) 各探測區域應設探測器數，依下表之規定：

| 建築物構造 | 探測區域樓地板面積 | 應設探測器數 |
| --- | --- | --- |
| 防火構造建築物 | 八十八平方公尺以下 | 至少四個。 |
| | 超過八十八平方公尺 | 應設四個，每增加二十二平方公尺（包含未滿），增設一個。 |
| 其他建築物 | 七十二平方公尺以下 | 至少四個。 |
| | 超過七十二平方公尺 | 應設四個，每增加十八平方公尺（包含未滿），增設一個。 |

(三) 裝接於一個檢出器之熱電偶數，在二十個以下。

三、差動式分布型探測器為熱半導體式時，應符合下列規定：

(一) 探測器下端，裝設在裝置面下方三十公分範圍內。

(二) 各探測區域應設探測器數，依下表之探測器種類及裝置面高度，在每一有效探測範圍，至少設置二個。但裝置面高度未滿八公尺時，在每一有效探測範圍，至少設置一個。

| 裝置面高度 | 建築物之構造 | 探測器種類及有效探測範圍（平方公尺） | |
|---|---|---|---|
| | | 一種 | 二種 |
| 未滿八公尺 | 防火構造建築物 | 65 | 36 |
| | 其他建築物 | 40 | 23 |
| 八公尺以上未滿十五公尺 | 防火構造建築物 | 50 | － |
| | 其他建築物 | 30 | － |

(三) 裝接於一個檢出器之感熱器數量，在二個以上十五個以下。

前項之檢出器應設於便於檢修處，且與裝置面不得傾斜五度以上。

定溫式線型探測器，依下列規定設置：

一、探測器設在裝置面下方三十公分範圍內。

二、探測器在各探測區域，使用第一種探測器時，裝置在自裝置面任一點起水平距離三公尺（防火構造建築物為四點五公尺）以內；使用第二種探測器時，裝在自裝置面任一點起水平距離一公尺（防火構造建築物為三公尺）以內。

　　四、設於科學園區內某晶圓廠之無塵室，其空調機房尺寸為15m（長）×10m（寬）×8m（高），則依各類場所消防安全設備設置標準第18條所示內容應設何種滅火設備？應如何配置？試申論之。（25分）

解：

　　本案空調機房尺寸為15m（長）×10m（寬）×8m（高），樓地板面積為150m²，依照各類場所消防安全設備設置標準第18條規定，電信機械室、電腦室或總機室及其他類似場所，樓地板面積在二百平方公尺以上者。

　　因此，無需設自動滅火設備；依第14條，設有放映室或變壓器、配電盤及其他類似電氣設備之各類場所，應設置滅火器。

第31條滅火器應依下列規定設置：

一、視各類場所潛在火災性質設置，並依下列規定核算其最低滅火效能值：

　　(一) 供第十二條第一款及第五款使用之場所，各層樓地板面積每一百平方公尺（含未滿）有一滅火效能值。

　　(二) 供第十二條第二款至第四款使用之場所，各層樓地板面積每二百平方公尺（含未滿）有一滅火效能值。

    (三) 鍋爐房、廚房等大量使用火源之處所，以樓地板面積每二十五平方公尺
      （含未滿）有一滅火效能值。

二、電影片映演場所放映室及電氣設備使用之處所，每一百平方公尺（含未滿）另設
    一滅火器。

三、設有滅火器之樓層，自樓面居室任一點至滅火器之步行距離在二十公尺以下。

四、固定放置於取用方便之明顯處所，並設有長邊二十四公分以上，短邊八公分以
    上，以紅底白字標明滅火器字樣之標識。

五、懸掛於牆上或放置滅火器箱中之滅火器，其上端與樓地板面之距離，十八公斤以
    上者在一公尺以下，未滿十八公斤者在一點五公尺以下。

六、大眾運輸工具每輛（節）配置一具。

因此，本案滅火設備應至少設置二支滅火器作為防護。

# 102年公務人員特種考試警察人員考試

考　試　別：警察人員考試

等　　　別：三等考試

類　科　別：消防警察人員

科　　　目：消防安全設備

考試時間：2小時

※注意：

1) 禁止使用電子計算器。

2) 不必抄題，作答時請將試題題號及答案依照順序寫在試卷上，於本試題上作答者，不予計分。

　　一、國內日前發生一場重大多人傷亡的醫院火災，彰顯出醫院火災防護的特殊性，請分析醫院中常見的病歷室、手術室的火災風險為何？對於醫院病歷室、手術室的火災防護，現有的消防安全設備設置相關規定存在哪些問題？未來對於病歷室、手術室的火災防護與消防安全設備設置應如何強化，才能改善醫院消防安全？試申論之。（25分）

**解：**

**一) 醫院中常見病歷室、手術室火災風險分析如下：**

1. 具有爆炸危險空間

   高壓氧艙危險區、鍋爐房、加熱器房及藥物庫房等是醫院重要的防火空間。一般而言，當氧濃度增高時，物質變得容易被引燃，可燃物燃燒速度也隨之加快；又一氧化二氮（笑氣）與氧氣等，常從儲存間以管道配氣輸送到各病房或手術房。這種氣體儘管本身不會燃燒，但能強烈助燃，又機構內之危險物品基於使用方便，任意置放之情形如消毒性酒精。因此，於氣體艙內、加熱器房或化學藥品庫房等發生火災，極易造成火勢變化快速致人員傷亡。

2. 可燃物多元複雜

   危險化學品種類多，火災情況多元複雜；如病理室在進行切片製作和處理過程中，經常使用乙醇、二甲苯等化學溶劑，手術室使用乙醚、酒精等易燃性麻醉劑，以及鍋爐房、消毒鍋、高壓氧體等壓力容器和設備，有些房間如：放射科、生化檢驗室、病理科、製劑室、ICU病房、X光膠片室等重點部位，一旦發生火災

時，這些低燃點物質不僅燃燒速度快，而且能夠產生大量有毒煙氣，部分危險的化學品甚至有爆炸的危險。

3. 隱蔽空間多

此類建築物內有各種隱蔽空間，存在於牆壁之後、天花板之上、大樓公共設施溝槽之中、氧氣等管道間、電腦機房之高架地板等，這種空間大小不一，其存在特有之通風問題，垂直性空間具有煙囪效應，由於人員較難以靠近，火災能在可燃性隱蔽空間內發展及蔓延。又維生管線破壞防火區劃，提供火煙擴散途徑。

4. 電器火災風險高

電線過度拉扯、重物輾過，延長線過度串接使用、積汙導電。

5. 避難動線問題

走廊通道上擺放障礙物影響避難通行，而常閉式防火門不符使用習慣，使用門止，及可能錯誤的排煙閘門設計與逃生口過近問題。

二) 醫院中現有的消防安全設備設置相關規定存在問題

因設置二種消防栓防護距離短，設置數量多，且樓梯走廊通道無法供應適量空間而不被考慮；但若加以修改，強制要求建築設計在樓梯間或走廊通道，提供適當安裝空間，並在此類場所配合保行水帶修改水帶架結構，讓一人即可簡易操作類似第二種消防栓的消防栓能夠被廣泛的使用，並將這種消防栓外型像第一種消防栓，配置保形水帶及直線水霧瞄子，正式納入第一種消防栓。

三) 如何強化才能改善醫院消防安全

1. 非常時有人之空間，如高度風檢之非主要空間（地下室、儲藏室）應上鎖並設有偵煙型探測器或火警探測器。

2. 住房必須有房門（門淨寬1.1公尺），兩側有病室之病房走道應有2.4公尺；設有固定式設施時淨寬度至少1.8公尺，通過防火區劃之防火門、一般門（不含門樘）時淨寬度至少1.5公尺。

3. 機構內除設有獨立空調系統區域外，室內中央空調系統之電源開關設有連動火警探測設備自動切斷之裝置。

4. 手術室、產房、X光（放射線）室、加護病房或麻醉室特殊單位內，除設置ABC乾粉滅火器外，應備有適量小型手持$CO_2$滅火器。

5. 設置緊急應變應勤裝備（醫療站應備手提式擴音器、防煙面罩、無線電、手電筒）及疏散避難所需使用之適當搬運器材（如軟式擔架、逃生滑墊等）。

6. 樓梯間、走道及緊急出入口、防火門等周圍1.5公尺內保持暢通阻礙物。

7. 設置火警警自動警報設備。

8. 逃生路徑為雙向（有兩個以上逃生出口），並有視、聽之警示設備。

9. 增設119自動通報裝置（設置119火災通報裝置（與火警自動警報設備連動））

10. 符合人力及空間需求更換現有消防栓為第二種消防栓（1人可輕易操作之型式）機構內住房區域因應夜間起火時人力短缺之境況建議選用第二種消防栓。

11. 應增設自動撒水設備。

12. 醫療機構除避難層外，各樓層應以具一小時以上防火時效之牆壁及防火設備分隔為二個以上之區劃，各區劃均應以走廊連接安全梯，或分別連接不同安全梯。

13. 前項區劃之樓地板面積不得小於同樓層另一區劃樓地板面積之三分之一。自一區劃至同樓層另一區劃所需經過之出入口，寬度應為一百二十公分以上，出入口設置之防火門，關閉後任一方向均應免用鑰匙即可開啟。

14. 自動警報逆止閥應容易查看。

15. 非常時有人之居室、公共區域之浴室及廁所設置火警探測器（離出口風1m以上）。

16. 逃生路徑為雙向（有兩個以上逃生出口），並有視、聽之警示設備。

17. 切斷中央空調系統開關（火警警報系統啟動關閉中央空調系統）。

18. 關閉病室房門、安全梯及防火區劃之防火門（設於日常動線上之常開式防火門，平時保持開啟，緊急時自動關閉並雙向開啟。

19. 重症住房區域內，應設置小型$CO_2$滅火器。

20. 設有自動撒水設備（或簡易式撒水設備）。

21. 疏散動線及方向避免與搶救動線重疊競合。

22. 疏散動線之安全門第一時間必須暢通（解鎖）。

（資料來源：潘國雄，強化醫院火災預防與應變，彰化縣衛生局辦理102年度醫療區域輔導與醫療資源整合計畫政府政策宣導暨醫事人員及非醫事人員教育訓練（彰化場），2013年6月）

　　二、無線電通信輔助設備對於消防救災具有重要意義，因此消防人員對此設備應有所理解，尤其火場指揮官（Fire Ground Commander）對於無線電通信輔助設備之設置更必須清楚掌握。請問，依各類場所消防安全設備設置標準規定，此設備應設置的場所為何？此設備中的洩波同軸電纜具有何種特性與優點？會影響此設備無線電波傳輸的因素為何？（25分）

解：

## 一) 應設置無線電通信輔助設備的場所

各類場所消防安全設備設置標準第30條：樓高在一百公尺以上建築物或者總樓地板面積在一千平方公尺以上之地下建築物應設置無線電通信輔助設備。

各類場所消防安全設備設置標準第192條無線電通信輔助設備依下列規定設置：

1. 無線電通信輔助設備使用洩波同軸電纜，該電纜應適合傳送或幅射一百五十五萬Hz或中央消防機關指定之周波數。
2. 洩波同軸電纜之標稱阻抗應為五十歐姆。
3. 洩波同軸電纜經耐燃處理。

## 二) 洩波同軸電纜特性與優點

洩波同軸電纜（RADIALCX）是一良好的通信媒介，在國外已廣泛地應用到高鐵、隧道、車站、礦坑以及地下建築物等場所的無線電通訊系統中，它克服了無線電波對空間傳輸的限制，延續訊號傳輸通暢無阻，是一條同時具有同軸電纜與天線功能的電纜。近年來由於營建技術提升，都會區摩天大樓及特殊用途建築物，如捷運車站、地下街等紛紛建立，但接踵而來，防災問題面臨救災訊息無法即時傳遞的窘境，這也突顯無線電通信在救災過程之重要性及必要性。

優點如下：

1. 共用性：洩波同軸電纜類似一種可延伸的天線，可發射及接收無線電波，達到雙向通信的目的。
2. 寬頻：洩波同軸電纜使用的頻率範圍從75MHz至2.6GHz間。
3. 環境自主性：無論是環境的空間限制（如：屋內轉角、牆壁等）或是金屬材質的障礙物或是其它電波吸收媒介，洩波同軸電纜能確保訊號良好的傳遞。
4. 可規劃性：依據通信用途的需求以及地形地物的限制、塑造完整的通信環境。

## 三) 影響洩波同軸電纜設備無線電波傳輸的因素

無線電傳輸的原理在於藉由變動的電場及磁場交互感應而產生的電磁波，傳遞至遠端。

大規模的影響因素

1. 傳播的影響因素是針對收發機之間距離遠近，以及受到外在傳輸環境變動情形下的影響。
2. 影響無線電波信號強弱的三大類因素
   A. 路徑衰減（path loss）。

B. 慢速擾動（slow fading）或屏蔽現象（shadowing）。

C. 快速擾動（fast fading）。

3. 影響無線電波傳輸的因素

　A. 所在地區整體特性，是城市、郊區，或是空曠的開放地區。

　B. 發送端傳送天線與接收端接收天線的高度。

　C. 無線電載波頻率。

　D. 無線電發射機與接收機之間相對的距離（基地臺與手機間的距離）。

　E. 量測地區內建築物平均的高度、街道寬度、建築物之間疏密的程度等。

　F. 道路走向是否會阻礙電磁波的傳送，或者是一個通道的效益讓信號更容易地傳送。

　G. 室內量測的房間隔間性質（固定水泥牆或活動隔間板），會影響電磁波信號衰減。

　H. 發送及接收端之間隔樓層（牆）數、樓層面積、隔間窗戶所占比例、隔間材質、樓層功能（辦公室、教室或商店）等考慮因素。

　I. 建築物建材（水泥、木造屋或鐵皮屋）。

（資料來源：太平洋電線電纜股份有限公司http://www.pewc.com.tw/tc/p1-about.asp）

　　三、設於儲槽之固定式泡沫滅火設備，依我國各類場所消防安全設備設置標準之規定，有關泡沫放出口可分為幾類型？各型泡沫放出口之定義各為何？（25分）

**解：**

泡沫放出口可類型及各型泡沫放出口之定義如下表：

| 建築構造及泡沫放出口種類　儲槽直徑 | 泡沫放出口應設數量 | | |
|---|---|---|---|
| | 固定頂儲槽 | 內浮頂儲槽 | 外浮頂儲槽 |
| | I 或 II 型 | III 或 IV 型 | II 型 | 特殊型 |
| 未達十三公尺 | 一 | 一 | 二 | 二 |
| 十三公尺以上未達十九公尺 | | | 三 | 三 |
| 十九公尺以上未達二十四公尺 | | | 四 | 四 |
| 二十四公尺以上未達三十五公尺 | 二 | 二 | 五 | 五 |
| 三十五公尺以上未達四十二公尺 | 三 | 三 | 六 | 六 |
| 四十二公尺以上未達四十六公尺 | 四 | 四 | 七 | 七 |

| 建築構造及泡沫放出口種類　　儲槽直徑 | 泡沫放出口應設數量 | | | |
|---|---|---|---|---|
| | 固定頂儲槽 | | 內浮頂儲槽 | 外浮頂儲槽 |
| | Ⅰ或Ⅱ型 | Ⅲ或Ⅳ型 | Ⅱ型 | 特殊型 |
| 四十六公尺以上未達五十三公尺 | 五 | 六 | 七 | 七 |
| 五十三公尺以上未達六十公尺 | 六 | 八 | 八 | 八 |
| 六十公尺以上未達六十七公尺 | 八 | 十 | | 九 |
| 六十七公尺以上未達七十三公尺 | 九 | 十二 | | 十 |
| 七十三公尺以上未達七十九公尺 | 十一 | 十四 | | 十一 |
| 七十九公尺以上未達八十五公尺 | 十三 | 十六 | | 十二 |
| 八十五公尺以上未達九十公尺 | 十四 | 十八 | | 十二 |
| 九十公尺以上未達九十五公尺 | 十六 | 二十 | | 十三 |
| 九十五公尺以上未達九十九公尺 | 十七 | 二十二 | | 十三 |
| 九十九公尺以上 | 十九 | 二十四 | | 十四 |

一、各型泡沫放出口定義如下：
　　(一)Ⅰ型泡沫放出口：指由固定頂儲槽上部注入泡沫之放出口。該泡沫放出口設於儲槽側板上方，具有泡沫導管或滑道等附屬裝置，不使泡沫沉入液面下或攪動液面，而使泡沫在液面展開有效滅火，並且具有可以阻止儲槽內公共危險物品逆流之構造。
　　(二)Ⅱ型泡沫放出口：指由固定頂或儲槽之上部注入泡沫之放出口。在泡沫放出口上附設泡沫反射板可以使放出之泡沫能沿著儲槽之側板內面流下，又不使泡沫沉入液面下或攪動液面，可在液面展開有效滅火，並且具有可以阻止槽內 公共危險物品逆流之構造。
　　(三)特殊型泡沫放出口：指供外浮頂儲槽上部注入泡沫之放出口，於該泡沫放出口附設有泡沫反射板，可以將泡沫注入於儲槽側板與泡沫隔板所形成之環狀部分。該泡沫隔板係指在浮頂之上方設有高度在零點三公尺以上，且距離儲槽內側在零點三公尺以上鋼製隔板，具可以阻止放出之泡沫外流，且視該儲槽設置地區預期之最大降雨量，設有可充分排水之排水口之構造者為限。
　　(四)Ⅲ型泡沫放出口：指供固定頂儲槽槽底注入泡沫法之放出口，該泡沫放出口由泡沫輸送管（具有可以阻止儲槽內之公共危險物品由該配管逆流之構造或機械），將發泡器或泡沫發生機所發生之泡沫予以輸送注入儲槽內，並由泡沫放出口放出泡沫。
　　(五)Ⅳ型泡沫放出口：指供固定頂儲槽槽底注入泡沫法之放出口，將泡沫輸送管末端與平時設在儲槽液面下底部之存放筒（包括具有在送入泡沫時可以很容易脫開之蓋者。）所存放之特殊軟管等相連接，於送入泡沫時可使特殊軟管等伸直，使特殊軟管等之前端到達液面而放出泡沫。
二、特殊型泡沫放出口使用安裝在浮頂上方者，得免附設泡沫反射板。
三、本表之Ⅲ型泡沫放出口，限於處理或儲存在攝氏二十度時一百公克中水中溶解量未達一公克之公共危險物品，（以下稱「不溶性物質」）及儲存溫度在攝氏五十度以下或動粘度在100cst以下之公共危險物品儲槽使用。
四、內浮頂儲槽浮頂採用鋼製雙層甲板（Double deck）或鋼製浮筒式（Pantoon）甲板，其泡沫系統之泡沫放出口種類及數量，得比照外浮頂儲槽設置。

四、請就乾粉滅火設備在進行檢查時，說明如何對加壓式乾粉滅火藥劑儲存容器之滅火藥劑量進行性能檢查？若加壓氣體為二氧化碳，如何對加壓氣體容器之氣體量進行性能檢查？（25分）

**解：**

### 一) 加壓式乾粉滅火藥劑儲存容器之性能檢查

1. 滅火藥劑量
   (1) 檢查方法

   以下列方法確認之。

   A. 取下滅火藥劑充填蓋，自充填口測量滅火藥劑之高度，或將容器置於台秤上，測定其重量。

   B. 取少量（約300cc）之樣品，確認有無變色或結塊，並以手輕握之，檢視其有無異常。

   (2) 判定方法

   A. 儲存所定之滅火藥劑應達規定量以上（灰色為第四種乾粉；粉紅色為第三種乾粉；紫色系為第二種乾粉；白色或淡藍色為第一種乾粉）。

   B. 不得有雜質、變質、固化等情形，且以手輕握搓揉，並自地面上高度五十公分處使其落下，應呈粉狀。

   (3) 注意事項

   溫度超過40℃以上，濕度超過60%以上時，應暫停檢查。

### 二) 加壓氣體為二氧化碳對加壓氣體容器之氣體量性能檢查

1. 氣體量
   (1) 檢查方法

   A. 使用氮氣者，依下列方法確認之。

   a. 設有壓力調整器者，應先關閉裝設於二次側之檢查開關或替代閥，以手動操作或以氣壓式、電氣式容器開放裝置使其動作而開放。

   b. 讀取壓力調整器一次側壓力表或設在容器閥之壓力表指針。

   B. 使用二氧化碳者，依下列方法確認之。

   a. 以扳手等工具，將連結管、固定用押條取下，再將加壓用氣體容器取出。

   b. 分別將各容器置於計量器上，測定其總重量。

   c. 由總重量扣除容器重量及開放裝置重量。

(2) 判定方法

    A. 使用氮氣者，在溫度35℃、0kgf/cm$^2$狀態下，每一公斤乾粉滅火藥劑，需氮氣四十公升以上。

    B. 使用二氧化碳者，每一公斤滅火藥劑需二氧化碳二十公克以上，並加算清洗配管所需要量（20g/1kg）以上，且應以另外之容器儲存。

# 101年公務人員特種考試警察人員考試

考　試　別：警察人員考試

等　　　別：三等考試

類　科　別：消防警察人員

科　　　目：消防安全設備

考試時間：2小時

※注意：

1) 禁止使用電子計算器。

2) 不必抄題，作答時請將試題題號及答案依照順序寫在試卷上，於本試題上作答者，不予計分。

一、光電式局限型探測器的動作原理可分為哪幾種？為確定光電式局限型探測器具有足夠的靈敏度，依規定應如何進行其動作試驗與不動作試驗？（**25分**）

解：

一) 光電式局限型探測器動作原理分類

光電式探測器：動作又可分為「遮光型」及「受光型」兩種；

A. 「遮光型」動作是煙粒子進入探測器內部，而探測器的內部有一個「發光體」，在「發光體」的對面是一個「受光部」，煙粒子阻擋了「受光部」接收到「發光體」光束達某一程度時即動作，也就是說遮光率達某一種程度即動作。

B. 「受光型」動作是「受光部」因煙粒子受到「發光體」的光產生的折射接收到光源達某一程度即動作。

本探測器是檢測火災發生時所產生的燃燒生成物（煙），而向火警受信總機送出信號之偵煙式探測器。比起偵熱式探測器更能早期的偵測到火災的發生。探測器本體裡的遮光室內設有發光二極體，約每隔3.5秒發光，平常由於遮光壁的阻隔，光源無法到達受光素子，但是當煙進入遮光室內時，由於煙粒子會造成光源散亂反射的現象，而使光源到達受光體，此時依據煙的濃度而使受光量增加，到達規定的基準值並經確認接受連續兩次的信號後，探測器即開始動作並自我保持報警狀態。向火警受信總機送出信號的同時，確認燈會亮燈。

光電式局限型探測器分類如下：

| 光電式局限型探測器（1種、非蓄積型） |
|---|
| 光電式局限型探測器（2種、非蓄積型） |
| 光電式局限型探測器（2種、非蓄積型） |
| 光電式局限型探測器（2種、蓄積型） |
| 光電式局限型探測器（2種、非蓄積型、室外表示燈回路） |
| 光電式局限型探測器（2種、3種、非蓄積型） |
| 光電式局限型探測器（3種、非蓄積型） |
| 光電式局限型探測器（3種、非蓄積型） |

二) 光電式局限型探測器動作試驗與不動作試驗之規定如下

光電式局限型探測器應符合下列規定：

(1) 光電式局限型探測器之蓄積時間，應在5秒以上、60秒以內，標稱蓄積時間則在10秒以上、60秒以內，以每10秒為刻度。

(2) 光電式局限型探測器之靈敏度應經下列各項之試驗且符合表6所規定之數值。

### 光電式局限型探測器靈敏度試驗數值表

| 種別 | K | V | T | t |
|---|---|---|---|---|
| 1種 | 5 | | | |
| 2種 | 10 | 20～40 | 30 | 5 |
| 3種 | 15 | | | |

1.K值表示標稱動作濃度，亦即用減光率來表示，所謂減光率即發光部與受光部相隔一定距離，而在此空間中有煙存在時會減少其光度。

2.以標示靈敏度為種類者：K係以探測器本身濃度標示值（％），以其標示值之130％為動作試驗值（％），以標示值之70％為不動作試驗值（％）。（但K值不得超過5不得小於2，並歸類於1種之種別）

(3) 動作試驗

含有每公尺減光率1.5K濃度之煙，以風速Vcm/sec之氣流吹向時，對非蓄積型者應在T秒內，對於蓄積型應在標稱蓄積時間以上動作，但此時間不得超過標稱蓄積時間加T秒。（但總時間不得超過60秒）

(4) 不動作試驗

含有每公尺減光率0.5K濃度之煙，以風速Vcm/sec之氣流吹向時，在t分鐘以內不得動作。

**補充資料**

| 離子式局限型、光電式局限型、離子化類比式局限型、光電類比式局限型 | *動作試驗 | 以加煙試驗器等對探測器加煙，測定至探測器動作為止之時間。 | 探測器之動作時間應在下表所示之值以內。 |
|---|---|---|---|

探測器之動作時間應在下表所示之值以內。

| 動作時間<br>探測器 | 探測器種類 | | |
|---|---|---|---|
| | 特種 | 第一種 | 第二種 |
| 離子式局限型<br>光電式局限型<br>離子化類比式局限型<br>光電類比式局限型 | 30秒 | 60秒 | 90秒 |

但如為蓄積型探測器，動作時間應在表列時間加上標稱蓄積時間及5秒後之時間以內。

| 光電式分離型<br>光電類比式分離型 | *動作試驗 | 使用減光罩，測定至探測器動作為止之時間。 | a.如為非蓄積型者，動作時間應在30秒以內。<br>b.如為蓄積型者，動作時間應在30秒加上標稱蓄積時間及5秒後之時間以內。 |
|---|---|---|---|

二、避難器具為建築物火災時，輔助災民避難逃生的重要消防安全設備，依規定許多場所均應設置，但各類場所消防安全設備設置標準中，亦明訂符合某些規定的場所，其應設之避難器具得免設。請問，各類場所應設之避難器具得免設的規定為何？何以這些場所得免設避難器具？（25分）

**解：**

一) 應設避難器具得免設規定

依159條各類場所之各樓層符合下列規定之一者，其應設之避難器具得免設：

一、主要構造為防火構造，居室面向戶外部分，設有陽臺等有效避難設施，且該陽臺等設施設有可通往地面之樓梯或通往他棟建築物之設施。

二、主要構造為防火構造，由居室或住戶可直接通往直通樓梯，且該居室或住戶所面向之直通樓梯，設有隨時可自動關閉之甲種防火門（不含防火鐵捲門），且收容人員未滿三十人。

三、供第十二條第二款第六目、第十目或第四款所列場所使用之樓層，符合下列規定者：

(一) 主要構造為防火構造。

(二) 設有二座以上安全梯，且該樓層各部分均有二個以上不同避難逃生路徑能通達安全梯。

四、供第十二條第二款第一目、第二目、第五目、第八目或第九目所列場所使用之樓
　　層，除符合前款規定外，且設有自動撒水設備或內部裝修符合建築技術規則建築
　　設計施工篇第八十八條規定者。

## 二) 得免設避難器具之場所之原因

　　得免設場所因具有性能法規之等價替代或同等性能於避難器具，內部人員遇到該建築
物有其同等以上之避難逃生動線。

　　以符經濟有效之設備原則，為免重複投資成本。

　　三、室內停車空間的火災燃燒特性為何？室內停車空間若裝置水霧滅火設備時，其排
水設備應如何處理？此一排水設備規定會衍生哪些問題？（25分）

**解：**

## 一) 室內停車空間火災燃燒特性

　1. 濃煙迅速擴大，溫度急速升高

　　　火災時發煙量與可燃物之物理、化學特性和供氣程度有關。由於內部空間處於近
　　　似密閉狀態，供氧來源受限，多產生不完全燃燒，發煙量大且難以擴散。又因結
　　　構特殊，火災發生後，無法自然排煙，致濃厚黑煙（來自於車輛座椅或輪胎等）
　　　源源產生且無以消散，而燃燒所產生之熱能易於囤積，短時間內將形成高溫，而
　　　汽車之油箱亦將導致火勢迅速燃燒，促使火勢更加猛烈。

　2. 火災輻射熱回饋效應

　　　室內火災熱煙層，受室內區劃淨空間限制，集中在室內頂部，火流向水平方向延
　　　伸，熾熱氣流可傳播很遠，可燃物燃燒能量傳給熱煙氣流，且大部分又傳至壁
　　　面，致受限空間內部產生輻射熱回饋效應（radiation energy feedback），空間相對
　　　封閉，火災後溫升快，高溫能持續保持一段很長時間。

　3. 火點不易攻擊，搶救時間持久

　　　所處內部空間濃煙毒氣瀰漫，搶救人員進攻路徑單一，故視線、體能均受到諸多
　　　考驗，瞄子射水難以有效攻擊火點，無論是救災抑或傷患運出皆極端不易。又受
　　　近似密閉式火場空間結構，延燒中之車輛影響，因隧道空間是狹長的孔洞結構，
　　　這將加速火災水平蔓延，熱量不易散出而溫度上升快，並產生較強持續高溫作
　　　用。消防人員難以在內部進行有效率之活動，搶救時間勢必拉長。

　4. 到場消防力，無法展開有效率活動

　　　大型救災設備無法進入現場，進入人員需有一定防護裝備，到場消防力受到種種

限制，而無法展開有效率之攻擊。即使所擁有消防力較多，受到局限空間之火場關係，多無法深入及接觸到火勢，大部份未能充份發揮出救災作用。

5. 通訊設備會有干擾

室內停車空間常因於大樓地下室，室內通訊設備會有干擾，使內部救災人員指揮通訊聯繫受限，使消防活動具相當挑戰性。

## 二) 排水設備處理

第68條裝置水霧滅火設備之室內停車空間，其排水設備應符合下列規定：

1. 車輛停駐場所地面作百分之二以上之坡度。

2. 車輛停駐場所，除面臨車道部分外，應設高十公分以上之地區境界堤，或深十公分寬十公分以上之地區境界溝，並與排水溝連通。

3. 滅火坑具備油水分離裝置，並設於火災不易殃及之處所。

4. 車道之中央或二側設置排水溝，排水溝設置集水管，並與滅火坑相連接。

5. 排水溝及集水管之大小及坡度，應具備能將加壓送水裝置之最大能力水量有效排出。

## 三) 排水設備衍生問題

1. 施工難度

地面大面積必須作百分之二以上之坡度。

2. 壓縮使用空間

除面臨車道部分外，應設高十公分以上之地區境界堤，或深十公分寬十公分以上之地區境界溝，並與二側必須設置排水溝且連通。

3. 增加設備成本

滅火坑具備油水分離裝置，設置抽水幫浦等加壓送水裝置（往往是地下空間），將排水排至室外。

（引用資料：自盧守謙，2016，救災救助全書D，吳鳳科技大學消防系用書。）

四、國內因環保因素近幾年推廣油氣混合車，因此在各縣市皆增設加氣站供瓦斯車加氣，試說明加氣站之防護設備分類為何？並說明依法應如何設置？（25分）

解：

## 一) 可燃性高壓氣體場所、加氣站及天然氣儲槽之防護設備分類如下：

1. 冷卻撒水設備。

2. 射水設備：指固定式射水槍、移動式射水槍或室外消防栓。

## 二) 設置之規定條例

### 第208條

下列場所應設置防護設備。但已設置水噴霧裝置者，得免設：

一、可燃性高壓氣體製造場所。

二、儲存可燃性高壓氣體或天然氣儲槽在三千公斤以上者。

三、氣槽車之卸收區。

四、加氣站之加氣車位、儲氣槽人孔、壓縮機、幫浦。

### 第229條

可燃性高壓氣體場所、加氣站、天然氣儲槽及可燃性高壓氣體儲槽之冷卻撒水設備，依下列規定設置：

一、撒水管使用撒水噴頭或配管穿孔方式，對防護對象均勻撒水。

二、使用配管穿孔方式者，符合CNS一二八五四之規定，孔徑在四毫米以上。

三、撒水量為防護面積每平方公尺每分鐘五公升以上。但以厚度二十五毫米以上之岩棉或同等以上防火性能之隔熱材被覆，外側以厚度零點三五毫米以上符合CNS一二四四規定之鋅鐵板或具有同等以上強度及防火性能之材料被覆者，得將其撒水量減半。

四、水源容量在加壓送水裝置連續撒水三十分鐘之水量以上。

五、構造及手動啟動裝置準用第二百十六條之規定。

### 第230條

前條防護面積計算方式，依下列規定：

一、儲槽為儲槽本體之外表面積（圓筒形者含端板部分）及附屬於儲槽之液面計及閥類之露出表面積。

二、前款以外設備為露出之表面積。但製造設備離地面高度超過五公尺者，以五公尺之間隔作水平面切割所得之露出表面積作為應予防護之範圍。

三、加氣站防護面積，依下列規定：

　　(一) 加氣機每臺三點五平方公尺。

　　(二) 加氣車位每處二平方公尺。

　　(三) 儲氣槽人孔每座三處共三平方公尺。

　　(四) 壓縮機每臺三平方公尺。

　　(五) 幫浦每臺二平方公尺。

　　(六) 氣槽車卸收區每處三十平方公尺。

**第231條**

可燃性高壓氣體場所、加氣站、天然氣儲槽及可燃性高壓氣體儲槽之射水設備，依下列規定：

一、室外消防栓應設置於屋外，且具備消防水帶箱。

二、室外消防栓箱內配置瞄子、開關把手及口徑六十三毫米、長度二十公尺消防水帶二條。

三、全部射水設備同時使用時，各射水設備放水壓力在每平方公分三點五公斤以上或0.35MPa以上，放水量在每分鐘四百五十公升以上。但全部射水設備數量超過二支時，以同時使用二支計算之。

四、射水設備之水源容量，在二具射水設備同時放水三十分鐘之水量以上。

**第232條**

射水設備設置之位置及數量應依下列規定：

一、設置個數在二支以上，且設於距防護對象外圍四十公尺以內，能自任何方向對儲槽放射之位置。

二、依儲槽之表面積，每五十平方公尺（含未滿）設置一具射水設備。但依第二百二十九條第三款但書規定設置隔熱措施者，每一百平方公尺（含未滿）設置一具。

# 100年公務人員特種考試警察人員考試

考　試　別：警察人員考試

等　　　別：三等考試

類　科　別：消防警察人員

科　　　目：消防安全設備

考試時間：2小時

※注意：

1) 禁止使用電子計算器。

2) 不必抄題，作答時請將試題題號及答案依照順序寫在試卷上，於本試題上作答者，不予計分。

　　一、何謂消防法規上的「無開口樓層」？一般醫院各病房所在樓層是否屬之？依各類場所消防安全設備設置標準之規定，一未達400平方公尺的標準病房是否應設「出口標示燈」？一旦設置，則有何特殊性能需求？試分別說明之。（**25分**）

**解：**

一) **無開口樓層**

　　無開口樓層：建築物之各樓層供避難及消防搶救用之有效開口面積未達下列規定者：

　　1. 十一層以上之樓層，具可內切直徑五十公分以上圓孔之開口，合計面積為該樓地板面積三十分之一以上者。

　　2. 十層以下之樓層，具可內切直徑五十公分以上圓孔之開口，合計面積為該樓地板面積三十分之一以上者。但其中至少應具有二個內切直徑一公尺以上圓孔或寬七十五公分以上、高一百二十公分以上之開口。

二) **判斷一般醫院各病房所在樓層是否屬之**

　　一般醫院各病房所在樓層如符上述無開口樓層定義之內容，即屬之。

三) **未達400平方公尺的標準病房應設「出口標示燈」**

　　依照規定，應設「出口標示燈」，並依第146條下列處所得免設出口標示燈、避難方向指示燈或避難指標：

　　自居室任一點易於觀察識別其主要出入口，且與主要出入口之步行距離符合下列規定者。但位於地下建築物、地下層或無開口樓層者不適用之：

該步行距離在避難層為二十公尺以下，在避難層以外之樓層為十公尺以下者，得免設出口標示燈。

### 四) 設置特殊性能需求

1. 第146-5條出口標示燈及非設於樓梯或坡道之避難方向指示燈，設於下列場所時，應使用A級或B級；出口標示燈標示面光度應在二十燭光（cd）以上，或具閃滅功能；避難方向指示燈標示面光度應在二十五燭光（cd）以上。
2. 供第十二條第一款第六目使用者。其出口標示燈並應採具閃滅功能，或兼具音聲引導功能者。
3. 又依第146-7條出口標示燈及避難方向指示燈，應保持不熄滅。但出口標示燈及非設於樓梯或坡道之避難方向指示燈，與火警自動警報設備之探測器連動亮燈，且配合其設置場所使用型態採取適當亮燈方式，並符合下列規定之一者，得予減光或消燈。其設置位置可利用自然採光辨識出入口或避難方向期間。

　　二、試申論用來連動啟動排煙、滅火、防火鐵捲門之探測器與一般火警探測器，在設計目標與選擇適用探測器的性能類型上，有何差異性？（25分）

**解：**

1. 不得免設規定，因排煙設備與火警自動警報設備系統、功能不同，故該區劃內原設置之差動式探測器不得免設。
2. 排煙設備應具獨立之手動、自動感知、啟動及控制等組件，其直接連動控制盤啟動，以爭取時效，迅速排煙。不宜將偵煙式探測器接至火警受信總機，再由火警受信總機將信號傳至排煙受信總機。
3. 探測器選用不同，排煙設備探測器宜採用光電式3種、分離型，不可使用雙迴路。
4. 裝設位置要求，一般探測器設置探測區域中心；而常開式防火門之探測器應設置在距該門十公尺範圍。

　　三、我國每年冬天，國人常因瓦斯使用不當而導致人員之傷亡。今有一新落成之公寓大廈，擬在瓦斯作業之處所裝設漏氣檢知器，請說明該大廈若用天然瓦斯，則瓦斯漏氣檢知器依規定應如何裝設？若採液化石油氣，則瓦斯漏氣檢知器依規定應如何裝設？（25分）

解：

### 一) 天然瓦斯瓦斯漏氣檢知器裝設

瓦斯漏氣檢知器，依瓦斯特性裝設於天花板或牆面等便於檢修處，並符合下列規定：

1. 瓦斯對空氣之比重未滿一時，依下列規定：

   A. 設於距瓦斯燃燒器具或瓦斯導管貫穿牆壁處水平距離八公尺以內。
   但樓板有淨高六十公分以上之樑或類似構造體時，設於近瓦斯燃燒器具或瓦斯導管貫穿牆壁處。

   B. 瓦斯燃燒器具室內之天花板附近設有吸氣口時，設在距瓦斯燃燒器具或瓦斯導管貫穿牆壁處與天花板間，無淨高六十公分以上之樑或類似構造體區隔之吸氣口一點五公尺範圍內。

   C. 檢知器下端，裝設在天花板下方三十公分範圍內。

2. 水平距離之起算，依下列規定：

   A. 瓦斯燃燒器具為燃燒器中心點。

   B. 瓦斯導管貫穿牆壁處為面向室內牆壁處之瓦斯配管中心處。

### 二) 液化瓦斯瓦斯漏氣檢知器裝設

瓦斯漏氣檢知器，依瓦斯特性裝設於天花板或牆面等便於檢修處，並符合下列規定：

1. 瓦斯對空氣之比重大於一時，依下列規定：

   A. 設於距瓦斯燃燒器具或瓦斯導管貫穿牆壁處水平距離四公尺以內。

   B. 檢知器上端，裝設在距樓地板面三十公分範圍內。

2. 水平距離之起算，依下列規定：

   A. 瓦斯燃燒器具為燃燒器中心點。

   B. 瓦斯導管貫穿牆壁處為面向室內牆壁處之瓦斯配管中心處。

四、消防主管機構到迗行者金紙公司進行消防安全檢查，發現該公司除販售金紙外，亦銷售爆竹煙火，且儲存與販賣量皆達中央主管機關所定管制量以上。請問迗行者金紙公司應設置何種滅火設備？並簡述該滅火設備及如何核算各場所其最低滅火效能值？而其滅火設備除滅火器外，應如何核算滅火效能值？（**25分**）

解：

### 一) 應設置滅火設備種類

第206-1條下列爆竹煙火場所應設置第五種滅火設備：

1. 爆竹煙火製造場所有火藥區之作業區或庫儲區。

2. 達中央主管機關所定管制量以上之爆竹煙火儲存、販賣場所。

建築物供前項場所使用之樓地板面積合計在一百五十平方公尺以上者，應設置第一種滅火設備之室外消防栓。但前項第二款規定之販賣場所，不在此限。

## 二) 核算各場所其最低滅火效能值

第199條設置第五種滅火設備者，應依下列規定核算其最低滅火效能值：

1. 公共危險物品製造或處理場所之建築物，外牆為防火構造者，總樓地板面積每一百平方公尺（含未滿）有一滅火效能值；外牆為非防火構造者，總樓地板面積每五十平方公尺（含未滿）有一滅火效能值。

2. 公共危險物品儲存場所之建築物，外牆為防火構造者，總樓地板面積每一百五十平方公尺（含未滿）有一滅火效能值；外牆為非防火構造者，總樓地板面積每七十五平方公尺（含未滿）有一滅火效能值。

3. 位於公共危險物品製造、儲存或處理場所之室外具有連帶使用關係之附屬設施，以該設施水平最大面積為其樓地板面積，準用前二款外牆為防火構造者，核算其滅火效能值。

4. 公共危險物品每達管制量之十倍（含未滿）應有一滅火效能值。

## 三) 滅火設備除滅火器外，應如何核算滅火效能值

第200條第五種滅火設備除滅火器外之其他設備，依下列規定核算滅火效能值：

1. 八公升之消防專用水桶，每三個為一滅火效能值。
2. 水槽每八十公升為一點五滅火效能值。
3. 乾燥砂每五十公升為零點五滅火效能值。
4. 膨脹蛭石或膨脹珍珠岩每一百六十公升為一滅火效能值。

# 第 **6** 章

# 消防戰術

# 105年公務人員特種考試警察人員考試

考　試　別：警察人員考試

等　　　別：三等考試

類　科　別：消防警察人員

科　　　目：消防戰術（包括消防戰術、消防機械、緊急救護）

考試時間：2小時

※注意：

1) 禁止使用電子計算器。

2) 不必抄題，作答時請將試題題號及答案依照順序寫在試卷上，於本試題上作答者，不予計分。（請接背面）

一、當轄區發生意外事故肇致現場有大量傷病患之緊急救護案件時，請問身為第一線救護指揮官的您，可分那四類進行大量傷病患之救護檢傷分類、救治送醫優先順序與各應賦予何種顏色檢傷標籤？（25分）

**解：**

大量傷病患之救護檢傷分類、救治送醫優先順序與各應賦予顏色檢傷標籤

以「START」是Simple Triage And Rapid Treatment（簡易分類並迅速治療）的縮寫，這是在1980年代，由南加州一群急診醫師、急救技術員及急診護士等發展出來的。主要的用途是日常緊急醫療體系內發生之大量傷患事件，如車禍、火災等，這是目前最普遍而常見的檢傷模式。

採用START的紅、黃、綠、黑等四級，這個檢傷方式的實際作法是：先呼喚所有的傷患，能夠步行的病患就檢傷為「輕傷」，以「綠色」為標幟，其次再評估其呼吸，如果沒有呼吸，則將他的呼吸道試著打開，如果仍然不能恢復呼吸，則為「死亡」，以「黑色」為標幟；如果仍呼吸，或是一開始評估就有呼吸的人，評估其呼吸速率，如果呼吸很快（大於每分鐘三十次），則為「重傷」或說「立即」，以「紅色」為標幟。如果呼吸小於三十次，則評估橈動脈；沒有橈動脈的病人屬於「立即」（重傷），這循環評估的部分，也可以評估指甲微血管床充填的時間，如果超過兩秒鐘，代表循環系統有休克的現象，也是當成「立即」的病患。如果橈動脈可以摸到脈搏，代表血壓應該有80毫米汞柱以上，則看看是否意識清楚；如果完全清楚，則屬於「中傷」，或說「延遲」，以「黃色」

爲標幟。這個系統需配合傷票的使用。由於大量傷患的情境通常輕傷者占絕大多數，可以很快將輕傷病患過濾掉，留下少數重傷、中傷、死亡的病人，可以迅速地進行檢傷與救治，所以廣受緊急醫療人員的好評。

二、當您受命擔任轄區消防分隊長與第一線救火指揮官時，請論述下列機制與其如何在火場應用：
一) 安全官（Safety Officer）機制？（12分）
二) 快速救援小組（Rapid Intervention Team, RIT）機制？（13分）

解：

## 一) 安全官（Safety Officer）機制

安全官的職責在監督與評估是否有安全上的危害或不安全的情形並找出能確保人員安全的方法。在辨識出危害後，將訊息傳達給應變指揮官（IC），應辦指揮官再依此對行動計畫作必要的調整。當意外事件的規模較大，較複雜時，或是應變資源的數量較多，以至於應變指揮官在監督危害與不安全的情形上有困難時，應指派一名安全官。

當有不安全的行爲或策略，或人員有立即危險之威脅時，安全官可以立即的變更措施加以因應。當採取任何行動後，安全官需向應變指揮官提出報告並說明其原因。若無立即危險的威脅，安全官應循正常的應變指揮管道完成此變更措施。

## 二) 快速救援小組（Rapid Intervention Team, RIT）機制

鑑於火災現場閃燃、爆燃等不確定危害因素，可能威脅救災現場之消防人員安全，本局○○分隊，爲加強同仁火場搶救，萬一遇到同伴受傷或緊急狀況時能立即應變，特於每日一物訓練時，實施火場同伴互救操作訓練，藉此強化消防人員救援同伴之能力。

操作訓練時模擬消防人員於火場受困時，以無線電進行求救，利用無線電代碼，將同仁姓名、職稱、受傷之情形及受困之位置及需要何種幫助，通報現場指揮官，由現場未受傷之同仁第一時間將受困同仁利用面罩共生及各式搬運法向安全方向拖行，並迅速啓動快速救援小組（Rapid Intervention Team，簡稱RIT），攜帶破壞器材、相關救援裝備及備用空氣瓶，供受困人員補給空氣脫困，及運用各式搬運法及空氣瓶共生互助逃生，讓同仁能夠熟習操作動作，使能克服心理障礙，於救災現場能夠有清楚的觀念及熟練度。

火場指揮官爲緊急搶救火場消防人員，視火場相關狀況得指派至少兩名緊急應變救援小組（Rapid Intervention Team, RIT）人員穿著完整裝備待命，以防止突發狀況。

RIT之組成如下述：

A.指揮官在極短時間研判可運用人力，指示入室人員轉成RIT（Rapid Intervention

Team，快速救援小組），將昏倒人員移至相對安全區，並加派人力入室救援。

B. 如人力充足，可指定專責RIT在室外待命。

C. 人力不足，則立即靈活彈性調度，指派現場人員變更任務，轉成RIT。

D. 實務上可能由義消擔任RIT，但應由職消率義消入室較恰當。

　　消防單位普遍人力不足，無法指派專責安全官及組成專責RIT，入室人員應以自身安全為最高原則，在確保自身安全的前提下救災。各組入室人員均需安全官登錄，嚴禁私自入室，專職義消均同，如現場同仁發生任何狀況，指揮官需第一時間應變，指派其他同仁盡速組成救援小隊。分隊平時可擇適宜消防役辦理火場安全管理訓練，使其具備安全管理觀念及能力。

　　三、空氣呼吸器（**Self-Contained Breathing Apparatus, SCBA**）幾乎已成為消防員進入火災現場救災的基本裝備，請敘述：

　　一) 空氣呼吸器由哪些結構所組成？（12分）

　　二) 需要使用空氣呼吸器的時機場所？（13分）

**解：**

**一) 空氣呼吸器結構組成**

　　1.面罩、2.氣瓶、3.瓶帶組、4.肩帶、5.報警哨、6.壓力表、7.氣瓶閥、8.減壓器、9.背托、10.腰帶組、11.快速接頭、12.供給閥。RHZK6.8/30型正壓式空氣呼吸器由12個部件組成，現將各部件的特點介紹如下：

　　A.面罩：為大視野面窗，面窗鏡片採用聚碳酸酯材料，具有透明度高、耐磨性強、防霧功能，網狀頭罩式佩戴方式，佩戴舒適、方便，膠體採用矽膠，無毒、無味、無刺激，氣密性能好。

　　B.氣瓶：為鋁內膽碳纖維全纏繞複合氣瓶，工作壓力30MPa，具有質量輕、強度高、安全性能好，瓶閥具有高壓安全防護裝置。

　　C.瓶帶組：瓶帶卡為一快速凸輪鎖緊機構，並保證瓶帶始終處於一閉環狀態。氣瓶不會出現翻轉現象。

　　D.肩帶：由阻燃聚酯織物製成，背帶採用雙側可調結構，使重量落於腰胯部位，減輕肩帶對胸部的壓迫，使呼吸順暢。肩帶上設有寬大彈性襯墊，可減輕對肩的壓迫。

　　E.報警哨子：置於胸前，報警聲易於分辯，體積小、重量輕。

　　F.壓力表：大錶盤、具有夜視功能，配有橡膠保護罩。

G. 氣瓶閥：具有高壓安全裝置，開啟力矩小。

H. 減壓器：體積小、流量大、輸出壓力穩定。

I. 背托：背托設計符合人體工程學原理，由碳纖維複合材料注塑成型，具有阻燃及防靜電功能，質輕、堅固，在背托內側襯有彈性護墊，可使配戴者舒適。

J. 腰帶組：卡扣鎖緊、易於調節。

K. 快速接頭：小巧、可單手操作、有鎖緊防脫功能。

L. 供給閥：結構簡單、功能性強、輸出流量大、具有旁路輸出、體積小。

二) 需要使用空氣呼吸器的時機場所：

A. 搶救有大量濃煙迷漫之樓梯通道、密閉空間、地下室火警或高樓層火災使用。

B. 可使用於地下涵洞、蓄水池井、陰溝等沼氣易蓄積或空氣顯有嚴重不足之處所。

C. 對於化災現場或有毒氣產生刺眼、鼻之災區可視危害之種類特性短暫使用。

D. 可設定災害搶救狀況，訓練同仁體驗空氣呼吸器之性能及狀況，以祈在災區現場高溫黑暗或毒氣發生之惡劣環境下，仍能熟練確實穿著使用。

使用時間（分）

$$= \frac{〔氣瓶充填壓力（kg/cm^2）- 餘壓（kg/cm^2）× 容量子(l)〕}{每分鐘呼吸量（l/min）}$$

餘壓（殘壓）一般約為$15kg/cm^2$

每分鐘呼吸量（如下表）一般以40（l/min）

| 活動別 | 每分鐘呼吸量 |
|---|---|
| 休息 | 10~15（l/min） |
| 輕度工作 | 20~30（l/min） |
| 適度重工作 | 30~40（l/min） |
| 重工作 | 35~55（l/min） |

例：設空氣瓶容量8公升，充填壓力為$150kg/cm^2$，餘壓為$15kg/cm^2$，每分鐘呼吸量為40（l/min）則使用為：

$$= \frac{（150 - 15）× 8}{40}$$

$$= 27(min)$$

四、當您受命擔任火災現場指揮官時，您應該收集哪些火災現場資訊，以方便您進行火災現場指揮與決斷？（25分）

解：

一) 指揮之基本

1. 人命救助為最優先

   1) 集合住宅有老人與幼兒之避難弱者問題，相較於工業建築物內使用人一般行動靈活，對火災能作出迅速反應。因此，依火災發生時間，有使用人數在內情況與警覺性，依其狀況進行人命之搜索與救助行動、避難誘導為最優先。

   2) 複合用途大樓問題有時會伴隨建築物大規模化，內部的使用空間大量出租化，防火管理不易，有其人命安全之複雜問題。

2. 把握災害實態

   1) 集合住宅屬於一般危險性用房等級，即室內物品燃燒速度中等，煙氣產生量較大，但於其防火區劃較完整。因此，由防災中心、守衛室、避難者及關係者作確認及相關情報，從火煙熱之流動狀況作判斷等，儘可能從各種方面來收集情報，迅速掌握災害實態（人命搜索、延燒擴大危險及作業危險）等。

   2) 複合用途大樓在管理對象伴隨巨大化，防災與組織體制複雜化，於緊急狀況時易產生混亂與發生延遲等現象。

   3) 集合住宅或複合用途大樓火災，皆應取得各樓層之平面圖及居住者名冊。

   4) 於圖面上表示出火點、火煙蔓延汙染範圍及逃生延遲者狀況等，並周知救災人員，以進行有效率的來指揮救災活動。

3. 指揮體制之機能發揮

   指揮中心體制機能予以最大化發揮。

   1) 組織活動之分配

      A. 現場總指揮官隨時把握出勤單位之現況，統一控管各單位救災活動。

      B. 各大（分）隊長進行災害現況報告，並執行總指揮官任務分配。

      C. 各大（分）隊長在總指揮官統一率領指示下進行活動，禁止單位獨自之行動。

   2) 進入之管制

      濃煙內之活動，易生救災人員混亂危險，應明確指示進入活動之單位，而其他單位則統一管制進入。

   3) 無線電之管制

      無線電使用人員眾多，為免混亂應進行通話頻道管制，以使統一指揮體制順暢。

4. 掌握出勤單位

完全掌握出勤之單位，及適當攜行救災配備。

1) 關係圖之活用

A.依所製定消防對象物之甲種防護圖現場之消防資源等活用，特別是複合用途大樓之樓層使用種類，並於圖面顯示各單位之部署情形，進行有空間概念之指揮。

B.將所完成之戰略部署圖面影印，分發各出勤單位，以確認行動。

2) 活動方針之變更

A.此類用途建築物，消防活動採取攻擊戰術爲主，總指揮官因應火災狀況變化，及時變更活動方針並作修正。

B.總指揮官確認消防活動之成果，認爲無法期待有成果之情況時，應即變更消防活動之方針，展開新的消防活動。

C.於活動方針變更之場合，應立即使全體救災人員周知，以快速展開新修正之活動方針。而各級指揮官應作確認並逐一回報。

3) 支援申請

預想可能會有大量之人命救助、特異火災或大規模火災之發展情況，應早期集結必要之救災人力。

5. 確保出入口

1) 作業空間之確保

A.火場建築如非爲地面層，於建築物周邊，預留救災之雲梯車等活用之考量，並確保特種車輛之作業空間。

B.依法令規定，集合住宅居室樓地板面積未超過200m²者，樓梯寬度僅爲0.75m以上。於完全著裝之消防人員手持工具，如此作業寬度於進入時應加以注意。

2) 避免淪爲障礙

不會形成避難人群疏散動線、消防水源部署及特種車輛進入之障礙位置作部署。

6. 進入口之設定

1) 進入口之指定

A.吸氣側與進入口之設定。

B.依法令規定，住宅之居室之開口（窗）面積，不得小於該樓地板面積1/8。因此，其具一定相當之開口面積。

2) 進入口之活動環境確保

視情況使用自然通風及強制通風換氣，確保樓梯間及此類建築物縱深走廊等通風路徑暢通。

3) 破壞之進入口設定

門窗等破壞，來設定救災人員進入口。

7. 瞄子部署

1) 於屋內及屋外之內外2面，迅速部署攻擊及掩護瞄子。

2) 指定射水擔當瞄子及其射水之時機。

8. 警戒部署

於建築物窗部空間各面延燒路徑部份，迅速部署水線警戒瞄子。

9. 消防設備等活用

1) 複合用途建築物依照各類場所消防安全設備設置標準，11層以上建築物需設置自動撒水設備。

2) 7層以上建築物應設置連結送水管

3) 建築技術規則建築設計施工編規定，供住宅使用於2層面積在300m²以上者，需具1小時以上防火時效之防火構造建築。因此，在防火區畫完整下可作為相對安全避難所。

4) 確認建築物警報設備及滅火設備之作動狀況。

5) 積極活用連結送水管等消防搶救上必要設備。

6) 於水平避難方面，依法令規定，複合用途大樓於每層樓地板面積超過500m²者，應設置一般附室或排煙室。

10. 有效果射水

1)因應長走廊或天花板高度，選定火災狀況相對應之瞄子型式、口徑，如以射水槍作部署射水。

2)注意有效果之射水進行。

11. 防止水損

1)留意水損防止，進行射水作業之控管。

2)實施內部大空間、樓梯間水損之防止處置。

（引用資料：自盧守謙，2016，《救災救助全書》，吳鳳科技大學消防系用書。）

# 104年公務人員特種考試警察人員考試

考 試 別：警察人員考試

等　　別：三等考試

類 科 別：消防警察人員

科　　目：消防戰術（包括消防戰術、消防機械、緊急救護）

考試時間：2小時

※注意：

1) 禁止使用電子計算器。

2) 不必抄題，作答時請將試題題號及答案依照順序寫在試卷上，於本試題上作答者，不予計分。（請接背面）

---

一、火場搶救時，依現場收集之資料，若發現附近存有過氧化鈉、磷化鈣等物質，試依其可能之化學反應式說明其危險性？並依其危險性擬定合適之防護裝備與搶救策略？（25分）

**解：**

可能化學反應式及依其危險性擬定合適之防護裝備與搶救策略

過氧化鈉是強氧化劑，可以與多種金屬單質以及非金屬化合物發生反應。

過氧化鈉與水反應，生成氫氧化鈉和氧氣：

這是一個放熱反應，又由於生成物中含有氧氣，因此極易引起可燃物的燃燒和爆炸。

過氧化鈉與二氧化碳反應，生成碳酸鈉（$Na_2CO_3$）和氧氣

過氧化鈉與稀硫酸反應，生成硫酸鈉（$Na_2SO_4$）、水和氧氣

可以把過氧化鈉溶解在低溫的硫酸中，然後減壓蒸餾即可得到過氧化氫（$H_2O_2$）

**一) 過氧化鈉**

**安定性：**與水可能反應、爆炸

**應避免之物質：**

強還原劑、水、二氧化碳、醇、活性金屬粉末、有機物、可燃物、強酸、棉花。

**個人防護設備：**

呼吸防護

1. 若有適當通風，一般可不需要呼吸防護具。

2. 若高濃度時，使用高效率粒子濾清式呼吸防護具。

3. 若濃度超過上述呼吸防護具戴量時，用自攜式呼吸防護具。

**手部防護**：防滲手套。

**眼睛防護**：化學安全護目鏡。

**皮膚及身體防護**：工作服、圍裙。

**適用滅火劑**：化學乾粉、砂土。禁止使用水、二氧化碳、泡沫滅火器。

**滅火時可能遭遇之特殊危害**：純過氧化鈉雖不燃，但為一強氧化劑，會增強周遭火災的危害。

**特殊滅火程序**：

1. 在安全許可下，將容器移離火場。

2. 使用水來冷卻暴露於火場的容器，但不要讓水進入容器內。

3. 消防人員之特殊防護裝備：配戴全身式化學防護衣及空氣呼吸器（必要時外加抗閃火鋁質被覆外套）。

## 二) 磷化鈣

化學式：$Ca_3P_2$是一種化學燃燒彈或作為滅鼠劑使用。外觀呈紅棕色結晶粉末或灰色塊狀，熔點1600℃。

磷化鈣與酸或水會發生反應，自燃及釋放出磷化氫。在潮濕空氣中能自燃，與氯、氧、硫、鹽酸反應劇烈，會引起燃燒爆炸的危險。化學反應式如下：

$$Ca_3P_2 + 6H_2O \rightarrow 3Ca(OH)_2 + 2PH_3$$

因會發生劇烈反應和可能發生閃燃，需避免任何與水接觸的可能。

1. 消防措施

滅火介質：乾粉。

源於此物質或混合物的特別的危害：磷的氧化物，氧化鈣。

給消防員的建議：如必要的話，戴自給式呼吸器去救火。

2. 操作處置與儲存

A. 安全操作的注意事項

i.　避免接觸皮膚和眼睛。防止粉塵和氣溶膠生成。

ii.　在有粉塵生成的地方，提供合適的排風設備。切勿靠近火源，嚴禁煙火。

B. 安全儲存的條件，包括任何不相容性

iii. 貯存在陰涼處。容器保持緊閉，儲存在乾燥通風處。

iv. 貯存期間嚴禁與水接觸。

    v.　遇水劇烈反應。充氣操作和儲存

3. 接觸控制和個體防護

  1) 容許濃度

    i.　最高容許濃度。

    ii.　沒有已知的國家規定的暴露極限。

  2) 暴露控制

    iii.　適當的技術控制。

    iv.　避免與皮膚、眼睛和衣服接觸。休息以前和操作過此產品之後立即洗手。

  3) 個體防護設備

    i.　眼／面保護。

    ii.　面罩與安全眼鏡請使用經官方標準如NIOSH（美國）或EN 166（歐盟）檢測與批准的設備防護眼部。

  4) 皮膚保護

    A.　戴手套取手套在使用前必須受檢查。

    B.　請使用合適的方法脫除手套（不要接觸手套外部表面），避免任何皮膚部位接觸此產品。

    C.　使用後請將被汙染過的手套，根據相關法律法規和有效的實驗室規章程式謹慎處理。請清洗並吹乾雙手。

    D.　所選擇的保護手套必須符合EU的89/686/EEC規定和從它衍生出來的EN376標準。

  5) 身體保護：

    A.　全套防化學試劑工作服，阻燃防護服。

    B.　防護設備的類型必須根據特定工作場所中的危險物的濃度和含量來選擇。

  6) 呼吸系統防護：

    如危險性評測顯示需要使用空氣淨化的防毒面具，請使用全面罩式多功能微粒防毒面具N100型（US）或P3型（EN143），防毒面具筒作為工程控制的候補。如果防毒面具是保護的唯一方式，則使用全面罩式送風防毒面具。呼吸器使用經過測試並通過政府標準如NIOSH（US）或CEN（EU）的呼吸器和零件。


    二、閃燃往往造成消防搶救人員重大之傷亡，目前有關閃燃之定義，均著重在現象之探討，並教導人員依其呈現之現象，研判閃燃即將發生，而盡速撤離，但由於不易明確判斷，因此效果似乎不大，若你為火場指揮官，請你站在消防搶救之立場將其定義重新整

理？並依此整理之定義，詳述你會採取那些作為，以盡可能避免閃燃之發生？（25分）

解：

## 一) 消防搶救之立場將閃燃定義重新整理

1. 在目測「閃燃」方面：

   1) 黑煙的發生量，由天花板著火後（指木造建築物）即急遽地增加，煙逐漸地充滿室內而中性帶（Neutral Plane）降低，從開口處所噴出的黑煙帶有黃色。

   2) 開口處中性帶下面空氣的吸進逐漸變強，且開口部的寬度變窄時，可以看出煙噴出有喘息繼續的現象。

   3) 一旦「閃燃」發生時，由開口處流出的煙急速地變成火焰狀態。

2. 在傳統的警告信號方面

   閃燃傳統警告訊號：

   1) 在室內高熱不得不迫使你需蹲低前進。

   2) 濃厚黑煙。

   3) 自由快速燃燒火勢。

   4) 滾流燃燒（Rollover）火勢（最後警告信號）。

3. 在可燃氣體累積方面

   在火場上應詳加考量，哪裡可能累積危險之易燃氣體。需記住，煙層內會包括這些大量氣體而隱藏在內，由以往文獻所顯示這是相當危險的。

4. 例行程序

   在美國曾有閃燃經驗之消防人員，描述閃燃前自由燃燒火勢會導致閃燃發生，是一場火災生命週期發生正常例行程序。

5. 跳衝或死亡

   從美國消防隊員閃燃案例看出，在快速確認閃燃警告信號而立即逃脫（Dive），意謂是生命與死亡間分界點。當危險情境來臨時，假如能快速離開這區域，就能有生存希望；不管往樓梯或窗戶或其他俯衝出去閃燃空間。在此並不主張在完全著裝情況下作逃脫動作，但在閃燃發生為能求生存機會就必須快速離開。

   從文獻研究與國內1992年臺北六福大樓火災三位消防人員殉職於電梯口指出，許多消防人員僅進入室內區域幾呎範圍內遭到快速燃燒而殉職或受傷。在濃煙、高熱與混亂的火場惡劣情況下，救助弱者或陷入困境的人員都處於相當危險環境，在無水線防護下沒有必要去深入不需要人命救助之室內，進而被閃燃所殺。

   從國外案例顯示假使進入室內距離安全出口5呎範圍以外，在閃燃發生時將難以逃

脫；因閃燃一旦發生，將使消防人員頓時失去方向感、混亂、非常低視度等，爲了幾乎沒有存活率環境[註1]，消防人員必須盡可能往開口脫逃，立刻快速跳離是唯一之主要生存策略。假使在深入火場內部水線供應暫時中斷，應考慮此時離出口之安全距離問題。

## 二) 採取作爲儘可能避免閃燃之發生

### 1. 水能滅掉閃燃

假使水線是正在射水，閃燃醞釀將快速消失，即使是少量的水也能有效延緩或壓抑閃燃。瑞典政府教育消防人員當閃燃即將來臨時，使用集束擴散（Penciling）射水方式所形成霧狀水氣防護作爲退出動作，這種技術以少量、快速衝出的水氣射入熱煙氣體層內冷卻，而能快速延緩閃燃。

或是以短距離直線射水（Short Straight-Stream）在牆面及天花板方式，於理論上這能藉由冷卻燃燒生成氣體與牆壁溫度而延緩閃燃發生，維持內部空間熱平衡，且在不會產成大量水蒸氣而能保持良好能見度。

但美國Delisio則認爲，假使在你手上有良好水線，爲什麼你還想要去延緩閃燃發生呢？某些人相信消防人員殉職是死於火場內，當射水中斷時使閃燃才立即醞釀形成；而延緩閃燃就好像轉向你的背讓人持上膛的槍所頂住一樣；但在水線不充足之情況下，上述瑞典方法值得推廣。

### 2. 間斷快速噴灑

假使你有一條以上良好水線，以直線方式（最好以固定式直線噴頭）用順時鐘方式噴向天花板與牆壁，冷卻空間層而中斷所可能形成之閃燃。如此能降低未完全燃燒之氣體層溫度，也可維持能見度。而使用水霧或廣範圍噴灑（Wide Spray）方式射水，歐美學者認爲有以下缺點：

1) 射水距離限制：雖可立即冷卻近處，但較遠處範圍射不到（高輻射熱仍是危險）。

2) 低視度：假使水霧射到天花板之溫度2000°F後頓時成爲大量蒸氣或熱水滴下落，使天花板下面消防人員遭受蒸氣灼傷，特別是在沒有良好之通風作業時。

3) 細小水滴可能被高熱先行蒸發，而根本不能射入到氣體層內部。

---

註1　從文獻紀錄探討出，發現閃燃時以下個通常情境：(1)整個空間捲入 —— 此時易失去方向；(2)強烈疼痛，由於高熱滲透到防護衣之皮膚而灼傷；(3)離開夥伴或小組之人員；(4)清楚浮現出死亡來臨；(5)喪失理性的思考過程；(6)採取極端動作。

因此，消防人員水線最好採取間斷快速噴灑，非朝燃燒火焰射，而是朝天花板下方熱煙氣體層。

3. 射水戰術

在美國有些消防隊，進入高溫室內未到起火室之前，先行射水冷卻前面天花板與上部牆面，來降低室內環境高溫。這是他們從歷年火場經驗中所得來，知道火勢下一步可能會突然快速形成閃燃；但如果室內不是在高溫環境就應注意水損問題。

美國Dick指出以30°角之水霧先射入室內上部空間之高熱氣體層，使用T、Z或O字型之直接射水流朝室內頂部，然後再向下朝火點進行攻擊。

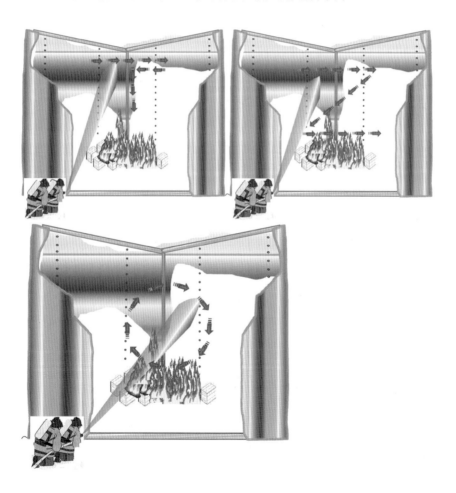

圖為組合攻擊　使用T、Z或O字型之直接射水流朝室內頂部，然後再向下朝火點進行攻擊

（引用資料：盧守謙、陳永隆，《火災學》，吳鳳科大消防系用書，2016）

三、104年2月21日凌晨杜拜知名住宅大樓「火炬塔」發生大火，樓高79層（約340公尺），50樓最早竄出火苗，強風助長火勢往高樓層延燒。如此一情況發生在我國，您是救火指揮官，到達現場即應立即掌握狀況，並隨時以無線電回報指揮中心，請問內容為何？（10分）因應高層建築物火災的特殊問題，火場指揮官應於火災現場適當位置設立火場指揮中心，統一指揮、調度、協調、聯繫，試詳述火場指揮中心之編組及任務。（15分）

**解：**

## 一) 到達現場應立即掌握狀況

先到場分（中）隊活動作為

### 1. 情報收集

先到達單位主管或情報蒐集人員，應儘快與特定關係者聯絡或到達大樓內防災中心，瞭解大樓消防設備等作動狀況及其情報蒐集記錄，以期迅速把握災害狀況，下列項目為可能收集範圍：

1) 火災層及延燒範圍狀況。

2) 自動撒水設備、自動火災探測設備、排煙設備及防火門作動狀況。

3) 各樓層區劃煙流傳播狀況。

### 2. 需救助者確認

1) 火災層有無需救助者。

2) 大樓火災層上方收容人員狀況。

3) 實施避難引導所進行手段與方法。

4) 避難引導上之障礙是什麼。

### 3. 確認消防活動上障礙危害

### 4. 確認延燒擴大危險

### 5. 搶救作業部署展開

### 6. 對象物關係者應行下列指示作為

1) 火災層系統空調機械停止。

2) 防火區劃閉鎖等未作動設備之確認。

3) 緊急用升降機操作人員指定，禁止停止於火災延燒之樓層。

4) 緊急廣播設備確保運用。

### 7. 現場實態把握要領

1) 從防災中心與關係者蒐集下列情報，來把握火災現場實態。

A.從先到達單位之情報收集。

B.收集大樓防災中心內之紀錄表明細項目。

C.其他必要情報項目。

2) 從消防設備動作收集項目。

A.防火區劃作動狀況

B.消防設備等狀況

　　a) 初期滅火狀況

　　b) 自動撒水設備作動狀況

　　c) 排煙設備作動狀況

　　d) 空調設備運轉狀況

3) 從熱煙流動判斷延燒狀況

超高層建築物火災，有其以下延燒特色：

A.水平垂直立體延燒

　　a) 內部水平立體延燒路徑：火災室 —— 走廊 —— 附室 —— 樓梯 —— 上層附
室 —— 上層走廊 —— 上層房間等熱煙可能流通路徑。

　　b) 煙及熱氣因垂直通（管）道開放或填縫不實，也有可能往火災層直下樓延
燒。

B.水平導管與垂直管道間延燒

因水平導管熱煙氣傳導或孔洞洩漏熱對流，致周遭可燃物引燃，造成水平區
劃空間可能延燒；而大樓垂直豎井管道間洩孔，皆會造成火災直上層之其他
空間引燃，造成「跳躍式」燃燒，如汐止東科大樓火災即是。

C.從窗戶至窗戶延燒

如果火災層之窗戶破裂後，勢必造成廣範圍之熱氣與火炎噴出，因火流延伸
貼附牆壁面原理，會造成上層樓之窗戶破裂。如此情況如未加以控制，上層
樓與火災層同樣危險只是時間上問題而已。

D.緊急升降機管路延燒

與樓梯一樣，有可能從由上方往直下延燒之危險。火場指揮官應注意如此緊
急升降機管道因活塞效應致熱煙氣上下竄燒之危險。

E.水平方向之延燒

從火煙氣流噴出現象觀察判斷防火（匣）門未閉鎖狀況，如區劃不完整易造
成水平方向擴大延燒，如汐止東科大樓火災也因防火區劃失敗，致火勢快速
擴大水平延燒。

（引用資料：盧守謙，2016，《消防救災救助全書》，吳鳳科技大學消防系用書）

## 二) 火場指揮中心之編組及任務

### 1) 現場指揮中心設置

大規模、複雜化之超高樓火災,在實施消防活動搶救中帶有多種多樣任務,現場指揮中心應展開有效果之組織活動,使作業效益發揮最大機能。因此,開設前進指揮所與救護指揮所來進行指揮分擔工作,以期周全之指揮機能。

#### A. 設置場所

a) 現場指揮中心地點位置選定,應考量

I. 有效把握災害狀況。

II. 不會產生無線電通訊障礙。

III. 不受火煙影響。

IV. 不會造成消防活動作業障礙。

V. 不會與避難徑相競合。

b) 大樓內有防災中心設置,原則上指揮所應設置在防災中心內。

#### B. 指揮中心之任務

a) 指揮中心為消防活動之總合據點,進行集結各搶救單位而組織消防活動之中樞單位;其亦是能積極蒐集並分析各種情報來補佐指揮官任務,在大規模火災時扮演相當重要之一個角色。

b) 各活動單位隨著災害之發展態樣作相對情報報告,以期指揮中心能把握消防活動狀況,來展開有效果之消防活動,俾發揮群體組織力量。

c) 為隨著災害規模而因應大眾媒體之採訪報導時,指揮中心應另指定媒體公關發言人,來確保指揮機能健全。

### 2) 前進指揮所設置

超高層火災發生於高層部或地下室,易產生無線電通信障礙,現場指揮中心難以發揮具體的狀態把握,欲能針對實際狀況來直接指揮搶救單位,則有其困難性;是以,有設置前進指揮所之必要性;並做為滅火進攻起點,縮短攻援距離。

#### A. 設置場所

前進指揮所位置最佳是設於火災層直下層或同層之安全處,且能與現場指揮中心連絡無障礙且便於指揮之位置,如有防火區劃之升降機前室位置即是理想地點。

#### B. 前進指揮所構成

前進指揮所之指揮官,負有直接對內部活動單位下命令及作業狀況報告之任務,原則上為現場第二指揮體制。

C. 前進指揮所機能
　a) 前進指揮所指揮官，基於活動方針來對現場進行局面指揮，並將所擔當面之災害實態與活動狀況向火災指揮官作報告；並協調內部與外部組織活動使其不致產生混亂。
　b) 前進指揮所指揮官，應把握擔當面之延燒範圍、潛在危險環境及需救助者狀況等災害實態及消防活動環境；而整個活動體制應考慮火災進展、預測與事態之急變等狀況；並將內部各活動向現場指揮中心作報告。
　c) 超高層火災往往需展開長時間消防活動，後勤補給作業方面應早期進行集結於活動據點，如空氣瓶、破壞器具、照明器具、繩索及防水帆布（重要物品防水損用）等。
　d) 上下樓搬運資器材工作人員，必須消耗相當體力，應具體指定及更換人員來搬送資器材。

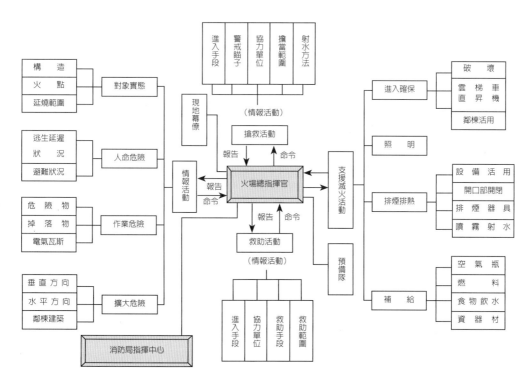

**圖　超高層火災指揮基本型態**

（引用資料：盧守謙，2016，《消防救災救助全書》，吳鳳科技大學消防系用書）

四、104年2月4日上午10時54分復興航空航班墜毀於臺北市南港區與新北市汐止區交界的基隆河面上，飛機上機組人員及乘客共58人。您是現場初期緊急救護指揮官，面對此大量傷患情境，處置原則為何？試申論之。（25分）

解：

大量傷患情境處置原則

1. 整合災難資訊，現場素描簡圖。

2. 成立檢傷分類站、醫療救護站。

3. 估計所需救護車數量與型式。

4. 列出傷票所需資料。

5. 指出疏散次序與方式。

6. 列出民間組織及民眾可協助方式。

7. 瞭解急救員及傷患可能發生的反應。

8. 送醫順序確認。

9. 檢傷分類

　A. 初級檢傷分類START法：

　　START

　　S-imple簡單

　　T-riage檢傷分類

　　A-nd和

　　R-apid快速

　　T-reatment治療

　　Simple Triage and Rapid Treatment（簡單檢傷及快速治療）

　B. 次級檢傷分類：

　　START依呼吸次數、脈搏有無、能否聽口令等分為三類

　　a. 立即後送

　　b. 延後暫緩

　　c. 死亡

　C. START步驟

　　a. 延遲病患──可自行走路的

　　b. 檢查呼吸──30次／分，立即後送

　　c. 檢查脈搏──橈動脈無脈搏，立即後送

  d. 確定腦損傷——不能聽口令，立即後送

D.注意事項

  a. 先評估現場環境是否安全

  b. 遵循一個有系統的檢傷路徑

  c. 馬上接受處理急迫之病患

  d. 檢傷的動作需不斷的進行

  e. 記錄所做之檢傷分類結果

# 103年公務人員特種考試警察人員考試

考 試 別：警察人員考試

等　　別：三等考試

類 科 別：消防警察人員

科　　目：消防戰術（包括消防戰術、消防機械、緊急救護）

考試時間：2小時

※注意：

1) 禁止使用電子計算器。

2) 不必抄題，作答時請將試題題號及答案依照順序寫在試卷上，於本試題上作答者，不予計分。（請接背面）

　　一、消防機關為指揮搶救某具有歷史古蹟之火災，得設火場指揮中心、人員裝備管制站及編組幕僚群，試問上述「火場指揮中心」、「人員裝備管制站」、「編組幕僚群」如何作業？又搶救歷史古蹟之火災過程有何策略？（25分）

解：

一) 「火場指揮中心」、「人員裝備管制站」、「編組幕僚群」作業方式

　　為利於火場指揮及搶救，得設火場指揮中心、人員裝備管制站及編組幕僚群：

1. 火場指揮中心：由火場總指揮官於現場適當位置設立，統一指揮執行救火、警戒、偵查勤務及其他協助救災之單位及人員。

2. 人員裝備管制站：由救火指揮官於室內安全樓層或室外適當處所設立，指定專人負責人員管制及裝備補給，並做為救災人員待命處所。

3. 幕僚群：

甲、作戰幕僚：隨時掌握火場發展狀況、攻擊進度、人力派遣、裝備需求、戰術運用、人命救助等資訊，適時研擬方案供指揮官參考。

乙、水源幕僚：瞭解、估算火場附近之水源情形（消防栓、蓄水池、天然水源等），並建議適當的使用水源方式。

丙、通訊幕僚：負責指揮官與指揮中心、火場內部救災人員間，指揮命令及火場資訊之傳遞。

丁、後勤幕僚：負責各項救災戰力裝備、器材及其他物資之後勤補給。

戊、聯絡幕僚：負責與其他支援救災單位之聯繫。

己、新聞幕僚：負責提供新聞媒體所需之各項資料，如火災發生時間、災害損失、出動戰力、目前火場掌握情形等資料。

二) **搶救歷史古蹟之火災過程策略**

災時應變搶救策略

為降低救災過程對古蹟、歷史建築之影響，災時除依照「直轄市縣市消防機關火場指揮及搶救作業要點」等相關規定辦理外，並應注意下列事項：

(一) 未受災部分之保護：

1. 針對古蹟、歷史建築外觀之火點，適時採高空式水霧撒水等方式，在不破壞古蹟、歷史建築主體建物原則下，進行滅火及周界防護作業。

2. 執行室內初期滅火工作時，除人員入室為搶救必要，使用水柱掃射可能掉落物等情況外，避免以直接衝擊方式射水造成破壞，以減低對結構本體或重要文化資產之傷害及水損程度。

3. 採取強力入室、通風排煙或其他必要破壞作業時，應考慮選擇破壞程度最小方式為之。

4. 救災人員執行殘火處理時，得會同古蹟、歷史建築管理維護人員，針對未受波及之文化資產，實施相關防護措施，避免不必要之毀損。

(二) 入室安全之確認：

救災人員如需入室進行火災搶救時，指揮官應先行檢視古蹟歷史建築主體或外觀受損情形，確認無倒塌之虞後，再行指示人員入室救災。

二、試說明屈折式高空作業車（屈折式雲梯車）在放水操作程序及注意事項為何？（**25分**）

解：

放水操作程序及注意事項

1. 車輛應停駐於地質堅硬、平坦之地面，且待固定架完全伸出固定後始可操作雲梯，如有坡度或不平地面，則需使用專用墊板墊底。

2. 支撐腳架勿置於於排水溝或下水道排水孔蓋上方，以免腳架伸展後因雲梯車之重量而壓垮，造成翻覆。

3. 盡可能選擇在傾斜度最小之地面，使平衡裝置較容易調整。

4. 升梯前應注意車體是否在水平容許範圍內，支撐腳架伸出固定後，應再檢視各腳

架有無平均著地，水平儀有無在安全操作範圍之內，以確保車身保持水平及操作安全。

5. 非不得已需於斜坡上操作射水或人命救助時，應加墊木保持操作平衡，並將輪阻器安置於後輪。

6. 夜間操作時，由於視線不良，宜配合使用照明設備提供照明。

7. 操作時需遠離高壓電等障礙物，並與建築物保持適當距離，另車流量較大之道路，需有交通管制人員，以防行駛之車輛撞及固定腳架發生翻覆意外事故。

8. 注意高樓與高樓間之樓間風，因為樓層上方會有強風出現，操作要小心謹慎。

9. 風速強勁時，應禁止使用以策安全。

10. 不可太倚賴屈折車之自動安全裝置，應熟練故障排除方式，並攜輔助繩隨時備用。

11. 於火場操作時應注意火焰、風向、濃煙及高壓電線，並妥為排除障礙。

12. 屈折車重心較一般車輛高，在行駛轉彎處時應減速慢行，以防翻車。

13. 操作桿操作至頂端時會自動慢慢回復中立，此時絕不可用力阻擋，以防連動鍊條斷掉，發生危險。

14. 行駛中應確定各部機件已確實收至固定位置（吊桿鎖固、支架收縮），且操作台上勿乘作人員及儲放物品，並注意車輛度高及檔板突出物，以免行駛中發生狀況。

15. 救人時為防止災民跳向操作籃架，宜由上往下操作至待救處，並指導災民進入操作籃，唯應注意操作籃所能承受之荷重限制。

16. 於操作籃內操作時，應攜帶確保繩索以備不時之需。

17. 下方操作臺應指派人員負責協調、聯繫及安全維護事宜。

18. 操作時，操作桿不得急拉急放，以防過度搖晃發生危險。

19. 注意車輛高度限制，且車輛行駛時，應注意天橋、電線、突出物等路上障礙物，尤其經地下道或頂上有障礙物時應特別小心，以免屈臂遭撞擊。

20. 塔臂未收、伏前固定腳架不可收回，必須上、下塔完全收、伏後始可收回固定腳架，以免發生翻覆意外。

21. 在現場地形許可下，升梯作業時目標應選擇於車後方。避免使用車側作業，防止重心外移而傾倒。

22. 雲梯車操作到達極限點限制時，操作人員不得再按By Pass（限制解除開關）鈕繼續延伸操作。

23. 操作至少需2人，1人在上方之操作平臺，另1人需在旋轉臺控制臺，負責監控操作

停臺之操作及周遭安全。並以通話機引導操作平臺之操作。

24. 射水時，幫浦需徐緩加壓，不得遽然加壓或關閉出水口。

25. 意外觸及導電體時（乾燥狀況），操作人員禁止接觸任何接地物，車上人員必須維持原位，地面上人員不得觸及該車；欲脫離導電威脅，應自操作平臺操作脫離，人員欲脫離該車，必須以跳躍方式脫離該車，避免同時接觸地面與車輛。

26. 在現場地形許可下，盡量採取車後旋轉盤對準目標物，如此在升梯作業上重力平均，操作範圍較大，在車側操梯作業時，需操梯側腳架盡量伸張，增加操作範圍，且操梯需在限制範圍內，以防重心外移而傾倒。

三、當有消防人員前往現場處理觸電事故時，其過程應注意哪些安全事項？（25分）

解：

**一) 處理觸電事故時應注意安全事項**

1. 接獲觸電救援案件應立即通知轄區電力公司到達現場實施斷電且勿讓民眾隨意靠近現場。

2. 車輛碰觸高壓電時，應留置於車內，勿匆忙下車。

3. 掉落電線觸電之處置方式：
   (1) 應立即關閉電源總開關。
   (2) 潮濕狀況下救援者應戴膠質避電手套，並穿上膠質鞋，以乾燥之木棒或PVC管將電線撥離至二公尺以外之安全距離。

4. 地上積水觸電之處置方式：
   (1) 應立即關掉總電源。
   (2) 救援者應戴膠質避電手套及穿膠鞋，以PVC管將受困者拖拉至安全處所。

5. 若觸電之傷者仍與電源接觸或在高壓電的電力範圍內（高壓電會有電弧光射出），千萬不要接近，需先經有關單位或救援者將電源切斷或隔開。

6. 注意地面是否潮濕，避免因接地亦遭觸電。

7. 應先切斷電源並確定斷電後，做好本身絕緣再將傷者救出，不可直接觸及傷者，以防觸電。

8. 如被救者情況危急，且無法立即切斷電源，則需以絕緣體剝離電線或拖離傷者。

9. 如為掉落電線，救助時需注意地面有否導體，如雨水、汽車等。

10. 因電走火而引起之火災，在未斷電前切忌使用水滅火。

四、某縣市消防局高級救護技術員執行車禍現場救護勤務，當事人當場拒絕送醫，試問該技術員處置程序為何？倘當事人在口頭拒絕後，立即當場陷入昏迷，又該如何處置為宜？（25分）

解：

1. 拒絕送醫簽名：
   1) 傷病患拒絕送醫或拒絕接受救護處置時，應填寫拒絕處置之項目，要求簽名並填具連絡電話。
   2) 若傷病患意識不清有意思表示障礙，其家屬表示拒絕送醫或拒絕接受救護處置者，應填寫拒絕處置之項目，由家屬簽名並具明關係及連絡電話。
   3) 若傷病患或家屬拒絕簽名或不能簽名者，則由傷病患或家屬、關係人、勤區員警、村里幹事……等公務性第三人簽名，並填具聯絡電話，復註記與病人關係，例家屬、朋友、警察、里長……。
   4) 送醫後傷病患／家屬／關係人簽名：為送抵醫療院所後簽名證明，依序由傷病患／家屬／關係人擇一簽名，並註明聯絡。

2. 送醫途中之處置：
   1) 傷病患病情評估回報與責任醫院橫向之連繫。
   2) 傷病患送醫途中之照護。
   3) 隨行家屬、親友之安撫與指導協助。
   4) 隨車家屬、親友與傷病患車內之安全維護。

3. 抵達醫院之處置：
   1) 傷病患之交接，病情評估與急救處置之說明。
   2) 救護紀錄表之填寫並送交醫護人員之確認。
   3) 急救器材之交換與回收。
   4) 處理總結之續報。

4. 當場陷入昏迷處置
   1) 當有以上症狀時，應立刻蹲下平躺，以防暈倒。
   2) 將病人移到陰涼處。
   3) 有嘔吐者採側臥，以防嘔吐物吸入肺部。
   4) 無嘔吐者平躺、下肢抬高、鬆開開頸部、胸部衣物。
   5) 維持呼吸道暢及空氣流通。
   6) 患者未甦醒前不可給任何飲料。

7) 患者清醒且確定因血糖過低而暈倒者，可給予糖水補充。

8) 若未馬上恢復知覺，需立刻送醫治療。

# 102年公務人員特種考試警察人員考試

考　試　別：警察人員考試

等　　　別：三等考試

類　科　別：消防警察人員

科　　　目：消防戰術（包括消防戰術、消防機械、緊急救護）

考試時間：2小時

※注意：

1) 禁止使用電子計算器。

2) 不必抄題，作答時請將試題題號及答案依照順序寫在試卷上，於本試題上作答者，不予計分。（請接背面）

一、火場中使用「正壓排煙」意義為何？試問操作正壓排煙時，必要的注意程序為何？（25分）

**解：**

一) 「正壓排煙」意義

1) 增加能見度

增強能見度就意味著增加了內部滅火的處理速度。可以更快地找到滅火用水，更快地找到逃生出口，在有求救信號的情況下更快地搜索和搶救。

2) 增加被困者的堅持時間

正壓（PPV）通風機開始使用，那麼就會為躺在地上的被困者提供一層可呼吸的新鮮空氣。PPV能在非常短的時間內救助很多被困者。

3) 降低溫度

代替內部炙熱空氣的新鮮空氣會大大降低內部溫度。

4) 降低可燃物總量

發生火災的建築物內，肯定有大量可燃物：不完全燃燒產物和來自可燃物熱解產生的可燃氣體。使用PPV通風，意味著可燃物被吹出了建築物，不再增加火焰熱量的釋放速度，從而降低轟然現象的發生機率。

二) 操作正壓排煙時，必要的注意程序

1. 時機：確認起火點及無人員受困後。

2. 位置：火場正面（鐵皮屋建築物大門）。

3. 確認通風口建置及位置。

為設定排煙口與進入口等破壞活動時，火場指揮官應行指揮管制，注意下列事項：

1) 隨意玻璃破壞，易造成火勢一舉擴大，而發生二次災害。

2) 進行玻璃破壞，爲防大範圍碎片，可先在玻璃上貼膠帶，並應注意側面與直下之落下危險位置，作安全確認。

3) 預測落下物危險，明示可能區域，迅速活動範圍管制。

4) 上述範圍之區域設定，以其至地面高度1/2之半徑爲掉落物可能波及範圍，並禁止任何人在此活動。

5) 在進行火災室之窗、門、鐵捲門等破壞時，玻璃人員與水線攻擊人員應密切配合，並進行預備射水。

6) 火災室之窗、門等破壞，應評估預測是否有閃燃或爆燃（backdraft）發生，於破壞部正面禁止有人員配置；或是在門窗上先開啓小洞，用水柱沖擊天花板，造成反射水流，降低危險環境。

4. 火勢增長

通風必然會帶來空氣，空氣就會導致火勢增長。由於使用現代家居，燃燒產生的火焰對通風排氣反應更爲劇烈，這一點前面已經講述過。當使用PPV製造空氣流動通道時（攻擊性PPV或者成爲「正面加壓」），滅火用水必須盡快跟上，來控制火勢增長。但是如果火焰是被隔開的，PPV通風機就不是對著火焰通風（防禦性PPV），火焰並沒有得到更多空氣，火勢也就不會增長。

5. 火勢蔓延

在很多時候，把煙霧吹出建築物會把易燃氣體吹到那些沒有火災的區域，這時候，會導致火勢蔓延。當空氣流動方向沒有被PPV正確製造時，煙霧被吹到了狹小的空間或者其他空間也會導致火勢蔓延。所以，在使用PPV時，需要全面詳盡地評估火災現場。

6. 正壓通風（PPV）使用需要協調和訓練

火災是動態的，PPV能夠快速改變火災發生的條件。對於通風和滅火噴水的協調和時間是非常有必要的。對於PPV的各種使用策略，全面訓練是非常必要的。只有加強訓練，才能根據不同的火災現場，正確、靈活運用PPV的滅火作戰策略。

二、消防救護人員執勤遇（疑）有感染H7N9流感傷病患時，防護作為依流程計有「出勤前準備」、「抵達現場」、「送醫途中」及「返隊後清消」等四階段，試問前三項流程之防護作為內容為何？（25分）

解：

一) 勤務前之準備：

1. 依照「救護車檢查紀錄表」、「救護車隨車裝備檢查表」每日實施各項檢查保養及記錄與耗材之補充。
2. 加強EMT2之培訓與複訓，強化救護技能與知識。
3. 地勢、交通、醫療機構等相關資料之調查。

二) 出勤時之檢查：

1. 服裝儀容之整飾。
2. 應勤用具之檢查。
3. 勤前教育提示。

三) 出勤中之作為：

1. 依派遣員之指示前往事故現場。
2. 視需要開啟警報器、警示燈。
3. 交通安全之確保。
4. 無線電出勤之報告。

四) 現場之作業：

1. 停車位置之選定。
2. 急救現場之評估。
3. 感染之控制。
4. 救護裝備器材之取用。
5. 傷病患之評估。
6. 緊急急救技術之處置。
7. 暴力傾向傷病患安全戒護之協助與自身安全維護。
8. 特殊意外事故請求支援及現場評估處置與報告。
9. 拒絕送醫者之簽證確認。

五) 送醫途中之處置：

1. 傷病患病情評估回報與責任醫院橫向之連繫。
2. 傷病患送醫途中之照護。

3. 隨行家屬、親友之安撫與指導協助。

4. 隨車家屬、親友與傷病患車內之安全維護。

此外，防護裝備著裝的標準作業程序：

1. 戴口罩：首先將雙手徹底清潔，以確保口罩乾淨。再以手拿N95口罩或FFP2等級以上之防護口罩並不碰觸口罩內層，拉開鬆緊帶並戴上N95口罩或FFP2等級以上之防護口罩，戴上後，使N95口罩或FFP2等級以上之防護口罩與口、鼻密合，並於外層加上一層一般口罩。

2. 穿著防護衣：先穿上鞋套，於穿好鞋套後打開不透氣防護衣。穿著不透氣防護衣時，先穿著雙腳，再穿著雙手，並拉上拉鍊時不透氣防護衣之頭套尚不必套上。戴上第一層手套，並將手套放置於不透氣防護衣衣袖內。戴上第二層手，並將不透氣防護衣衣袖放置於第二層手套內。

3. 穿著隔離衣：先穿著雙手，調整隔離衣，使隔離衣包覆在防護衣外，並將腰帶繫緊。隔離衣穿好後，戴上第三層手套，將隔離衣之袖放置於第三層手套內（必要時用膠帶將手套與隔離衣黏貼在一起）。最後穿上雨鞋，此時需將不透氣防護衣之褲管包覆於雨鞋外。

4. 戴上護目鏡：先戴上不透氣防護衣之頭套，並戴上護目鏡，需注意護目鏡應包覆整個眼睛部分。戴上隔離衣之頭套。

三、近年來發生多起化學工廠氯氣外洩及肥料工廠爆炸釋放大量氨氣等意外，且造成大量傷病患之事件，請問大量傷病患緊急醫療救護的定義為何？（5分）前述氯氣（Chlorine）及氨氣（Ammonia）中毒的特徵為何？（15分）救護技術人員處理前述中毒病患到院前的處置原則為何？（5分）

解：

一) 大量傷病患緊急醫療救護的定義

本辦法所稱大量傷病患救護，指單一事故或災害發生之傷病患人數達十五人以上，或傷情嚴重難以估算傷病患人數之緊急醫療救護。

二) 氯氣與氨氣中毒之臨床症狀

1. 輕度：結膜炎、角膜炎、眼瞼炎、流淚與鼻咽刺激、喉痛、咳嗽、聲音沙啞，以及頭痛、呼吸困難。

2. 重度：嚴重氣管、支氣管炎，肺水腫及呼吸衰竭。

3. 臨床症狀與暴露濃度、暴露時間相關。

　　4. 肺水腫多在12～24小時內發生。

### 三) 氯氣與氨氣中毒到院前的處置原則

　　1. 盡快離開現場。

　　2. 支持性治療為主。

　　3. 維持呼吸道暢通與氧氣治療，必要時予以氣管切開及呼吸器輔助。

　　4. 大量清水沖洗皮膚及眼部。

　　5. 監測水分之給予，避免加重肺水腫。

### 補充資料

　　上呼吸道症狀──如氯氣、氨氣

　　A. 水溶性高

　　B. 刺激黏膜

　　C. 咳嗽

　　下呼吸道症狀──如光氣

　　A. 脂溶性高

　　B. 支氣管痙攣

　　C. 細支氣管與肺泡發炎反應

　　D. 非心因性肺水腫

　　四、國內發生多起因巷弄過窄，導致消防車輛無法即時進入救援，造成民眾不幸葬身火場的住宅火災事件，此類事件凸顯國內住宅環境多有巷道寬度不足之安全問題；為免悲劇一再發生，請問建築物應留設消防車輛救災動線之原則為何？（6分）消防車輛活動空間之原則為何？（12分）對於既有狹小巷道之住宅，其消防救災管理之原則為何？（7分）

解：

### 一) 留設消防車輛救災動線之原則

　　依消防車輛救災動線指導原則

　　1. 供救助五層以下建築物消防車輛通行之道路或通路，至少應保持三‧五公尺以上之淨寬，及四‧五公尺以上之淨高。

　　2. 供救助六層以上建築物消防車輛通行之道路或通路，至少應保持四公尺以上之淨寬，及四‧五公尺以上之淨高。

　　3. 道路轉彎及交叉路口設計應盡量考量適合各地區防災特性之消防車行駛需求。

二) 消防車輛活動空間之原則

依消防車輛救災活動空間之指導原則

1. 五層以下建築物，消防車輛救災活動所需空間淨寬度爲四‧一公尺以上。

2. 六層以上或高度超過二十公尺之建築物，應於建築物外牆開口（窗口、陽臺等）前至少規劃一處可供雲梯消防車操作救災活動之空間，如外牆開口（窗口、陽臺等）距離道路超過十一公尺，並應規劃可供雲梯車進入建築基地之道路。

3. 供雲梯消防車救災活動之空間需求如下：

　　甲、長寬尺寸：六層以上未達十層之建築物，應爲寬六公尺、長十五公尺以上；十層以上建築物，應爲寬八公尺、長二十公尺以上。

　　乙、應保持平坦，不能有妨礙雲梯消防車通行及操作之突出固定設施。

　　丙、規劃雲梯消防車操作活動空間之地面至少應能承受當地現有最重雲梯消防車之一‧五倍總重量。

　　丁、坡度應在百分之五以下。

　　戊、雲梯消防車操作救災空間與建築物外牆開口水平距離應在十一公尺以下。

三) 消防救災管理之原則

依狹小道路巷弄有關消防救災管理之指導原則

　　甲、狹小道路巷弄設攤路段避免設置密閉式遮雨棚，各攤架應採用輕便可立即移動之設計，當發生意外事故，可輕易將攤架推離。

　　乙、狹小道路巷弄中間勿規劃設置燈柱或其他固定設施，各直轄市、縣（市）政府道路、停車、攤販、電力、電信、環境保護及建築等目的事業主管機關，應確保救災動線及消防救災活動空間之淨空範圍。

　　丙、攤販主管機關應輔導要求攤商自治會定期召集各攤商舉辦自衛編組演練，強化攤商自我防災意識與自救能力，一旦發生災害能立即通報、避難疏散及初期滅火，使災害減至最低。同時針對使用液化石油氣等火源之攤商，加強宣導限量使用之觀念，減少發生意外事故之機率及重大傷害。

# 101年公務人員特種考試警察人員考試

考　試　別：警察人員考試

等　　　別：三等考試

類　科　別：消防警察人員

科　　　目：消防戰術（包括消防戰術、消防機械、緊急救護）

考試時間：2小時

※注意：

1) 禁止使用電子計算器。

2) 不必抄題，作答時請將試題題號及答案依照順序寫在試卷上，於本試題上作答者，不予計分。（請接背面）

一、火場使用之瞄子基本射水方式，可分為「直線式」與「水霧式」兩種，試分別說明兩者在使用上的優缺點。（25分）

解：

一) 直線式射水優缺點

優點：

A. A類火災火勢猛烈且火流強大。

B. 直線式射得遠。

C. 衝擊力大使火災室可能掉落室先行掉落。

D. 需大量冷卻，或深層火災，如：木造建築物火災或堆積可燃物火災。

E. 入室佈線前應先以直線水柱向室內高處、天花板及四周掃射，將可能掉落的東西掃落。

缺點：

A. 無效射水。

B. 大量水損。

C. 用水效率低。

D. 地面積水。

二) 水霧式射水優缺點

　　優點：

　　A. 對火災的了解與火勢的掌控較佳。

　　B. 縮短人命救援的黃金時間，可在第一時間執行人命搜救，有效降低人命傷亡數量。

　　C. 確保消防人員的救災安全。

　　D. 防止閃燃及爆燃的發生。

　　E. 可使用少量的水，有效縮小消防車尺寸，適應都會型狹小巷弄。

　　F. 提高消防人員的使用效率。

　　G. 降低人員進入火場的困難度。

　　H. 確保搜救人員安全與人命搜救任務的執行。

　　I. 有效控制火勢發展。

　　J. 提高滅火的效率。

　　K. 方便水線的移動。

　　L. 降低水損。

　　M. 以水霧射水之冷卻效果較水柱為佳，且較不易使熱金屬變形，可在煙霧中一面掃一面慢慢前進。

　　N. 室外瓦斯管線火災首應加強周邊建築物之防護，以免遭波及延燒，關掉瓦斯開關，讓剩餘瓦斯燒燼，並勿以高壓水柱衝擊管線，同時保持距離，避免高溫輻射熱造成灼傷。

　　O. 毒化物外洩時除可以水霧稀釋其濃度外，尚可以泡沫覆蓋於其上，減少有毒蒸氣之揮發量。

　　水霧缺點：

　　A. 無法快速壓低A類火災火勢猛烈且火流強大輻射及火勢。

　　B. 無法射遠。

　　C. 無法應付大量冷卻，或深層火災，如：木造建築物火災或堆積可燃物火災。

　　D. 無法掃射室內高處、天花板及四周掃射，將可能掉落的東西掃落。


　　二、擔任指揮官搶救森林火災時，在人員、車輛部署及指揮過程，安全注意事項有哪些？（25分）

解：

安全注意事項

1. 森林火警搶救時應注意地形、地物的狀況，尤其是在夜間時，能見度低，尤應注意，切勿單獨行動，以免摔傷或滑落山谷、溪間造成傷亡。

2. 消防車應停放於安全處所（上風處），避免靠近火點，致發生危害、損失。

3. 搶救時注意燃燒之狀況及方向，並注意風向的轉變，除適時採取應變措施加強部署防範外，並防範火勢轉向而受困火場中。

4. 團體行動不可落單，並隨時以無線電報告各人員位置及現場狀況。

5. 搶救森林火警所使用的刀械、器具應注意使用安全勿使其發生危害。

6. 指揮官位置應占有利之制高點，依風速、風向、森林密度、火勢大小研判分析搶救戰術，並掌握燃燒面積及延燒速度，以規劃防止擴大延燒的搶救對策，防止人員受困。

7. 執行車輛送水駕駛注意煞車狀況，下坡時應採用與上坡時同樣檔位，並採用排氣煞車，不可以高速檔或空檔下坡。

8. 應事先備妥糧食、飲水、照明、備用電池等各項後勤支援事宜，以備長時間搶救時供救災人員使用。

9. 車輛停放時，除拉緊手煞車外，輪胎應加輪阻器，以防車輛滑動；若以石塊充當輪阻器時，應選擇堅硬且體積較大者，以免車輛操作震動，將石塊壓碎造成車輛滑動。

10. 在森林火燒之行動範圍非常廣闊，長時間在不熟悉地形進行活動，易引起許多安全性問題與事故。現場指揮官應明確把握火災規模、發生時刻、發生場所之地形及山林之狀況、氣象條件、消防空中直昇機從上空所偵察之情報等，為確保活動之安全，迅速對現場參與搶救人員作具體之注意事項與指示。

11. 在森林火燒活動中，有限制使用空中消防直昇機進行空中滅火活動，特別是地形起伏較大之山區，才使用空中滅火之消防活動。

12. 在森林火燒行動範圍廣闊，對火勢延燒狀況較難把握，應進行統制現場搶救單位之活動，及考量情報連絡體制之確立。

13. 在森林火燒中，有難以行走之地形、強風及乾燥等惡劣環境條件下進行活動之場合是較多的，應穿著附有安全帽之服裝及綁鞋帶之安全鞋等容易活動。

14. 火勢於山坡急斜面進行延燒之場合與附隨強風等組合情況下，會有急速延燒擴大中之情況，這是非常危險的，搶救人員不能部署於其上方或風下側；最佳是部署於燃燒過後之火燒跡地與防火帶、大規模空地等安全位置。

15.依據氣象條件（風向與風速）之變化，而火勢延燒狀況亦會相對產生急遽變化之情況，不論是活動中或休憩中應配置安全監視員，盡可能隨時能把握延燒狀況，並確保必要之緊急退路。

16.在森林火燒出動單位，比較通常之活動是比較容易蓄積疲勞，因此飲用水中應摻雜鹽分補助等，並進行適宜水分補給等。

17.原則上，火勢延燒除會往建築物或住宅之鄰接地外，在山區森林火燒於日沒後盡量不要進行滅火活動，因其夜間環境中之濕度增加，會使火勢延燒進度亦會趨緩。

（部分引用資料：自盧守謙，2016，救災救助全書D，吳鳳科技大學消防系用書。）

　　三、依據「直轄市縣市消防機關火場指揮及搶救作業要點」規定，指揮官抵達火災現場應立即展開指揮搶救作業，試詳述執行「災情回報」、「請求支援」、「車輛部署」、「水源運用」、「水線部署」與「人命搜救」等處置之作業要領。（25分）

解：

執行「災情回報」、「請求支援」、「車輛部署」、「水源運用」、「水線部署」與「人命搜救」等處置之作業要領

1. 災情回報：初期救火指揮官到達火場，應立即瞭解火場現況（建築物內部結構、火點位置、延燒範圍、受困災民、儲放危險物品等），並回報指揮中心。

2. 請求支援：初期救火指揮官就災情研判，現有人、車、裝備等救災戰力，如有不足，應立即向指揮中心請求支援。

3. 指揮權轉移：若火勢擴大，火災等級升高，指揮層級亦相對提高，初期救火指揮官應向後續到達之高層指揮官報告人、車、裝備部署狀況、人員搜救情形及分析火勢可能發展情形，並接受新任務派遣，以完成指揮權轉移手續。

4. 車輛部署：以「車組作戰」及「單邊部署」為原則，三樓以上建築物火場正面空間，應留給高空作業車使用。

5. 水源運用：以接近火場之水源為優先使用目標，但避免「水源共撞」（注意是否同一管路及管徑大小），另充分利用大樓採水口、專用蓄水池等水源。

6. 水線部署：以爭取佈線時間及人力為原則。

　甲、室內佈線：沿室內樓梯部署水線之方式，適用較低樓層。

　乙、室外佈線：利用雲梯車、雙（三）節梯加掛梯及由室內垂下水帶等方式部署水線，適用較高樓層。

　丙、佈線時應善用三（分）叉接頭，以節省佈線時間及人力。

7. 人命搜救：抵達火場後，應優先進行人命搜救任務。

甲、第一梯次抵達火場之救災人、車，應優先進行人命搜救任務，水源部署應掩護搜救任務之進行。

乙、搜救小組應以兩人以上為一組，以起火層及其直上層為優先搜救目標，樓梯、走道、窗邊、屋角、陽臺、浴廁、電梯間等，應列為搜救重點。

丙、由指揮官分配各搜索小組搜索區域、聯絡信號，入室搜索前應先登錄管制搜救小組「姓名」、「人數」、「時間」、「氣瓶　壓力」，每一區域搜索完畢後，需標註記號，以避免重複搜索或遺漏搜索。

丁、入室搜索應伴隨水線掩護，並預留緊急脫離路線。

戊、設有電梯處所發生火警時，應立即將所有電梯管制至地面層，以防止民眾誤乘電梯，並協助避難。

己、對被搜救出災民應做必要之緊急救護程序，並同時以救護車儘速送往醫療機構急救。

四、知名樂團指揮曾經在演奏現場因心臟病當場倒下，所幸臺下有觀眾是醫生，立即施以心肺復甦術（CPR），後續再由消防局的救護技術員接手CPR，而後以AED（心臟體外去顫器）電擊後，該樂團指揮在送達醫院前即已恢復意識及心肺功能，讓他再獲新生。請簡述救護技術員使用AED時機？並詳述AED操作方式？（25分）

解：

一) 使用AED時機

AED是Automated External Defibrillators的縮寫，中文為「自動體外心臟除顫器」。也有人稱為「自動體外心臟去顫器」、「傻瓜電擊器」，是一臺專門提供給一般非醫護人員，使用於心臟驟停的可攜式急救設備，AED使用者並受「緊急醫療救護法第十四條之二」之保障。

確認或懷疑病患有以下狀況即可使用：

1. 沒有心跳
2. 沒有呼吸
3. 沒有意識

二) AED操作方式

1. 打開電源（on）
2. 貼上電擊片

（電擊片上有黏貼位置說明）

　　A. 右側電擊片

　　B. 胸骨右側。

　　C. 介於頸骨下與右乳頭上方。

　　D. 左側電擊片。

　　E. 左乳頭左外側，電擊片上緣要距離左腋窩下約10～15公分左右。

　　F. 潮濕之胸部

　　G. 用毛巾或乾布擦乾。

　　H. 勿用酒精。

　　I. 如有外傷需避開。

　　J. 胸毛之問題

　　K. 考慮剃刀刮除。

3. 停止CPR，等待機器分析及指令

4. 依機器指令──按下電擊鈕(3)或繼續CPR

5. 注意事項

　　A. 請務必持續心臟按壓，直到AED貼片貼好。

　　B. 分析心律及電擊時均不可接觸或碰觸病人。

　　C. 電擊前，檢視確定無人接觸病人，再按下電擊鈕。

　　D. 病人如躺在水灘上，必須移到乾燥的地方，並擦乾上半身再操作。

**補充資料**

AED操作流程

〈確定（懷疑）病人無意識、無呼吸、無心跳，則開始使用AED〉

Step1. 打開電源

Step2. 將貼片貼在病人身上（電擊貼片黏貼位置如有潮溼，必須擦乾，並緊貼於皮膚；如有外傷亦需避開。）

Step3. AED自動分析心律，不要碰觸病人

Step4. 聽從機器指示，如需電擊，待機器充完電後按下電擊鈕

※緊急醫療救護法14-2：救護人員以外之人使用AED救人免責（救護人員於非值勤期間，亦適用之）

# 100年公務人員特種考試警察人員考試

考 試 別：警察人員考試

等 　　 別：三等考試

類 科 別：消防警察人員

科 　　 目：消防戰術（包括消防戰術、消防機械、緊急救護）

考試時間：2小時

※注意：

1) 禁止使用電子計算器。

2) 不必抄題，作答時請將試題題號及答案依照順序寫在試卷上，於本試題上作答者，不予計分。（請接背面）

一、依規定消防用救生艇出勤應行攜帶之個人裝備與團體裝備各為何？而救生艇出勤執行水域救生勤務時，從發現被救援者開始，到救援者救上船艇後，其救助過程有哪些應行注意事項？（25分）

解：

一) **個人裝備與團體裝備**

出勤應行攜帶裝備，可分為個人裝備及團體裝備，茲謹提供參考裝備如後：

1. 個人裝備：防滑鞋、防寒衣、頭盔、手套、救生衣等。

2. 團體裝備：拋繩槍、救生圈、救生衣、魚雷浮標、繩索、鉤環、橡皮艇或救生艇、水上摩托車、潛水裝備等。

二) **從發現被救援者開始，到救援者救上船艇後應行注意事項**

1. 各消防大（中、分）隊指揮或帶隊人員，到達現場執行勤務應依據水域特性、水流狀況、受溺情形、現場救護能力及攜帶之船艇、裝備及器材，在安全快速有效率的考量下，儘速擬定可行、有效之搶救腹案，藉以有效執行救護工作。

2. 各消防大（中、分）隊指揮或帶隊人員，到達救溺勤務現場，應在安全防護下發揮適確之搶救作為，並在救災能力許可下，同時執行（或掩護）各項可能之救援行動，切忌圍觀不作為。

3. 現場救援肇因搶救人力及船艇、裝備、器材不足，難以實施時，各消防大（中、分）隊指揮或帶隊人員，應及時回報救災救護指揮中心尋求支援，必要時應依相

關作業程序，協請空中警察隊或國軍搜救中心派遣直昇機執行救援任務，並同時回報消防署。

4. 直昇機到場前，各消防大（中、分）隊指揮或帶隊人員，應詳實告知其現場地形及狀況，並應指派專責人員協助直升機進場，隨時利用無線電保持聯絡，以獲取安全救援機制。

5. 溺者獲救後，於送醫途中消防後送人員應對溺者實施必要救護作為，並與後送醫院保持聯繫，尋求諮詢以提高存活率。

6. 應緩慢接近溺者時，船頭並與浪保持垂直。

7. 當船艇過浪時，應即將溺者救起不可等浪再來。

8. 行駛中入水救人，跳水者應與救生艇方向盤轉向同一側。

9. 超重行駛、重量不平均或於行駛中玩耍嬉戲，最易覆船（艇）。

10. 操作人員注意勿使繩索纏腳部。

11. 溺者救起後，注意調整維持船艇重量之平均。

12. 覆艇人員救起後，需立即清點人員。


二、依據「直轄市縣市消防機關火場指揮及搶救作業要點」規定，抵達火災現場要採取「破壞作業」與「通風排煙作業」，各依何種要領進行？（25分）

**解：**

一) 破壞作業：

　　甲、破壞前應有「測溫」動作，並注意內部悶燒狀況，以免因破壞行動使火勢擴大或引發閃（爆）燃之虞。

　　乙、擊破玻璃應立於上風處，手應保持在擊破位置上方，以免被玻璃碎片所傷。

　　丙、可用堆高機、乙炔氧熔斷器、斧頭、橇棒或切斷器等切割、破壞鐵捲門、門鎖、門閂等。

　　丁、平時應將轄內有重機械處所（如堆高機、挖土機、吊車等）設立緊急聯絡簿，以便需要時，可隨即聯絡協助破壞作業。

二) 通風排煙作業：

　　甲、適當的採取通風排煙作業（垂直、水平、機械、水力等），可使受困災民呼吸引進的冷空氣，並改善救災人員視線，有利人命救助，且可縮短滅火的時間。

　　乙、執行通風排煙作業前，應有水線待命掩護，並注意避開從開口冒出的熱氣、煙霧或火流。

丙、適當的在建築物頂端開口通風排煙，可藉煙囪效應直接將熱氣、煙霧及火流向上排解出去，有助於局限火勢。

三、近年來嘉義阿里山小火車發生多起意外事故，造成大量旅客受到不同程度的傷亡情形，倘若您是第一批趕到意外現場，人數甚少的緊急救護人員，面對如此大量的傷病患之情境，身為救護技術員應如何處置？（10分）並請詳述如何應用START（Simple Triage And Rapid Treatment）法，進行大量傷病患的檢傷分類？（15分）

解：

一) 救護技術員處置

1. 當患者人數及創傷度超過現場救護資源（包含人、車、配備）時即可運用大量傷患檢傷後送處理模式。

2. 現場檢傷分類原則

　　A. 首先治療垂危但有救的病人。

　　B. 檢傷分類需要動態持續重複進行。

　　C. 傷病患檢傷之後，未後送離開前，就需每隔一段時間再次檢傷。

　　D. 勿在一個人身上停留太久。（＜一分鐘／每人）

　　E. 只做簡單而可以穩定且不耗人力的急救動作。

　　F. 心臟停止視同已死亡，為最不優先。

　　G. 明顯感染的患者要隔離。

3. 在大量傷患的事件處理中，主要可以分為三個階段：檢傷分類、後送、確定的醫療。

4. 檢傷分類

　　A. 根據START的原則分類，貼上傷票

　　B. 將現場的進度以及需求向指揮官呈報

　　C. 只給予簡單的治療

　　　　甲、打開呼吸道。

　　　　乙、大量出血的控制。

　　　　丙、對於休克的病人，調整至適當的姿勢。

　　D. 根據檢傷順序將病患移動至治療組

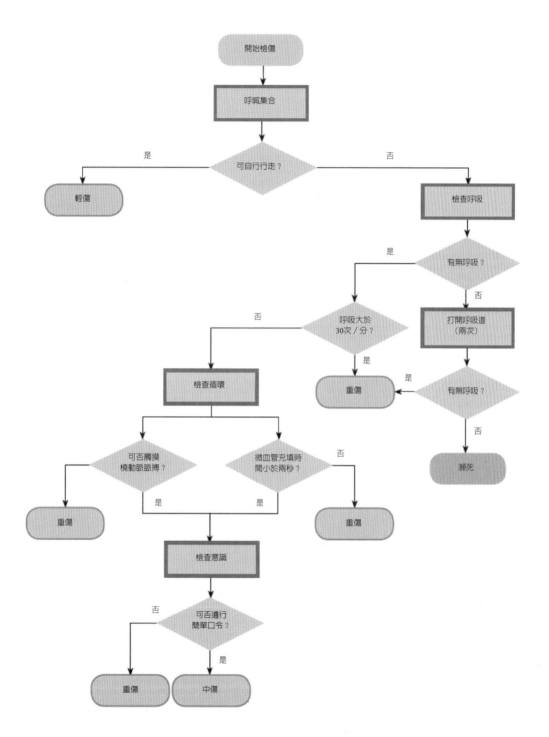

## 二) 應用START法進行大量傷病患的檢傷分類

　　「START」是Simple Triage And Rapid Treatment（簡易分類並迅速治療）的縮寫，這是在1980年代，由南加州一群急診醫師、急救技術員及急診護士等發展出來的。主要的用

途是日常緊急醫療體系內發生之大量傷患事件，如車禍、火災等，這是目前最普遍而常見的檢傷模式。

採用START的紅、黃、綠、黑等四級，這個檢傷方式的實際作法是：先呼喚所有的傷患，能夠步行的病患就檢傷為「輕傷」，以「綠色」為標幟，其次再評估其呼吸，如果沒有呼吸，則將他的呼吸道試著打開，如果仍然不能恢復呼吸，則為「死亡」，以「黑色」為標幟；如果仍呼吸，或是一開始評估就有呼吸的人，評估其呼吸速率，如果呼吸很快（大於每分鐘三十次），則為「重傷」或說「立即」，以「紅色」為標幟。如果呼吸小於三十次，則評估橈動脈；沒有橈動脈的病人屬於「立即」（重傷），這循環評估的部分，也可以評估指甲微血管床充填的時間，如果超過兩秒鐘，代表循環系統有休克的現象，也是當成「立即」的病患。如果橈動脈可以摸到脈搏，代表血壓應該有80毫米汞柱以上，則看看是否意識清楚；如果完全清楚，則屬於「中傷」，或說「延遲」，以「黃色」為標幟。這個系統需配合傷票的使用。由於大量傷患的情境通常輕傷者占絕大多數，可以很快將輕傷病患過濾掉，留下少數重傷、中傷、死亡的病人，可以迅速地進行檢傷與救治，所以廣受緊急醫療人員的好評。

四、近年來我國積極引進美國現行之事故現場指揮體系（Incident Command System，簡稱為ICS），請問何謂ICS體系？（5分）針對國內一般建築物火災事件，仿照美國建立完整的ICS體系之可行性為何？試申論之。（20分）

解：

一) ICS體系

ICS的組織建構在下列的五項管理工作上，包括指揮（command）、作業（operation）、計劃（planning）、後勤（logistics）及財務／管理（finance/administration）。ICS組織彈性，ICS組織遵循「結構反映需要」的原則，在任何時間，組織的結構都反映處理事件時的各項策略性目標。組織結構及下一個行動週期的組織結構由行動計畫決定。

可以在不設立首長的情況下，啟動各子單位，被啟動的子單位必須要有一個人負責，有時一個人也許要負責一個以上的子單位。為維持組織的精簡，當不再需要的子單位，可立即解散。

A. 指揮（command）：訂定目標及優先順序，負處理事件的責任。

B. 作業（operation）：建立組織，擬定策略性目標，依策略執行，掌控所有資源。

C. 計劃（planning）：蒐集資訊進行評估，預測、研發可達成目標的行動計畫，監控各項資源狀況。

D. 後勤（logistics）：支援各項行動，提供所需的資源。

E. 財務（finance）：管理經費，監督各行動的費用，對採購進行財務分析。

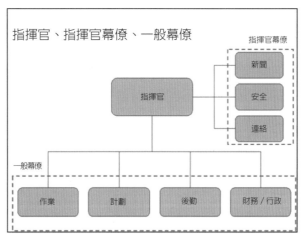

指揮官、指揮官幕僚、一般幕僚

（引用資料：吳武泰，ICS事故現場救災指揮體系應用，內政部消防署，2015）

## 二) 國內一般建築物火災事件，仿照美國建立完整的ICS體系之可行性

火災搶救指揮體系基本組織架構為指揮官與下設指揮幕僚及一般幕僚。

指揮幕僚包括新聞官、聯絡官及安全官。

一般幕僚包括作業組、計劃組及後勤組等。

組織架構視火災規模大小及災情狀況發展而調整編組，增（減）設組、分組、小組或幕僚等協助火災搶救指揮，指揮體系原則分為分隊、中隊及大隊等層級。

1. 指揮官任務

統一指揮火災搶救、人命救助、緊急救護、警戒與偵查等勤務及其他救災任務之執行，並於火災現場適當位置設立火場指揮中心。

A. 掌握火災現場各項救災資訊，適時向救指中心報告火災現場狀況，如建築物構造、樓層數與用途、燃燒樓層、火場外觀火勢（煙與火焰之描述）、居民受困情況、搶救部署概要、災情評估（火勢是否會擴大）、請求支援之戰力項目及數量等內容。

B. 指揮戰力部署，並確保火災現場有適當安全措施。

C. 成立火場指揮中心、前進指揮站、急救站、集結待命區、劃定火場警戒區及建立人員裝備器材管制站等。

D. 向媒體發佈火災相關資訊或授權新聞官處理。

2. 指揮官幕僚

1) 新聞官：

新聞官為ICS和媒體間的橋梁，負責將相關訊息傳遞給體。在處理規模龐大的事件，常有許多相關單位指派人員為新聞官負責和媒體接觸，但是在ICS組織裡只有一個新聞官，其他的人則變成新聞官的助理人員。

A. 成立新聞發佈中心與各媒體保持聯繫。

B. 規劃及管理媒體拍攝與採訪位置、所需設施及動線管制事宜。

C. 安排指揮官或相關人員接受媒體採訪，定期發佈最新救災資訊。

D. 獲得指揮官同意後向媒體及家屬提供或發佈火災相關資訊。

E. 彙整最新相關新聞報導內容及有用的媒體資訊，呈報指揮官。

2) 聯絡官：

在處理大規模的事件時，各相關單位常會派出人員代表該單位參與事件的處理，聯絡官負責和這些代表接洽協商。

A. 擔任政府機關、公民營事業單位及民間團體等之聯繫單一窗口。

B. 聯繫救指中心調派相關協助單位人力、車輛、裝備器材等支援。

C. 將火災發展、重要訊息傳達給各協助單位，保持有效溝通與互動。

3) 安全官：

安全官負責監督安全事項以及制定保護工作人員的安全準則。

A. 負責監控、評估現場危險與不安全的狀況，適時提出警告或建議。

B. 評估指揮體系組織、搶救戰術或戰力部署是否影響救災人員安全。

C. 緊急停止或阻止不安全的救災行動。

D. 對火災現場搶救過程中，發生救災人員傷亡事故進行調查。

3. 一般幕僚

1) 作業組：

A. 負責執行及管理各項救災救護任務，並向計劃組或指揮官提出救災資源需求及調度建議。

B. 提出火災搶救行動計畫有關作業組部分，並準備計畫、根據實際需要變更火災搶救行動計畫，並報告計劃組及指揮官。

2) 計劃組：

蒐集、評估、處置及使用火災搶救中各種災情發展狀況與資源狀態等資訊，並彙整當前火災現場各項狀況及搶救的資訊，定期報告指揮官。

3) 後勤組：

    A. 負責提供火災現場設施、服務及物質支援。

    B. 車輛及裝備器材修復及燃料補給。

    C. 火災現場救災人員餐點及飲水供給。

4. 指揮權轉移

消防機關接獲火警報案派遣人車出動，應同時指派適當層級指揮官到場指揮，指揮官原則由轄區消防單位主管擔任。

A. 分隊層級指揮官爲分隊長；中隊層級指揮官爲中隊長；大隊層級指揮官爲大隊長，若轄區消防單位主管未到火災現場時，依職務代理規定由其職務代理人擔任或由救指中心指定人員擔任。

B. 劃定火場警戒區，並請警察局派員負責限制人車進入、強制疏散警戒區之人車、維護火場秩序及火場周邊道路交通管制及疏導。

C. 視火場的地形、種類、燃燒情形、可能危害程度、消防車輛部署及交通流量等因素決定警戒區範圍大小。

D. 火場警戒區原則以火災現場爲中心，以輻射狀向外延伸設置三層封鎖區，由內而外分別爲第一層封鎖區（紅區）、第二層封鎖區（黃區）及第三層封鎖區（綠區）。

E. 第一層封鎖區僅限救災人員，其餘報到、支援及待命之救災人員應於第二層封鎖區，媒體、各級民意代表或火場關係人應於第三層封鎖區，其餘非救災相關之人員車輛及圍觀民眾應於第三層封鎖區之外。

5. 集結區（Staging Area）

安置待命中人員以及尚未用到的各項資源的區域稱爲集結區，處理大多數大型的事件時都需要設置集結區，有時候還可能需要設置多個集結區。集結區由集結區管理員所管理，若有設立作業組，集結區管理員聽命於作業組組長，若沒有設立作業組則聽命於IC。

控制幅度是指一個人可以管理的單位數的上限，規劃好ICS組織裡的管理權限是很重要的，一個人可管理的單位最少爲三個，最多爲七個，建議使用的比例是一比五。若管理的單位數超過或少於這個範圍，則表示組織的大小需要作調整。這個規則在特殊的單位不適用。

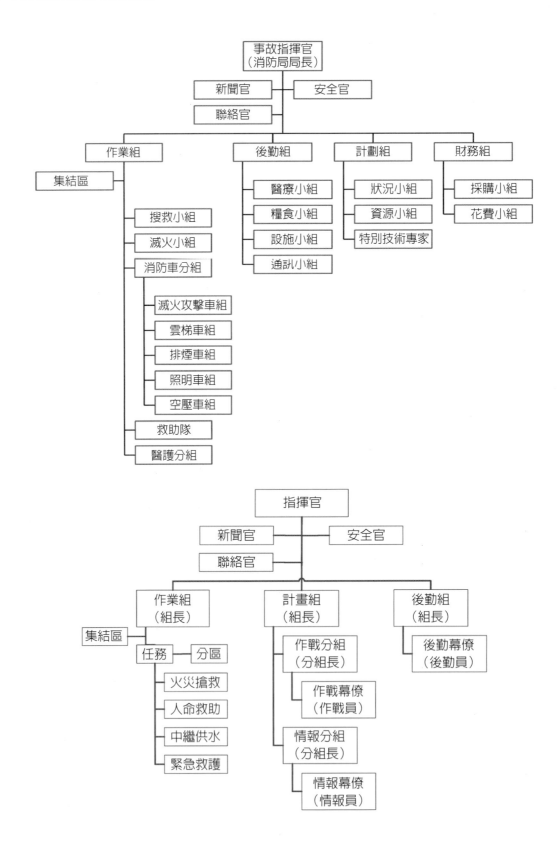

第 **7** 章

# 消防警察
# 情境實務

# 105年公務人員特種考試警察人員考試

考　試　別：警察人員考試

等　　　別：三等考試

類　科　別：消防警察人員

科　　　目：消防警察情境實務（包括消防法規、實務操作標準作業程序、人權保障與正當法律程序）

考試時間：2小時

座　　　號：

※注意：禁止使用電子計算器。

## 甲、申論題部分：（60分）

1) 不必抄題，作答時請將試題題號及答案依照順序寫在申論試卷上，於本試題上作答者，不予計分。

2) 請以藍、黑色鋼筆或原子筆在申論試卷上作答。

一、一棟含有視聽歌唱場所（KTV）的住商混合大樓發生重大火警，若你為火災調查人員，隨同救災車輛一同出勤，進行出動觀察，抵達現場時發現火勢發展異常迅速猛烈，有縱火可能。試問勘查時應特別掌握哪些特殊之跡證或現象？（20分）

**解：**

勘查時應特別掌握特殊之跡證或現象

對於使用促燃劑之縱火案件於火場中可能發現下列特徵：

1. 現場可聞到香味、汽油味等。

2. 引燃時可能會有「呼」或撞擊聲。

3. 可能有爆炸產生。

4. 嫌疑犯／證人的手、臉、腿或頭髮有受燒傷。

5. 異常之火勢擴散（向下漫延或異常快速漫延）。

6. 捲動的火焰。

7. 亮黃色／亮橘色火焰伴隨著黑煙。

8. 火焰瞬間充滿整個房間接著冒出大量黑煙。

9. 火焰似乎由地板所起。

10. 在可能有液體燃燒痕跡的區域內，特別是金屬設備或物品的底部或較低的部位，發現局部劇烈的變色銹化或嚴重變形。

11. 建築結構燒損情形和火載量不符。

12. 地板上燃燒型態混合輕微、中等及嚴重的坑洞或延續型之形狀，這些型態和將可燃性液體倒在密度較高或無孔洞材質的地板上的形狀相似。燃燒型態和可燃性液體的種類、表面的結構及通風量相關。

13. 在有可燃性液體潑灑範圍內，其木質地板或塑膠地板接縫處會產生局部化的裂縫，這些裂縫可能是由可燃性液體在接縫處內部燃燒所產生。

14. 在有可燃性液體潑灑範圍內的水面上會覆蓋一層彩虹色的光澤。

15. 起火房間的煙和熱的燃燒痕跡會一致。

16. 在火災現場內或附近發現縱火劑的容器。

17. 在有可燃性液體潑灑範圍內，其傢俱的腳或底部的受燒情形會較嚴重。

18. 在有可燃性液體潑灑範圍內的門下方會有燃燒痕跡，如門檻或踢腳板上。

19. 在地毯下方的填充物會發現有局部的汙點。

20. 在水泥地板上有水塘狀、混合狀或混雜黑色和棕色的燒痕，這些雜色的燒痕處有斥水性，可能還殘留淡淡的可燃性液體的味道。

21. 火災燒損情形無法證明起火點。

22. 牆上的燃燒痕跡為由地板接接縫處或角落向上延燒之結果。

23. 一般而言傢俱或電器下方的地板材料會受到保護，但有潑灑促燃劑時，反而受到燒燬。

24. 在被潑灑可燃性液體的範圍內，如有塑膠地磚，則可燃性液體有由其接縫處滲入，溶解地磚的粘膠並使其燒焦，進而在下面的地板上產生棋盤式的燃燒痕跡，稱為鬼痕（Ghost marks）。

25. 在地板燃燒痕跡上方牆面或設備的垂直表面會因劇烈的燃燒而將原沈積在上面的煙粒子燒掉而變白。

26. 窗戶玻璃熔化呈現「帶狀糖」的形狀，內側的玻璃表面僅附著少許或無煙粒子。

27. 傢俱或床墊的彈簧有產生退火的現象，此現象為可燃性液體直接潑灑在這些傢俱或附近所造成的。

28. 在潑灑可燃性液體的區域內，於其垂直的表面可發現倒圓錐的燃燒痕跡。

於NFPA 921指出注意事項：

1. 地板上燃燒所產生的洞，可能是火災發展、輻射或可燃性液體所造成。

2. 出現大且有弧度的氣泡時不可做為排除促燃劑火災的唯一指標。

3. 塌陷的彈簧不可做為證明其曾曝露在特定熱源或引火源的指標，例如悶燒或有促燃劑存在之燃燒。

4. 倒圓錐的燃燒痕跡曾被做為可燃性液體火災之證據，但任何燃料所產生的火焰區域，在垂直面尚未受局限前，可能會產生倒圓錐形的燃燒痕跡。

（引用資料：葉金梅，促燃劑縱火案件調查與案例探討，內政部消防署，消防月刊，2009年5月）

二、某25層供複合用途使用之高層建築物於18樓處發生火災，你為轄區消防分隊長，到達現場後，如果不得不使用電梯進行救災，在救災指揮作業中，應做哪些處置以確保救災同仁之安全？（20分）

**解：**

一) 正確使用電梯

　　A. 徹底掌握電梯之特性（電梯鑰匙、按鈕功能及使用方法）。

　　B. 用燈光檢查電梯井有無煙霧。

　　C. 聽一聽有無水流順著電梯井流淌。

　　D. 每5層快速重覆這一檢查過程。

　　E. 乘電梯到達火災層以下某一樓層，剩餘的樓層再爬樓梯上去。這是接近火災層最安全、最有效之方法。

　　F. 利用電梯監視系統，可以即時檢驗顯示電梯內人員狀態，或電梯發生故障時電梯內有無人員受困情形。

二) 注意事項

　　A. 電梯井應作為一重要的區域進行保護，小心翼翼地保護這些豎井，避免滲入水分。除了掌握高層建築中水流向哪裡，還要掌握哪些設備必須重點保護。要重視地下層、變壓器室、配電室、發電機室、幫浦機房、化學危險物品儲存室等部位。

　　B. 水損防止措施後之狀況，應逐次進行確認室內低窪或坑洞處位置地面積水情形。

　　C. 射水開始後，迅速於火點下層樓展開防水布等水損防止作業。

　　D. 殘火處理時，布類、衣類等，移出至陽臺等室外場所，再進行處理。

　　E. 電梯會因為射水導致停電而停止運轉，同時人員將受困於電梯之內

（引用資料：盧守謙，2016，《消防救災救助全書》）

　　三、建築物火災之搶救，消防人員除優先執行人命救助外，亦需同時部署水線滅火，利用有效的水量直接或間接對燃燒物或目的物進行冷卻、窒息或除去等，以達到撲滅火勢。請敘述消防人員進入室內有效射水滅火的原則？（20分）

解：

消防人員進入室內有效射水滅火的原則

　　假使水線是正在射水，閃燃醞釀將快速消失，即使是少量的水也能有效延緩或壓抑閃燃。在瑞典政府教消防人員當閃燃即將來臨時，使用集束擴散（enciling）射水方式所形成霧狀水氣防護作為退出動作，這種技術以少量、快速衝出的水氣射入熱煙氣體層內冷卻，而能快速延緩閃燃。

　　或是以短距離直線射水（Short Straight Stream）在牆面及天花板方式，於理論上這能藉由冷卻燃燒生成氣體與牆壁溫度而延緩閃燃發生，維持內部空間熱平衡，且在不會產成大量水蒸氣而能保持良好能見度。

　　但美國Delisio則認為，假使在你手上有良好水線，為什麼你還想要去延緩閃燃發生呢？某些人相信消防人員殉職是死於火場內，當射水中斷時使閃燃才立即醞釀形成；而延緩閃燃就好像轉向你的背讓人持上膛的槍所頂住一樣；但在水線不充足之情況下，上述瑞典方法是值得推廣。

1. 間斷快速噴灑

　　假使你有一條以上良好水線，以直線方式（最好以固定式直線噴頭）用順時鐘方式噴向天花板與牆壁，冷卻空間層而中斷所可能形成之閃燃。如此能降低未完全燃燒之氣體層溫度，也可維持能見度。而使用水霧或廣範圍噴灑（Wide Spray）方式射水，歐美學者認為有以下缺點：

1) 射水距離限制：雖可立即冷卻近處，但較遠處範圍射不到（高輻射熱仍是危險）

2) 低視度：假使水霧射到天花板之溫度2000°F後頓時成為大量蒸氣或熱水滴下落，使天花板下面消防人員受到蒸氣灼傷，特別是在沒有良好之通風作業時。

3) 細小水滴可能被高熱先行蒸發，而根本不能射入到氣體層內部。

　　因此，消防人員水線最好採取間斷快速噴灑，非朝燃燒火焰射，而是朝天花板下方熱煙氣體層。

2. 射水戰術

　　在美國有些消防隊，進入高溫室內未到起火室之前，先行射水冷卻前面天花板與上部牆面，來降低室內環境高溫。這是他們從歷年火場經驗中所得來，知道火

勢下一步可能會突然快速形成閃燃；但如果室內不是在高溫環境就應注意水損問題。

美國Dick指出以30°角之水霧先射入室內上部空間之高熱氣體層，使用T、Z或(C)字型之直接射水流朝室內頂部，然後再向下朝火點進行攻擊。

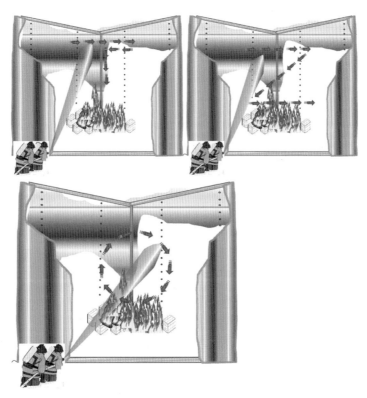

組合攻擊圖：使用T、Z或(C)字型之直接射水流朝室內頂部，然後再向下朝火點進行攻擊

2. 防禦或攻擊

何時應繼續射水攻擊或趕快離開？這答案是當停留攻擊時你有一水量持續供應能達到Royer-Nelson之流率[1]，假使你沒有這個水量必須小心。此外，如在一條沒有水之水線下不要前進到危險區域，較好地是在安全距離處等待水源到達瞄子噴頭時才進入。

New-Wave Gas-Phase Cooling Water-Fog Techniques，爲了保持火災室熱平衡狀態

註1 Royer-Nelson之流率指每1GPM水量能全部涵蓋到100立方呎。

下，而擁有最佳滅火環境與效果；此為目前各國正在研究之新一代水霧戰術。在北歐方面，從事水霧滅火研究已有實際成果，主要由二位元瑞典火災工程專家Gie-selsson與Ressander所主導，其係承襲一位德國於1950年前之研究工作；基本上，水理論滅力冷卻能力為每秒每公升2.6Meg-Watts，但實際應用於真實火場僅能達到每秒每公升0.84Meg-Watts，依水線較佳出水率上並非175～450LPM流率而應為每分鐘100公升（LPM）。在德國則研究出較佳冷卻效果，其水滴直徑應在0.2～0.3mm範圍內，在英國提出水滴直徑在0.2～0.4mm範圍，而美國亦提出以0.3mm水滴射入熱煙氣體層可達到最佳冷卻效果，但後來芬蘭（FFRB）與瑞典火災研究局（SFRB）聯合指出，水滴大小如在0.2mm以下或0.6mm以上是最不理想應用，而以0.4mm可達到最佳冷卻境界，如此所持理由是火羽流內部互動（Plume Enter-Action）需要額外水量來達到其全部冷卻。在水帶方面，最佳配合使用19mm口徑來配合高壓幫浦，會達到最佳目標理想；此外，美國學者Ken Scofield指出射水霧噴入熱煙氣體層每次一秒鐘，然後關閉再噴放，有相當不錯之搶救效果。

（引用資料：盧守謙、陳永隆，《火災學》，第2版，2016，吳鳳科技大學消防系用書）

乙、測驗題部分：（40分）

1) 本試題為單一選擇題，請選出一個正確或最適當的答案，複選作答者，該題不予計分。

2) 共20題，每題2分，需用2B鉛筆在試卡上依題號清楚劃記，於本試題或申論試卷上作答者，不予計分。

（B）　1. 火災現場跡證採證應依內政部消防署函頒之火災案件證物採驗規範的規定辦理，下列敘述何者錯誤？

(A) 火場應經清理及復原重建之後，再予研判起火處附近及相關位置採證

(B) 同一火場，起火點不甚明確，採取化學跡證時，採證工具盡量同時重複使用採取不同地點之證物

(C) 採證時對於欲採取跡證之種類、形態及其與起火處或原因推斷之關係明瞭後，方可採取

(D) 對照物一併送驗以供空白試驗比對分析，如屍體附近之土壤、縱火殘跡旁之泥塊、地毯等

（C）　2. 若你為火災調查人員，至火災現場採樣，因該場所證物種類眾多，下列火場證物處理原則何者正確？

(A) 固狀證物受火熱影響後，常有熱分解干擾物，故原包裝容器避免一併封緘送驗，亦可降低實驗室同仁工作負荷

(B) 油類等液狀證物可用白淨鐵罐、附有小口之密封玻璃廣口瓶或塑膠證物袋儘速盛裝，必要時應將其密封，以防溢出

(C) 採集電氣證物時，可使用一般塑膠證物袋或紙箱密封

(D) 火藥證物送驗時宜採原料性或有明顯火藥殘留之證物以紙張包妥後置入塑膠證物袋內，直接以塑膠夾袋、金屬、玻璃、陶瓷或其他硬質容器封裝

( C )　3. 某地下停車場發生火災，必須確保消防人員行進路線為相對安全之狀態，及善用通風排煙排出煙熱，以利部署水線進入滅火及搜救，下列救災作為何者錯誤？

(A) 利用建築物本身排煙設備、消防隊排煙車或排煙機等將濃煙排至室外

(B) 利用進風設備將民眾避難逃生樓梯及通道等建立成正壓區域，防止濃煙侵入

(C) 以車道口為進氣口，人員由車道部署水線進入滅火與搜救

(D) 建立排煙路徑、進氣口及排煙口。選擇排煙出口，應避免濃煙再進入其他區劃空間或大樓內，並做好排煙出口防護

( D )　4. 某飯店依強化防火管理制度指導綱領，遴用核心要員，並設防火管理技術員，若你為轄區消防分隊長，下列何者非該技術員之規定任務？

(A) 熟稔該場所消防安全設備、防火避難設施及防災監控系統等有關設備之操控技能

(B) 教育指導相關員工各項設備（施），並強化其自衛消防編組訓練之相關技能及防火管理必要之消防常識

(C) 協助自衛消防隊長進行相關之災害搶救活動

(D) 輔佐管理權人執行防火管理業務

( D )　5. 火場上發現有氯酸鈉、二甲苯、乙二醇、碳化矽物質，但現場找不到任何發火源，若你是現場火災調查人員，你認為可能之發火物質為下列何者？

(A) 氯酸鈉　　　　(B) 二甲苯　　　　(C) 乙二醇　　　　(D) 碳化矽

( C )　6. 若你為火災調查人員，接獲任務前往火場進行災後現場勘查，因現場使用大量同質木材裝潢材料，部分木材僅燃燒至碳化，尚未剝離燒失，欲利用碳化針等工具測定其深度，以作為燃燒強弱之研判，下列敘述何者錯誤？

(A) 碳化面的凹凸狀況愈多，表示燃燒的愈強烈

(B) 碳化面的凹凸狀況愈粗糙，表示燃燒的愈強烈

(C) 形成碳化花紋的溝痕幅度愈窄，表示燃燒的愈厲害

(D) 形成碳化花紋的溝痕深度愈深，表示燃燒的愈厲害

( D ) 7. 某木造2層住宅建築物發生火災，到達現場時發現室內正在燃燒，為迅速撲滅火點，需進入室內進行射水作業，你為現場之火場安全官，下列安全注意事項何者錯誤？

(A) 盡量沿牆壁行動，避免物品掉落砸傷

(B) 裝備器材確實配戴完整

(C) 注意避免發生觸電危險

(D) 1人1組水線入室救災

( B ) 8. 某集合住宅建築物於清晨發生火災，你為首先到達現場之分隊長，經管理委員會主任委員告知起火戶隔壁仍有數名住戶不知去向。請問下列何者屬於你優先處置的事項？①進行滅火攻擊　②將所有電梯管制至地面層　③分配搜索區域、聯絡信號　④提高指揮層級　⑤登錄管制搜救小組姓名、人數、時間、氣瓶壓力　⑥將火勢局限，防止火勢擴大

(A) ①②⑥　　　　(B) ②③⑤　　　　(C) ①④⑤　　　　(D) ③④⑥

( B ) 9. 深夜23時許，一棟16層商業大樓於5樓發生火災，初期指揮官到達現場時，下列車輛部署事項何者最適當？

(A) 車輛部署以車組作戰及單邊部署為原則，建築物火場正面立即部署攻擊車進行滅火

(B) 應於火場正面部署照明車

(C) 水箱車應儘量縮短停車間距，減少部署水帶數量，爭取救災時間

(D) 消防車輛停放於坡道時，為節省時間，手煞車及輪阻器擇一即可

( C ) 10. 一工廠油槽發生火災，你為現場救災指揮官，下列部署搶救作為，何者最不適當？

(A) 滅火活動原則上應從上風方向進行，不得已時再從側風方向進行

(B) 使用泡沫滅火時，泡沫要大量且一齊放射

(C) 對起火儲槽赤熱部進行大量射水，降低儲槽溫度與槽體破裂危險

(D) 泡沫放射時，注意不要攪拌油表面，並善用槽內壁作為緩衝板

( B ) 11. 因地震造成一棟5層樓民宅倒塌，現場指揮官於救災指揮站成立計畫組，你為計畫組長，執行計畫作業時，下列何者最適當？

(A) 提出搜救犬需求　　　　　　　　(B) 掌控搜救人員需求狀態

(C) 提供搜救器材油料及電力補給　　(D) 提出搜救人員調度建議

（A）12. 某日一棟高層複合用途建築物，正在進行自衛消防編組演練及驗證，你承辦防火管理業務且於現場進行評核，對於初期滅火之應變要領，下列敘述何者錯誤？

(A) 使用第一種室內消防栓時，以1人實施為原則

(B) 模擬初期滅火使用室內消防栓時，擺出射水姿勢，維持30秒

(C) 模擬初期滅火時，使用滅火器或室內消防栓均可

(D) 模擬初期滅火使用滅火器時，可實際放出滅火藥劑或擺出放出動作之姿勢15秒

（B）13. 某化學工廠發生火災，若你為初期指揮官，到達現場發現可能為化學物質災害時，下列處置何者最適當？

(A) 迅速進入工廠找出火源並將火勢撲滅，以免火勢擴大

(B) 先了解該工廠內部之危害物質，再決定救災方針

(C) 進入火場後迅速了解面對的化學物質種類及危險性

(D) 要求關係人協同進入火場，查明化學物質種類及位置

（A）14. 某飯店提報施工中消防防護計畫，若有停止某些消防安全設備機能之必要時，你為消防官員，下列計畫內容何者符合規定？

(A) 考量飯店係全天營業之場所，停止消防安全設備機能之工程，應在日間進行

(B) 火警自動警報設備停止使用期間，該防護區域增設滅火器或室內消防栓之水帶等

(C) 緊急廣播設備停止使用期間，該防護區域增設火警警鈴

(D) 自動撒水設備之機能停止期間，將該撒水設備移設他處

（D）15. 你為消防分隊長，若進行某大樓火警自動警報設備之會審時，發現該大樓有以下幾個現象：①某一火警分區之面積為450平方公尺　②某一火警分區之邊長為50公尺　③樓梯之地下層與地上層部分為同一分區　④兩個500平方公尺之樓層共用一分區，你應針對哪些項目要求改善？

(A) ①②　　　　(B) ①③　　　　(C) ②④　　　　(D) ③④

（D）16. 某一距轄區消防分隊超過30分鐘車行距離之國定木構造古蹟建築，夜間只有一位年老的看守人力，且附近無居民。有關其消防安全設計，下列何者最能符合古蹟火災防護及文物保存之共同目標需求？

(A) 設置室外消防栓設備

(B) 設置室內消防栓設備

(C) 設置氣體滅火設備

(D) 設置單人可操作水系統滅火裝置

( D ) 17. 公路隧道如開放油罐車通行，下列哪一安全防災措施最爲必要？

　　(A) 工務段成立自衛消防編組　　　　(B) 強化消防隊救災裝備與訓練

　　(C) 加強法定通風排氣設備　　　　　(D) 設置冷卻控溫水系統設備

( B ) 18. 木造建築物發生火災，火勢猛烈竄出屋外，可能擴大延燒鄰近建築物，如果你是瞄子手奉指示迅速部署水線執行滅火任務。請問下列所述情境下，水線瞄子部署（如部署圖）何者最適當？

　　(A) 位於道路角落建築物火災，兩側有密集建築物，水線優先進行道路面包圍戰術部署

角落建築物火災瞄子部署

　　(B) 警戒水線的部署，鄰棟建築物與起火建築物間隔狹小且從外部防禦困難時，則可將水線部署於鄰接建築物屋頂上射水防護

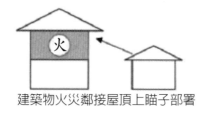

建築物火災鄰接屋頂上瞄子部署

　　(C) 只有正面爲道路的建築物火災，兩側及背面緊鄰建築物，水線優先進行道路面包圍戰術部署

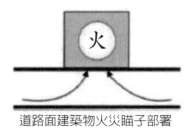

道路面建築物火災瞄子部署

(D) 警戒水線的部署，鄰棟建築物與起火建築物間隔狹小且從外部防禦困難時，則可將水線部署於起火建築物屋頂上射水防護鄰接建築物

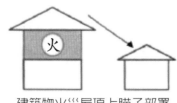

建築物火災屋頂上瞄子部署

( C ) 19. 火災調查人員為達成促燃劑殘跡鑑定，需進行樣品前置處理，在火災調查實驗室中如以加熱方式使火場殘跡樣品的促燃劑揮發到容器上方的空氣中，最後再以氣體注射針抽取上方空氣注入儀器進行分析，此一操作方法稱為下列何者？
(A) 蒸氣蒸餾法（stream distillations）
(B) 靜態式頂空濃縮分析法（passive headspace concentration analysis）
(C) 頂空分析法（headspace analysis）
(D) 固相微量萃取法（solid phase micro extraction）

( C ) 20. 若你為火災調查人員，現場經過射水搶救後，發現火災現場的起火處磁磚呈現易燃性液體燃燒留下之痕跡，必須進行採證送驗，下列哪一個採證位置最適宜？
(A) 起火處附近的碳化物
(B) 起火處的磁磚
(C) 起火處磁磚與磁磚接合處下方水泥塊
(D) 起火處周邊的磁磚

# 104年公務人員特種考試警察人員考試

考 試 別：警察人員考試

等　　別：三等考試

類 科 別：消防警察人員

科　　目：消防警察情境實務（包括消防法規、實務操作標準作業程序、人權保障與正當
法律程序）

考試時間：2小時

座　　號：

※注意：禁止使用電子計算器。（請接背面）

甲、申論題部分：（60分）

1) 不必抄題，作答時請將試題題號及答案依照順序寫在申論試卷上，於本試題上作答
者，不予計分。

2) 請以藍、黑色鋼筆或原子筆在申論試卷上作答。

　　　一、當你進行某一大樓之消防幫浦性能檢查時，測試結果及相關資料顯示，其額定出
水量為1500l/min，額定出水量時之全揚程為85m，全閉揚程為98m。當出水量為2000l/
min及2250l/min時，性能曲線之全揚程分別為78m和70m，額定出水量時，消防幫浦性
能曲線之全揚程為89m，請問：

　　　一)合乎規定之判斷依據為何？（10分）

　　　二)該幫浦性能是否合乎規定？（10分）

解：

一) 合乎規定之判斷依據

　　幫浦之性能應符合下列規定：

　　(一) 幫浦之出水量及全揚程在下圖所示性能曲線上，應符合下列規定：

　　　　1. 幫浦所標示之出水量（以下稱為額定出水量），在其性能曲線上之全揚程必
須達到所標示揚程（以下稱為額定揚程）之100%至110%之間。

　　　　2. 幫浦之出水量在額定出水量之150%時，其全揚程應達到額定出水量；性能曲
線上全揚程之65%以上。

3. 全閉揚程應為性能曲線上全揚程之140%以下。

(二) 幫浦之吸水性能應依下表所列之區分在額定出水量下具有最大吸水全揚程以上，且不得有異常現象。

| 額定出水量<br>（1/min） | 900未滿 | 900以上<br>2700以下 | 超過2700<br>5000以下 | 超過5000<br>8500以下 |
|---|---|---|---|---|
| 最大吸水全揚程（m） | 6.0 | 5.5 | 4.5 | 4.0 |

(三) 幫浦所消耗之動力應符合下列規定：

1. 在額定出水量，其軸動力不得超過馬達之額定輸出馬力。

2. 在額定出水量150%時，其軸動力不得超過馬達額定輸出馬力之110%。

(四) 幫浦之效率應依額定出水量，在下圖曲線求其規定值以上者。

(五) 幫浦在啟動時其軸承不得發生過熱，噪音或異常振動現象。

電動機所需馬力依下式計算：

$$L = \frac{0.163 \times Q \times H \times 1}{E \times K}$$

L：額定馬力（kw）

Q：額定出水量（m³/min）

H：額定全揚程（m）

E：效率（%）

K：傳動係數（＝1.1）

消防幫浦之性能曲線檢查幫浦性能正常的判斷方式

全揚程及出水量在附圖1所示性能曲線上，應符合下列(a)～(c)之規定，並應符合(d)～(f)所列許可差之規定（防止水溫上升用排放之水量，不包括在額定出水量內）。

(a) 幫浦在額定出水量時，在其性能曲線上之全揚程應為額定全揚程之100%以上、110%以下。

(b) 幫浦之出水量在額定出水量之150%時，其全揚程應為額定出水量在性能曲線上全揚程之65%以上。

(c) 全閉揚程應為額定出水量在性能曲線上全揚程之140%以下。

(d) 額定出水量時之全揚程應在設計值之+10%、−0%內。

(e) 額定出水量之150%時之全揚程應在設計值之−8%內。

(f) 全閉揚程應在設計值之±10%內。

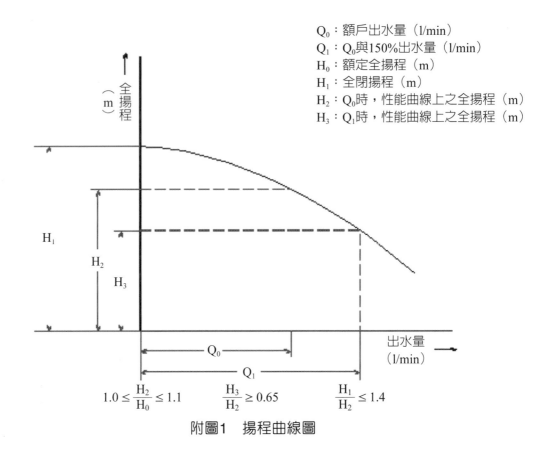

$Q_0$：額戶出水量（l/min）
$Q_1$：$Q_0$與150%出水量（l/min）
$H_0$：額定全揚程（m）
$H_1$：全閉揚程（m）
$H_2$：$Q_0$時，性能曲線上之全揚程（m）
$H_3$：$Q_1$時，性能曲線上之全揚程（m）

$$1.0 \leq \frac{H_2}{H_0} \leq 1.1 \qquad \frac{H_3}{H_2} \geq 0.65 \qquad \frac{H_1}{H_2} \leq 1.4$$

附圖1　揚程曲線圖

二) 該幫浦性能是否合乎規定

額定出水量為1500l/min×150% = 2250 l/min

85m×65% = 55.3m，因此2250l/min時70m > 55.3m（合乎規定）

2000l/min之全揚程x = 0.73

85×73% = 62.3m，因此2000l/min時78m > 62.3m（合乎規定）

額定出水量為1500l/min，消防幫浦性能曲線之全揚程為89m

額定揚程之100%至110%之間，即85～93.5m

因此，消防幫浦性能曲線之全揚程為89m介於85～93.5m之間（合乎規定）

二、某醫院二樓附設護理之家雜物間凌晨發生火災冒出濃煙，護理之家人員嘗試用滅火器做初期滅火失敗並通報119，起火樓層在消防單位到達時，已籠罩在陣陣濃煙中，由於其他樓層皆已疏散，僅該樓層因收容近百位插三管（呼吸管、鼻胃管、尿管）之病患尚待救援，如果你是火場指揮官，面對此情境及場所特殊性，你在人命救助及滅火攻擊作業上應有哪些有別於一般建築物的考量？（20分）

## 解：

　　醫院與照護機構多為行動能力與緊急時判斷能力皆不利之避難弱者，多有就寢設施。於緊急時不易進行避難，從所在樓層至避難層有其困難點。又一棟醫院建築大樓，進行各種各樣之醫療行為，如果一部分的機能停止，可能會影響至人命之危險性。因此，應限定火災所造成衝擊影響，以進行最小化之有必要避難措施。又為防止房間火煙傳播，以增加可能救助時間，房間門之打開與關閉，即顯得非常重要。基本上，避難弱者進行水平避難方式採取非火災區暫時停留之空間，而垂直避難方式則採取緊急升降機，但應考量升降機之內部空間容量（單位時間內之避難可能人數）小，在火災緊急情況，病患易產生恐慌情況，屆時應考量緊急升降機之運作可能造成人群障礙。因此，有必要有遮火煙之防火區畫空間存在；這可解決疏散病患大量擁流至緊急升降機之問題。

1. 消防活動重點

　1) 人命救助以重症患者、老人、幼兒及產婦等無法自行避難之人員為優先。

　2) 人命搜索，從醫師、護士之情報，迅速找（聽）出無法自行避難之人員，為優先搜索之重點項目。

　3) 暗藏可燃空間會助長火勢擴展，應注意各種隱藏空間之存在。

　4) 從避難者、病患及醫院各項責任者等口中得知，相關待救者之可能場所位置。

　5) 避難者需進行救護由醫師及護士人員為之，消防人員則全力投入救災工作。

　6) 現場設置救護所，應選定不會被火煙汙染及影響消防救災活動之障礙，能一次完成避難之收容場所。

　7) 視情況是否再申請救護隊及救護資器材，或由現場醫院提供人力及器材等。

　8) 醫院之化學危險物品、氧氣鋼瓶、管道及閥門開關等場所位置，必須早期予以把握。

　9) 有些醫院配電室切斷作業時，高壓應先操作短路器，而不得先操作隔離開關來切斷電源。而低壓處應先操作磁力啟動器，而不得先操作閘刀開關來切斷電源，以免引起電弧短路。因此，上述操作盡可能由場所電氣維修技術人員為之。

　10) 優先利用醫院本身固定消防設備及防火避難設施，控制火勢。按照醫院防火防煙分區的要求，開啟防排煙裝置排煙，適時關閉防火門，考量情況降下防火鐵捲門，盡量使火勢不突破防火防煙之分區。

　11) 同時啟動自動、固定滅火裝置滅火，優先利用自動撒水設備或室內消防栓等固定設備阻止火勢蔓延，當固定消防設備不能滿足火場需要時，再投入移動消防設備（消防隊本身），控制壓制火災。

2. 緊急救護體制

1) 醫院與療養院中病人很大一部份是無自我避難行動能力，或能自己行走，但無察覺火的威脅或作出合理反應與選擇的能力。

2) 最早到達救護單位，於早期設置現場緊急救護站，以確立災害救護之態勢。

3) 老年人有其獨特火災問題。在一些火災中，老年人的行動有違於其自身的利益，他們可能拒絕他人拯救，重又返回火煙之房間。或者，在其自己房內尋找躲避處，未能將房子著火的事告知他人。

4) 預測有多數傷者及需救助者之場合時，應強化早期之緊急救護體制。
   A. 設置救護指揮站。
   B. 救護站擔當人員與搬運擔當人員之區分，作有效運用。

5) 緊急救護工作，必須有明確指揮者之組織化活動，尤其是在此類人員高度集中之場合。

6) 大量人員需救助與救護場合，勢必會使寬頻中之無線電頻道超負荷，使情報資訊短缺、救護協調作業無法有效展開，致使緊急救護問題更加明顯。因此，無線電頻道在負荷情況下，應有明確之預備開放頻道，在不同救護作業，使用不同之救護頻道。

7) 救護醫療站之位置，應檢討是否與救災之前進指揮所併設，在此類建築物因人員高度密集，有時會呈現出救護大量作業，如與前進指揮所併設時，將會形成救災救護人員交錯之混亂場面。

3. 火勢壓制體制

1) 指定水線滅火小隊，擔任火勢制壓活動之主力。

2) 建築物有連結送水管、消防立管及自動撒水設備等，應明確指定該設備之送水隊。

3) 醫院儲藏間及長走廊下等一定區畫之火災對應，得活用水霧廣角射水進行大量冷卻火場溫度。

4) 濃煙熱氣等難以確認延燒範圍之情況，考慮活用熱影像攝錄等器材，來尋找火點。

5) 完全掌握出勤之單位，及適當攜行救災配備。

6) 關係圖之活用
   A. 依所製定消防對象物之甲種防護圖予以活用，特別是高壓氧艙危險區、鍋爐房、加熱器房及藥物庫房等空間位置、現場之消防資源等，並於圖面顯示各單位之部署情形，進行有空間概念之指揮作業。

B. 將所完成之戰略部署圖面影印，分發各出勤單位，以確認行動。

7) 活動方針之修正變更

A. 總指揮官依火災狀況變化因應，活動方針之變更作修正。

B. 總指揮官確認消防活動之成果，認為無法期待有成果之情況時，應即變更消防活動之方針，展開新的消防活動。

C. 於活動方針變更之場合，應立即使全體救災人員周知，以快速展開新修正之活動方針。而各級指揮官應作確認逐一回報。

8) 支援申請

預想可能會有大量之人命救助、特異火災或大規模火災之發展情況，應早期集結必要之救災人力。

4. 確保出入口

1) 作業空間之確保

火場建築物周邊，救災之雲梯車、屈折放水塔車等活用之考量，應確保特種車輛之作業空間。

2) 避免淪為障礙

不會形成消防水源部署及特殊車輛進入之障礙位置作部署。

5. 進入口之設定

1) 進入口之指定

吸氣側與進入口之設定。

2) 進入口之活動環境確保

A. 視情況使用自然通風及強制通風換氣，確保樓梯間及走廊等通風路徑暢通。

B. 依法令規定，病房之開口（窗）面積，不得小於該樓地板面積1/8。因此，其具一定相當之開口面積。

3) 破壞之進入口設定

門窗等破壞，來設定救災人員進入口。

6. 瞄子部署

1) 於屋內及屋外之內外二面，迅速部署攻擊瞄子。

2) 指定射水擔當瞄子及其射水之時機。

7. 警戒部署

於延燒路徑部分，迅速部署水線警戒瞄子。

8. 消防設備及防火避難設施等活用

1) 7層以上建築物應設置連結送水管

2) 依照各類場所消防安全設備設置標準，醫院類設置自動撒水設備規定10層以下建築物之樓層，樓地板面積在1500m²以上者。而在11層以上之樓層，樓地板面積在100m²以上者。

3) 照護機構類樓地板面積在300m²以上者，就需設置自動撒水設備。

4) 樓地板面積合計在500m²以上者，應設置排煙設備。

5) 無論是建築或是消防法規對醫院類建築物皆有嚴格之法令規定，應有效活用建築物本身防災避難設施與消防安全設備。

6) 建築技術規則規定15層以上高樓，應設防災中心，由專責輪值人員來作業。

7) 確認建築物警報設備及滅火設備之作動狀況。

8) 積極活用連結送水管等消防搶救上必要設備。

9) 為使火災對醫院衝擊影響最小化，必須啟動自動撒水設備。在醫院之分間牆於3樓以上之樓層主要構造為1小時以上防火時效，另僅在病房部分加強規定，其梁、柱、承重牆壁與樓地板至少皆有1小時以上防火時效之規定。

9. 射水

1) 選定火災狀況對應之瞄子型式、口徑作部署射水。

2) 注意有效果之射水進行。

10. 水損防止

1) 留意水損防止，進行射水作業之控管。

2) 實施火災層及其以下樓層之病房、手術室、樓梯間、病歷資料室及藥品庫房等水損之防止處置。

（引用資料：盧守謙，2016，救災救助全書）

　　三、你為某消防局火調人員，常受命鑑定火場中所採集的殘跡證物是否含有易燃性液體的成分，而局裡購置有氣相層析質譜儀可供鑑析易燃性液體的種類，試問經氣相層析質譜儀的成分鑑定後，除了汽油類以外，應以何種標準研判此殘跡證物中所含之可燃性液體屬輕質產品範圍（light product range）、中質產品範圍（medium product range）或重質產品範圍（heavy product range）？若遭遇無法合適將它歸類時又應如何將分析結果呈現於報告中？（20分）

解：

### 一) 研判此殘跡證物中所含之可燃性液體產品範圍

氣相色譜法──質譜法聯用（Gas chromatography–mass spectrometry，簡稱氣質聯

用，英文縮寫GC-MS）是一種結合氣相色譜和質譜的特性，在試樣中鑑別不同物質的方法。GC-MS的使用包括藥物檢測（主要用於監督藥物的濫用）、火災調查、環境分析、爆炸調查和未知樣品的測定。GC-MS也用於為保障機場安全測定行李和人體中的物質。另外，GC-MS還可以用於識別物質中以前認為在未被識別前就已經蛻變了的痕量元素。

ASTM 1618為火場殘跡促燃劑鑑定方法，對可燃性液體的分類採二維分類方式，將可燃性液體分成8個主類別，每一主類別又區分為3個次類別，即輕質類、中質類及重質類等3種。以汽油為例，輕質之意為主要成分之碳數分布於C4～C9間，中質之意則為主要成分之碳數分布於C8～C13間，重質之意即為主要成分之碳數分布於C8～C20及C20以上。另外ASTM國際標準組織亦對對各主類別訂有鑑定標準，8個主分類各有具其特徵之標準，可依其鑑定標準判定樣品之歸類。

## 二) 無法合適歸類

ASTM 1618對汽油、中質石油分餾液（middle petroleum distillate, MPD）及重質石油分餾液（heavy petroleum distillate, HPD）等，訂有標的化合物，其中汽油之標的化合物含三甲基、四甲基苯、甲基萘、二甲基萘等15種標的化合物。

MPD則含有C9～C12之正烷烴及C3～C6甲基環己烷、三甲基、四甲基苯等共13種之標的化合物。HPD之標的化合物則為C10～C20之正烷烴及C4～C9甲基環己烷、四甲基苯、甲基萘、二甲基、三甲基萘等共26種標的化合物。

根據E1618對這些分類的定義如下：

1. 汽油類：包括所有廠牌之汽油及汽油醇。通常汽油之特點為含大量之芳香烴及其特有譜型，較低量之脂肪族化合物。
2. 石油分餾液類：包括這些傳統分餾液和層析圖譜型為高斯分布譜型及含有芳香烴化合物。
3. 異鏈烷烴產品：這類專門指由含支鏈之脂肪烴化合物所組成之產品。通常不含正烷類、環烷類及芳香烴，但有時亦可能僅含微量之正烷類、環烷類及芳香烴。
4. 芳香烴產品：此分類幾乎專指含芳香烴 （包括聚芳香烴碳氫化合物）化合物之所有產品。
5. 環烷烴產品：此分類包含主要成分為支鏈脂肪烴及環烷烴之產品。通常不含正烷烴和芳香烴，或僅含非常低量之正烷烴或芳香烴。此分類產品和異烷烴產品之最大區別為，此類產品主要以環烷烴為主。
6. 正烷烴產品：此分類產品專指含正烷烴之產品且不含異鏈烷烴、環烷烴和芳香烴等化合物。

7. 去芳香烴分餾液：此分類包含所有不含芳香烴化合物或僅含微量芳香烴之石油分餾液產品。

8. 含氧溶劑：這部分產品主要由含有含氧化合所組成。通常這很容易由層析圖中可觀察得到，層析圖中之波峰會產生拖尾或前移之現象。

9. 混合類／其他類：然前面所提之產品應可適合前述之某一分類。因此，此類是指商業用或工業用之可燃性液體，採用本分類系統時可歸入超過一種之分類，或無法歸入上述之分類，或以混合類稱之時更為恰當時，則歸入此分類中。

乙、測驗題部分：（40分）

1) 本試題為單一選擇題，請選出一個正確或最適當的答案，複選作答者，該題不予計分。

2) 共20題，每題2分，需用2B鉛筆在試卡上依題號清楚劃記，於本試題或申論試卷上作答者，不予計分。

( D )　1. 轄內某一老舊小旅館裝設住宅用火災警報器，你為轄區消防分隊長，至現場勘查時，發現：①住宅用火災警報器裝置於居室中心　②火災警報器裝置於距天花板60公分之牆面上　③火災警報器距離出風口1公尺　④某些火災警報器裝設於距離牆面60公分之天花板上。上述哪些項目你會建議業主加以改善？
　　(A) ①③　　　　　(B) ②④　　　　　(C) ①④　　　　　(D) ②③

( B )　2. 基於火警探測及初期有效應變之需求，下列有關火警探測器配線之設計選材，何者最正確？
　　(A) 還是要用EMT管防護　　　　　(B) 一般配線即可
　　(C) 應選用耐熱保護配線　　　　　(D) 應選用耐燃保護配線

( C )　3. 你為轄區分隊長，某日抽查轄內列管之某地上6層地下2層旅館，每層樓地板面積為500平方公尺，當你派員至地面層使自動警報設備動作時，則應鳴動之樓層，下列何者正確？
　　(A) 1F，B1，B2　　　　　(B) 1F，2F，B1
　　(C) 1F，2F，B1，B2　　　　　(D) 全部鳴動

( C )　4. 設一醫學中心重症病房下方樓層於凌晨發生火災，則對該重症病房病患而言，哪一應變措施並不適當？
　　(A) 立即進行119通報　　　　　(B) 確認火點位置及影響狀況
　　(C) 立即協助病患推床進行避難　　　　　(D) 操作防煙防火區劃，等待救援

( D )　5. 你爲消防分隊長，至轄內列管對象進行消防幫浦檢查時，發現該幫浦全閉運轉時出力爲40kW，請判斷其防止水溫上升用排水裝置之排放水量約爲多少l/min？

(A) 12.1　　　　　(B) 15.1　　　　　(C) 17.1　　　　　(D) 19.1

( C )　6. 某電信機械室設有二氧化碳滅火設備，你爲消防審查人員，執行該滅火設備啓動裝置消防安全審查時，請問下列何者不符合規定？

(A) 手動啓動裝置每一防護區域裝置一套

(B) 操作手動啓動開關時，同時發出警報音響

(C) 以按鈕直接操作其自動及手動切換裝置

(D) 於切換裝置近旁標明操作方法

( C )　7. 某一業者檢附二氧化碳滅火設備安裝施工測試照片至消防局申請查驗，這些照片包括：滅火藥劑儲存容器、配管、電磁閥、壓力開關、選擇閥、噴頭、警鈴、蜂鳴器、揚聲器、放射表示燈和控制盤，若你爲查驗人員，至少應再要求業者檢附下列哪些照片？①通風換氣設備　②火警綜合盤　③語音裝置　④緊急照明燈

(A) ①④　　　　　(B) ①②　　　　　(C) ①③　　　　　(D) ①②④

( B )　8. 某透天厝住宅發生火災，轄區消防分隊長率隊趕往搶救，到場發現關閉之鐵捲門及玻璃製窗戶，現場有聞到煙味，但住宅內部狀況不明，若該分隊長決定進行破壞作業，下列處置何者最不適當？

(A) 進行鐵捲門破壞前應進行「測溫」動作

(B) 擊破玻璃窗時應立於下風處

(C) 擊破玻璃窗時，手應保持在擊破位置上方

(D) 可利用乙炔氧熔斷器破壞鐵捲門

( C )　9. 某旅館發生火災，現場傳出多人傷亡，轄內消防局派出大批消防、救助與救護人員前往救災，你爲轄區消防局分隊長，奉命擔任現場救火指揮官，依規定下列何者不屬於你的任務？

(A) 負責指揮本次旅館火災人命救助及火災搶救部署任務

(B) 負責指揮本局救護人員執行現場緊急救護任務

(C) 負責調度旅館附近醫院醫護人員協助救災

(D) 負責於旅館內未受火災波及處建立現場人員裝備管制站

( C )　10. 某一高樓建築發生火災，你爲初期救火指揮官，下列建立指揮站的要領，何者最不適當？

(A) 可清楚看到整棟高樓之處

(B) 火災愈大、工作人員愈多，指揮站需離高樓越遠

(C) 盡量接近高樓入口處，方便出入火場

(D) 下風處避免建立指揮站

( C ) 11. 在一場建築物火災搶救中，假設你被指定擔任現場指揮官的作戰幕僚，依規定下列何者不屬於你應優先處理的任務？

(A) 掌握建築物火災延燒狀況　　　　(B) 評估深入火場救災裝備需求狀況

(C) 估算火場附近救災水源使用狀況　(D) 掌握災民撤離人力派遣狀況

( C ) 12. 某轄區發生油槽火災事件，轄區消防局指揮官設立火場指揮中心並編組幕僚群，依規定下列做法何者不適當？

①設立作戰幕僚協助掌握油槽火災狀況　②設立水源幕僚協助估算附近水源狀況　③設立通訊幕僚協助聯繫鄰近支援救災單位　④設立後勤幕僚協助掌握油槽滅火裝備需求

(A) ①②　　　　(B) ②③　　　　(C) ③④　　　　(D) ①④

( C ) 13. 某火災現場水源不足，你奉指揮官命令，帶領水箱車前往附近一河川補充水源。到達現場後，有關河川水源取用，下列何者最適當？

(A) 若為急流，應將水管朝順流方向投入

(B) 水中如有多量垃圾，水管應朝逆流方向投入

(C) 河川水深過淺，以下掘方式取水

(D) 河川水量較少時，後到車輛應至上游取水

( C ) 14. 某大型倉庫通報火警發生，你為轄區消防分隊長，奉命帶領一車組前往查看，有關初期現場水源部署，何者最為適當？

(A) 先到車組應盡可能部署於離倉庫較遠之消防栓

(B) 若倉庫尚未發現火煙，不應部署消防車於水源位置，以免影響機動性

(C) 各水源部署之消防車輛應保持彼此水平排列

(D) 後到部隊應盡量使用倉庫附近之水源

( B ) 15. 某火災現場，一組隊員奉命於高空作業車上射水，你為火場安全官，請檢視下列處置，何者為不安全行為？

(A) 適時做噴霧防護射水，防止高溫影響雲梯車機械裝置

(B) 起火樓層內部已有人員進入搶救時，由窗口向屋內射水協助防護

(C) 留意高空射水產生之反作用力，避免影響雲梯之穩定性

(D) 在高空作業車上，穿戴完整消防衣、帽、鞋、手套及空氣呼吸器

( C ) 16. 有一大型鐵皮屋倉庫內部發生大火，在強風助長下，由於延燒速度快，造成火

勢擴大，如果你是現場救火指揮官，爲防止擴大蔓延，你要指揮同仁以何方向進入來進行滅火攻擊？

(A) 上風方向
(B) 下風方向
(C) 側風方向
(D) 上、下風方向同時

（ A ）17. 在火場上發現有漏電火災之狀況，若你爲轄區消防局火調人員，下列何項是漏電火災所要收集之必要事項？

(A) 接地點
(B) 進戶線之進戶點
(C) 進屋線之進屋點
(D) 配電盤之配電點

（ D ）18. 某一車輛火災，經調查發現是刹車油管破損洩漏所引起，若你爲火調人員，試問其可能之發火源爲下列何者？

(A) 分電盤火花
(B) 配線短路
(C) 起動馬達層間短路
(D) 排氣管

（ D ）19. 爲達成易燃性液體殘跡鑑定之目的，火調科鑑定實驗室常利用各種的物證前處理方法先行萃取或濃縮殘跡證物中所含之易燃性液體成分。若你爲火場鑑識人員，請問下列何種前處理的方法已不被建議做爲火場殘跡分離易燃性液體殘留物的方法？

(A) 溶劑萃取法（solvent extraction）
(B) 頂空取樣法（sampling of headspace）
(C) 被動頂空活性碳濃縮法（passive headspace concentration with activated charcoal）
(D) 水蒸氣蒸餾法（steam distillation）

（ D ）20. 某轄區發生延燒數棟建築物之重大火災，作爲此火場的調查指揮官，於現場預勘後著手安排勘查流程，下列災後現場勘查流程，何者最適當？

(A) 觀察燒毀之建築物→觀察火場附近→起火建築物之認定→延燒路徑之認定→起火處之認定→發火部位認定→發火源之檢討→起火原因之認定
(B) 觀察火場附近→觀察燒毀之建築物→起火建築物之認定→延燒路徑之認定→起火處之認定→發火部位認定→起火原因之認定→發火源之檢討
(C) 觀察火場附近→觀察燒毀之建築物→延燒路徑之認定→起火建築物之認定→起火處之認定→發火部位認定→起火原因之認定→發火源之檢討
(D) 觀察火場附近→觀察燒毀之建築物→起火建築物之認定→延燒路徑之認定→起火處之認定→發火部位認定→

# 103年公務人員特種考試警察人員考試

考　試　別：警察人員考試

等　　　別：三等考試

類　科　別：消防警察人員

科　　　目：消防警察情境實務（包括消防法規、實務操作標準作業程序、人權保障與正當法律程序）

考試時間：2小時

座　　　號：

※注意：禁止使用電子計算器。

甲、申論題部分：（60分）

1) 不必抄題，作答時請將試題題號及答案依照順序寫在申論試卷上，於本試題上作答者，不予計分。

2) 請以藍、黑色鋼筆或原子筆在申論試卷上作答。

　　一、你為消防分隊長，某日受邀至轄內列管之一棟旅館建築物進行該旅館自衛消防編組演練及驗證指導，已知：

　　　1. 該旅館未裝設有自動撒水設備。

　　　2. 符合內部裝修限制，且客房與走廊未有氣窗等開口部。

　　　3. 寢具等為防焰製品並設有室內消防栓。

　　　4. 具完整之垂直區劃。

　　你如何計算該旅館之：（20分）

　　　1. 起火層臨界時間？

　　　2. 非起火層臨界時間？

解：

一) 起火層臨界時間

　　設定界限時間：假設火災發生，對設想火煙達危險程度之起火層及非起火層之防火區劃，設定界限時間。各區劃之界限時間如下：

　　起火層界限時間（Tf）：從起火處所之探測器動作，到設想起火區劃內達危險程度之

時間。

| 條　件 | | | | 時　間 | |
|---|---|---|---|---|---|
| 裝設有自動撒水設備設置樓層（註1） | | | | 9分 | |
| 上述以外樓層 | 起火層之基準時間（Tf₁） | 符合內部裝修限制（註2）客房與走廊未有氣窗等開口部之場所。 | 6分 | Tf = (Tf₁ + Tf₂) | |
| | | 符合內部裝修，但客房與走廊間裝設拉門，就防煙觀點視為同一空間之場所 | 5分 | | |
| | | 不符內部裝修限制 | 3分 | | |
| | 起火層的延長時間（Tf₂）（註3） | 寢具等為防焰製品 | 1分 | | |
| | | 前述「陸、應變要領」中「四、初期滅火」使用室內消防栓 | 1分 | | |

**補充資料**

（註1）含「各類場所消防安全設備設置標準」免設自動撒水設備之場所。

（註2）「符合內部裝修限制」：符合建築技術規則第88條之建築物內部裝修材料規定者。

（註3）寢具等為防焰製品之延長時間，如非屬上述「符合內部裝修限制」之場所，不可加計其延長時間。而「寢具等為防焰製品之延長時間」及「應變要領」中「初期滅火」使用室內消防栓之延長時間，可分別加計。另上述寢具等為防焰製品，係指供該客房旅客使用之枕頭、棉被、床墊、床罩、被套及枕頭套等寢具類均具有防焰性能之情形。

$Tf = (Tf_1 + Tf_2) = 6 + 1 + 1 = 8$分

## 二) 非起火層臨界時間

非起火層界限時間（Tn）：

| 非起火層之界限時間（Tn）＝非起火層之基準時間（Tn₁）＋非起火層延長時間（Tn₂） | | |
|---|---|---|
| 非起火層之基準時間（Tn₁） | 使用起火層之界限時間（Tf） | |
| 非起火層延長時間（Tn₂） | 存在垂直區劃之場所 | 3分 |
| | 存在垂直區劃，並置放與各客房容留人員數相當之防煙面罩等。 | 4分 |

非起火層之界限時間（Tn）＝非起火層之基準時間（Tn₁）＋非起火層延長時間（Tn₂）
$$= 8 + 4 = 12$$分

　　二、當你率隊進入已起火的住宅執行搶救勤務，深入該住宅發現火場已有大量煙層蓄積天花板處，且中性帶不斷降低及出現大面積片狀火焰（如下圖），請你研判此為何種現象？可能為發生何種現象的前兆？此時你應採取何種措施進行應變處置？（**20分**）

解：

一) 研判此為何種現象

　　滾燃燒燃（Rollover）現象，在區劃空間（如房間或飛機客艙）於火災初期或較早穩態階段時期，其中生成未燃燒的可燃氣體，會積聚在天花板位置。這些從火災室過熱氣體受到火災形成壓力推擠，而逐漸遠離火災室，到火災室外區域與氧氣混合。當門被打開或較遠處消防人員應用水霧流，供應額外的氧氣而達到可燃範圍，於火災室前端點燃並往前發展，非常迅速在整個天花板上的滾動擴張之動作。

二) 可能為發生何種現象的前兆

　　閃燃傳統警告訊號：

　　1) 在室內高熱不得不迫使你需蹲低前進。

　　2) 濃厚黑煙。

　　3) 自由快速燃燒火勢。

　　4) 滾流燃燒（Rollover）火勢（最後警告信號）。

三) 應採取措施進行應變處置

　　假使水線是正在射水，閃燃醞釀將快速消失，即使是少量的水也能有效延緩或壓抑閃燃。瑞典政府教育消防人員當閃燃即將來臨時，使用集束擴散（D enciling）射水方式所形成霧狀水氣防護作為退出動作，這種技術以少量、快速衝出的水氣射入熱煙氣體層內冷卻，而能快速延緩閃燃。

或是以短距離直線射水（Short Straight-Stream）在牆面及天花板方式，於理論上這能藉由泠卻燃燒生成氣體與牆壁溫度而延緩閃燃發生，維持內部空間熱平衡，且在不會產生大量水蒸氣而能保持良好能見度。

但美國Delisio則認為，假使在你手上有良好水線，為什麼你還想要去延緩閃燃發生呢？某些人相信消防人員殉職是死於火場內，當射水中斷時使閃燃才立即醞釀形成；而延緩閃燃就好像轉向你的背讓人持上膛的槍所頂住一樣；但在水線不充足之情況下，上述瑞典方法是值得推廣。

假使你有一條以上良好水線，以直線方式（最好以固定式直線噴頭）用順時鐘方式噴向天花板與牆壁，泠卻空間層而中斷所可能形成之閃燃。如此能降低未完全燃燒之氣體層溫度，也可維持能見度。

在美國有些消防隊，進入高溫室內未到起火室之前，先行射水泠卻前面天花板與上部牆面，來降低室內環境高溫。這是他們從歷年火場經驗中所得來，知道火勢下一步可能會突然快速形成閃燃；但如果室內不是在高溫環境就應注意水損問題。

美國Dick指出以30°角之水霧先射入室內上部空間之高熱氣體層，使用T、Z或(C)字型之直接射水流朝室內頂部，然後再向下朝火點進行攻擊。

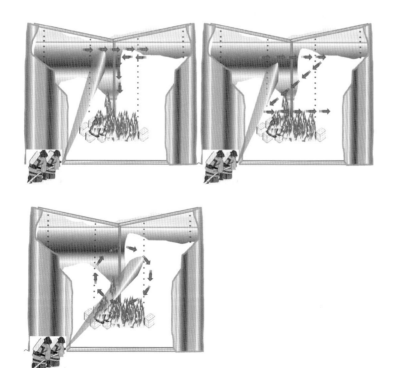

圖組合攻擊：使用T、Z或(C)字型之直接射水流朝室內頂部，然後再向下朝火點進行攻擊（作者繪圖）

（引用資料：盧守謙、陳永隆，《火災學》，第2版，2016，吳鳳科技大學消防系用書）

三、某一車輛火災，經詢問駕駛是在開車行駛高速公路時，發現車頭冒煙起火，若你為火災調查人員，研判其起火處所為引擎部，試問對引擎部現場勘查之調查事項為何？（20分）

解：

引擎部現場勘查之調查事項

(1) 車蓋

除考量燃料、機油等之燃燒擴大外，比較車體之表面、裡面，兩面共同之位置因燒損而認為變色較強之處所，在起火處所附近之情形較多。

(2) 引擎部分

因引擎是設於中心，所以比較外觀面之燒損、變色、熔融狀況，就能推定火災之延燒方向。特別是引擎底部，從機油濾網油盤之燒損狀況，是從車之引擎部之上部往底部擴大，亦是從引擎室往駕駛室擴大等，判定延燒方向之際可以加以活用。

(3) 引擎蓋

因引擎蓋是設置於引擎室中心之引擎部分之上部，因此易受火災初期階段之火焰與熱之影響，從表面之燒損、熔融狀況亦有能判斷火災之延燒方向。

(4) 鋼制濾清器（化油器時）

因設於引擎室中心上部，在火災之初期階段易受熱與火焰之影響，從燒損、燒熔狀況，能判斷火災之方向性時，可加活用。

(5) 鋼制前懸吊支撐器

在引擎室內之左右各設一個，可比較其左右懸吊支撐器之燒損狀況，推定其延燒方向。

(6) 汽車用電線保險絲

保險絲是裝於陽極之正電源附近，設有大容量之主保險絲環與保險絲盒，又車內駕駛座之儀表板下部也集有各電裝品之保險絲，而設有保險絲盒。一般外國車在蓄電池附近較少設置保險絲盒，而設於駕駛座下面之情形較多，調查配線燒損之保險絲熔斷狀況，並依配線圖從蓄電池到各配線，要加以確認，依熔斷保險絲，找出配線短路處所，再由短路發生處所其位於引擎室之汽車電線燒損狀況，以推定火災之發生處所。

(7) 汽車用電線

汽車用電線使用負線之情形很少，因此配線數減少，其配線間之短路發生自然

少，爲了確認配線間之短路，對汽車用電線之配線圖要詳看，是否有負線之配線，再依正線與負線之被覆顏色之不同，找出其短路處所，此外汽車電線之被覆裂開，而與塔鐵連接造成與車體間之短路亦很多，因此應找出因短路所造成之缺損、缺落處所來判斷其起火處所。

乙、測驗題部分：（40分）

1) 本試題爲單一選擇題，請選出一個正確或最適當的答案，複選作答者，該題不予計分。

2) 共20題，每題2分，需用2B鉛筆在試卡上依題號清楚劃記，於本試題或申論試卷上作答者，不予計分。

（ C ）　1. 某日你爲同仁自火場中採集的殘跡證物進行分析鑑識，經過氣相層析質譜儀的分析，得到以下氣相層析質譜之總離子層析圖（total ion chromatogram），依據你專業判斷，殘跡證物應含有下列何種易燃性液體？

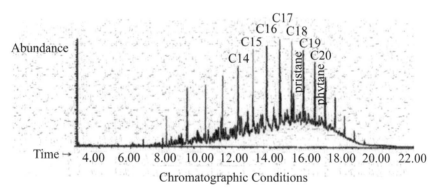

Instrument: HP5890 Gas Chromatograph
Detector: HP5970 Mass Selective Detector
Column: 30 meter, Rtx-1(polymethylsiloxane)
　　　0.25mm ID, 0.25 micron film thickness
Sample: 1.0 microliter of 1% solution in pentane

Initial Temperature: 50C, 2.5 minutes
Rate: 15C/min
Final Temperature: 300C, 5.83 minutes
Total Run Time: 25.00 minutes
Split 20:1

　　(A) 去漬油　　　(B) 95無鉛汽油　　(C) 高級柴油　　(D) 煤油

（ B ）　2. 火災現場勘查時發現火場爲飲食店，現場有油渣，並未發現有其他之發火源，若你爲火災調查人員，你認爲火場有可能爲何類之自然發火？

　　(A) 分解熱　　　(B) 氧化熱　　　(C) 吸著熱　　　(D) 聚合熱

（ B ）　3. 某工廠發生火災，你身為轄區之火災調查人員，於災後隔日至火場進行災後勘察，下列勘查原則何者錯誤？
　　　　(A) 先靜觀後動作　　　　　　　　(B) 先挖掘後照相
　　　　(C) 先表層後逐層　　　　　　　　(D) 先一般後重點

（ A ）　4. 你服務於某消防局，某日前往轄內發生爆炸火災之爆竹煙火儲存場所進行現場勘查，並欲採集若干原料性及有明顯火藥殘留之證物，送至實驗室檢驗，請研判下列何種包裝材質最符合上述之目的？
　　　　(A) 紙張包妥置入塑膠證物袋　　　　(B) 塑膠夾袋
　　　　(C) 硬質含蓋玻璃罐　　　　　　　(D) 硬質含蓋玻璃瓶

（ B ）　5. 下圖乃某一火場所拍攝照片，為使用某一物質在混凝土上所畫之痕跡，藉以研判其燃燒之強弱，若你為火災調查人員，使用下列何物較合適？

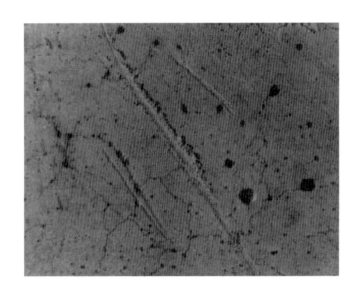

　　　　(A) 滑石　　　　　(B) 石膏　　　　　(C) 方解石　　　　　(D) 金剛石

（ A ）　6. 有一製造美耐板之工廠發生火災，你是抵達現場第一梯次救火指揮官，進行滅火攻擊時，需要提醒同仁火災現場最有可能的毒化物為何？
　　　　(A) 甲醛　　　　(B) 多氯聯苯　　　　(C) 硫化氫　　　　(D) 氯化氫

（ B ）　7. 身為經驗豐富的火災調查人員，當知建築物內設有玻璃之門窗常為燃燒火舌流竄之出口，而現場勘查時依玻璃燃燒程度之輕重，即可大致研判火流及起火處方向。下列關於玻璃燃燒程度由輕微至嚴重之敘述何者正確？
　　　　(A) 碎裂→破裂→熔凝　　　　　　(B) 破裂→碎裂→熔凝
　　　　(C) 熔凝→碎裂→破裂　　　　　　(D) 破裂→熔凝→碎裂

（B） 8. 某30層樓建築物火警，你率隊抵達現場時，起火層第25層窗口已經冒出火焰，其他樓層尚未發現有延燒情形，除回報現場狀況及進行車輛部署與人員調派外，你應在第幾層成立前進指揮站，進行編組、人力管制掌控與記錄，確保搶救人員的安全？

(A) 24　　　　　　(B) 23　　　　　　(C) 22　　　　　　(D) 21

（C） 9. 於火場中進行人命救助行動，有時必須藉助高科技設備，如下圖所示，係採用先進紅外線原理進行測溫之手提式熱影像儀攝影機，下列何者非該項設備於火場中所能提供的主要功能？

(A) 可運用於大面積、密閉式空間或地下室火警等尋找火點

(B) 在濃煙或完全黑暗情況下，尋找火場被困人員

(C) 火場中搜尋可能之危險物品

(D) 將火場內的清晰影像即時傳送到指揮站供指揮搶救參考

（A） 10. 若有一耐火造供住宅使用建築物二樓發生火災，你欲採取架梯方式進入火場，下列處置何者最不適當？

(A) 梯子的架梯角度應與地面保持30度

(B) 以窗戶為進入口時，應將梯子前端橫的一段超過窗口伸入屋內側

(C) 梯子上作業以一人為原則

(D) 地面不平坦時，梯子下方應有人協助確保

（B） 11. 某建築物火災現場，一組隊員奉命於該建築物屋頂進行佈線防護，你為火場安全官，請檢視下列處置作為何者正確？

(A) 若為斜背式屋頂佈線，應將水帶佈在同一側屋頂，以免水帶滑落

(B) 在屋頂佈水線時應防濕滑跌落，必要時可先覆以掛梯便於行走

(C) 屋頂射水時儘量選擇脊樑等穩固適當之位置並採立姿射水

(D) 屋頂佈線時應儘量靠近火點，並與地面水線配合滅火

( D ) 12. 某化學工廠發生重大火災事故，轄區消防局長到達現場指揮救災，依規定下列有關該局長任務，何者正確？

(A) 局長配戴藍色指揮臂章　　　(B) 負責建立裝備管制站

(C) 負責劃定火場警戒區　　　(D) 協調軍方化學兵部隊協助救災

( A ) 13. 某一工廠發生火災，你為轄區消防分隊長，到達現場擔任初期指揮官，隨著火勢逐漸擴大，中隊長亦抵達現場。下列何者是你應向中隊長最優先報告的事項？

(A) 工廠內災民受困狀況　　　(B) 工廠中燃燒的物質與火勢

(C) 工廠外消防車輛部署狀況　　(D) 整體消防戰術運用情形

( D ) 14. 你為消防審查人員，受理消防時，審查對象為一集合住宅，其主樓層均有二座安全梯，請問下列圖示何者不符合免設避難器具之要件？

(A)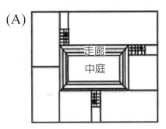

(B)

(C)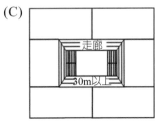

(D)

( C ) 15. 某一空間（體積為V）所收容之可燃性液體所需之氧氣滅火體積濃度為12%，將使用惰性氣體來降低氧氣濃度，若你為審查人員，請判斷應注入多少V的惰性氣體來達到所需之滅火體積濃度（假設空間氧氣體積濃度為21%）？

(A) 0.25V　　　(B) 0.5V　　　(C) 0.75V　　　(D) 1V

( A ) 16. 若你為消防防安全設備檢查在檢查某一貨物處之分布型空氣管試驗時，下列何者是正確的操作程序？①將試驗旋塞配合調整至動作試驗位置　②空氣注入器接在檢知器之試驗孔上　③測定動作之時間　④注入檢出器所標示之空氣量

(A) ②①④③　　　(B) ①②④③　　　(C) ②①③④　　　(D) ①②③④

（ B ） 17. 你爲轄區分隊某日至轄內列管對象公室內，發現該場所6個撒水頭，每個撒80L/min，業者說明設備狀況爲①水源容量10m³　②幫浦出水量500L/min；①、②是否符合規定？

(A) ①、②皆符合規定

(B) ①符合規定，②不符合規定

(C) ①不符合規定，②符合規定

(D) ①、②皆不符合規定

（ A ） 18. 某消防設備師提出一圖書館展示區放射式二氧化碳滅火設備案件審查人員，下列處置何者最適當？

(A) 不符環境空間特性及業主保障閱讀

(B) 依法得使用該設備防護此空間，故通過審查

(C) 依NFPA規定，要求加裝遮斷閥及相關人命保

(D) 註記必須增加服務人員數，才准開放行動不便者進入使用

（ C ） 19. 甲開設瓦斯灌裝場，乙、丙爲其員工，乙受指派駕駛瓦斯氣槽瓦斯鋼瓶的灌氣作業。後經民眾檢舉，消防機關在現場查獲丙正進行灌氣行爲。下列何者爲消防機關應舉發的第一優先人選？

(A) 甲　　　　　　(B) 乙　　　　　　(C) 丙　　　　　　(D) 丁

（ A ） 20. 吾人欲記取某護理之家火災災例教訓，則下列防火宣導事項何者最不適當？

(A) 先立即將重症病患疏散到地面戶外遠離起火建築物處

(B) 立即通報並進行初期滅火

(C) 如初期滅火失敗，則退出起火居室並關閉房門

(D) 平時要做好防煙及防火區劃

# 102年公務人員特種考試警察人員考試

考　試　別：警察人員考試

等　　　別：三等考試

類　科　別：消防警察人員

科　　　目：消防警察情境實務（包括消防法規、實務操作標準作業程序、人權保障與正當
　　　　　　法律程序）

考試時間：2小時

座　　　號：

※注意：禁止使用電子計算器。

甲、申論題部分：（60分）

1) 不必抄題，作答時請將試題題號及答案依照順序寫在申論試卷上，於本試題上作答
　　者，不予計分。

2) 請以藍、黑色鋼筆或原子筆在申論試卷上作答。

　　　一、某設有管理委員會之集合住宅大樓，因住戶對於管轄消防機關就該大樓實施之
消防安全設備設置與檢查標準不服，在接獲對該大樓管理委員會開具的限期改善通知書之
後，宣布解散管理委員會，並函示主管機關備查。待該管消防機關實施複查作業時，因該
大樓已無法定的特定單一管理權人，致後續消防執法出現阻礙。試述消防機關該如何執行
後續執法，以確保該大樓消防安全。（20分）

**解：**

　　　設有系統式消防設備的場所必須消防檢修申報；倘若不申報消防局依消防法第9條及
第38條開立1～5萬的舉發單，並連續處罰，直到申報為止。而消防設備未改善，消防隊先
開立限改單，限改期限到仍未改善，依消防法第6條及第37開立6仟～3萬的舉發單，並連
續處罰，直到改善為止。

　　　未成立管委會，也沒有人願意代表管理權人，消防局可進行逐戶開單，也就是針對每
一戶個別列管並開單。

　　　此外，可針對大樓管理負責人代表管理權人。

　　　按公寓大廈管理條例「第三十六條、第三十八條及前條規定，於管理負責人準用

之。」「管理委員會之職務如下：十二、依規定應由管理委員會申報之公共安全檢查與消防安全設備檢修之申報及改善之執行。」分別爲公寓大廈管理條例第40條、第36條第12條定有明文，是依規定應由管理委員會申報之公共安全檢查與消防安全設備檢修之申報及改善之執行，管理負責人亦因準用而負有此義務。而所謂管理負責人，依公寓大廈管理條例第3條第10條款之規定，係指未成立管理委員會，由區分所有權人推選住戶一人或依公寓大廈管理條例第28條第3項：「起造人於召集區分所有權人召開區分所有權人會議成立管理委員會或推選管理負責人前，爲公寓大廈之管理負責人。」、第29條第6項：「公寓大廈未組成管理委員會且未推選管理負責人時，以第二十五條區分所有權人互推之召集人或申請指定之臨時召集人爲管理負責人。區分所有權人無法互推召集人或申請指定臨時召集人時，區分所有權人得申請直轄市、縣（市）主管機關指定住戶一人爲管理負責人，其任期至成立管理委員會、推選管理負責人或互推召集人爲止。」規定爲負責管理公寓大廈事務者。從而本案，非不得由區分所有權人推選住戶一人爲管理負責人，由管理負責人依消防法第9條第1項：「依第六條第一項應設置消防安全設備場所，其管理權人應委託第八條所規定之消防設備師或消防設備士，定期檢修消防安全設備，其檢修結果應依限報請當地消防機關備查；消防機關得視需要派員複查。但高層建築物或地下建築物消防安全設備之定期檢修，其管理權人應委託中央主管機關審查合格之專業機構辦理。」等規定，委託消防設備師或消防設備士，定期檢修消防安全設備及依限報請當地消防機關備查。

二、某日晚1棟10層集合住宅5樓傳出男女的吵架聲，之後突然有1名男子一手持菜刀砍殺其女友及開啓瓦斯桶企圖引爆，當爭吵並受砍傷的女子逃出後，立刻請鄰居報警處理，轄區分隊長帶隊前往處理時，現場有濃濃的瓦斯味，即指揮劃定警戒區並疏散附近民眾，有關現場附近居民之疏散及警戒部署，該分隊長應有哪些必要的作為及注意事項？（20分）

解：

①何種瓦斯外洩

不同的瓦斯特性不同，搶救的對策亦不同，到達現場可經由詢問大樓管理員或觀察大樓外有無天然瓦斯管線來研判可能外洩的瓦斯種類，千萬不可因沒聞到瓦斯味道而掉以輕心；以液化石油氣而言，洩漏時自地面開始堆積，在密閉空間中，雖未積至人鼻高度，但濃度可能足以致災。

②持續洩漏的可能性

液化石油氣爲桶裝，故有一定量，只要判斷哪一桶漏洩後予以處理即可；天然氣

　　則需自源頭將之關閉。

③洩漏的範圍多大

　　到達現場最好先至周圍觀察，了解洩漏的範圍，預先想好萬一需要劃設警戒區，規模多大，千萬不要一到現場便衝進外洩區域，如此一但發生災害所有人員均置身危險區內，外圍反而無人掌控。

(1) 處理瓦斯漏氣事故最忌輕忽，若確認僅爲小規模瓦斯外洩，入室後應先關閉瓦斯開關閥，再小心將室內門、窗開啓，使其自然通風，防止瓦斯聚集，並嚴禁使用電氣開關（包含開及關，故當現場已經有電器設備運轉，勿勿忙將之關閉，因爲開關之間均會產生火花）。

(2) 室內或密閉空間之瓦斯火災，爲防瓦斯爆炸之可能性，射水搶救時利用牆等堅固掩體作掩護以保護本身安全，避免瓦斯爆炸造成人員傷亡。

1. 掌握災害實況

　1) 情報收集等

　　A. 指揮官應由外洩事故發現者、建物居民與事故相關之人員處，聽取氣體種類外洩原因、外洩狀況、緊急應變之實施情形，徹底掌握現場實況。

　　B. 消防隊到達現場，若氣體、電氣業者先抵達時，應向業者要求遮斷氣體及電路等緊急應變處置，與二次災害危險之報告。

　2) 推定氣體外洩範圍

　　A. 指揮官應積極與氣體業者合作，迅速推定或訂定氣體滯留區域及流動範圍。

　　B. 進行洩漏源之確認，在所有儲槽、反應槽、容器、取樣點、閥接頭或管線等，其內容物含有可燃性體，應視爲潛在洩漏源，並按物質的釋放頻繁程度和持續時間長短來確定釋放源。

　　C. 氣體外洩，可分爲室內及室外二類，無論何種場合均需留意氣體種類、比重、風向等特性。於初期並應推估危險區域範圍以進行氣體檢測。

　　D. 確認氣體外洩火災警報設備、器具之工作狀況（警鈴）、火災警報設備、器具之警報濃度等：比空氣輕氣體（如天然瓦斯）爲爆炸下限之1/4，比空氣重氣體（如LPG）爲爆炸下限之1/5。

2. 爆炸危險區域之設定

　1) 設定要件

　　若火災警戒區內氣體濃度超過爆炸下限之30%時，指揮官應設其爲爆炸危險區域。

　　A. 設定爆炸危險區域時，應以確保消防救災人員、氣體與電氣業安全之緊急措

施為最優先。

B. 原則上，地下設施、耐火建築物全部皆包含在警戒區域內。

2) 設定時之報告

設定火災警戒區域，同樣需向局（隊）本部作報告。

3) 設定明確化

設定爆炸危險區域時，應要求迅速且確實傳達給現場所有救災人員。

A. 指揮官應於指揮中心召集各級指揮及從事緊急應變措施之人員，再次下必要之指示，徹底統一控制行動。

B. 現場行動統一：

a) 在爆炸危險區域內之人員，全體暫時撤離。

b) 在確認所有起火源（如電路遮斷等）全部排除之前，人員應先禁止進入。

c) 靈活使用無人操作之射水臺座，並注意氣體可能之擴散範圍。

C. 當指揮者無暇召集各級指揮人員時，由指揮官指定人員進行口頭或利用擴音器等，傳達設定時間、範圍及緊急事項等資訊。

3. 緊急應變措施

1) 判斷

A. 應利用氣體擴散與流動之狀況，以及由居民、相關人員、工作人員等處所得之資訊，判斷採取何種緊急措施。

B. 根據災害之進度預測，迅速做出緊急措施之判斷。

2) 氣體之擴散、排除

A. 建築物內

原則上確認氣體及電路之遮斷後，再設定戶外空氣開口（排氣口），進行氣體之擴散及排除。

a) 戶外空氣開口之設置要領

I. 設定位置需選擇下風及側風處之出入口；但門窗除外，因為氣體有流入其他房間及樓層之危險，應先確保排出通路之安全。

II. 設定時，應由最小限度之必要人員進行，並選擇不會受到爆風及飛散物影響之鋼筋混凝土牆柱位置。

III. 當僅靠戶外空氣開口之自然流通難以排除氣體時，可使用噴霧射水，及送風等方式，進行強制排出。此外，應留意送風機之火花引起爆炸等二次災害發生。

        IV. 破壞窗戶玻璃以作為戶外空氣之開口。

    b) 戶外空氣開口之設定順序

        I.  出入門口可打開時

           i.  切斷氣體及電路開關。

           ii.  確認位於下風處及側處。

           iii.  確認排出通路安全。

           iv. 確保自身不受爆風等災害影響，始得以進行破壞打開。

        II. 破壞窗戶玻璃時

           i.  切斷氣體及電路開關。

           ii.  確認窗戶位於下風及側風處。

           iii.  確認排出通路安全。

           iv. 選擇不會與爆風直接接觸之位置，始得以進行破壞。

  B. 較空氣輕之氣體

    因為通風效果較好，單純考量容積對應之排出時間，一般被推定為1分鐘左右。若考量到牆壁等障礙，則可能延長至5分鐘。

  C. 較空氣重之氣體

    由於受到地面上物品之抵抗會使流出速度變慢，在設定戶外空氣開口5分鐘後，有必要在上風處也設定一個開口。

    綜合考量地形、地物、氣體特性及天氣狀況（含高建築物風流）等資訊來進行氣體之擴散，排除。

    a) 低處及易滯留之場所，應由側風處噴霧射水來進行氣體之擴散，排除。

    b) 當氣體擴散，流動至地下管道、地下室、地下鐵及共同涵溝（以下稱為地下設施）等場所時，應封閉地下設施之開口及利用防水薄板來防止流入。

    c) 當氣體流入地下設施時，其裝備物可能導致氣體擴散之危險，此時應利用地下設施之系統，來掌握實況，使用送風機強制將氣體排出，此外，送風機之設置，應根據氣體檢測之結果，設於無氣體滯留危險之地區。

    d) 出入口之蓋子等進行氣體之擴散及排除時，應慎防蓋子之碰撞引起火花產生，同時需注意氣體通過下水道及下水道孔流入建築物內。

    e) 外洩氣體流入建築物時，可適用上述之方式。

4. 避難引導

  1) 災害區域周邊居民（人員）之避難引導。

　　　　A.將毒化物危險區域或是鄰近區域居民迅速撤離。

　　　　B.在毒化物危險區域內，避難引導與人員搜索需同時進行。

　2) 藉由與有關機關合作，讓避難引導態勢早期建立及行動。

　　　當有需要進行大範圍避難引導時，應藉由與有關機關密切之合作，迅速讓避難引導初期行動成形。

5. 大規模避難引導之型態

　大範圍避難引導時，所需成立之必要形態。

　1) 請求避難引導單位之支援申請

　　　　A.前進指揮所配置必要之支援指揮組、空氣瓶補給組、雲梯車、照明車。

　　　　B.宣傳通報組、幫浦組、擔架組。

　2) 要求相關機關之出勤支援

　　　　A.鄉鎮市區之行政單位。

　　　　B.警察人員。

　　　　C.瓦斯、電氣事業者。

　3) 相關機關之協議

　　　指揮官應與相關機構協調，調整彼此之任務使避難引導能順利進行。其協議事項如次：

　　　　A.避難區域及場所

　　　　B.宣傳通報方法（宣傳通報車、防災無線電、通訊機關）

　　　　C.與機關間之任務分配

　　　　D.對於交通機構等道路管制事宜

6. 避難引導注意事項

　避難引導之優先順位

　1) 依照毒化物危險區域、爆炸危險區域，鄰近區域之順序，有效率的引導居民避難。

　　　　A.無法自行避難者，由消防人員協助引導。

　　　　B.除了前項之外，在避難路線上配置隊員進行定點避難引導。

　2) 於毒化物危險、爆炸危險或是火災警戒等區域中，自行逃生困難者之避難引導為優先。

　　　　A.自行逃生困難者之資訊掌握，以毒化物及爆炸危險區域內為優先，如醫院、安養院、幼稚園等皆為重點。

　　　　B.運用守望相助隊、鄉鎮市區、村里民名冊及相關資料。

（引用資料：盧守謙，2016，消防救災救助全書）

三、你身為○○縣政府消防局負責火災調查的科員，奉派至前日發生於轄內之某工廠火災現場進行火場證物採證工作。請問火場證物採證時你應該留心注意的事項有哪些？（20分）

解：

火場證物採證注意的事項

1. 火場應經清理及復原重建之後，再予研判起火處附近及相關位置採證。
2. 二人以上共同採取並於會封單上簽名，並請會封關係人或在場證明人會簽。
3. 採取化學跡證時，同一採證工具勿同時重複使用採取不同地點之證物，以免發生交互汙染現象。
4. 應具細心耐心，反覆勘查現場，任何痕跡均需鉅細靡遺地勘查採證，不可遺漏。
5. 調查人員發現跡證時，應先報告調查指揮官，指揮官對跡證之所在地及狀況確定後，在發現跡證處放置標示牌照相存證後方可進行採證。
6. 採證時對於欲採取跡證之種類、形態及其與起火處或原因推斷之關係明瞭後，方可採取。
7. 採集數量應符合鑑定要求，起火點不甚明顯者可在所有可能處所分別取樣。
8. 送驗證物需記錄其原有形態或變化反應後之生成物。
9. 對照物一併送驗以供空白試驗比對分析，如屍體附近之土壤、縱火殘跡旁之泥塊、地毯等。
10. 因採取跡證所引起之變化應予記錄。
11. 無把握或無法採取之跡證，可將原物妥慎包裝送請檢驗鑑定機關採取。
12. 促燃劑之採樣應於三天內完成，以免揮發流失。
13. 同時於起火處三個不同位置採取樣品，相較於僅集中在一處採樣，較為適合比對分析且具互補性。

火場證物之處理原則如下：

(一) 固狀證物

    1. 宜連同原包裝容器一併封緘送驗。

    2. 採取地毯證物時應包括地毯碳化與未碳化部分。

    3. 木質地板因具吸附性應予清掃及擦拭，以便發現易燃性液體滲入其內，燃燒後留下之較深碳化痕，所切取之地板應包括碳化、未碳化及中間部分。

    4. 易燃性液體滲透燃燒留下之游離碳及殘渣，易在周圍地面留下明顯之液體燃燒痕跡，但揮發性極強之液體如酒精、乙醚等不易留下此種痕跡。可在燒痕

處或分隔銅條、踢腳板或磁磚接合處、裂縫、接孔，挖掘附著物並採取部分之水泥塊；水泥塊之採取以向下挖掘五公分深處爲宜。

5. 易燃性液體被倒在棉被、衣物、床舖、沙發上燃燒，會形成碳化的坑或洞，可採取吸附性較強且未完全燒燬之多孔或吸水性部位。

6. 於遠離起火點之處選擇相同之物品採樣，以便作空白對照試驗。

(二) 油類等液狀證物

1. 可用白淨鐵罐或附有小口之密封玻璃廣口瓶盡速盛裝，必要時應將其密封，以防溢出。

2. 汽油彈之組件如瓶子與蕊心應一併送驗。

3. 容器密封之良好與否和以後分析之結果有密切之關係，應予愼重。

4. 水的存在不會妨害易燃性液體之鑑定分析，反而具有防止可燃性液體揮發之效用。

5. 如在起火點附近發現有任何多孔或吸水性的材料（如紙、地毯、纖維、書籍等）也應一併蒐集。

(三) 電氣證物

1. 若懷疑起火與電氣設備（電器用品）有關，首先應確認該設備的通電及使用狀態，相關的電源插頭及開關位置，均應拍照，並繪圖記錄相關位置。

2. 檢查起火處附近之所有電線，將含有通電痕電線之順序、方向性標明，並繪圖記錄相關位置及拍照。

3. 小型電氣設備和含有通電痕的電線均需採集，採取電線時可用剪刀或鉗子將其剪斷（電線的絕緣物仍有殘存務必整條採取）。

4. 採集證物或剪斷電線之前，應先拍照，通電痕應以微距鏡頭將熔痕特徵點明確呈現，無法辨識的熔痕採取後應送實驗室鑑定。

5. 應收集現場與起火電氣設備相同之設備以供比對。

6. 無法取回的大型電氣設備，應在現場拆解，並拍照存證及繪圖記錄相關位置。

7. 採集電氣證物時，可使用一般塑膠證物袋或紙箱密封。

(四) 火藥證物

1. 火藥送驗時宜採原料性或有明顯火藥殘留之證物以紙張包妥後置入塑膠證物袋內，嚴禁直接以塑膠夾袋、金屬、玻璃、陶瓷或其他硬質容器封裝。

2. 爆炸點周遭或爆炸後爆裂碎片疑爲火（炸）藥附著物，宜全部採集送驗。

乙、測驗題部分：（40分）

1) 本測驗試題爲單一選擇題，請選出一個正確或最適當的答案，複選作答者，該題不予計分。

2) 共20題，每題2分，需用2B鉛筆在試卡上依題號清楚劃記，於本試題或申論試卷上作答者，不予計分。

( C )　1. 對高齡化社會中之獨居老人或小型護理之家等需臥床病患而言，不幸發生火災時最能提高其存活度之消防設計，下列何者最適當？

(A) 滅火器　　　　(B) 緊急電源　　　　(C) 自動撒水設備　　(D) 避難器具

( A )　2. 若你抽查某大樓之瓦斯漏氣火警自動警報設備時，發現該大樓有以下幾個現象，①中繼器與受信總機間之配線爲耐熱配線　②檢知器與受信總機間之配線爲耐熱配線　③檢知器與中繼器間之配線爲耐燃配線　④瓦斯漏氣表示燈與檢知器間之配線爲一般配線，你應針對哪些項目要求改善？

(A) ①②　　　　(B) ①③　　　　(C) ②④　　　　(D) ③④

( D )　3. 依醫院用途空間歷年來的火災統計分析，其火警多發生於夜間初期應變人力最少的時段，且不能漠視縱火之風險。下列有關精神科醫院用途空間之火災預防敘述，何者較適當？

(A) 精神科醫院之浴廁空間不能設火警探測器

(B) 精神科醫院之浴廁空間不能設撒水頭

(C) 精神病患活動區域不應設置撒水配管

(D) 精神病患活動區域不應設置室內消防栓箱配管內保持一定水壓幫浦

( D )　4. 下圖爲啓動用壓力槽圖例，A爲壓力表，B爲壓力開關，C爲呼水管，D爲逆止閥，當你審圖時，請判斷圖中何者錯誤？

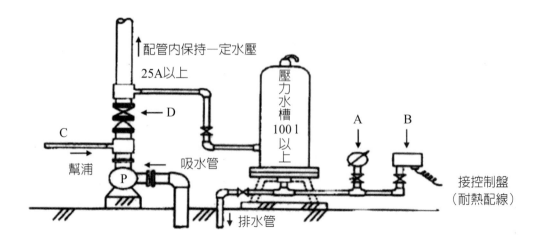

(A) A　　　　　　(B) B　　　　　　(C) C　　　　　　(D) D

（A）　5. 某大型社會福利機構的防火管理人向消防機關報請核備施工中防護計畫，你為防火管理業務承辦人且審核此一計畫，對於該計畫內防火管理人於施工時應注意事項部分，下列何者錯誤？

(A) 施工期間之教育訓練，應於各項工程完工前為之，並應定期實施再教育訓練

(B) 進行教育訓練時，應包含滅火、通報、避難引導、安全防護及緊急救護等相關事項，且就有關人員予以編組，實際進行模擬演練

(C) 避免在可燃物附近作業，但作業時確實無法避開可燃物者，應在可燃物周圍，採用不燃材料、被覆防焰帆布或區劃分隔等防護措施，予以有效隔離

(D) 建築物施工場所，如需停止消防安全設備功能，應採取相關替代防護措施及增配滅火器，並強化滅火、通報等相關安全措施

（D）　6. 某半導體製造廠無塵室發生火災，你是抵達現場第1梯次救火指揮官，進行滅火攻擊時，需要提醒同仁火災現場最有可能的毒化物為何？

(A) 乙醇　　　　(B) 環氧乙烷　　　　(C) 丙酮　　　　(D) 三氯矽甲烷

（D）　7. 某大樓發生重大火災事故，轄區消防局及警察局派員前往救援，火場指揮官區分及所負責之任務如下：

①由轄區消防局局長擔任火場總指揮官並負責成立火場指揮中心　②由轄區消防局大隊長擔任救火指揮官並負責協調鄰近民間團體協助救災　③由轄區警察分局長擔任警戒指揮官並負責劃定火場警戒區　④由轄區警察派出所所長擔任初期警戒指揮官並負責協助保持火場現場完整。

請問依據「直轄市縣市消防機關火場指揮及搶救作業要點」規定，以上處置何者正確？

(A) ①②　　　　(B) ②③　　　　(C) ③④　　　　(D) ①④

（D）　8. 若某轄區發生森林大火，現場指揮官進行救災指揮站編組時，有關作業組的任務分配，下列何者最不適當？

(A) 進行飛火警戒　　　　　　　　(B) 執行醫療救護任務

(C) 提出森林火災滅火資源需求　　(D) 研提救災滅火行動方案

（B）　9. 某大樓發生火災，現場狀況不明，有關此次火災之出動派遣，下列處置何者最不適當？

(A) 第1梯次派2部水箱車、1部雲梯車及1部救護車

(B) 人員派遣應考量擔任攻擊之水箱車至少具備出1線水線之人力

(C) 轄區分隊長於出勤途中應觀察火煙狀況並回報指揮中心

(D) 初期救火指揮官應負責攜帶該大樓搶救部署計畫書出勤

( C )　10. 某工廠發生火災，若救災人員到達現場始發現可能涉及化學物質災害時，下列處置何者最適當？

(A) 應迅速進入火場找出火源並將火勢撲滅，以免火勢擴大

(B) 趕緊要求防火管理人協同進入火場，查明化學物質種類及位置

(C) 先觀察火煙狀況與氣味後，再決定救災方針

(D) 搶救人員應在進入火場後迅速了解面對的化學物質種類及危險性

( C )　11. 對於醫院火災，火場救災指揮中心人員如需對10樓以上高層非起火空間之呼吸照護病患進行初期應變人命救助指導，下列原則何者錯誤？

(A) 進行就地避難，並確保維生系統功能正常

(B) 如必須做水平避難至相對安全區，需使用Ambu Bag儘快完成搬動

(C) 優先採取垂直避難至地面層

(D) 應確定相關安全區之待援空間必須有足夠備援維生環境

( A )　12. 當你要率隊進行船舶火災搶救時，要打開艙門進艙滅火時，除了要慎防回火或閃燃外，下列4項措施中哪一項措施錯誤？

(A) 面向艙門　　　(B) 以右腳擋住　　　(C) 壓低姿勢　　　(D) 水霧抑制

( B )　13. 有一大面積倉儲發生火災，現場因悶燒產生大量黑煙，你是抵達現場第1梯次救火指揮官，需要有同仁分別攜帶紅外線熱影像儀及佈水線進入火場尋找火點，進行滅火攻擊時，若空氣呼吸器的殘壓警報定於30kg/cm²，鋼瓶內容積為8公升，假設每人每分鐘呼吸量為40公升，則當殘壓警報裝置鳴響時，消防人員全裝備在濃煙中以步行速度0.3m/s計算，你會提示同仁1條水線最多延伸幾條水帶，以作為最大步行距離的判斷依據？

(A) 3條　　　　　(B) 5條　　　　　(C) 10條　　　　　(D) 12條

( A )　14. 在火場調查時發現該案件於火災搶救之過程中，消防人員因不知道該水果行有電土作為水果之催熟用，因而發生爆炸受傷之情形，試問電土與水作用會產生下列何種物質？

(A) 乙炔　　　　　(B) 甲烷　　　　　(C) 乙烷　　　　　(D) 一氧化碳

( A )　15. 下圖之相片為某一火場所拍攝，且其狀況四周之可燃物質大致相同，若你為火調人員，試問其延燒路徑為何？

(A) 由鐵桶後面往鐵桶前面延燒　　　　(B) 由鐵桶前面往鐵桶後面延燒

(C) 由鐵桶右邊往鐵桶左邊延燒　　　　(D) 由鐵桶左邊往鐵桶右邊延燒

( C ) 16. 火災調查應對起火處交界區域及重點處實施現場清理挖掘之手段，清理挖掘過程應擇要錄影或照相。若你為火災現場調查人員，請判斷下列清理挖掘之作為何者正確？

(A) 挖掘範圍以起火部位、起火處及其周圍為工作範圍，不要從一個方向挖掘起，而要從多方向開始挖掘，掘出之器具物品，應逐一查證其確實用途

(B) 會同關係人員請其解說其原有物品擺設情況，柱子、桁條、窗檻、傢俱等燃燒物儘量復舊成原狀

(C) 愈接近起火處位置，挖掘清理愈應仔細小心直至碳灰完全清除為止，甚至以清水清洗地板，以徹底了解地面受燻破裂情形

(D) 屋瓦或窗戶之玻璃碎片等在較高位置之物品，掉落在地板顯示附近之燃燒狀況，較無關於起火原因研判，可盡速清理

( C ) 17. 你為某消防局火調人員，於火災現場勘查時，發現疑有三相馬達單相運轉之可能，若於發生單相運轉時其負載率仍維持100%，則其線電流值約為正常三相運轉時線電流值之多少？

(A) 100%　　　　(B) 140%　　　　(C) 180%　　　　(D) 220%

（B） 18. 以下照片為某一火場所拍攝，若你為現場火調人員，你認為火流之方向為何？

(A) 由左邊往右邊燒  (B) 由右邊往左邊燒
(C) 由上方往下方燒  (D) 由下方往上方燒

（A） 19. 以下照片為某一火場所拍攝，若你為現場火調人員，由牆壁木質材料之燒毀情形，你認為火流之方向為何？

(A) 火流從上方往下方燒  (B) 火流從下方往上方燒
(C) 火流從左方往右方燒  (D) 火流從右方往左方燒

（D） 20. 你服務於某消防局火災調查科，為分析跡證是否含有易燃性液體，常需利用各種的萃取技術作為跡證前處理技術的選擇，又為保留跡證的需要，常需選用非破壞性的前處理技術以備跡證於將來仍可繼續被其他機關分析，達到互相比對分析結果的目的，下列何種前處理技術不符合上述目的？

(A) 活性碳被動頂空濃縮法（Passive Headspace Concentration with Activated Charcoal）

(B) 頂空蒸氣取樣法（Sampling of Headspace Vapor）

(C) 固相微萃取被動頂空濃縮法（Passive Headspace Concentration with Solid Phase Microextraction）

(D) 動態頂空濃縮法（Dynamic Headspace Concentration）

# 101年公務人員特種考試警察人員考試

考　試　別：警察人員考試

等　　　別：三等考試

類　科　別：消防警察人員

科　　　目：消防警察情境實務（包括消防法規、實務操作標準作業程序、人權保障與正當
　　　　　　法律程序）

考試時間：2小時

座　　　號：

※注意：禁止使用電子計算器。

甲、申論題部分：（60分）

1) 不必抄題，作答時請將試題題號及答案依照順序寫在申論試卷上，於本試題上作答
者，不予計分。

2) 請以藍、黑色鋼筆或原子筆在申論試卷上作答。

　　　一、若有某位於火車站附近鬧區的商業大樓於白天營業時段發生火災，你是轄區消防
分隊長，於接獲通報後趕抵現場救災，請問在你隨車初抵火場，建立現場指揮站並擬定救
災戰術之前，從視覺上有哪些外在狀況你應先行確認？（20分）

解：

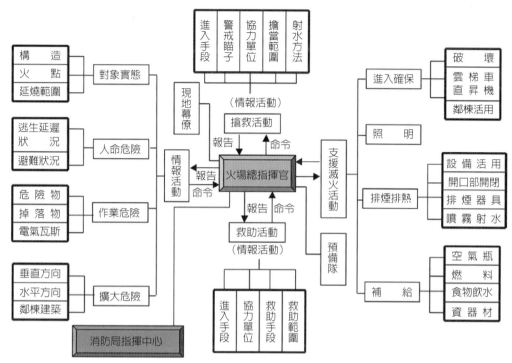

**圖1　高層人員密集場所火災指揮基本型態**

現場有突發事件時，指揮官應主要監視4種情況

1. 大量人員救助疏散。
2. 設備設施狀況。
3. 救災人員問題。
4. 火場條件變化狀況。

商業大樓火災考量：

1. 一般在建築物內部使用人員多，發生需救助者機率較高。
2. 對象物責任區分有細分傾向，較難掌握特定之關係者。
3. 由於一般對象物有大規模化，進行實態把握所需時間較多。
4. 由於有密閉構造形態，火災時濃煙易充斥，進行火點與狀況把握皆較困難。
5. 建築物垂直管道區劃，火勢往上層延燒危險大；又水平方向上有導管與配管分布，其延燒後易掉落，使火勢在下層位置也可能被延燒之危險。
6. 由於內部區劃等構造，易形成無效射水情況，也較易產生水損（water damage）問題。
7. 由於氣密性高，使消防活動中無線電易生通話障礙，使指揮命令傳達與狀況回報

達不到順暢。

8. 能有效運用建築物本身消防設備與建築防災設備,將能使消防活動較易施展。

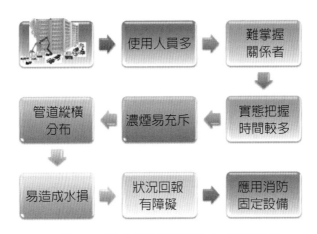

圖　商業大樓建築構造上火災特性

於消防活動上特性

因應對象物形態,展開消防活動有其困難度。商業大樓構造建築物火災易往上層樓延燒,而形成立體救災形態,而可能需救助者比平面火災多,且易生救災活動障礙。

1. 由於須從外部進入,往火點室之進入口受到限定,且活動空間也非常狹礙。
2. 由於立體的消防活動,易使消防力分散。
3. 充滿濃煙熱氣流及有毒氣體,也有危險物洩漏(如瓦斯)及發生漏電等危險因子多。
4. 形成長時間消防活動,消防救災人員較易產生疲勞狀態。
5. 高處窗戶玻璃及廣告看板等破損掉落,易使消防人員砸傷或跌倒等受傷危險率高。

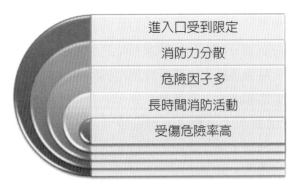

圖　商業大樓建築構造消防活動特性

(以上引用資料:盧守謙,2016,消防救災救助全書,詳細資料請見該書詳細闡述)

二、當你為某一縣市的防火管理業務承辦人，轄區內有一棟觀光旅館樓高16層且總樓地板面積為3萬2500平方公尺，依規定辦理自衛消防編組演練暨驗證，其演練時係以火災發生為構想並執行初期應變相關事項。此時，你現場進行評核時，應瞭解此一演練的一般應變事項會有哪些，其內容為何？（20分）

**解：**

應變事項：火災發生時，應按照各建築物之實況加以考量，進行有關初期應變事宜，並向指揮據點（如防災中心）回報，以將訊息作一元化的管理。一般應變事項如下：

1. 確認起火處所：藉由火警自動警報設備之受信總機或受信副機，確認起火處所。
2. 確認現場：抵達起火處所確認現場狀況。
3. 通報消防機關：確認火災後，運用電話或緊急通報裝置，向消防機關通報火災之訊息。
4. 初期滅火：使用滅火器或室內消防栓（有設置時），進行火災初期滅火。
5. 形成區劃：關閉防火門及防火鐵捲門等，形成起火區劃、鄰接區劃及垂直鄰接區劃等防火區劃。有關起火區劃、鄰接區劃及垂直鄰接區劃說明如下（可參考下圖）：

(1) 起火區劃：係指起火場所之防火區劃。

(2) 鄰接區劃：係指和起火區劃，以防火門、防火鐵捲門的開口部相鄰接之防火區劃。

(3) 垂直鄰接區劃：指與成為鄰接區劃之樓梯間、電扶梯等區劃相連接，並以防火門或防火鐵捲門連接開口部之防火區劃。

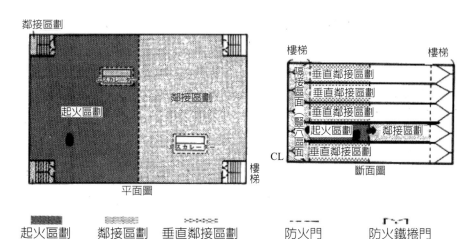

6. 訊息通報及避難引導：確認火災後，立即向隊員及從業員工等，通報、指示火災之訊息，以及避難之訊息，並引導場所內從業員工等進行避難。

7. 向消防機關提供訊息：應向消防機關提供訊息，使消防活動能更有效率地進行。

三、火災調查人員因工作任務需要，除火災發生後需進行災後火場勘查外，最好能於火災發生時與救災車輛一同出勤，進行出動觀察，針對燃燒演變狀況及搶救情形，從各方向角度加以照相或攝影。若你是○○縣政府消防局火災調查科的科員，為確定某連棟式住宅火災起火初期範圍，於火場時應照相或攝影的對象有哪些？（20分）

解：

一、拍攝原則

為結合靜態之照片與動態之影像，發揮火災現場真實效果，必要時照相與攝影均需使用。

二、拍攝要領

(一) 出動觀察

針對燃燒演變狀況及搶救情形，從各方向加以照相或攝影。為確定起火初期範圍，照相或攝影對象如下：

1. 最初之燃燒狀況及範圍。

2. 火災現場出入口、門窗、捲門等之開閉及上鎖狀況。

3. 電源、瓦斯、電氣控制開關之狀況。

4. 火勢延燒之方向、速度及趨勢。

5. 燃燒物質所呈現之燃燒現象。

6. 各種角度燃燒進行之階段。

7. 救災人力、水線佈署及搶救經過情形，包括消防栓、消防車及瞄子位置等。

8. 熱心協助救災人員及圍觀民眾之表情。

9. 其他可疑車輛、物證及痕跡。

(二) 現場勘查

燒燬建築物能顯示燃燒型態，以追蹤火勢發展並協助瞭解火源，故在挖掘破壞現場之前，應將現場全景，四周及上下環境均予照相或攝影。另外鄰接建築物燒損線界、延燒路徑及針對調查鑑定書之內容需要逐一照相或攝影存證，盡可能包括愈多建築物之外觀角度與視線。違反法規或建築結構瑕疵亦應予以拍攝，因為火勢蔓延型態可能因為這些瑕疵所造成。為確定起火戶及起火處，其照相或攝影對象如下：

1. 火災現場之外觀及其前後左右與制高點全景。
2. 火災現場之相關位置，包括街道標示、門牌號碼及周圍環境等。
3. 火場不同燃燒空間（不同燃燒戶或不同隔間）、延燒路徑（孔道或開口）之兩面燃燒差異性殘跡。
4. 內部全面燃燒狀況及上、下、左、右、前、後之燃燒殘跡。
5. 火災現場出入口、門窗、捲門等之開閉及上鎖狀況。
6. 電源、瓦斯、電氣等之開關、插座及控制器狀況。
7. 門窗及電源箱搶救破壞痕跡。
8. 傷者或屍體位置及燒灼傷形狀。
9. 消防安全設備，包括警報設備、偵測器、自動撒水設備、滅火器、門關閉裝置或調節器及火警受信機之面板或紀錄等。
10. 防盜器、攝影機及時鐘等，電力中斷之時間，或火焰高熱停止之時間。
11. 逃生路徑。
12. 接受訪談民眾之表情。

三、注意事項

1. 每一火災個案應盡量多拍，以利適當紀錄火災現場，重要跡證至少重覆拍攝二張以上，以免遺漏或無法使用。
2. 應記錄每次拍照之時間、位置、方向、角度、對象物與呈現之意義，並製作火災現場照相位置圖。
3. 拍攝時機稍縱即逝，火災發生時或火災之後應盡可能愈快拍攝愈好，對於真實的火災現場紀錄十分重要，因為現場隨時可能改變、擾亂甚至燬損。
4. 調查人員必須具備熟練之照相及攝影技巧，若使用底片，底片應為三十五釐米，感光度ASA值在一百與四百之間。拍攝物件變色狀況時，應注意光度及光線方向，以免目標實態失真或顯示不同之色澤，並避免產生陰影。

**乙、測驗題部分：**（40分）

1) 本測驗試題為單一選擇題，請選出一個正確或最適當的答案，複選作答者，該題不予計分。
2) 共20題，每題2分，需用2B鉛筆在試卡上依題號清楚劃記，於本試題或申論試卷上作答者，不予計分。

（C） 1. 某兒童動物園恐龍館為無開口樓層，且樓地板面積達法定應設排煙設備的條

件，下列敘述何者最適當？

(A) 在洪荒時代的穹蒼所設排煙口，平時應維持關閉且應漆成紅色，俾利消防機關檢查

(B) 在廣大森林樹幹上應設置明顯的排煙設備紅色啓動按鈕

(C) 既然是恐龍館，則應依建築師或室內設計師的空間意象規劃，選用適合洪荒時代森林意象的排煙口型式及顏色

(D) 因擔心巨大的恐龍會破壞下垂50公分以上的防煙垂壁，可將防煙垂壁移除

( C ) 2. 消防機關在辦理消防安全設備檢修申報複查作業時，發現某飯店緊急發電機未如申報書所述功能正常，且無法正常啓動。下列敘述何者正確？

(A) 相關檢查資料及違規處理情形於72小時之內輸入安管系統管制

(B) 專責檢查小組成員應領有消防設備師（士）證書

(C) 應對該飯店管理權人開具限期改善通知單，限期改善

(D) 應對該飯店管理權人開具不實檢修舉發單

( D ) 3. 某日有一棟樓高16層之國際觀光旅館，正在進行自衛消防編組演練及驗證，你承辦防火管理業務且於現場評核，對於下列哪一項避難引導的應變要領，你認為錯誤？

(A) 疏散引導結束後，應再確認已無滯留人員，並確實關閉樓梯間的防火門、防火捲門

(B) 各樓層避難開始時間，係依照緊急廣播或是各樓層檢視人員之避難指示後進行

(C) 可依照事先規劃的樓梯及避難通道進行避難引導工作，但不可引導至離火場最近的樓梯

(D) 設有排煙設備的情況下，在確認火災發生後，除排煙設備已自動啓動外，不應立刻手動將起火點最近之排煙設備及特別安全梯間之排煙設備啓動

( B ) 4. 鑑於美術館及博物館所展示及典藏的多為人類重要文物遺產，且相當脆弱需特別呵護，試問有關滅火設備及藥劑的選用敘述，下列何者最適當？

(A) 館內紀念品販售空間也不能用ABC乾粉滅火器

(B) 展示空間及典藏庫如設有自動撒水設備，則最好移除室內消防栓，避免強壓水柱造成文物永不能復原的傷害

(C) 展示空間及典藏庫即使設有防水櫃，仍不宜安裝撒水頭

(D) 展示空間及典藏庫應設置全區放射式的氣體滅火設備

( D ) 5. 某地下美食街依法應設排煙設備，下列有關用以連動啓動排煙口且臨近廚房油

鍋上方附近的火警探測器選用敘述，何者最正確？

(A) 採用離子式偵煙探測器　　　　　(B) 採用光電式偵煙探測器

(C) 採用火焰式探測器　　　　　　　(D) 採用定溫式探測器

（ B ）　6. 某船艦設施決定在甲板下方船艙的某處機房設置二氧化碳滅火設備，基於甲板下方多數空間有人走動的境況需求，下列敘述何者最正確？

(A) 應設全區放射式自動啟動二氧化碳滅火設備

(B) 應設全區放射式手動啟動二氧化碳滅火設備

(C) 只有最靠近甲板上方的船艙空間可設置二氧化碳滅火設備

(D) 只能設置移動式二氧化碳滅火設備

（ B ）　7. 某醫學中心手術室發生火災，你是抵達現場第一梯次救火指揮官，進行滅火攻擊時，需要提醒同仁火災現場最有可能的毒化物為何？

(A) 多氯聯苯　　　(B) 環氧乙烷　　　(C) 丙酮　　　　　(D) 三氯矽甲烷

（ C ）　8. 有一醫學中心附設停車塔，消防專技人員檢修二氧化碳滅火設備時，因誤觸啟動鋼瓶，致大量二氧化碳洩漏，造成地下層有檢查人員2人因急速缺氧而窒息，假設你與分隊三位同仁最先到達現場，下列何者是最適當之處理方式？

(A) 俟送風機抵達現場，由通風口注入新鮮空氣後，再進行人命救助

(B) 俟排煙機抵達現場，排出地下層二氧化碳後，再進行人命救助

(C) 全員穿戴呼吸器後，立即進入地下層再進行人命救助

(D) 啟動二氧化碳滅火設備排放裝置並完成排放後，再進行人命救助

（ B ）　9. 某捷運發生火災，火場位於捷運隧道內，轄區消防分隊長獲報後率隊抵達現場處理，以下處置，何者最不適當？

(A) 要求救災人員避免由下風處（排煙區）進入隧道

(B) 於隧道內採單向部署、雙向搶救方式部署戰力

(C) 即使斷電，仍應優先選用乾粉或二氧化碳滅火器滅火

(D) 救災時隨時注意火場變化，以防閃燃（flashover）現象發生

（ C ）　10. 某工廠發生火災，現場疑似四氯化碳外洩，有關現場指揮及搶救作業，下列何者最適當？

(A) 應確認四氯化碳外洩是否造成大規模災害再進行區域管制

(B) 應以緊急應變指南作為第一優先參考資料

(C) 應以防護安全及災民疏散和撤離需要來界定區域管制大小

(D) 災害現場因任務需要執行除汙時，應進行完全除汙程序，以確保安全

（ B ）　11. 假設你是某縣消防局救災救護指揮中心執勤員，某日接獲轄區某五樓高住宅廚

房冒煙通報，且民眾傷亡不明，下列初期車組派遣作業，何者最適當？

(A) 派遣多部水箱車及救護車執行車海戰術

(B) 派遣二部水箱車及一部救護車

(C) 派遣二部水庫車及一部救護車

(D) 派遣一部水箱車及一部救護車

（A）12. 在一場隧道火災當中，火場指揮官下令建立集結區，有關集結區建立及管理，按ICS的作業原則，下列何者最不適當？

(A) 由後勤組長負責監控

(B) 作為救災資源暫時安置場所

(C) 集結區內資源三分鐘內需能立即出勤

(D) 集結區離隧道需在五分鐘內可到達

（B）13. 某大樓二樓發生一對兄弟爭吵事件，其中一人抱了一桶瓦斯，拿著一個打火機，揚言引燃瓦斯自殺，轄區消防分隊長獲報後率隊抵達現場處理，以下處置，何者最不適當？

(A) 現場進行破壞通風前應先劃定警戒區

(B) 應將消防車輛停於報案地點正面並建立指揮站

(C) 延伸出二條水帶到報案地點之門、窗處預備射水

(D) 立刻疏散住戶及民眾，但不可搭電梯

（A）14. 某一火災案件發現其鋁窗之玻璃已有不同之 裂並有掉落，若你為火調人員，請研判下列敘述何者正確？

(A) 玻璃依其受熱面有較多之落下　　(B) 玻璃依其背熱面有較多之落下

(C) 玻璃之落下與受熱面或背熱面無關　(D) 玻璃受熱程度愈大裂痕愈粗

（D）15. 某日你所服務的○○消防局火災調查科科長指派你至火場採集此火場的證物，到達現場後發現多為固狀證物，下列固狀證物處理原則，何者錯誤？

(A) 木質地板因具吸附性應予清掃及擦拭，以便發現易燃性液體滲入其內，燃燒後留下之較深碳化痕，所切取之地板應包括碳化、未碳化及中間部分

(B) 採取地毯證物時應包括地毯碳化與未碳化部分

(C) 易燃性液體被倒在棉被、衣物、床舖、沙發上燃燒，會形成碳化的坑或洞，可採取吸附性較強且未完全燒燬之多孔或吸水性部位

(D) 於鄰近起火點之五公分處選擇相同之物品採樣，以便作空白對照試驗

（C）16. 在某一火場其混凝土牆壁發現有不同之燃燒痕跡，有些地方已反白，若你為火調人員，經檢測發現並無碳粒子，請試研判其受燒時之溫度至少為多少度以

上？

(A) 450℃　　　　(B) 650℃　　　　(C) 850℃　　　　(D) 1000℃

（A）17. 有一連棟建築，其屬加強磚造，屋頂使用木材及磚瓦，火災時共計燒燬六戶，為查明起火戶，你認為下列何者最具證明力？

(A) 現場建築與火煙流向之照片　　　　(B) 目擊證人之指證

(C) 搶救人員之指證　　　　(D) 各戶屋內材料燃燒強弱之研判

（C）18. 你為火災原因調查訓練合格的人員，為確保火災現場採證品質，下列應該注意的火場證物採證原則何者錯誤？

(A) 火場應經清理及復原重建之後，再予研判起火處附近及相關位置採證

(B) 採取化學跡證時，同一採證工具勿同時重複使用採取不同地點之證物，以免發生交互汙染現象

(C) 促燃劑之採樣應於一週內完成，以免揮發流失

(D) 同時於起火處三個不同位置採取樣品，相較於僅集中在一處採樣，較為適合比對分析且具互補性

（A）19. 醫院開刀房於病人胸腹腔手術作業期間，一旦不幸發生手術作業之火災事故，基於生死交關及病人安全與醫療品質確保之需求，有關火災預防與緊急應變作業，下列敘述何者最適當？

(A) 開刀房絕不能放置乾粉滅火器

(B) 開刀房可選用化學泡沫滅火藥劑

(C) 開刀房內應設自動滅火設備防護

(D) 開刀房應提供醫生及消防員專用的空氣呼吸器及面罩

（C）20. 某一地下鐵車站，在安全設計上需滿足起火列車進站後，全部旅客藉月臺及安全設施設備進行避難逃生，下列敘述何者正確？

(A) 基於大量人員避難逃生之境況，月臺空間不可以裝設自動撒水設備

(B) 依一般建築物之排煙設計方式，採負壓排煙方式，將煙往上引導排放

(C) 在軌道處鋪設水霧噴頭，進行車輛下方火勢之初期控制，以彌補月臺上消防栓無法防護之死角

(D) 因導電顧慮，故月臺空間以設置氣體滅火系統最合宜

# 100年公務人員特種考試警察人員考試

考 試 別：警察人員考試

等　　別：三等考試

類 科 別：消防警察人員

科　　目：消防警察情境實務

考試時間：2小時

※注意：禁止使用電子計算器。

甲、申論題部分：（60分）

1) 不必抄題，作答時請將試題題號及答案依照順序寫在申論試卷上，於本試題上作答者，不予計分。

2) 請以藍、黑色鋼筆或原子筆在申論試卷上作答。

　　一、某一車輛火災案件，經訊問司機得知：「在高速公路行駛因駕駛錯誤撞及安全島，因此下交流道並行駛了3～4km之後，左車輪附近開始冒出白煙，不久輪胎起火。」若你為火場調查人員，試問從上述資料，你可獲得哪些有助火場調查之資訊？（20分）

解：

一、行駛或臨時停車中起火之情形：

　　1. 發現之動機：火焰、煙、聲音、臭氣、後面車等。

　　2. 發現時之狀況：火焰或煙之位置、顏色與燃燒之範圍。

　　3. 當日之行駛距離、時間、路徑、到停車之時間與上鎖之有無。

二、輪胎及刹車系統之觀察：

　　推定從輪胎起火時，前後輪之輪胎有四個，比較其燒損狀況，輪胎中燒損最嚴重之處所與起火處所較近之情形很多。

　　(一) 調查車之外周狀況

　　　　1. 左前輪之輪胎部分燒失，左前輪破裂之輪圈表面燒損變白。

　　　　2. 左側之前保險桿、檔板、左側頭燈破損但無燒損。

　　(二) 調查引擎室

　　　　1. 左側檔板破損，且內部被壓變曲。

2. 電氣系統並無異常，保險絲盒無短路。

3. 刹車油減少至規定量之一半以下。

(三) 卸下車輪

1. 車輪只是輪胎部分剝離。

車輪燒損之輪胎左後輪有剩下。

2. 卸下車輪

刹車鼓生銹但因燃燒之變色與金屬間之衝擊火花之變形並沒有。刹車鼓亦無變形、燒損。

(四) 因交通事故之衝擊

1. 刹車液配管脫離。

2. 周圍刹車液飛散。

(五) 刹車系統

1. 刹車液配管附近之排氣管有部分燒損變黑。

2. 變色之排氣管上部受火焰燒上而燒損。

3. 排氣管之刹車油漏洩而發生火災之可能性，要進一步調查。

4. 又輪胎在刹死之狀態下行駛時，其軸承有無發熱，造成刹車油吹出時因遇高溫而發火，要進一步確認調查。

三、火災發生機制

1. 電氣關係：起因於配線短路等或電氣機器之原因。

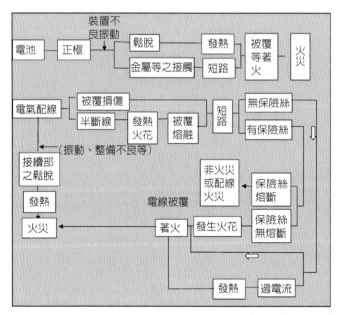

（參考來源：車輛火災現場勘查要領）

2. 燃料關係：起因於燃料、機油關係之原因。

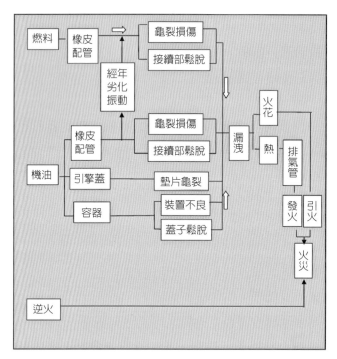

（參考來源：車輛火災現場勘查要領）

3. 排氣管關係：起因於排氣管之發熱或可燃物落下等原因。

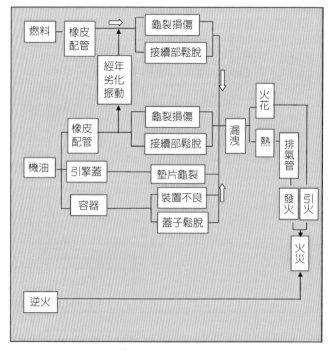

（參考來源：車輛火災現場勘查要領）

四、初步訪詢

1. 到達現場應先向火場指揮官報到，巡繞現場一周確認火災規模及範圍，蒐集現場概要相關資料。

2. 尋訪火場發現者、初期滅火者、避難者及參與救災者等關係人，查詢與火源之關係及發覺、搶救火災或逃生之經過，並記錄其姓名、住址、國民身分證統一編號及電話號碼等，其中重要關係人應盡速製作談話筆錄。

五、現場觀察

1. 到達火場時應記錄到達時間，已燃位置、火煙冒出顏色、方位及大小、聲音、味道、爆炸特殊狀況、延燒情形。

2. 建物出入口、門窗、捲門等開閉及上鎖狀況。

3. 瓦斯、電源、電氣控制開關等狀況。

4. 死傷者場所、方位、受燒部位、穿著情形。

5. 水線部署及搶救經過情形。

6. 對各階段燃燒演變的狀況及搶救情形，或因殘火處理致物件移動、倒塌、損壞情形。

7. 先行觀察全盤燃燒狀況作上下左右反覆比較，由觀察碳化之強弱、傾倒方向性、不燃物之變色、掉落物之先後位置與木頭剝離燒細燒失、金屬熔化及異臭異味等現象後再考慮建築物構造，分析燃燒強烈、火流延燒趨勢，掌握勘查方針與證物蒐集。

8. 對燒失或崩落之物件，應處於復原之觀點勘查之。

9. 觀察燃燒狀況時從燃燒較弱之方向逐漸往強的方向逐步立體觀察，再由各個燒燬狀況綜合觀測其延燒途徑。

10. 注意因構造、材質所引起之不同燃燒特性及分辨因物理作用而掉下或倒下之情形。

11. 確定哪些是屬於射水搶救部分、自然燒熄部分及阻卻延燒部分。

12. 燃燒比較劇烈部分在整體燃燒狀況上，其與延燒路徑之位置對照是否合理。

13. 注意燒失的財物或移動的物品。

14. 遇有疑問應會同關係人至現場查詢及再確認。

　　二、有一棟位於工業區以鐵皮搭建的大型玩具加工廠發生大火，你為轄區消防分隊長，到達現場對於是否進行通風戰術應有的判斷條件為何？執行通風戰術後，又如何判斷此一通風戰術是否有效？（20分）

解：

1. 通風排煙戰術

   火場指揮官決定何時通風，或何時不通風是戰術上相當重要事情，假使需要通風作業應立即決定，如垂直通風作業可以立即釋放出閃燃或爆燃所需之熱分解累積氣體，且當消防隊員進入時，假使閃燃或爆燃發生，其造成火焰與衝擊波也將會轉向垂直釋放，對進入人員傷害會相對減低。

   1) 一般而言，地下層倉儲火災，在戰術上往往需要通風排煙之前置作業，才能進行後續有效果之搶救活動。

   2) 在成長期的火勢實施通風作業是否延遲或加速閃燃發生，其取決於火勢已經持續燃燒多久之時間。

   3) 因C(C)與空氣具有同樣密度，但其受熱後變得較輕，而最容易透過上部開口釋放出去。且排除濃煙後能見度變好而能快速實施搜救。又釋放出高熱與可燃性氣體，使內部攻擊水線行動也能找到火點而迅速作業。

   4) 通風排煙方式之決定，指揮官應按火勢發展進行狀況，依煙流噴出量、速度、顏色等火煙狀況加以確認

   5) 以正壓風扇（positive pressure ventilation）進行通風，最好配合水霧射水，並同時設定出風口。

   6) 如果地下層有二個出入口，則火源近之開口中性帶低，而距離火源遠之開口中性帶高，消防人員可按此中性帶高低，來判斷地下空間大概起火位置而展開水線佈署。

   7) 以水霧排煙法進行，最好是多支同時立體水霧且展開角度在60～70度間調整之水霧射流方式。

   8) 到達現場判斷火焰竄出猛烈，難以內攻時，此時即不宜實施一般通風排煙戰術，應考量以高膨脹泡沫灌注，再觀察效果？

2. 進入口設定

   1) 以主要給氣側之通道或破壞方法來設定進入口。

   2) 確保進入口之活動環境安全，配備強力風扇強制給氣，同時視情況使用射水霧方式，確保入內人員安全，並集結所需資器材，如夜間應實施足夠照明。

   3) 實施強制給氣排煙措施，必須以主要出氣側作為排煙口，而進風與出風口儘量使煙流暢通流線化。

   4) 由排氣側進行救助任務時，因火焰噴出相當猛烈，應準備援護射水再進行活動。另外，吸氣側也有火焰噴出的危險，故由吸氣側進行救助活動時，彼此人

員應互相緊密聯絡。

3. 自然通風換氣

1) 火災室及其上層之樓梯間之出入口防火門應關閉，另打開大樓頂樓防火門，以形成自然通風路徑；又防火門關閉，其內部應確認有無被救助者。

2) 火災室之風下側及風橫側之窗戶打開，以使火災室進行減壓。

4. 強制通風換氣

1) 前述之自然通風換氣路徑上，進行進氣側之水霧流射水或通風機送風。依據狀況，配置排氣側之警戒瞄子，以防止延燒。

2) 把吸入式排煙機儘可能安裝在距燃燒處最近之位置，排煙機應當正對著熱煙氣能起作用之擴散方向，盡速排除阻礙煙氣擴散之障礙物，使排煙通風作業暢通，以達成有效率與有效果之排煙活動。

3) 依據狀況活用空調與排煙設備之場合，導管系統、排煙口及運轉開始時機等應慎重檢討。

5. 排煙措施後觀察

1) 無論是自然通風或是強制通風換氣，在對複雜的救災地點進行排煙通風時特別是複合用途大樓，應將建築空間所有內部空氣相通之風向流動影響皆考量在內。

2) 從一開始採取排煙通風措施時起，即向前進指揮所人員作通報情況，當發現現場排煙這些措施，對救災過程產生消極負面作用時，應立即中斷這些措施或者作調整進行轉換控制操作。

（引用資料：盧守謙，2016，消防救災救助全書）

　　三、82年完工使用之某大型商場，某消防人員進行消防安全檢查時，發現該商場面積已達設置室內排煙設備之規定，因此開具限期改善通知書要求該商場設置室內排煙設備並限期改善，但該商場主張該場所從合法申請並獲許可開業營業至今，該營業場所未作任何原申請營業型式與項目之變更，也未為相關主管機關認定該商場有室內排煙設備違規事實的案例。相關說辭並未為消防人員所接受，於改善期限屆滿之後復查，消防人員發現該場所之室內排煙設備仍未進行改善，因此，擬對該商場開具舉發通知單，及復查不合規定限期改善通知書。試申述本案出現兩造認知差異的可能原因及解決方式？（20分）

解：

　　本案經通知限期改善，逾期不改善或複查不合規定案件，應立即舉發，必要時得通知陳述意見。

　　裁處時依違規情形，把握適當、公平、效果三原則，依裁處基準表，慎選量罰。但於案情特殊或違法情節重大時，得依個案為公平適當之裁處，不在此限。（註：一、陳述人陳述意見內容應與法令規定及違反事實有關。二、陳述意見內容欄位如不敷填寫，得填寫於其他紙張後黏貼於本陳述書上，並由陳述人於騎縫處蓋章。）

　　接到本單當日起10日內得向該消防局提出意見陳述書，如逾期未提出者，依行政程序法第105條第3項規定，視為放棄陳述意見之機會。亦規範及通知相對人於接獲舉發單當日起10日內得提出意見陳述書，而其通知陳述意見之時機按行政程序法第102條規定：「行政機關作成限制或剝奪人民自由或權利之行政處分前，除已依第39條規定，及行政罰法第42條行政機關於裁處前，應給予受處罰者陳述意見之機會。」但有下列情形之一者，不在此限：

　　一、已依行政程序法第三十九條規定，通知受處罰者陳述意見。

　　二、已依職權或依第四十三條規定，舉行聽證。

　　三、大量作成同種類之裁處。

　　四、情況急迫，如給予陳述意見之機會，顯然違背公益。

　　五、受法定期間之限制，如給予陳述意見之機會，顯然不能遵行。

　　六、裁處所根據之事實，客觀上明白足以確認。

　　七、法律有特別規定。

　　等規定，係於行政機關作成限制或剝奪人民自由或權利之行政處分前，惟依內政部98年4月17日台內消字第0980820343號函有關依據消防法掣發違反消防法舉發通知單是否為行政處分疑義之說明略以：「……二、貴局開立之舉發單係針對相對人有關違反消防法違法事實之告知，尚未對相對人造成具體之法律效果，其本質為觀念通知，不得依訴願法提起訴願，而縣府依舉發單之違法事實，另開立之裁處書始為行政裁罰之處分。倘貴局就同一舉發單，同時請求相對人依消防法相關規定限期改善之行為，則係請求相對人作為或不作為，其本質為行政處分。」，即清楚地函釋違反消防安全設備設置及維護義務等而開立具限期改善行為的舉發單，其本質為行政處分，而消防設備師或消防設備士為消防安全設備不實檢修報告等而開立未有限期改善要求的舉發單，其本質為觀念通知。

　　因此，既知舉發違反消防法案件及限期改善通知單的本質為行政處分，實不宜於行政處分內容上附註有關陳述意見等通知，而通知單附註四載明之10日內得提出意見陳述書等相關內容可參酌上述直接限定改善期限限改單附註5：「本件因違規事實客觀明確，限制內容顯屬輕微，依行政程序法第103條第1項第5款第6款規定無需於開單前通知陳述意見。」予以修正，俾符合行政程序法之規定。

　　因此，依消防法相關規定限期改善之行為，則係請求相對人作為或不作為，其本質為

行政處分，實不宜於行政處分內容上附註有關陳述意見等通知。

　　因此，消防局對該商場開具舉發通知單，如不符可提起訴願。其要件詳細規定於訴願法之相關條文中，摘錄其重要者包括：

(一) 主體（訴願法第1條、第18條）：人民（自然人、法人、非法人之團體等）及各級地方自治團體或其他公法人等之受行政處分之相對人及利害關係人。

(二) 客體（訴願法第1條、第2條）：違法或不當之行政處分、違反義務之消極行為（對依法申請之案件，於法定期間內應作為而不作為）。

(三) 條件（訴願法第1條、第2條）：因前述之處分或不作為而致權利或利益之損害。

(四) 提起對象（訴願法第4條）：向有管轄權之機關提起，通常為原處分機關之上級機關，例如不服鄉（鎮、市）公所之行政處分者，向縣（市）政府提起訴願。

(五) 訴願時間限制（訴願法第2條、第14條）：自行政處分達到或公告期滿之次日起三十日內。

　　此為行政救濟，旨是指人民因權益或公益受到國家機關瑕疵行政行為之侵害時，對於受侵害人民依法給予行政體系內及行政體系外（如司法體系）之保護措施，具有善後性質之作為。


**乙、測驗題部分：（40分）**

1) 本測驗試題為單一選擇題，請選出一個正確或最適當的答案，複選作答者，該題不予計分。

2) 共20題，每題2分，需用2B鉛筆在試卡上依題號清楚劃記，於本試題或申論試卷上作答者，不予計分。


（ D ）　1. 某車輛火災案件，懷疑有逆火可能時，若你為火調人員，請研判下列敘述何者正確？

(A) 火星塞不能點火時　　　　　　　(B) 混合氣體不完全燃燒時

(C) 混合氣體之混合比過濃時　　　　(D) 混合氣體之混合比過薄時

（ A ）　2. 若你服務於某消防局，平時負責從事火場證物的鑑定業務。一日局裡的同仁送來某火場疑似縱火的殘跡證物，請你鑑定其中是否殘留石油系易燃性液體，而你欲以氣相層析法完成該跡證之鑑定分析任務。下列何者不宜選用為此種分析目的的氣相層析儀上應該裝配的儀器組件？

(A) 氣相層析儀裝配電子捕捉偵測器（electron capture detector）

(B) 氣相層析儀裝配毛細管柱（capillary column）

(C) 氣相層析儀裝配可操作分流-非分流（split-splitless）模式的樣品進樣系統
　　（sample inlet system）

(D) 管柱內填充以甲基矽氧烷（methylsilicone）或苯基甲基矽氧烷（phenyl-
　　methylsilicone）或其他類似成分的靜相

( A )　3. 以下照片為某一火場所拍攝，屬於鐵捲門所留下之痕跡，若你為現場火調人
　　　員，你認為火流之方向為何？

上

左　　　　　　　　　　　　　　　　　　　　　　　　右

下

(A) 由右下方往左上方　　　　　　　(B) 由左下方往右上方
(C) 由右上方往左下方　　　　　　　(D) 由左上方往右下方

( C )　4. 有一地下油行發生火災，若你為現場火災調查鑑識人員，發現火災現場有各種
　　　可燃性液體，若研判有香菸起火之可能時，其液體可燃物以下列何種較有可
　　　能？
　　　(A) 汽油　　　　　　(B) 柴油　　　　　　(C) 二硫化碳　　　　(D) 潤滑油

( A )　5. 某日貴轄區某工廠發生大火，你身為轄區負責此火災調查之人員於災後至火場
　　　進行災後勘查，由於火場面積廣大，因此需對起火處交界區域及重點處實施現
　　　場挖掘和復原等手段，下列清理挖掘火場的注意事項，何者錯誤？
　　　(A) 挖掘範圍以起火部位、起火處及其周圍為工作範圍，從多個方向同時挖掘
　　　　　比較。掘出之器具物品，應逐一查證其確實用途

(B) 由燒燬形態較弱之處，逐步往燒燬強烈方向清理、挖掘、調查及照相攝影

(C) 屋瓦或窗戶之玻璃碎片等在較高位置之物品，掉落在地板顯示附近之燃燒狀況，需留下一部分不予移動

(D) 堆積燃燒物之下側如有碳化物時，上一層之燃燒物可予移走

( A )　6. 下圖是某冰箱塑膠起動器變質產生導電之照片，若你為現場火調人員，對於此種狀態稱為：

(A) 石墨化現象　　　　　　　　(B) 沿面放電

(C) 氧化亞銅增殖發熱現象　　　(D) 汙導電現象

( C )　7. 某建築物火災現場，一組隊員奉命入室進行搜救，你為火場安全官，請檢視下列該組隊員入室搜救作為，何者不安全？

(A) 搜索時，沿牆壁搜索前進

(B) 搜索時，利用繩索作為確保或施放標記，以免迷失

(C) 搜索途中盡可能移開路徑上物品，以防物品掉落砸傷

(D) 於入口處或轉彎處放置照明設備提供照明，以利尋找出口

( A )　8. 某鐵皮屋倉庫發生火災，一組隊員奉命進行該倉庫門、窗破壞，以便救災人員強力入屋，若你為火場安全官，請檢視下列作為何者不安全？

(A) 從門窗正面進行破壞作業，並部署水線準備防護

(B) 強力入屋後將門、窗保持在敞開位置，以利通風

(C) 入屋前先了解屋內通道並確定建築物無倒塌之危險

(D) 破壞玻璃時，手保持在擊破位置上方，並由玻璃側邊位置破壞

( A ) 9. 當消防車輛到達一棟四樓公寓火災現場，發現高空作業車輛無法進入之狹小巷道時，且有人在起火樓層冒出濃煙上方三樓窗口及屋頂等喊呼救，此時最適當且立即的人命搜救方式為：

(A) 立刻利用雙節梯或三節梯登樓，作安撫情緒、提供空氣呼吸器或背負下梯等救援

(B) 呼叫隊部調用其他高空作業車，急赴現場施予救援

(C) 待滅火完成，由直通樓梯前往救援，並提供空氣呼吸器或背負下樓等救援

(D) 等待氣墊完整充氣，即可示意待救者跳下

( C ) 10. 某建築火災現場，火場指揮官下令一組隊員操作移動式幫浦射水滅火，你為火場安全官，請檢視下列處置作為，何者最適當？

(A) 操作幫浦放水時，急速加油門提升壓力，以獲得充足水壓

(B) 運轉中的幫浦，操作人員可暫離，但供給射水線的幫浦不能停放

(C) 幫浦運轉中若油料不足，需先停止引擎，再添加油料

(D) 接近水池操作移動式幫浦時，不可固定幫浦，以保持幫浦機動性

( B ) 11. 某工廠發生爆炸工安事故，經詢問防火管理人得知，該工廠僅使用丙烯睛單項化學物質，若您為轄區消防分隊長，負責現場初期部署及應變任務，下列何者應列為您第一優先參考資料？

(A) 物質安全資料表　　　　　　(B) 毒性化學物質防救手冊

(C) 緊急應變指南　　　　　　　(D) 消防防護計畫書

( B ) 12. 某超高層大樓發生火災，現場指揮官於救災指揮站成立計畫組，下列任務，何者最適合計畫組執行？

(A) 提出疏散大樓災民所需人力需求　(B) 掌控雲梯車需求狀態

(C) 提供空氣呼吸器空氣瓶補給　　　(D) 提出高空作業車調度建議

( C ) 13. 某汽車停車塔發生火災，你為轄區消防分隊長，到達現場後發現火場濃煙密布，若你要指揮隊員進行通風作業，依規定下列作為何者最不適當？

(A) 執行通風排煙作業前應有水線待命掩護

(B) 注意避開從開口冒出的熱氣、煙霧或火流

(C) 避免在停車塔頂端開口通風排煙以防火勢擴大

(D) 藉水平通風引進冷空氣縮短滅火時間

( B ) 14. 你為轄區分隊長，新近列管一棟建物，該建物為四樓建築，每層樓地板面積為300平方公尺，一樓為幼稚園（收容人數30人），二樓為健身休閒中心，三、四

樓爲咖啡館，你會要求哪些場所實施防火管理？

(A) 幼稚園、健身休閒中心　　(B) 幼稚園、咖啡館

(C) 健身休閒中心、咖啡館　　(D) 幼稚園、健身休閒中心、咖啡館

( D ) 15. 若你抽查某大樓之瓦斯漏氣火警自動警報設備時，發現該大樓使用天然瓦斯，而且有以下幾個現象：①檢知器距瓦斯燃燒器具水平距離5公尺且無任何樑之構造　②檢知器下端距天花板下方20公分　③檢知器距天花板（無任何樑之構造）之吸氣口20公分　④檢知器設於距出風口2公尺處；你應針對哪些項目要求改善？

(A) ①②　　　　(B) ②④　　　　(C) ③④　　　　(D) 不用改善

( B ) 16. 當你進入一工廠進行火警自動警報設備之消防安全檢查時，發現其：①密閉式停車場裝置定溫型感熱式探測器　②發電機室裝置差動式局限型火警探測器　③廚房周邊之走 裝置補償式局限型火警探測器 ④熔接作業場所裝置差動式局限型火警探測器；你會要求前述哪些場所更換適當型式的探測器？

(A) ①③　　　　(B) ①④　　　　(C) ②④　　　　(D) ②③

( D ) 17. 若你轄內某一列管對象之電信機械室，其長、寬、高各爲20m、10m、6m，其內設置全區放射式二氧化碳滅火設備，靠近天花板上方有一面積5m²無法自動關閉之開口，室內設有4隻噴頭，業者稱該防護空間之①滅火藥劑量爲1500kg　②噴頭放射量爲107kg/min；請問①是否足夠？②是否可使放射時間符合規定？

(A) ①不足，②可使放射時間符合規定

(B) ①足夠，②無法使放射時間符合規定

(C) ①不足，②無法使放射時間符合規定

(D) ①足夠，②可使放射時間符合規定

( A ) 18. 設一國定古蹟位於離轄區消防分隊車程較遠的山上，晚上只一位老人看守，下列哪一強化措施不適當？

(A) 如被判定爲無開口樓層，則應設排煙設備

(B) 設火警自動警報設備並連棟保全監視系統

(C) 善用原有水龍頭配置加上水管盤與多段噴頭組合，進行初期滅火

(D) 號召當地居民組成巡守隊，加強演練

( C ) 19. 若你執行預防縱火巡邏勤務時，請判斷下列何者與疑似縱火行爲較無關？

(A) 小貨車上載運不明油品在巷內停放

(B) 不明人士手提不明液體於暗巷中來回逗留

(C) 公園裏兒童施放玩具煙火

(D) 現場瀰漫汽油味

（ B ）　20.某消防局救災救護勤務指揮中心接獲民眾報案，指稱某道路旁停放一部載滿液化石油氣鋼瓶的小貨車，恐有公共危險之虞。經指派轄區消防分隊派員前往處理，發現小貨車標示有某瓦斯行的字樣，車上液化石油氣鋼瓶均為未經使用過的充滿氣狀態，鋼瓶的瓶身也標示同一瓦斯行字樣，且未發現有逾期鋼瓶之事實。該受指派之消防人員，下列執法的行為，何者較為適宜？

(A) 通知車主儘速將小貨車駕離，無法追究其他責任

(B) 通知警察機關派員判定是否有違道路交通管理處罰條例之事實

(C) 通知拖吊車輛將小貨車拖離現場並處以扣留處分

(D) 直接對小貨車車主開具違反液化石油氣容器儲存之舉發通知書

# 消防專業名詞解釋
## （Terminology for Fire Safety）

### 大氣壓力（Atmospheric Pressure）

為一種力（Force）受到地球表面所施加的大氣重量。

Atmospheric pressure — Force exerted by the weight of the atmosphere at the surface of the earth.

### 沸點（Boiling Point）

在蒸氣壓（物質處在一種傾向於蒸發狀態）超過大氣壓力之物質溫度。在此溫度下的蒸發速率會超過冷凝速率。此在沸點情況，形成較多液體被轉換成蒸汽狀態，比蒸汽轉換回成液體還多。

Boiling point — Temperature of a substance when the vapor pressure (measure of a substance's tendency to evaporate) exceeds atmospheric pressure. At this temperature, the rate of evaporation exceeds the rate of condensation. At this point, more liquid is converting into vapor than vapor is converting back into a liquid.

### 英制熱量單位（British Thermal Unit, BTU）

提高1磅水能上升至華氏1度溫度時，所需的熱量。1英熱單位 = 1055焦耳。

British thermal unit (Btu) — Amount of heat required to raise the temperature of one pound (lb) of water one degree Fahrenheit (F). 1 Btu = 1,055 joules (J).

### 卡路里（Calorie, CAL）

提高1克水能上升至攝氏1度溫度時，所需的熱量。1卡 = 4.187焦耳。

Calorie (cal) — Amount of heat required to raise the temperature of one gram (g) of water one degree Celsius (C). 1 cal = 4.187 joules (J).

## 二氧化碳〔Carbon Dioxide（CO₂）〕

二氧化碳無色、無臭，不支持燃燒也不助燃，比空氣重。常被用於手提式滅火器作爲滅火劑，藉由窒息或取代氧氣，而能撲滅B類或C類火災。

Colorless, odorless, heavier than air gas that neither supports combustion nor burns. $CO_2$ is used in portable fire extinguishers as an extinguishing agent to extinguish Class B or C fires by smothering or displacing the oxygen.

## 一氧化碳〔Carbon Monoxide（CO）〕

由於碳的不完全燃燒，形成無色、無臭且危險的氣體（包括有毒和易燃）。它與人類血紅蛋白的迅速結合能力，比氧氣超過200倍，從而降低了人類血液攜氧能力。

Colorless, odorless, dangerous gas (both toxic and flammable) formed by the incomplete combustion of carbon. It combines more than 200 times as quickly with hemoglobin as oxygen, thus decreases the blood's ability to carry oxygen.

## 攝氏（Celsius or Centigrade）

在國際單位制之溫度測量單位；攝氏溫度標上0度是冰的熔點，標示100度則是水的沸點。

Celsius(C) or centigrade ― Unit of temperature measurement in the International System of Units (SI). on the Celsius scale, 0 degrees is the melting point of ice; 100 degrees is the boiling point of water.

## 密度（Density）

爲一種物質之每單位體積質量。任何物質之密度是透過質量除以體積之方式來獲得。

Density ― Weight per unit volume of a sub stance. The density of any substance is obtained by dividing the weight by the volume.

## 華氏（Fahrenheit, F）

在英語系或華氏慣常使用體系（主要在美國）所使用溫度測量的單位；華氏溫度標上32度是冰的熔點，標示212度則是水的沸點。

Fahrenheit (F) ― Unit of temperature measurement in the English or Customary System (primarily used in the United States). on the Fahrenheit scale, 32 degrees is the melting point of ice; 212 degrees is the boiling point of water.

## 流體（Fluid）

任何物質具有流動性，在一個恆定的溫度和壓力下具有一定的質量和體積，但沒有明確的形狀。流體是無法提供剪切應力的（Shear Stresses）。

Fluid — Any substance that can flow; a sub stance that has definite mass and volume at a constant temperature and pressure but no definite shape. A fluid is unable to sustain shear stresses.

## 氣體（Gas）

可壓縮物質、沒有特定的體積、假設趨向於其為容器的形狀。流體（如空氣）既不具有獨立形狀，也沒有體積但能趨於無限擴張。氣體術語是大多數精確的用於描述一個純的氣態物質（例如丙烷），而不是在煙氣（Fume）、蒸氣（Vapor）或氣體混合物的狀態。

Gas — Compressible substance with no specific volume that tends to assume the shape of its container; a fluid (such as air) that has neither independent shape nor volume but tends to expand indefinitely. The term gas is most accurately used to describe the state of a pure gaseous substance (for example, propane), rather than a fume, vapor, or mixture of gases.

## 焦耳（Joule, J）

在國際單位制之功或能量之單位；在一每單位力（1牛頓），移動物體至單位距離（1公尺）之能量（或功）。

Joule (J) — Unit of work or energy in the International System of Units; the energy (or work) when unit force (1 newton) moves a body through a unit distance (1 meter).

## 千瓦（Kilowatt, kW）

在國際單位制一種能量之單位；1千瓦 = 1000瓦（W）。

Kilowatt (kW) Unit of power in the International System of Units. 1 kW = 1,000 watts (W).

## 動能（Kinetic Energy）

藉由物體移動而具有的能量。

The energy possessed by a moving object

### 液體（Liquid）

不可壓縮物質，假設其容器的形狀。分子能自由流動，但具大量的凝聚性及表面張力，以防止它們如氣體似相互分散。

Liquid — incompressible substance that assumes the shape of its container. Molecules flow freely, but substantial cohesion prevents them from dispersing from each other as a gas would.

### 物質（Matter）

凡是占用空間，並具有質量。

Anything that occupies space and has mass.

### 相溶（Miscible）

物質能夠被混合。

Materials that are capable of being mixed.

### 牛頓（N）

在國際單位制一種力量之單位。1牛頓 = 1 kg/m×sec$^2$。

Newton (N) — Unit of force in the International System of Units. 1 newton = 1 kilogram per meter per second squared.

### 有機物質（Organic Materials）

指含碳物質（Carbon），如植物／動物物質和碳氫燃料。

Organic materials — Substances containing carbon such as plant and animal materials and hydrocarbon fuels.

### 勢能（Potential Energy）

一物體所擁有儲存的能量，在未來一旦釋放時能釋放來執行工作。

Stored energy possessed by an object that can be released in the future to perform work once released.

## 每平方吋1磅（Pounds per square inch）

用於測量壓力，於每平方吋表面上有1磅壓力，在英語系或慣常使用體系之地區所使用測量單位。國際單位制之單位是相當於1千帕；另一個壓力相對應的單位是Bar。1bar = 14.5038 Psi。1bar = 100 kPa。本書使用單位Psi作為壓力主要的測量單位。換算成公制壓力也有以Bar和kPa表示。有關更多信息，請參閱本書第1章。

Pounds per square inch (psi) — Unit for measuring pressure in the English or Customary System. The International System of Units equivalent is kilopascal (kPa). Another equivalent unit of pressure is bar. 1 bar: 14.5038 psi. 1 bar = 100 kPa. This manual uses the units of psi as the primary measurement of pressure. Metric equivalent pressures expressed in bar and kPa are also given. See sidebar for more information.

## 錶壓力或絕對壓力（Psi Gauge/Psi Absolute）

除非另有說明，本書所給出的壓力是一種錶壓力而不是絕對的。因此，簡單地示出的單位Psi為Psig（每平方吋有1磅錶壓力）。工程師使壓力表的讀數和實際的大氣壓力之間作出區別。實際大氣壓力的表示法是Psia（每平方吋有1磅絕對壓力）。絕對零壓力是一個完美的真空。任何壓力小於大氣壓力是一個簡單的真空。當壓力表讀數為～5 Psig（～34.5千帕）（0.35bar），實際上是讀5Psi（34.5千帕）（0.35巴）小於現存的大氣壓力（海平面14.7～5或9.7psia（101～34.5或66.5kPa）（1.01～0.345或0.665 Bar）。

M Psi Gauge or Psi Absolute

Unless stated otherwise, pressures given throughout this manual are gauge pressure not absolute pressure. Therefore, units shown simply as psi indicate psig (pounds per square inch gauge). Engineers make the distinction between a gauge reading and actual atmospheric pressure. The notation for actual atmospheric pressure is psia (pounds per square inch absolute). Absolute zero pressure is a perfect vacuum. Any pressure less than atmospheric pressure is simply a vacuum. When a gauge reads 5 psig (34.5 kPa) (0.35 bar), it is actually reading 5 psi (34.5 kPa) (0.35 bar) less than the existing atmospheric pressure (at sea level, 14.75, or 9.7psia [101 34.5or66.5kPa]){1.010.345or0.665bar}).

## 皂化（Saponification）

當鹼性基的化學物質和某些烹調油的混合物接觸，從而導致肥皂膜的形成現象。

A phenomenon that occurs when mixtures of alkaline based chemicals and certain cooking oils come into contact resulting in the formation of a soapy film.

## 溶解性（Solubility）

固體、液體或氣體溶解在溶劑（通常是水）的程度。

Degree to which a solid, liquid, or gas dissolves in a solvent (usually water).

## 比重（Specific Gravity）

在給定的溫度下，物質的重量相比於水，用水等體積的重量。比重小於1表示物質比水輕；比重大於1表示物質比水重。

Weight of a substance compared to the weight of an equal volume of water at a given temperature. A specific gravity less than 1 indicates a substance lighter than water; a specific gravity greater than 1 indicates a substance heavier than water.

## 比重（Specific Gravity）

在一環境溫度下，物質重量是相比於等體積的水重量。一物質比重小於1，是表示比水輕；如比重大於1則表示比水重的物質。

Specific gravity— Weight of a substance com pared to the weight of an equal volume of water at a given temperature. A specific gravity of less than 1 indicates a substance lighter than water; a specific gravity greater than 1 indicates a substance heavier than water.

## 比重量（Specific Weight）

為一種物質之每單位體積重量。例如純水中被普遍接受的比重量是每立方呎（9.81千牛頓每立方公尺）有62.4磅。海水比重量為每立方呎有64磅（10.1千牛頓每立方公尺）。

Specific weight — Established weight per unit volume of a substance. for example, the specific weight of pure water is generally accepted to be 62.4 pounds per cubic foot (9.81 kilonewtons per cubic meter). The specific weight of sea water is given as 64 pounds per cubic foot (10.1 kilonewtons per cubic meter).

## 起火溫度（Auto-Ignition Temperature）

可燃物在空氣中沒有受到火花、火焰或其他起火源的環境下，能本身起火之最低溫度。

Auto-ignition temperature — Lowest temperature at which a combustible material ignites in air without a spark, flame, or other source of ignitron.

## 自燃溫度（Auto-ignition Temperature）

如同起火溫度，只由物質本身一直受熱到其起火溫度，而不需外部引火源來進行起火。

Same as ignition temperature except that no external ignition source is required for ignition because the material itself has been heated to ignition temperature.

## 燃燒速度（Burning Velocity）

燃燒速度是描述氣態質量中火焰之移動速度，其所使用單位是公尺／秒。

Burning velocity is used to describe the speed at which a flame moves in a gaseous mass. The unit used is m/s.

## 燃燒效率（Combustion Efficiency）

即使有一良好的氧氣供應，物質燃燒時仍然很少會釋放出所有的能量。其中有一些未消耗仍保留於熱煙氣體中，並傳送至天花板。氧氣供應愈貧乏，形成愈多未燃燒氣體。未燃燒氣體愈少，即燃燒效率愈好。

A substance which burns rarely releases all its energy, even when there is a good oxygen supply available. Some of it remains unconsumed in the plume, which conveys the smoke gases to the ceiling. The poorer the supply of oxygen, the more unburnt gases are produced.

## 可燃液體（Combustible Liquid）

根據美國海岸防衛隊（USCG）對引擎用燃料之評定等級，可燃液體是指任何液體在或高於80℉（26.7℃），能釋放出易燃性（Flammable）蒸氣。然而，由美國國家防火協會（NFPA）定義，在陸地上的情況其為100℉（37.8℃）或以上；由美國運輸部（DOT）和國際海事組織（IMO）評級海運貨物為143℉（61.7℃）或以上。海上定義或許是與陸地上的產業之消防有所不同，但重要的是，可燃液體是危險的且會揮發不穩定的氣體。

Combustible liquid — Any liquid that gives off flammable vapors at or above 80°F (26.7℃) according to the U.S. Coast Guard rating on engine fuel. However, the definition by the National Fire Protection Association (NFPA) uses a temperature of 100°F (37.8℃) and above for shore～side situations, while the U.S. Department of Transportation (DOT) and the International Maritime Organization (IMO) use the temperature of 143°F (61.7℃) and below when rating cargo. The maritime definition varies from how it is defined in shore～side industries and firefighting, but the important issues are that combustible liquids are hazardous and volatile.

## 傳導（Conduction）

物理流或從一個物體傳遞熱能至另一個，透過直接接觸或從熱點的中間介質傳熱到另一個位置，或從高溫區至低溫區。

Physical flow or transfer of heat energy from one body to another through direct contact or an intervening medium from the point where the heat is produced to another location or from a region of high temperature to a region of low temperature.

## 對流（Convection）

熱量由加熱的流體或氣體的流動傳遞，通常以向上的方向進行著。

Transfer of heat by the movement of heated fluids or gases, usually in an upward direction.

## 衰退期（Decay Period）

區劃空間火災衰退階段，是經過火勢充分發展期。在此階段，燃料開始消耗掉，溫度開始下降，火災狀態再度成為燃料控制情況。

The decay period is the period after a fully developed compartment fire. At this stage, the temperature starts to fall as the fuel starts to get used up. The fire is fuel controlled.

## 擴散火焰（Diffusion Flame）

在起火時，燃料和空氣是彼此不混合，燃料和空氣擴散到彼此才發生擴散火焰，形成一種可燃區域之間邊界層。蠟燭是擴散火焰一個日常的例子。

A diffusion flame occurs when the fuel and air are not mixed with each other at the moment of ignition. Fuel and air diffuse into each other, creating a combustible area in the boundary layer between them. Candles are an everyday example of this.

## 火災初期階段（Early Stage of Fire）

這是火災開始發生時，直至閃燃發生之發展時期（其包含本書所定義初期與成長期）。在此期間，火勢能從最初的起火對象進行到整個空間蔓延，在建築物人們正處於重大傷亡的

風險中。

This is the period from when the fire starts until a flashover development occurs. During this period the fire can spread from the initial object and people who are in the building are at major risk of getting injured.

## 吸熱反應（Endothermic Heat Reaction）

物質化學反應中產生熱能吸收。

Chemical reaction in which a substance absorbs heat energy.

## 放熱反應（Exothermic Heat Reaction）

兩種或更多種物質之間的化學反應，不僅改變物質，且產生熱量、火焰和有毒煙霧。

Chemical reaction between two or more materials that changes the materials and produces heat, flames, and toxic smoke.

## 抗火時效（Fire Endurance）

指衡量牆壁、地板／天花板組裝、或屋頂／天花板組件，將能抵抗一個標準火焰之時間長度。該結構成分，不超過所敘述之之熱傳遞量、火災滲透量或限制量之相關規定。

The length of time a wall, floor/ceiling assembly, or roof/ceiling assembly will resist a standard fire without exceeding specified heat transmission, fire penetration, or limitations on structural components.

## 著火溫度（Fire Temperature）

在某種溫度下液體燃料產生足夠的蒸氣，一旦燃料被點燃時能支持燃燒。著火溫度通常在閃火溫度幾度以上。

Temperature at which a liquid fuel produces sufficient vapors to support combustion once the fuel is ignited. The fire point is usually a few degrees above the flash point.

## 著火點（Fire Point）

由外部火源所予以引燃，液體燃料產生蒸氣足以支持燃燒持續之溫度。著火點通常是在閃火點以上數度。

Fire point — Temperature at which liquid fuels produce vapors sufficient to support continuous combustion once ignited by an outside ignition source. The fire point is usually a few degrees above the flash point.

## 抗火性能（Fire Resistance）

衡量建築構件和結構的一種能力，在火災暴露下能發揮其預期的防火分隔和／或承載之指定功能。這些耐火建築構件和結構是基於標準耐火試驗中，一定抗火等級。以上等級以分和小時作表示，來描述能持續履行時間，當暴露於標準模擬火災事件，所給定建築物構件或結構，能維護之預期耐火功能。

Fire resistance means the ability of building components and systems to perform their intended fire separating and/or loadbearing functions under fire exposure. Fire resistant building components and systems are those with specified fire resistance ratings based on fire resistance tests. These ratings, expressed in minutes and hours, describe the time duration for which a given building component or system maintains specific functions while exposed to a specific simulated fire event.

## 火災猛烈度（Fire Sverity）

通常定義爲暴露於標準火災測試期間，是一種衡量有關火災的破壞性影響，或火勢強度或溫度可能導致建築結構失敗，因而造成火勢延燒之結果。

Fire severity is usually defined as the period ofexposure to the standard test fire, fire severity is a measure ofthe destructive impact of a fire, orthe forces or temperatures that may cause collapse or fire spread as a result of a fire.

## 火災四面體（Fire Tetrahedron）

爲形成一個火，需有四個要素／條件之模式。此四面體之四個側面分別爲燃料、熱、氧和化學連鎖反應。

Model of the four elements/conditions required to have a fire. The four sides of the tetrahedron represent fuel, heat, oxygen, and chemical chain reaction.

## 火焰蔓延（Flame Spread）

在一個燃料表面的火焰逐漸遠離起火源而延伸進展現象。

Flame spread — Progression of flame across a fuel surface away from the ignition source.

### 可燃液體（Flammable Liquid）

根據美國海岸防衛隊（USCG）對引擎用燃料之評定等級，可燃液體是指任何液體在或低於80℉（26.7℃）時，能釋放出易燃性（Flammable）蒸氣。然而，由美國國家防火協會（NFPA）的定義，在陸地上的情況其為100℉（37.8℃）或以下；由美國運輸部（DOT）和國際海事組織（IMO）評級海運貨物為143℉（61.7℃）或以下。海上定義或許是與在陸地上的產業和消防有所不同，但重要的是，可燃液體是危險的且極易揮發不穩定的氣體。

Flammable liquid—Any liquid that gives off flammable vapors at or below 80°F (26.7℃) according to the U.S. Coast Guard rating on engine fuel. However, the definition by NFPA uses a temperature of 100°F (37.8℃) and below for shore～side situations, while the U. S. DOT and IMO use the temperature of 143°F (61.7℃) and below when rating cargo. The maritime definition varies from how it is defined in shoreside industries and firefighting, but the important issues are that flammable liquids are hazardous and volatile.

### 閃燃現象（Flashover）

在火災發展過程中一種現象，在該空間內所有可燃表面和對象，已被加熱到其燃點溫度，而發生火焰爆發幾乎立刻在該空間中所有可燃對象表面上形成。

Stage of a fire at which all surfaces and objects within a space have been heated to their ignition temperature and flame breaks out almost at once over the surface of all objects in the space.

### 閃燃（Flashover）

閃燃是指從火災在局部性燃燒，直到整個房間參與燃燒之一種過渡期現象。當火災熱釋放速率超過某一特定臨界值時，閃燃就會發生。其中有助於增加火災熱釋放速率的因素，包括火焰蔓延沿著可燃表面和從熱煙氣層再輻射情況。閃燃一旦發生，代表從早期火災發展階段，轉變到充分發展之室內火災。

A flashover is a transition period from when the fire is burning locally until the whole room is involved in the fire. A flashover occurs when the fire's heat release rate exceeds a particular critical level. Factors contributing to the increase in the fire's heat release rate include flame spread over combustible surfaces and re～radiation from the hot smoke gas layer. A flashover marks the transition from the early fire development stage to a fully developed compartment fire.

## 閃火點（Flash Point）

液體燃料能釋放出足夠蒸汽量，與空氣表面形成燃燒性混合物時之最低溫度。在此溫度下此種燃燒性混合物氣體，能形成瞬間燃燒閃光狀，但不會繼續燃燒。燃料閃火點溫度通常是在著火點之幾度以下情況，但有一些燃料之閃火點和著火點溫度，二者幾乎是沒有多大區別。

Flash point — Minimum temperature at which a liquid fuel gives off sufficient vapors to form an ignitable mixture with the air near the surface. At this temperature the ignited vapors flash but do not continue to burn. The flash point of a fuel is usually a few degrees below the fire point, but the flash point and fire point of some fuels are almost indistinguishable.

## 燃料控制火災（Fuel Control）

區劃空間起火後，火災發展開始，火災室火勢大小受到燃料支配情況，其有足夠為燃燒所需的空氣，火災的發展是完全由燃料性質和燃料排列所控制。燃料控制情況也能在火災發展之衰退期發生。

After ignition and at the start of a fire's development, the fire is described as fuel controlled as there is sufficient air for combustion and the fire's development is controlled entirely by the fuel's properties and arrangement. A fire can also be fuel controlled at a later stage in its development.

## 火載量（Fuel Load）

燃料的類型（等級）和數量，在一個所給定的空間所占有體積。

Fuel load — Type (class) and amount of fuels in a given space.

## 最盛期火災（Fully Developed）

當達到閃燃發生階段，在此區劃空間火災，火災是通風控制情況，其通常能使熱煙氣溫度達到800～900℃左右。火勢透過建築物開口擴散。這意味著，在燃燒過程中的一部分，將會在區劃空間以外地方發生。

This stage is reached when a flashover occurs. In this compartment fire instance, the fire is ventilation controlled and it is usual for smoke gas temperatures to reach the order of 800-900℃. Flames spread via the building's openings. This means that part of the combustion process takes place outside the compartment.

## 熱（Heat）

能量一種形式，能提高溫度。熱量可以由它所作功來量測，例如在一玻璃溫度計使水銀柱產生膨脹所需的熱量。

Heat — Form of energy that raises temperature. Heat can be measured by the amount of work it does; for example, the amount of heat needed to make a column of mercury expand inside a glass thermometer.

## 燃燒熱（Heat of Combustion, DHc）

當可燃物燃燒時，量測物質釋放之能量DHC，其所使用單位是MJ/kg或kJ/g。

This measures the amount of energy the material releases DHc when it burns. The unit used is MJ/kg or kJ/g.

## 汽化熱（Heat of Vaporization, DHv (Sometimes Lv)）

燃料汽化的熱量，從其表面產生1克氣體所需熱量DHV（有時稱爲Lv）。

The heat of vaporisation is the amount of heat required to DHv (sometimes Lv) produce 1 g gas from the fuel surface.

## 熱釋放速率（Heat Release Rate (HRR)）

熱產生總量或從每單位時間所消耗每單位燃料質量，其熱量主要從對流熱量釋放到大氣中。

當一物質燃燒時熱量將會釋放出，其所釋放熱量之量測單位是watts（J/s）。

Total amount of heat produced or released to the atmosphere from the convective～lift fire phase of a fire per unit mass of fuel consumed per unit time.

When a material combusts heat will be released. The heat released is measured in watts (J/s).

## 起火溫度（Ignition Temperature）

在空氣中的燃料受到一獨立的外部起火源或內部自體發熱，其持續加熱到燃料開始能持續燃燒狀態之最低溫度。

Ignition temperature — Minimum temperature to which a fuel in air must be heated to start self-sustained combustion independent of an outside ignition source.

### 室內火災初期階段（Incipient Phase）

燃燒過程在區劃空間內的第一階段中，該物質被氧化時產生一定的熱量，但熱量並沒有蔓延到其他物質附近。在這個階段中，空氣中的氧含量尚未顯著降低。

First phase of the burning process in a confined space in which the substance being oxidized is producing some heat, but the heat has not spread to other substances nearby. During this phase, the oxygen content of the air has not been significantly reduced.

### 層流（Laminar Flow）

火災室有2種不同空氣流之類型，這是顯而易見的，如熱煙氣體向上流動，並從一個狹窄的煙囪或開口流出。首先，煙流並沒有與其他混合，以一個平行層流方式作運動。但在距出口一定距離時，其流動型態受到改變，熱煙顆粒以旋轉運動作不規則路徑進行。煙流分層型態稱為層流和不規則的紊流。這個層流取自拉丁詞「層」，意思平板或板，而「紊流」取自拉丁詞「turbulentur」，意為擾亂或翻騰。

There are two different types of flow. This is evident when, for instance, smoke flows up and out of a narrow chimney. First of all, the smoke moves in a parallel layer without mixing. But at a certain distance from the outlet the flow type changes and smoke particles move in irregular paths, in a swirling motion. The layered type of flow is known as laminar and the irregular as turbulent. The word "laminar" is taken from the Latin word "lamina", meaning plate, board, and "turbulent" is taken from the Latin word "turbulentur", meaning disturbed or tempestuous.

### 質量損失速率（Mass Loss Rate）

質量損失速率是指從一種物質發生熱裂解之速度，有時也被稱為熱裂解之速率。這通常以 $g/m^2s$ 為單位進行量測。

The mass loss rate is the speed at which pyrolysis occurs from a material, sometimes also known as the rate of pyrolysis. This is often measured in the unit.

### 氧化（Oxidation）

有機質與氧／其他氧化劑所產生複雜的化學反應，導致形成更穩定的化合物。此種更穩定的化合物是較少相關於化學能。它們變得更加穩定，在燃燒過程中釋放出熱和光之能量。例如：火災、爆炸和生鏽（分解）現象。

Oxidation — Complex chemical reaction of organic materials with oxygen or other oxidizing agents resulting in the formation of more stable compounds. More stable compounds are simply those with less closely associated chemical energy. They become more stable by releasing some of their energy as heat and light during combustion. Examples are fire, explosions, and rusting (decomposition).

## 火勢脈動（Pulsation）

當區劃空間火災正在進入一個通風控制的階段時，脈動是會偶爾發生。假使火災能取得來自房間開口供應額外空氣，使燃燒持續發生。因此，在火災室積聚正壓力以及溫度上升，所產生層流爲尋覓氧氣並受到壓力膨脹之推擠現象。由於缺氧情況導致火勢消退，新的空氣能被吸入到室內，溫度形成下降。

Pulsations occur occasionally when the fire is entering a ventilation~controlled stage. If there is an opening in the room the fire can have access to air to allow combustion to take place. As a result of this, positive pressure builds up in the room and the temperature rises. The fire subsides due to oxygen deficiency and the temperature falls as new air can be drawn into the room.

## 熱裂解（Pyrolysis）

熱裂解是熱效應所造成的，在一種化學分解過程，或從其他複雜化學組成，轉化成簡單的組成。

Pyrolysis is a chemical decomposition process or other chemical conversion from complex to simpler constituents, caused by the effect of heat.

## 輻射（Radiation）

熱能從一個主體進行轉移至在較低的溫度另一主體，透過電磁波通過中間介質，如紅外熱波、無線電波或X射線進行傳遞。

The transmission or transfer of heat energy from one body to another body at a lower temperature through intervening space by electromagnetic waves such as infrared thermal waves, radio waves, or X-rays.

### 還原劑（Reducing Agent）

燃燒過程中正在燃燒或被氧化的燃料。

The fuel that is being oxidized or burned during combustion.

### 滾燃燃燒（Rollover）

在區劃空間（如房間或飛機客艙）於火災初期或較早穩態階段時期，其中生成未燃燒的可燃氣體，會積聚在天花板位置。這些從火災室過熱氣體受到火災形成壓力推擠，而逐漸遠離火災室，到火災室外區域與氧氣混合。當門被打開或較遠處消防人員應用水霧流，供應額外的氧氣而達到可燃範圍，於火災室前端點燃並往前發展，非常迅速在整個天花板上的滾動擴張之動作。

Condition in which the unburned combustible gases released in a confined space (such as a room or aircraft cabin) during the incipient or early steady～state phase and accumulate at the ceiling level. These superheated gases are pushed, under pressure, away from the fire area and into uninvolved areas where they mix with oxygen. When their flammable range is reached and additional oxygen is supplied by opening doors and/or applying fog streams, they ignite and a fire front develops, expanding very rapidly in a rolling action across the ceiling.

### 自燃（Spontaneous Combustion）

自燃是一可燃物質自體發熱（Spontaneous heating）的副產品，當其溫度持續升高過程中，不從周圍環境吸收熱量，如達到其起燃溫度，則產生自燃或燃燒現象。

Spontaneous combustion is a byproduct of spontaneous heating, a process by which a material increases in temperature without drawing heat from its surroundings. If the material reaches its ignition temperature, spontaneous ignition or combustion occurs.

### 熱分層（氣體）（Thermal Layering (of Gases)）

在區劃空間中燃燒，氣體趨向形成一種層流。根據溫度，其中最熱氣體是發現在天花板層次，而最冷的氣體是位在地板上。

Outcome of combustion in a confined space in which gases tend to form into layers, according to temperature, with the hottest gases are found at the ceiling and the coolest gases at floor level.

## 紊流因子（Turbulence Factor）

當火焰蔓延情況使火勢的面積增加，然後火災室窗戶破裂出現開口，這意味著火勢前鋒的面積將變大，這導致燃燒速度之增加。

When flames spread the area of the flames will increase and they are then broken up, which means that the area of the flame front will get bigger. This results in an increase in the burning velocity.

## 紊流（Turbulent Flow）

火災室有2種不同空氣流之類型，這是顯而易見的，如熱煙氣體向上流動，並從一個狹窄的煙囪流出。首先，煙流並沒有與其他混合，以一個平行層方式作運動。但在從出口一定距離的流動型態改變化，熱煙顆粒以旋轉運動作不規則路徑進行。煙流分層型態稱為層流和不規則的紊流。這個層流取自拉丁詞「層」，意思平板或板，而「紊流」取自拉丁詞「turbulentur」，意為擾亂或翻騰。

There are two different types of flow. This is evident when, for instance, smoke flows up and out of a narrow chimney. First of all, the smoke moves in a parallel layer without mixing. But at a certain distance from the outlet the flow type changes and smoke particles move in irregular paths, in a swirling motion. The layered type of flow is known as laminar and the irregular as turbulent. The word "laminar" is taken from the Latin word "lamina", meaning plate, board, and "turbulent" is taken from the Latin word "turbulentur", meaning disturbed or tempestuous.

## 未完全燃燒氣體（Unburnt Gases）

假使火災室燃燒繼續耗盡氧氣供應，未燃燒完全氣體會積聚。但區畫火災中未燃燒氣體總是能積累，即使是良好氧氣供應環境。未燃燒氣體中含有的潛在能量，並且能在稍後的階段釋放出（如：滾燃或閃燃等），並導致室內溫度大幅上升。

If the fire continues with a depleted oxygen supply unburnt gases will accumulate. Unburnt gases always accumulate, even if there is good access to an air supply. The unburnt gases contain potential energy and may be released at a later stage and cause the temperature to rise.

## 通風控制（Ventilation Control）

當建築結構火災發展階段，不再有足夠的氧氣維持燃燒，來形成的熱裂解氣體情況，此時

成爲通風控制燃燒狀態。火災的熱釋放速率完全是由可用的空氣量所控制,在這種火災室燃燒情況則描述爲通風控制。

As the fire grows it may become ventilation controlled when there is no longer sufficient oxygen to combust the pyrolysis gases formed. The fire's heat release rate is then controlled completely by the amount of air which is available, in which case the fire is described as being ventilation controlled.

### 絕熱火焰 (Adiabatic Flame)

假使燃燒過程中所有釋放的能量,是使用於燃燒過程中加熱,能達到形成產物溫度,此溫度則稱絕熱火焰溫度。這是能達到之最高溫度。但是在現實情況上絕熱火焰溫度是很少實現,如一些能量在燃燒過程中會喪失掉。

If all the energy released during combustion is used to heat temperature the products formed during combustion, the temperature which is reached is known as the adiabatic flame temperature. This is the highest temperature which can be reached. But the adiabatic flame temperature is rarely achieved in reality, as some of the energy is lost during combustion.

### 爆燃 (Backdraft)

瞬間爆炸或當外來氧氣被引入到一個貧氧的區劃空間中,發生過熱氣體之快速燃燒。原本陷入緩慢燃燒狀態,使其瞬間恢復成爲具爆發力現象。如此常發生在消防人員不適當消防搶救或通風作業不良之程序中發生的。

Instantaneous explosion or rapid burning of superheated gases that occurs when oxygen is introduced into an oxygen～depleted confined space. The stalled combustion resumes with explosive force. It may occur because of inadequate or improper ventilation procedures.

### 爆燃 (Backdraft)

火災的發展過程中受到通風限制,導致大量未燃燒氣體的形成。假使一開口突然出現,進入的空氣能與熱煙氣混合,在房間內任何地方形成可燃混合氣體層。假使有任何種類的起火源存在,例如:高溫餘燼,這將導致氣態質量體被引燃,加速大量燃燒過程。當氣體的體積膨脹,導致其餘未燃燒氣體部分被擠壓出,透過所述開口,形成開口外火球現象。實務上,很少發生此一現象,但一旦發生將是非常危險的。

Restricted ventilation during the development of a fire can lead to the formation of a large quantity of unburnt gases. If an opening suddenly appears the incoming air can mix with the smoke gases, forming a combustible mixture anywhere in the room. If there is an ignition source of any kind present, e.g. embers, this will cause the gaseous mass to ignite, which will then accelerate the combustion process considerably. When the volume of gas expands this causes the rest of the unburnt gases to be pushed out through the opening, producing a fire ball outside the opening. This phenomenon occurs seldom, but can be extremely dangerous.

## 沸騰液體膨脹蒸汽爆炸（Boiling Liquid Expanding Vapor Explosion, BLEVE）

如果液體是易燃或可燃物情況，在一容器中的液體已受到加熱成沸騰狀態，由於破裂的容器，導致其蒸氣和內容物猛烈釋放出，形成一個蘑菇型火球的膨脹結果。

Boiling liquid expanding vapor explosion (BLEVE) — Situation in which a liquid in a container has been heated to above the point of boiling, resulting in rupture of the container and violent release of the vapor and contents; results in a mushroom type fireball if the liquid is flammable or combustible.

## 沸騰液體擴展蒸氣爆炸現象（Boiing Liquid Expanding Vapor Explosion (BLEVE)）

因容器產生某種失效導致具一定壓力下，其所儲存的液體形成快速汽化釋放到大氣中。此種容器的失效是受到外部熱源引起過壓情況，使容器爆炸成兩個或更多碎裂狀，而液體的溫度遠遠高於在正常大氣壓下沸點狀態。

Rapid vaporization of a liquid stored under pressure upon release to the atmosphere following major failure of its containing vessel. The failure of the containing vessel is the result of over～pressurization caused by an external heat source causing the vessel to explode into two or more pieces when the temperature of the liquid is well above its boiling point at normal atmospheric pressure.

## 低階爆燃現象（Deflagration）

低階爆燃術語是描述在一個預混合氣態質量之火焰蔓延現象。發生火災時，火勢前端以3～5公尺／秒的速度進行移動。因此，一個低於音速熱煙氣體燃燒火球產生一種低階爆燃現象。

The term "deflagration" is used to describe flame spread in a premixed gaseous mass. During a fire the flame front moves at a speed of around 3–5 m/s. A smoke gas explosion is therefore a deflagration.

### 高階爆轟（Detonation）

涉及燃燒之化學爆炸情境，其火焰展開非常快，有時甚至比音速快。衝擊波和火勢前端連接在一起，並透過氣體／空氣混合物以高速行進。在現實中，高階爆炸是由固體的爆炸性物質，而不是由氣體混合物所引起的。

Detonation relates to a combustion scenario whereby flames travel very quickly, sometimes even faster than sound. The shock wave and flame front are linked together and travel through the gas/air mixture at high speed. In reality, detonations are caused by solid explosive substances and not by gas mixtures.

### 粉塵爆炸（Dust Explosion）

任何分散粉狀可燃材料，懸浮在空氣中，但不總是在一個封閉的位置，存在於足夠高的濃度在大氣或其他氧化氣體介質如氧，遇有起火源快速燃燒之粉塵爆炸。

A dust explosion is the rapid combustion of fine particles suspended in the air, often but not always in an enclosed location. Dust explosions can occur where any dispersed powdered combustible material is present in high enough concentrations in the atmosphere or other oxidizing gaseous medium such as oxygen, in case of a fire source.

### 爆炸（Explosion）

一種放熱的化學過程，當其發生在一個恆定的體積量，產生壓力突然顯著增加現象。

An exothermic chemical process which, when it happens at a constant volume, generates a sudden, significant increase in pressure.

### 膨脹因子（Expansion Factor）

當氣體混合物引燃，溫度能上升使得以相同幅度擴大整個體積量。

When a gas mixture ignites, the temperature can rise. This causes the volume to expand by the same magnitude.

### 燃燒／爆炸範圍（Flammability Range）

這是在氣體／空氣混合物可被引燃之範圍內。

This is the range within which gas/air mixtures can ignite.

## 燃燒／爆炸範圍（Flammable Range）

在可燃上限和可燃下限之間範圍，其中物質能被點燃之範圍。

The range between the upper flammable limit and lower flammable limit in which a substance can be ignited.

## 燃燒／爆炸界限（可燃範圍）（Flammable/Explosive Limits (Flammable Ranges)）

物質（蒸氣）在空氣中濃度，在最小和最大百分比間能被引燃情況。大多數物質具有一可燃上限（較濃）（UFL）點和一可燃下限（較薄）（IFL）點。

Flammable or explosive limits (flammable ranges) — Minimum and maximum percent ages of a substance (vapor) in air that burns once it is ignited. Most substances have an upper (too rich) flammable limit (UFL) and a lower (too lean) flammable limit (LFL).

## 預混合火焰（Premixed Flames）

發生起火之前，當燃料和空氣是已經充分彼此混合，而形成預混合火勢發生；化學性爆炸都是預混合火焰型態。

A premixed flame occurs when the fuel and air are well mixed with each other before ignition occurs.

## 熱煙爆炸（Smoke Gas Explosion）

當火災室未燃燒的熱煙氣體洩漏到相鄰空間面積，其能與空氣作很好混合，以產生可燃混合氣體。假使有一個有效起火源或成為有效的一些其他方式，煙氣將能引燃，並具有極其破壞性的影響。通常，在實務上出現這種現象是很少的。

When unburnt smoke gases leak into an area adjacent to the fire room they can mix very well with air to produce a combustible mixture. If there is an ignition source available or one becomes available some other way, the smoke gases can ignite, with an extremely devastating effect. As a rule, this phenomenon occurs seldom.

## 化學計量（理想混合狀態）（Stoichiometry (Ideal Mixture)）

當燃燒恰好有所需的空氣量（理想的混合物）進行完全燃料，這稱為化學計量狀態。在這種情況下，只生成二氧化碳和水，但實際上發生這種情況是極其罕見的。

When there is exactly the amount of air required to burn the (ideal mixture) fuel completely this is known as the stoichiometric point. In this instance, only carbon dioxide and water are produced. This happens extremely rarely in practice.

## 蒸氣（Vapor）

任何物質在氣體狀態下，相對於液體或固體狀態；蒸氣是源自於液體的蒸發，如：汽油或水。

Vapor — Any substance in the gaseous state as opposed to the liquid or solid state. Vapors result from the evaporation of a liquid such as gasoline or water.

## 蒸發（Vaporization）

改變液體形成氣體狀態之轉化過程。氣化的速率取決於所涉及的物質、熱和壓力。

Process of evolution that changes a liquid into a gaseous state. The rate of vaporization depends on the substance involved, heat, and pressure.

## 蒸氣密度（Vapor Density）

於相同溫度和壓力下，純蒸氣或氣體所給定體積的重量，相比於等體積之乾燥空氣中重量。在蒸氣密度小於1是表示蒸氣比空氣輕，而蒸氣密度大於1則表示比空氣重的蒸氣。

Vapor density — Weight of a given volume of pure vapor or gas compared to the weight of an equal volume of dry air at the same temperature and pressure. A vapor density of less than 1 indicates a vapor lighter than air; a vapor density greater than 1 indicates a vapor heavier than air.

## 蒸氣壓力（Vapor Pressure）

一物質具有蒸發傾向之程度，如有較高值則意味其更易於蒸發，而較低值則表示其不太可能會蒸發。

Vapor pressure — Measure of the tendency of a substance to evaporate; a higher value means it is more likely to evaporate, and a lower one means it is less likely.

國家圖書館出版品預行編目資料

三等消防警察特考試題詳解／盧守謙、陳永隆
著. －－初版.－－臺北市：五南，2017.03
　面；　公分
ISBN 978-957-11-9072-3(平裝)

1.消防　2.火災

575.87　　　　　　　　　　　106002104

5T27

# 三等消防警察特考試題詳解

作　　者 — 盧守謙（481）、陳永隆

發 行 人 — 楊榮川

總 編 輯 — 王翠華

主　　編 — 王正華

責任編輯 — 金明芬

封面設計 — 陳翰陞

出 版 者 — 五南圖書出版股份有限公司

地　　址：106台北市大安區和平東路二段339號4樓

電　　話：(02)2705-5066　　傳　　真：(02)2706-6100

網　　址：http://www.wunan.com.tw

電子郵件：wunan@wunan.com.tw

劃撥帳號：01068953

戶　　名：五南圖書出版股份有限公司

法律顧問　林勝安律師事務所　林勝安律師

出版日期　2017年3月初版一刷

定　　價　新臺幣480元